FALKEN MIXBUCH

FALKEN
MIXBUCH

PETER BOHRMANN (HRSG.)
UNTER MITARBEIT VON:
ULRIKE BÜLTJER, HEIKE REITH,
WOLFGANG HUBERT

1444 REZEPTE
MIT UND
OHNE ALKOHOL

Im FALKEN Verlag sind zahlreiche Titel zum Thema „Mixen" erschienen. Sie erhalten sie überall dort, wo es Bücher gibt.

Sie finden uns im Internet: **www.falken.de**

Der Verlag dankt der Firma BORCO-MARKEN-IMPORT MATTHIESEN & CO. KG für die ihm freundlicherweise für die Fotoarbeiten zur Verfügung gestellten Spirituosen: De Kuyper Jonge Jenever, De Kuyper Oude Jenever, Van Gogh (Eierlikör), De Kuyper Blue Curaçao, De Kuyper Red Curaçao, De Kuyper Triple Sec Orange Liqueur, De Kuyper Green Curaçao, De Kuyper Crème de Menthe green, De Kuyper Melon Liqueur, De Kuyper Crème de Cacao white, De Kuyper Crème de Cacao brown, Old Pascas White Rum, Old Pascas Dark Rum, Sierra Tequila Silver, Gold und Antiguo, Nassau (Orange Liqueur), Gran Duque d'Alba (Brandy), McGuinness Old Canada (Whisky), Finsbury Dry Gin, Pennypacker (Kentucky Whiskey), Nêga Fulô (Cachaça), Pisco Control Gran Pisco.

Dieses Buch wurde auf chlorfrei gebleichtem und säurefreiem Papier gedruckt.

ISBN 3 8068 4733 9

Umschlaggestaltung: Adolf Bachmann, Reischach
Redaktion dieser Auflage: Anja Halveland
Titelbild und Fotos: TLC-Foto-Studio GmbH, Velen-Ramsdorf
Zeichnungen und Layout: AS-Design · Ilse Stockmann-Sauer, Offenbach
Satz: Raasch & Partner GmbH; Neu-Isenburg
Gesamtkonzeption: FALKEN Verlag; D-65527 Niedernhausen/Ts.

01473393X 13

INHALT

EINLEITUNG

REZEPTE

ANHANG

VORWORT

Wenn Sie gerne Gäste einladen und es Ihnen besondere Freude macht, ein guter, einfallsreicher Gastgeber zu sein, dann sollten Sie auch Ihre Hausbar bei der Bewirtung miteinbeziehen. Servieren Sie beispielsweise einen Aperitif, der schon die Vorfreude auf ein gutes Essen zum Genuß macht. Oder bieten Sie nach dem Diner einmal ein Mixgetränk anstelle des üblicherweise servierten Cognacs oder Likörs an.

Mit den Rezepten dieses Buches können Sie Ihren Gästen jeden Getränkewunsch erfüllen, denn Sie finden darin für jede Gelegenheit etwas: vom Shortdrink bis zum Longdrink, vom traditionsreichen Classic-Cocktail bis hin zum Fancy-Drink.
Mit diesem Buch sind Sie für Ihre nächste Hausparty bestens gerüstet; es wurde von einem Fachmann und Meister seines Berufes geschrieben.

Jürgen E. Falcke
Präsident der DBU
(Deutsche Barkeeper-Union)

Vorwort

Überall dort, wo sich lebensfrohe und gesellige Menschen treffen, wird gerne etwas getrunken. Attraktive Drinks gewinnen zunehmend an Beliebtheit, und die Rezepte werden immer phantasievoller. Aber nicht nur das Trinken, auch schon das Mixen macht Freude, wenn man sieht, wie sich mit wenigen Zutaten schmackhafte und hübsch dekorierte Cocktails zubereiten lassen.

Ich freue mich daher, Ihnen mit diesem Buch mein Wissen und meine Profi-Tips mit auf den Weg geben zu können, damit Sie ein erfolgreicher Hobbymixer werden.
Das Buch soll Ihnen das Mixen leicht und zu einem dauerhaften Vergnügen machen und Ihnen ein gutes Nachschlagewerk sein, damit Sie den Cocktailempfang, die Sommerparty, die Caribic-Night und Ihre Geburtstagsfeier noch schöner gestalten können.

Ich hoffe, Ihnen mit diesem Buch einen Einblick in die bunte Welt der Drinks geben zu können und wünsche Ihnen viel Erfolg beim Mixen und anschließenden Genießen!

Peter Bohrmann

Ihr Barmeister Peter Bohrmann

IE BARGERÄTE

Man muß wahrlich kein Profi-Barkeeper sein, um originelle Drinks mixen zu können – vorausgesetzt, man hat das richtige Handwerkszeug. Einige der im folgenden aufgeführten Utensilien finden Sie mit Sicherheit in Ihrem Haushalt; andere können Sie durch zweckentfremdete Küchengeräte ersetzen. Alle Gegenstände sollten funktionsgerecht gestaltet und leicht zu reinigen sein. Besonders gut eignet sich „Handwerkszeug" aus Edelstahl und Glas.

Der **Shaker**, auch Schüttelbecher genannt, ist ein unbedingtes Muß in Ihrer Hausbar. In ihm werden vor allem die Drinks gemixt, deren Zutaten sich normalerweise schwer mischen lassen, wie zum Beispiel Eigelb, Sirup, Fruchtsaft und Sahne. Es gibt drei gängige Shakertypen: Der dreiteilige Standard-Shaker besteht aus Becher, Deckel und einem eingebauten Siebeinsatz, der die Eisstücke und Fruchtkerne beim Abseihen im Shaker zurückhält. Sein Nachteil: Das Sieb läßt sich schwer reinigen, und die Flüssigkeit läuft nur langsam ab. Der zweiteilige Boston-Shaker besteht aus einem großen Edelstahl- und einem kleineren Bleikristallbecher. Der Glasbecher läßt sich auch gut als Rührglas verwenden. Profis bevorzugen den zweiteiligen Shaker aus Edelstahl oder Silber. Dieser schließt auch besser als der Boston-Shaker.

Das **Rühr- oder Mixglas** brauchen Sie für alle Drinks, die nicht geschüttelt, sondern gerührt werden. Dies sind vor allem klare Drinks sowie solche, die aus leicht mischbaren Zutaten bestehen. Das Rührglas sollte ein Fassungsvermögen von ungefähr 1 l haben (das reicht für 3 bis 4 Drinks).

Den **Barlöffel** benötigt man zum Verrühren der Zutaten im Rührglas. Er dient gleichzeitig aber auch als Meßlöffel. 1 Barlöffel (in den Rezepten BL abgekürzt) faßt, genau wie ein Teelöffel, 5 g bzw. 0,5 cl Flüssigkeit. Der Löffel ist etwa 15 cm lang und aus rostfreiem Stahl oder aus Silber. Oben am Stiel befindet sich meist eine runde Scheibe, mit der man Früchte, frische Pfefferminze oder Zucker zerdrücken kann. Hübsch und zugleich praktisch sind Barlöffel, deren Stiele zu Trinkhalmen ausgearbeitet worden sind.

Auch ein **Barquirl** leistet beim Umrühren und Mischen von Zutaten gute Dienste, vor allem dann, wenn man aus sehr koh-

lensäurehaltigen Getränken, wie Champagner und Sekt, die Kohlensäure entweichen lassen will.
Das **Barsieb**, auch Strainer genannt, besteht aus einer runden Platte aus rostfreiem Stahl, die einen spiralfederartigen Rand hat, und paßt genau in den Shaker oder ins Rührglas. Es ist unentbehrlich, wenn Eis, Fruchtstücke oder Kerne beim Absei-hen nicht ins Gästeglas gelangen sollen. Notfalls kann das Barsieb durch ein Teesieb ersetzt werden.
Ein wirklich unentbehrlicher Gegenstand in Ihrer Hausbar ist der **Meßbecher**, denn bei allen Drinks kommt es auf die genauen Zutatenmengen an. Der Meßbecher ist meistens aus Edelstahl und hat auf der einen Seite eine Einteilung für 2 cl, auf der anderen Seite eine für 4 cl, seltener für 5 cl. Ersatzweise können Sie auch ein Schnapsglas mit Eichstrich nehmen.
Sehr nützlich, aber nicht unbedingt notwendig, ist ein **Electric-Mixer** (Hamilton Beach). Dieses elektrische Mixgerät mit drei Geschwindigkeitsstufen eignet sich vorzüglich zur Zubereitung von Drinks, deren Zutaten (besonders Milch, Sahne, Früchte und Eier) sich nur schwer mischen lassen.
Um Früchte zu pürieren, Sahne zu schlagen sowie frozen Drinks, Frapés und Milchshakes zuzubereiten, brauchen Sie einen **Blender** mit stufenloser Geschwindigkeitsregulation. Sie können dafür aber auch die elektrische Küchenmaschine oder den Pürierstab nehmen.

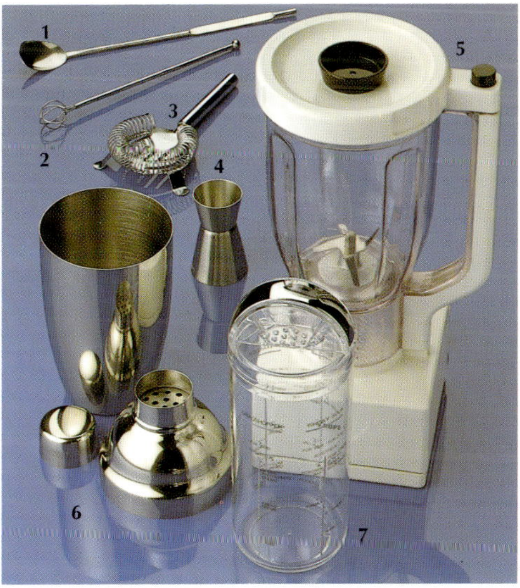

1 Barlöffel
2 Barquirl
3 Barsieb
4 Meßbecher
5 Blender
6 Shaker
7 Rührglas

Eiskübel, die man benötigt, um Eis für kurze Zeit aufzubewahren, gibt es in verschiedenen Größen und aus unterschiedlichen Materialien. Besonders gut sind doppelwandige Kübel aus Kunststoff mit einem Thermodeckel. Mit einer **Eiszange** oder einer **Eisschaufel** wird das Eis dann zum Mixen aus dem Kübel herausgenommen.

Eine **Eismühle**, die manuell oder elektrisch geschabtes oder zerstoßenes Eis zubereitet, benötigen Sie nur dann, wenn Sie oft eine Cocktailparty geben.

Mit einer **Saftpresse** oder einem Entsafter lassen sich frische Fruchtsäfte zubereiten (elektrische Zitruspressen sind nicht zu empfehlen, da sie auch Schale und Kerne mit ausquetschen.

Viele Longdrinks enthalten Sodawasser, das am besten mit Hilfe eines **Siphons** ins Glas gegeben wird. Dazu füllen Sie den Siphon mit klarem, geschmacksneutralem Leitungs- oder Tafelwasser (ohne Kohlensäure). Eine Kohlensäurepatrone sorgt dafür, daß das Wasser ständig kohlendioxidhaltig ist.

Ein weiteres, recht nützliches Utensil ist die **Barzange**, mit der Sie festsitzende Sekt- und Champagnerkorken lockern können.

Eine **Bitter- oder Spritzflasche** hat einen Spritzkorkenverschluß und enthält Zutaten, die nur in winzigen Spritzern (dashes) verwendet werden.

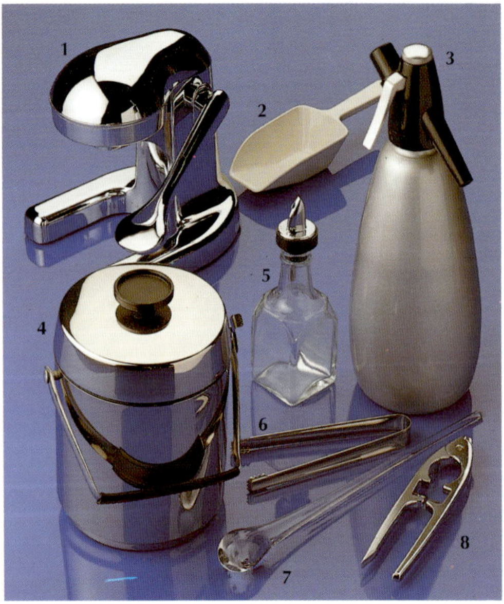

Saftpresse 1
Eisschaufel 2
Siphon 3
Eiskübel 4
Spritzflasche 5
Eiszange 6
Löffel 7
Barzange 8

Geräte

Die nachfolgend genannten Geräte, die in der Hausbar auch nicht fehlen sollten, finden sich ohnehin bestimmt in Ihrem Haushalt. So zum Beispiel eine **Zitronenpresse** und eine **Muskatreibe**. Ein **Schneidebrett** (am besten mit Ablaufrinne), ein **Barmesser** mit feinem Wellenschliff und zwei Spitzen zum Aufspießen von Fruchtstücken sowie ein **Zestenreißer** zum Abziehen von feinen Zitrusschalenstreifen finden sich bestimmt ebenfalls in Ihrer Küche. Wichtig ist auch ein **Schälchen** für Obststücke sowie ein **Korken mit Ausgießer**, den man auf jede Flasche aufsetzen kann, um das Ausgießen besser dosieren zu können.
Selbstverständlich brauchen Sie auch einen **Dosenöffner**, einen **Flaschenöffner** sowie einen **Korkenzieher**. Ebenso unentbehrlich ist ein **Sekt- bzw. Flaschenkühler**.
Zum Aufspießen von Oliven, Kirschen oder Perlzwiebeln sowie zur Herstellung von Dekorationen sind **Cocktailspießchen** (Sticker) unentbehrlich. Auch möglichst bunte und farbenprächtige **Trinkhalme** in verschiedenen Längen dürfen nicht fehlen. Sie sollten nicht zu dünn sein, damit Eis- oder Fruchtstückchen sie nicht so leicht verstopfen können.
Stirer (Rührstäbchen) in unterschiedlichen Farben und Formen sind ebenfalls eine hübsche Zierde für viele Longdrinks.

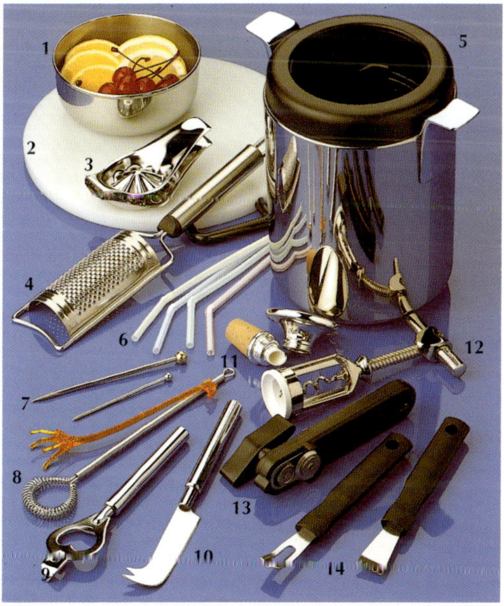

1 Schälchen
2 Schneidebrett
3 Zitronenpresse
4 Muskatreibe
5 Flaschenkühler
6 Trinkhalme
7 Spießchen
8 Stirer
9 Flaschenöffner
10 Barmesser
11 Korken mit Ausgießer
12 Korkenzieher
13 Dosenöffner
14 Zestenreißer

KLEINE GLÄSERKUNDE

Auch das Auge trinkt mit. Deshalb verlangen phantasievolle Mixgetränke auch nach optisch besonders ansprechenden Gläsern. Doch keine Sorge – Sie müssen natürlich nicht alle hier vorgestellten Glastypen kaufen. Versuchen Sie es ruhig zuerst einmal mit Gläsern aus Ihrem Haushalt, und stocken Sie die Glasgalerie dann langsam auf. Im allgemeinen reichen für eine kleine Hausbar sechs bis acht verschiedene Gläser aus.
Noch ein Wort zur Gläserpflege: spülen Sie die Gläser am besten sofort nach Gebrauch vor, besonders dann, wenn Sahne, Milch oder Eier für die Drinks verwendet wurden. Spülen Sie Gläser immer getrennt von anderem Geschirr. Waschen Sie sie immer in warmer Spülmittellauge, und spülen Sie sie danach unter klarem Wasser ab, damit alle Fettreste entfernt werden. Reiben Sie die Gläser dann mit frischen Leinentüchern trocken.
Doch nun ein kleiner Überblick über die gängigsten Gläsertypen.

Cocktailschalen gibt es in verschiedenen Größen, von 5 bis 7 cl Fassungsvermögen. Die großen eignen sich hervorragend für Drinks mit Sahne oder Säften. Die kleinen sind ideal für trockene Aperitifs, Cocktails und hochprozentige Digestifs.

Gläser

Cocktailgläser sind kelchförmige Stielgläser, die ebenfalls 5 bis 7 cl fassen. In ihnen serviert man klare, gerührte Cocktails, halbtrockene Aperitifs und Digestifs sowie mit Eis gerührte, aber ohne Eis servierte Cocktails. Übrigens, je dünner so ein Cocktailglas ist, desto besser läßt es sich im Kühlschrank vorkühlen.

Cobblergläser gehören ebenfalls zur großen Familie der Cocktailgläser. Auch sie fassen etwa 5 cl Flüssigkeit, haben allerdings eine sehr große Öffnung und sind daher ideal für Fruchtgarnituren.

Tumbler sind Bechergläser mit extrem dickem Glasboden.Es gibt sie in den verschiedensten Größen: Kleine Tumbler fassen etwa 16 cl Flüssigkeit und werden zum Beispiel für Sours und kalte Toddies, aber auch für Frucht- und Gemüsesäfte verwendet. In mittelgroße Tumbler von etwa 20 cl Fassungsvermögen kommen unter anderem Fizzes und Egg-Nogs. Highballgläser (große Tumbler) sowie Longdrinkgläser gehören ebenfalls zu den Bechergläsern. Sie sind vielseitig einsetzbar; so eignen sich die etwa 28 cl fassenden Gläser zum Beispiel für Highballs, Sours, Coolers und Limonaden. Der stämmigste Tumbler ist das Old-fashioned-Glas. Es ist für jeden Drink zu gebrauchen, der „on the rocks", also pur mit Eiswürfeln, serviert wird.

1 *Cocktailschale*
2 *Cocktailglas*
3 *Cobblerglas*
4 *Longdrinkglas*
5 *kleiner Tumbler*
6 *großer Tumbler*
7 *mittelgroßer Tumbler*
8 *Old-fashioned-Glas*

Ballongläser eignen sich, wie große Schwenker, für Crustas, exotische Longdrinks und Drinks mit Crushed ice.
Die **Sektflöte** und den **Sektkelch** nimmt man für alle mit Champagner oder Sekt zubereiteten Cocktails und Aperitifs, wie zum Beispiel den Kir Royal. Die **Sektschale** eignet sich für alle mit Sekt oder Champagner zubereiteten Cocktails und für süße Drinks.
Das **Weißweinglas** ist zumeist dünnwandig, hat einen dünnen, hohen Stiel und eine etwas bauchige, sich nach oben verengende Tulpenform. Nach wie vor ist auch der Römer mit dem dicken, grünen Stiel, weit verbreitet.
Das **Rotweinglas** hat einen eher kurzen Stiel und ebenfalls eine leichte Tulpenform. Das Burgunderglas ist übrigens das vielseitigste unter den Rotweingläsern. Man kann darin nämlich auch Bier sowie rote Aperitifs servieren. Beim Einschenken von Wein sollte man ein großes Glas übrigens nur bis zur Hälfte, ein kleines nur zu zwei Dritteln füllen.
In einem kleinen, tulpenförmigen **Likörglas** oder in einer **Likörschale** werden Dessertweine und Weinbrände sowie Obstbrände und Obstgeiste (nur im Likörglas) kredenzt.
Südwein- und Dessertweingläser eignen sich nicht nur für Südweine, sondern auch für Flips, Aperitifs und Shortdrinks.

Ballonglas 1
Rotweinglas 2
Sektflöte 3
Sektkelch 4
Südweinglas 5
Weißweinglas 6
Likörglas 7
Likörschale 8
Sektschale 9

Bowlengläser haben in der Regel einen Henkel und keinen Stiel. Sie sind recht niedrig und haben eine große Öffnung.
Hitzebeständige Gläser mit einem kurzen, dicken Stiel oder ohne Stiel, aber mit einem Henkel, nimmt man für Punsche, Grogs und Glühweine.
Neben diesen klassischen Glastypen gibt es noch eine Fülle von **speziellen Gläsern**, so zum Beispiel das Pousse-Café-Glas für den berühmten Schichtcocktail, das Flipglas, das Crustaglas, das Kullerpfirsichglas und das Absinthglas. Doch wie bereits erwähnt, lohnt sich die Anschaffung all dieser Gläser nur in den seltensten Fällen, denn die meisten Drinks lassen sich auch in den im Haushalt bereits vorhandenen Gläsern servieren – wenn auch nicht ganz so stilgerecht.
Wenn Sie langstielige, tulpenförmige Weißweingläser besitzen, können Sie diese auch für Fizzes und Crustas nehmen.
Wenn die Sektflöte nicht zu schmal ist, lassen sich darin auch Flips, Frappés und Daisies reichen.
Bechergläser in allen Variationen sind vielseitig einsetzbar, zum Beispiel für Highballs, Fizzes und Milchmixgetränke.
Einen festen Platz in Ihrer Hausbar sollten auch verschiedene **Karaffen** in unterschiedlichen Größen haben: Sie eignen sich für Frucht- und Gemüsesäfte, Sirup, Sahne und Milch.

1 *Flipglas*
2 *Pousse-Café-Glas*
3 *Punschglas*
4 *Bowlenglas*

DAS GEHEIMNIS DER ZUTATEN

DESTILLATE AUS WEIN

Bis vor kurzem war die Bezeichnung „Branntwein aus Wein" ein Oberbegriff für alles, was auf der Grundlage von Weindestillaten hergestellt wurde. Doch nach neuerer EG-Verordnung muß nun alles streng differenziert werden, und zwar nach Branntwein und Weinbrand beziehungsweise Brandy. Hier nun die bekanntesten Weindestillate:

Cognac
Er ist der berühmteste der Branntweine und enthält 40 Vol.-% Alkohol. Um sich Cognac nennen zu dürfen, muß ein Weinbrand aus ganz bestimmten weißen Trauben sein, die innerhalb eines fest umrissenen Gebietes rund um die Stadt Cognac in der Charente im Südwesten Frankreichs angebaut und später gebrannt werden. Die Cognac-Herstellung unterliegt einer alten Tradition. Jeder Cognac muß mindestens zweimal gebrannt werden. Anschließend wird er mindestens zwei Jahre in Eichenfässern gelagert und erhält dabei seine dunkle, braune Farbe. Für Qualität und Reife des Cognacs bürgen gesetzlich kontrollierte Angaben auf dem Etikett. Drei Sterne oder V.S. bedeutet, daß der Cognac mindestens zwei Jahre im Faß gereift ist. V.S.O.P., Vieux, V.O. und Réserve bezeichnen mindestens vier Jahre lang gereifte, V.V.S.O.P. und Grande Réserve mindestens fünf Jahre lang gereifte Cognacs. Ein Extra, Napoléon, X.O., Très Vieux und Vieille Réserve lagert sechs bis zehn Jahre im Eichenfaß.

Armagnac
Er ist, geschichtlich gesehen, der ältere Bruder des Cognacs. Das Herkunftsgebiet dieses hell goldfarbenen, feurig-herb schmeckenden Branntweins ist klar abgegrenzt. Nur die weißen Trauben der Regionen Haut-Armagnac, Tenareze und Bas-Armagnac dürfen destilliert werden, und zwar nur nach der jeweiligen Traubenlese von Oktober bis April. Im Gegensatz zum Cognac genügt beim Armagnac ein einfacher Brennvor-

gang; er darf seit neuestem aber auch zweimal gebrannt werden. Drei Sterne bedeuten mindestens ein Jahr Lagerung, V.S., Selection und De Luxe mindestens drei Jahre, V.O., V.S.O.P. und Réserve mindestens vier Jahre und Napoléon, Extra, Vieille Réserve und Hors d'Age mindestens fünf Jahre Lagerung.

Weinbrand
Dieser deutsche Qualitätsbranntwein aus Wein muß ganz bestimmte Anforderungen erfüllen. So darf er nur aus ganz bestimmten Rebsorten hergestellt werden, muß mindestens zu 85 % in deutschen Brennereien verarbeitet sein und danach sechs Monate in Eichenfässern mit maximal 1000 l Fassungsvermögen gelagert werden. Alter Weinbrand muß sogar mindestens zwölf Monate lagern. Enthält er dann auch noch mindestens 38 Vol.-% Alkohol, erhält er eine amtliche Prüfnummer. Weinbrand wird, wie der Cognac, zweimal destilliert. Weinbrand sollte höchstens zimmerwarm serviert werden. Ist er etwas zu kühl, schadet das nicht, denn durch die Handwärme bekommt er rasch die richtige Temperatur.

Brandy
Dies ist die englische Bezeichnung für Branntwein, unter der bei uns meist Weinbrand aus dem Ausland in den Handel kommt. Zu den besten Brandys gehören übrigens die spanischen, die weich sind und leicht süßlich schmecken. Aber auch die Italiener mit ihrem Vecchia Romagna und die Portugiesen mit ihrem Aguardente brennen hervorragende Brandys.

Metaxa
Dies ist der bekannteste griechische Branntwein. Er wird aus roten Trauben gebrannt. Der Alkoholgehalt liegt bei 40 Vol.-%. Er wird in verschiedenen Qualitäten angeboten (gekennzeichnet in Form von Sternen auf dem Etikett), die sich nicht nur im Alter, sondern auch im Geschmack und Charakter unterscheiden.

Pisco
Dieser sehr aromatische, helle Branntwein ist das Nationalgetränk der Chilenen und wird aus roten Trauben (hoher Anteil an Muskatellertrauben) hergestellt. Er wird einige Zeit in Tonfässern gelagert.

Grappa
Der wasserklare, italienische Branntwein mit etwa 40 Vol.-% Alkohol wird aus frischem Weintrester, also aus Traubenrückständen (Stengel, Schalen und Kerne) gebrannt. Grappa aus Weißwein schmeckt fein und feurig, der aus Rotwein kräftig.

Marc
Dieser französische Tresterbranntwein wird aus den Kelterrückständen der Weinbereitung gebrannt. Er schmeckt, je nach Sorte, kräftig und aromareich (Marc de Bourgogne) oder leicht, fein und sehr mild (Marc de Champagne). Sein Alkoholgehalt liegt bei 40–45 Vol.-%. Man unterscheidet zwischen Marcs aus Rotwein- und aus Weißweintrestern. Ein Marc ist ein idealer Digestif.

DESTILLATE AUS GETREIDE

Aquavit, Genever, Gin und Whisk(e)y sowie Wodka und Korn gehören zur großen Familie der Branntweine aus Getreide, obwohl sie – mit Ausnahmen von Whisk(e)y und Korn – auch sogenannnten Agraralkohol aus Melasse, Kartoffeln und anderem enthalten dürfen.

Aquavit
Der Name ist aus dem lateinischen „aqua vitae“ (Lebenswasser) abgeleitet und war früher die Bezeichnung für alle Branntweine. Die Basis des hellen oder goldgelben Aquavits ist sehr reiner, fast geschmacksneutraler Alkohol aus Getreide oder Kartoffeln mit 96 Vol.-% Alkohol. Er wird zusammen mit Wasser, Kümmel, Koriander, Zimt, Fenchel, Dill, Zitronenschalen, Nelken, Sternanis und weiteren geheimnisvollen Zutaten destilliert. Das Herzstück des Destillats wird dann mit neutralem Alkohol und enthärtetem Wasser gemischt und ins Reifelager gebracht. Der Alkoholgehalt des dänischen Aquavits liegt bei 40–42 Vol.-%; deutscher Aquavit hat 38–40 Vol.-%. Aquavit wird kalt serviert, nur so entfaltet er seinen vollen, runden und typischen Eigengeschmack. Er wirkt stimulierend auf die Magenwände und ist sehr bekömmlich, so daß man ihn nach dem Essen als Digestif trinken kann.

Genever
Er ist das Nationalgetränk der Niederländer. Das Wort „Genever“ hat sich aus dem französischen „genièvre“ (Wacholder) entwickelt. Und in der Tat ist der Genever ein Branntwein mit Wacholderaroma. Erstklassige Genever lagern mehrere Jahre in Eichenfässern und haben eine goldgelbe Farbe. Der Alkoholgehalt liegt bei 38–43 Vol.-%. Die Holländer trinken ihren Genever pur und sehr kalt in kleinen, tulpenförmigen Gläsern als Aperitif oder als starken Schnaps. Es gibt übrigens auch Genever mit Fruchtaroma.

Gin
Dieser klare Branntwein gehört zu den Spirituosen, ohne die keine Bar auskommt. Gerste und Roggen bilden die Grundlage für den Alkohol, dazu kommt eine Mischung aus ausgewählten Kräutern und Gewürzen (Wacholder, Koriander, Zitronen- und Orangenschale, Anis, Kardamom, Veilchenwurz und vieles mehr). Nach dem Destillieren wird der Gin auf die übliche Trinkstärke von 38–45 Vol.-% herabgesetzt. Der „Dry Gin“ muß mindestens 40 Vol.-% Alkohol aufweisen. Die wichtigsten Ginarten sind der ungesüßte „Dry Gin“, der ebenfalls ungesüßte „London Dry Gin“ sowie die mit Zuckersirup leicht gesüßten „Old Tom Gin“ und „Plym“ (Plymouth Gin).„Sloe Gin“ werden Schlehen zugesetzt, die das typische Aroma geben.

Korn
Die auch Kornbrand oder Kornbranntwein genannte Spirituose wurde ursprünglich als Medizin verkauft. Heute ist er neben Weinbrand die meistverkaufte Spirituose in Deutschland. Korn wird ausschließlich aus Weizen, Roggen, Gerste, Hafer oder Buchweizen hergestellt. Es ist verboten, Korn zu aromatisieren oder anderen Alkohol beizumischen. Einfacher Korn hat mindestens 32 Vol.-% Alkohol, Doppelkorn, Doppelweizen, Edelkorn und Kornbrand dagegen haben mindestens 38 Vol.-%. Steht die Bezeichnung „Alt“ oder „Alter“ auf dem Etikett, wurde das Produkt mindestens sechs Monate gelagert. Korn wird immer sehr kalt getrunken. Reiner Korn schmeckt einfach nur nach Getreide. Wird er aus Weizen gebrannt, ist er sehr mild, stammt er dagegen vom Roggen, schmeckt er kräftig und würzig. Viele Kornbrände enthalten geringe Zusätze an Aromagebern, wie Zimt, Nelken, Koriander oder Anis.

Klarer

Dies ist ein farbloser, schwach oder gar nicht aromatisierter Branntwein, der aus Kartoffeln, Mais und Hirse hergestellt wird. Sein Mindestalkoholgehalt liegt bei 32 Vol.-%.

Whisk(e)y

Er ist der meistgetrunkene Branntwein der Welt. Irischen und amerikanischen Whiskey schreibt man mit „e", schottischen und kanadischen ohne „e". Die bekanntesten Whisk(e)ytypen sind Scotch Whisky (schottischer Whisky), Irish Whiskey (irischer Whiskey), Bourbon (amerikanischer Whiskey) und Canadian Whisky (kanadischer Whisky).

Schottischen Whisky erkennt man an seinem typischen Rauchgeschmack. Die unverwechselbare Würze entsteht durch den Torf der schottischen Hochmoore, über dessen Feuer die gemälzte Gerste getrocknet wird. Malt Whisky, der Urscotch, gilt bei Kennern als der Whisky schlechthin. Nur wenige Whiskyhersteller bringen ihren Malt „single" in den Handel, das heißt unverschnitten. „Pure Malt" dagegen ist ein Verschnitt aus mehreren Malts (Gersten). Neben dem Malt Whisky wird in Schottland auch der Grain Whisky hergestellt. Er ist milder, nicht ganz so rauchig und wird aus gemälzter und ungemälzter Gerste, Mais und anderen Getreidesorten hergestellt und anschließend zum Verschneiden (Blending) benutzt. Fast alle schottischen Whiskys sind Blended Whiskys aus Malts und Grains. Nach dem Blenden wird der Whisky wieder in Holzfässer gegeben und vor dem Abfüllen in Flaschen mit Quellwasser auf eine Trinkstärke von etwa 45 Vol.-% gebracht.

Irischer Whiskey wird aus Gerste, Weizen, Roggen oder Hafer hergestellt. Nach dem Brennen wird der Whiskey mit klarem, irischem Wasser auf eine Trinkstärke von 40–43 Vol.-% gebracht. Bei irischen Whiskeys spielen die Fässer, in der der Whiskey mindestens drei Jahre, meist aber fünf bis zwölf Jahre lagert, eine wichtige Rolle. Denn die Fässer sind zum Teil ausgediente Sherry-, Rum- oder Bourbonfässer, die dem Whiskey seinen individuellen Geschmack geben. In Irland heißt das Verschneiden von Whiskey übrigens nicht Blending, sondern Vatting. Vat (englisch) bedeutet Faß.

Unter den amerikanischen Whiskeys ist *Bourbon* der bekannteste. Er besteht zu mindestens 51%, höchstens aber zu 79% aus Mais. Der Rest sind Roggen und eine geringe Menge Gerstenmalz. Je höher übrigens der Maisanteil ist, desto milder wird der Geschmack des Whiskeys. Nach der Destillation wird er mindestens zwei Jahre in Fässern aus Weißeiche gelagert. Diese werden vorher von innen angekohlt; das beschleunigt die Einfärbung des Whiskeys und gibt ihm eine dezente Süße sowie ein leichtes Vanillearoma. Ein guter Bourbon reift vier bis sechs Jahre, oft sogar auch acht Jahre im Faß.

Rye Whiskey wird zu mindestens 51% aus Roggen gebrannt und lagert etwa vier Jahre. Er schmeckt wesentlich würziger als der Bourbon.

Tennesse Whiskey sickert durch Holzkohle und wird dadurch sehr mild.

Straight Whiskeys oder Unblended Whiskeys sind unverschnittene Produkte, das heißt, sie werden nicht mit anderen Whiskeys vermischt.

Blended Whiskey ist ein Verschnitt aus mehreren Whiskeysorten.

Blended Bourbon Whiskeys sind Whiskeys, bei denen mehrere Bourbons mit einem Mindestanteil von 51% Straight Bourbon verschnitten wurden.

American Blended Whiskey wird aus Bourbon, Rye Whiskey und Korn gemischt.

Kanadischer Whisky ähnelt dem Bourbon sehr, denn auch er wird zum größten Teil aus Mais hergestellt. Er wird zweimal gebrannt und lagert mindestens zwei Jahre in Sherry-, Bourbon- oder Brandyfässern. Kanadische Whiskys sind fast immer Blends aus verschiedenen Einzelwhiskys und fast neutralem Alkohol. Sie schmecken leichter und sind heller als amerikanische Whiskeys.

Wodka

Auf russisch heißt dies soviel wie Wässerchen. Wodka ist ein farbloser, ganz klarer, weicher und reiner Branntwein mit neutralem Geschmack. Er wird aus Getreidemischungen oder Kartoffeln gebrannt. Spitzenmarken bestehen allerdings nur aus Getreide (vor allem Gerste, Weizen und gelegentlich auch Roggen). Die Trinkstärke beträgt mindestens 40 Vol.-%. Neben den klaren Wodkas gibt es auch einige, die mit Büffelgras, Pfeffer, Sherry, Schlehen oder Limetten aromatisiert worden sind.

Wenn Sie Wodka einmal pur servieren möchten, achten Sie bitte darauf, daß er möglichst eiskalt ist.

DESTILLATE AUS OBST

Es gibt fast keine Obstsorte, die man nicht auch flüssig und hochprozentig genießen kann, seien es nun Kakteenfrüchte aus der Wüste oder Beeren aus der Arktis. Doch nicht jede Obstsorte ist für die Herstellung von Branntwein gleich gut geeignet. Da kommt es nämlich sehr auf den Zuckergehalt der Früchte an. Nach dem deutschen Branntweinmonopolgesetz unterscheidet man bei Destillaten aus Obst zwischen Obstwasser, Obstgeist und Obstbranntwein aus Kernobst.

Obstwasser

Es wird meist aus Steinobst (wie Kirschen, Zwetschgen, Pflaumen, Mirabellen, Aprikosen und Pfirsichen) gewonnen, selten aus Beeren und entsteht durch die Destillation der Fruchtmaische. Die Früchte für ein Obstwasser haben in der Regel von Natur aus so viel Zucker, daß die Maische beim Vergären den nötigen Alkoholgehalt erreicht, so daß kein Zucker mehr zugesetzt werden muß. Der Alkoholgehalt eines Obstwassers beträgt mindestens 40 Vol.-%.

Zu den bekanntesten Vertretern gehört das *Kirschwasser*, auch Kirsch genannt. Es wird ausschließlich aus vollreifen, vergorenen Kirschen oder aus dem Saft, ohne Zusatz von Zucker und Alkohol, hergestellt.

Zwetschgenwasser bzw. *Pflaumenwasser* sind Obstwässer aus vergorenen Zwetschgen oder Pflaumen. Elsässer nennen ihr Zwetschgenwasser „Quetsch“, die Schweizer ihr Pflaumenwasser „Pflümli“. Über seine Grenzen berühmt geworden ist auch der *Sliwowitz* (aus dem ehemaligen Jugoslawien). Der Name Sliwowitz ist übrigens nicht gesetzlich geschützt. Es gibt daher unter diesem Namen auch Zwetschgenwasser aus Deutschland, Österreich und der Tschechoslowakei.

Mirabellenwasser ist ein Branntwein, der aus vollreifen, vergorenen Mirabellen, ohne Zusatz von Zucker und Alkohol, gebrannt wird. Obwohl es ein Wasser ist, darf sich Mirabellenbranntwein auch Mirabellengeist nennen. Der Alkoholgehalt liegt bei 45 bis 50 Vol.-%. Gute Mirabellenwasser kommen aus Lothringen, dem Schwarzwald, Südtirol, der Schweiz und aus Österreich.

Außerdem gibt es noch Obstwässer aus Quitten und Aprikosen. Letztere heißen in Österreich *Marillenbrand* und in Ungarn *Barack Palinka*.

Eine Sonderstellung unter den Wässern nimmt der *Steinhäger* ein, denn er wird nicht aus Steinobst, sondern aus Wacholderbeeren, Feinsprit oder Korndestillat und Wasser hergestellt.

Obstgeist

Dieser wird vorwiegend aus zuckerarmen Früchten, wie zum Beispiel Himbeeren, Brombeeren und Johannisbeeren, hergestellt. Ihm muß vor dem Destillieren Alkohol zugesetzt werden, da die Früchte sonst nicht gärungsfähig sind. Eine Zugabe von Zucker ist jedoch verboten. Obstgeiste haben in der Regel mindestens 40 Vol.-% Alkohol, meistens ist es jedoch mehr.
Der bekannteste Beerengeist ist der *Himbeergeist* (Eau-de-vie de Framboise). Er hat einen milden, lieblichen Geschmack. Andere Beerengeiste entstehen aus Blaubeeren, roten Johannisbeeren (Cassis) und Preiselbeeren.
Tropische Obstgeiste werden aus Bananen, Mandarinen, Mangos, Maracujas und Papayas hergestellt.

Obstbranntweine aus Kernobst

Sie werden beispielsweise aus Birnen oder Äpfeln hergestellt. Auch hier enthalten die Früchte soviel Zucker, daß sie keine Zugabe von Zucker, aber auch keinen weiteren Alkohol brauchen. Der Alkoholgehalt beträgt nach der Destillation mindestens 38 Vol.-%.
Einer der bekanntesten Kernobstbranntweine ist der *Calvados*. Er wird aus Cidre, dem Apfelwein der Normandie, gewonnen. Calvados dürfen sich nur die Cidrebrände nennen, die aus elf genau definierten Gebieten stammen. Nach der Destillation wird Calvados in Eichen- oder Kastanienfässern gelagert, und zwar zwei bis sechs Jahre. Je älter der Calvados ist, desto samtiger und aromatischer schmeckt er. Die Farbe ist dann bernsteinfarben bis cognacbraun. Calvados ist ein idealer Digestif.
Apfelbrände, die sich nicht Calvados nennen dürfen, heißen Eau-de-vie de Pomme, Apple Brandy oder Applejack sowie Aquardiente di Sidre.
Williamsbirne, auch Williams oder Williams-Christ genannt, sind besonders aromatische Birnenbrände, die aus der Williams Christbirne gebrannt werden. Sie haben ein weiches Aroma und einen lieblichen Duft.
Der *Obstler* ist ein Kernobstbranntwein, der aus frisch vergorenen Äpfeln oder Birnen oder beiden zusammen gewonnen

wird. Die Obstsorten müssen auf dem Flaschenetikett aufgeführt sein. Der Alkoholgehalt beim Obstler schwankt zwischen 40 und 50 Vol.-%.

DESTILLATE AUS PFLANZEN UND WURZELN

Es ist schon eine ausgesprochen bunte und exotische Pflanzenmischung, die den Grundstock für diese große Branntweingruppe bildet. Doch probieren Sie selbst: Aus Hirse, Reis und Anis, aus Datteln, Agaven und Zuckerrohr sowie aus Palmen und Wurzeln läßt sich so allerlei gut schmeckendes Hochprozentiges brennen.

Rum
Früher war er das Getränk der Freibeuter, Piraten, Schmuggler und Sklavenhändler und über Jahrhunderte hinweg das bedeutendste Schmuggelgut. Die Heimat des Rums ist der Raum des Karibischen Meeres mit den Inseln der Antillen (zum Beispiel Jamaika, Martinique, Puerto Rico, Kuba), für die er neben dem Zucker nach wie vor das wichtigste Exporterzeugnis darstellt. Allerdings weichen die auf den verschiedenen Inseln hergestellten Rumsorten im Aroma, Geschmack und Bukett so stark voneinander ab, wie zum Beispiel die Weine aus den verschiedenen Anbaugebieten Europas. Das genaue Rezept für die Rumherstellung ist stets ein Geheimnis der Rumbrenner. Allen Rumsorten gemeinsam ist jedoch ihr Grundstoff: die beim Zuckersieden (aus Zuckerrohr) übrigbleibende braune, zähflüssige Melasse.
Jeder Rum ist nach der Destillation klar und farblos. Damit weißer Rum auch so klar bleibt, lagert man ihn in Fässern aus hellem Eschenholz und füllt ihn dann zum weiteren Altern in Edelstahltanks ab. Brauner Rum reift lange in dunklen hölzernen Fässern, in denen er seine gelbliche oder bräunliche Farbe entwickelt. Zusätzlich wird ihm oft noch Zuckercouleur (brauner Zuckersirup) zugesetzt.
„Original Rum" darf sich in Deutschland nur ein Rum nennen, der ohne jede Veränderung und ohne Zusätze ist. „Echter Rum" dagegen ist ein auf Trinkstärke (38–54 Vol.-%) herabgesetzter Rum. Fast alle weißen Rumsorten gehören übrigens dazu.

„Rumverschnitt" wurde mit neutralem Sprit und Wasser so verschnitten, daß er nur noch mindestens 5 % Original Rum mit Herkunftsangabe enthält.
Weißer Rum sieht nicht nur „leichter" aus als brauner, er hat auch einen viel zarteren Geschmack als dieser. Deshalb paßt er sich beim Mixen anderen Zutaten, wie Fruchtsäften, Likören und Limonaden, hervorragend an, ohne ihren Geschmack zu übertünchen. Sein leichtes Aroma verfliegt allerdings auch schnell, deshalb eignet sich weißer Rum nicht so gut für heiße Punsche und Grogs.

Cachaça
Dies ist ein brasilianischer Zuckerrohrbrand, der im Gegensatz zum weißen Rum direkt aus dem Saft des Zuckerrohrs hergestellt wird. Der bei uns bekannteste Cachaça ist der hellgelbe, klare *Pitú*. Er schmeckt weich, hat ein mildes Aroma und enthält 41 Vol.-% Alkohol.

Tequila
Er ist Mexikos Schnaps Nr. 1 und war schon den Azteken bekannt. Nach der Destillation erhält man einen klaren, weißen Tequila. Goldgelber bis cognacfarbener Tequila bekommt seine Farbe durch mehrere Jahre Lagerung in Eichenholzfässern. Tequila hat etwa 45 Vol.-% Alkohol.

Mezcal
Er ist, wie der Tequila, ein Agavenbranntwein aus Mexiko, wird aber nur einmal destilliert.

Arrak
Dieses goldgelbe asiatische Pflanzendestillat wird durch Vergären und Destillieren von Reis, Zuckerrohrmelasse oder zuckerhaltigen Pflanzensäften gewonnen. Es gibt aber auch Arrak, der aus Palmen, Datteln, Hirse und anderen Pflanzen hergestellt wird. Bekannte Arraksorten sind der Batavia-Arrak aus Java, der Goa-Arrak aus Ostindien sowie der Ceylon- und der Siam-Arrak.

Sake
Der klare, meist hellgelbe Reiswein ist das Nationalgetränk der Japaner. Sein Herstellungsverfahren ähnelt dem des Rums,

allerdings wird er nicht aus Zuckerrohrmelasse, sondern aus Reismelasse hergestellt. Sake schmeckt sherryähnlich und hat einen Alkoholgehalt von nur 16–17 Vol.-%.

Anisées

Schon 1500 Jahre vor Christus schätzten die Ägypter diese Spirituosen als Heilmittel. Im 19. Jahrhundert entwickelte sich ein Anisaperitif, der Absinth, zu einem wahren Modegetränk. Doch der übermäßige Genuß erwies sich als gefährlich, führt er doch oft zum Wahnsinn und zum Tode. Und so wurde Absinth schließlich in den meisten Ländern verboten.
Inzwischen gibt es jedoch wieder eine Fülle „gutartiger" Nachfolger: die Anisées, in Frankreich auch Pastis genannt. Ihre Grundlage ist der Sternanis. Seine ätherischen Öle werden destilliert und dann mit Zucker, reinem Alkohol und verschiedenen Zutaten, wie Minze, Melisse, provenzalische Kräuter oder Süßholz, vermischt. Zu den bekanntesten Aniséemarken zählen *Pernod* und *Ricard* aus Frankreich, der *Pastis* (er ist jetzt auch alkoholfrei erhältlich) und der *Anisette* (ein Gewürzlikör).
Zur großen Familie der Anisbrände gehören aber auch der griechische Ouzo und der türkische Raki. *Ouzo* ist ein süßlicher Anisbranntwein mit 40–50 Vol.-% Alkohol. *Raki* schmeckt herbwürzig und nicht so süß wie der Ouzo und hat einen Alkoholgehalt von 40–50 Vol.-%.

Enzian

Dieser Spezialbranntwein der Alpenländer wird aus den bis zu 5 kg schweren Wurzeln des gelben Enzians gewonnen. Enzian hat einen bitteren, erdigen Geschmack und riecht auch streng herb. Er muß mindestens 38 Vol.-% Alkohol enthalten.

BITTERS

Dieser Sammelbegriff steht für alle Bitterliköre (siehe Liköre, Seite 28) und Würzbitters. Bitters werden aus Kräuter- und Wurzelextrakten, aus Drogenbestandteilen vor allem tropischer und subtropischer Pflanzen und aus Gewürzen hergestellt. Meist haben sie eine dunkle Farbe und wirken verdauungsfördernd sowie appetitanregend.

Angostura
Er wird aus Extrakten von Pomeranzenschalen, Enzianwurzeln, Angelikawurzeln, Chinarinde, Gewürznelken, Muskatblüte, Kardamom, Zimt und Galgant hergestellt. Heute ist Angostura der bekannteste Bitter der Welt, unentbehrlich für jeden Barmixer zum Aromatisieren von Drinks.

Orange-Bitter
Er ist ein Extrakt aus Pomeranzenschalen, der mit Gin vermischt ist. Auch er dient ausschließlich zum Aromatisieren von Cocktails.

Tropical-Bitter
Er ist ein auf der Basis von tropischen Früchten hergestellter Bitter.

Boonekamp
Dieser aromatische Bitterbranntwein (mindestens 40 Vol.-% Alkohol) enthält eine Fülle exotischer Zutaten. So zum Beispiel Anis, Fenchel, Süßholz, Bitterklee, Manna, Baldrianwurzel, Wermutkraut und Pappelknospen, um nur einige wenige zu nennen.

Campari
Dieser weltbekannte italienische Bitterbranntwein verdankt sein typisches Aroma einer streng gehüteten Kräutermischung und den Schalen der Bitterorange. Der rubinrote Bitter wurde 1861 in Mailand von dem Gastwirt und Destillateur Caspare Davide Campari kreiert und hat sich heute zu einem Aperitifklassiker entwickelt. Er eignet sich gut zum Mixen.

Aperol
Er ist der „kleine Bruder" des Camparis und hat einen Alkoholgehalt von nur 11 Vol.-%.

Cynar
Der Bitter-Aperitif ist italienischen Ursprungs, wird aus Artischockensaft und Kräutern hergestellt und hat einen Alkoholgehalt von 16,5 Vol.-%.
Zur Großfamilie der Bitters gehören aber auch der **Fernet-Branca**, der **Punt e Mès**, der nach Pfefferminz schmeckende

Branca Menta, der goldgelbe, süßlich schmeckende **Karlsbader Becher Bitter** (heute Karlovarske Becherovka genannt), der französische **Suze** und der seit 1846 in Rheinberg am Niederrhein nach altem Familienrezept gebraute **Underberg**.

LIKÖRE

Mediziner und Mönche waren es, die auf der Suche nach Heilmitteln die ersten Liköre herstellten, denn um ihren Patienten die bitteren Kräuterelixiere zu versüßen, rührten sie Honig oder Zucker darunter. Liköre sind, laut Gesetzgeber, Spirituosen mit Zusatz von Zucker und aromatisierenden Stoffen, Pflanzen- und Fruchtauszügen (oder Destillaten), Fruchtsäften oder ätherischen Ölen. Statt mit Zucker dürfen sie auch mit Honig, Glukose und Kandiszucker gesüßt werden. Je nach Zutaten unterscheidet man zwischen Kräuter-, Gewürz- und Bitterlikören, Fruchtlikören (aus Fruchtsaft hergestellt), Fruchtaromalikören (aus Früchten oder Fruchtteilen hergestellt), Cremes, Emulsionslikören (dickflüssig und gehaltvoll) und Whisk(e)ylikören. Auch der Alkoholgehalt der Liköre ist unterschiedlich. So enthalten Milch-, Schokoladen- und Eierliköre mindestens 20 Vol.-%, Fruchtsaft-, Kakao-, Kaffee- und Teeliköre mindestens 25 Vol.-%, Fruchtbrandys und Vanilleliköre mindestens 30 Vol.-%, Honigliköre und Fruchtliköre mit dem Zusatz „Triple Sec" mindestens 35 Vol.-% Alkohol. Ein Likörchen kann es also durchaus in sich haben. Zum Mixen sind Liköre unentbehrlich, sei es nun als Farbgeber, als Süßungsmittel oder zur Geschmacksabrundung.

Amaretto
Der bernsteinfarbene Likör aus Italien wird aus süßen und bitteren Mandeln, Aprikosenkernen, Vanille und anderen Gewürzen hergestellt. Sein Alkoholgehalt beträgt 28 Vol.-%. Die Blausäure, die sowohl in Mandeln als auch in Aprikosenkernen enthalten ist, wird bei der Destillation ausgeschieden.

Amaro Averna
Der auch Amaro Siciliano genannte Likör ist ein italienischer, intensiv schmeckender Bitterlikör.

Anisette
Dieser Gewürzlikör wird vorwiegend aus Sternanis hergestellt. Dazu kommen weitere Zusätze, wie Fenchel, Gewürznelken, Koriander, Veilchenwurzel und andere Gewürze. Sein Alkoholgehalt: mindestens 30 Vol.-%.

Apricot Brandy
Der Aprikosenlikör wird aus Aprikosensaft, Aprikosenbranntwein, Zucker und Stärkesirup, Sprit und Wasser hergestellt. Sein Alkoholgehalt: mindestens 30 Vol.-%. Wird anstelle des aromatischen Obstbranntweins nur ein Primaspritz genommen, darf sich dieses Erzeugnis nur Aprikosenlikör nennen. Apricot Brandy wird gerne zum Mixen genommen, da er sich mit den meisten Spirituosen und Säften gut verbindet.

Bénédictine
Dieser bernsteinfarbene französische Kräuterlikör verdankt seinen Namen Benediktinermönchen, die den Likör im Jahre 1510 das erste Mal hergestellt haben.

B & B
Dieser bernsteinfarbene Likör ist eine Mischung aus Bénédictine und Cognac und wurde 1938 auf den Markt gebracht. Sein Alkoholgehalt: 40 Vol.-%.

Cassis
Der dunkelrote Likör wird aus dem Saft von schwarzen Johannisbeeren hergestellt. Cassis ist das französische Wort für diese Beerenfrucht. Sein Alkoholgehalt: mindestens 20 Vol.-%. Ein Cassis darf sich nur *Crème de Cassis* nennen, wenn er einen Mindestalkoholgehalt von 15 Vol.-% und einen Mindestzuckeranteil aufweisen kann. Cassis wird pur als Likör oder aber als Aperitif getrunken.

Chartreuse
Der französische Kräuterlikör wurde von einem unbekannten Alchimisten als Lebenselixier erfunden. Mönche des Klosters La Grande Chartreuse bei Grenoble verbesserten die Geheimformel des Alchimisten und entwickelten dann neben dem ursprünglich grünen Chartreuse auch den gelben, den König der Liköre. Chartreuse besteht aus etwa 130 verschiedenen

Kräutern und Extrakten; flüssiger Grundstoff ist Weinbrand. Der gelbe Chartreuse ist sehr mild und enthält 43 Vol.-% Alkohol. Der grüne Chartreuse ist würziger und kräftiger und enthält 55 Vol.-%.

Cherry Brandy
Dieser Kirschlikör wird aus Kirschsaft hergestellt und hat etwa 25 Vol.-% Alkohol.

Cointreau
Der Likör wird aus reifen Bitterorangen und Zitronen gewonnen. Sein Alkoholgehalt: 40 Vol.-%. Man trinkt ihn pur oder auf Eis. Zudem nimmt man ihn zum Mixen sowie zum Aromatisieren von Gebäck und Süßspeisen.

Crèmes
Unter dieser Bezeichnung findet man feine, dickflüssige und zuckerreiche Liköre mit einem Alkoholgehalt von mindestens 25 Vol.-%. Sie kommen auch unter der Bezeichnung „Crème de..." auf den Markt. Meistens bestehen sie aus Cognac oder Weinbrand und erhalten ihren charakteristischen Geschmack von Fruchtdestillaten.
Crème de Banane ist ein Bananenlikör, der aus reifen, aromatischen Bananen hergestellt wird.
Crème de Cacao ist ein hell- bis dunkelbrauner Kakaolikör aus gerösteten und geschroteten Kakaobohnen und einem Hauch Vanille. Der helle Kakaolikör ist übrigens süßer als der dunkle.
Crème de Café ist ein Kaffeelikör, der aus frisch geröstetem und gemahlenem Kaffee hergestellt wird (siehe auch Kaffeelikör, Seite 32).
Crème de Cassis ist ein würziger Likör aus schwarzen Johannisbeeren (siehe auch Cassis, Seite 29).
Crème de Coco ist ein Likör, der auf der Basis von Kokosnüssen hergestellt wird (siehe auch Kokoslikör, Seite 33).
Crème de Fraises ist ein aromatischer, zart rosafarbener Erdbeerlikör.
Crème de Framboise hat Himbeeren als Grundlage und schmeckt etwas lieblicher als Erdbeerlikör.
Crème de Mandarines wird aus Mandarinensaft hergestellt.
Crème de Menthe duftet und schmeckt nach Pfefferminze. Es gibt ihn in weiß und in grün (siehe auch Pfefferminzlikör, Seite 33).

Crème de Noyaux ist ein Nußlikör aus gemahlenen Hasel- und Walnüssen, Mandeln, Kirschkernen, Cognac oder Weinbrand.
Crème de Prunelle wird aus Pflaumenauszügen und Weinbrand hergestellt.
Crème de Violette ist ein blauer Veilchenlikör.

Curaçao
Dies ist die Gattungsbezeichnung für Orangenliköre, die aus den Schalen einer Pomeranzenart hergestellt werden. Früher wuchs diese Pomeranzenart (Bitterorangen) vorwiegend auf der westindischen Insel Curaçao vor der Küste Venezuelas, daher auch der Name. Heute kommt die getrocknete Schale dieser Pomeranzenart vor allem aus Haiti. Um der Schale die Aromastoffe zu entziehen, wird sie mit Weingeist, Cognac oder Armagnac behandelt. Dann kommen Gewürze und Kräuter hinzu. Curaçao wird in vielen Farben hergestellt, in hell (*Curaçao Triple sec*), in orange (*Red Orange*), grün und blau (*Curaçao blue*).
Der normale Curaçao hat einen Alkoholgehalt von mindestens 30 Vol.-%. Trockene Sorten mit der Zusatzbezeichnung „sec" (trocken) oder „Triple sec" (dreifach trocken) müssen mindestens 35 Vol.-% Alkohol haben.

Danziger Goldwasser
Der klare, farblose Gewürzlikör wird nach einem 400 Jahre alten Rezept hergestellt. Das Besondere an ihm sind echte 22karätige Goldblätter, die glitzernd in der Flüssigkeit schwimmen und Glück bringen sollen. Sein Alkoholgehalt: mindestens 38 Vol.-%.

Drambuie
Der schottische Whisky-Honig-Likör besteht aus 15jährigem Scotch Whisky, Kräutern der Highlands und schottischem Heidehonig. Sein Alkoholgehalt: 40 Vol.-%.

Eierlikör
Er gehört zu den Emulsionslikören und wird aus Eigelb, Zucker und Alkohol (meistens Weinbrand) hergestellt. Sein Alkoholgehalt: 20 Vol.-% und mehr.

Escorial
Er ist ein deutscher, grüner Kräuterlikör.

Frangelico
Dieser bernsteinfarbene italienische Kräuterlikör wird aus Haselnüssen, Kräutern und Beeren hergestellt.

Grand Marnier
Der französische Orangenlikör wird aus karibischen Bitterorangen (Pomeranzen) hergestellt. Es gibt einen hellen Grand Marnier und einen roten (Grand Marnier Cordon Rouge). Beide haben einen Alkoholgehalt von 40 Vol.-%. Pur serviert man Grand Marnier entweder zimmerwarm in Schwenkern oder kalt auf Eis. Zum Mixen ist er aber auch ideal geeignet.

Galliano
Er ist einer der bekanntesten italienischen Liköre. Etwa 70 verschiedene Kräuter und Pflanzenauszüge verleihen dem goldgelben Likör sein spezielles Aroma. Sein Alkoholgehalt liegt bei 35 Vol.-%. Galliano gibt es aber auch farblos mit Orangenaroma und bräunlich mit Mandelaroma.

Irish Mist
Dieser Whiskeylikör wird aus Irish Whiskey, Kräutern und Heidehonig hergestellt. Sein Alkoholgehalt: 35 Vol.-%.

Jägermeister
Er ist der in Deutschland meistgetrunkene und auch bekannteste Kräuterlikör. Sein Alkoholgehalt: 35 Vol.-%.

Kaffeelikör
Der oft auch Moccalikör genannte Likör wird aus frisch gerösteten, gemahlenen Kaffeebohnen oder aus Pulverkaffee ohne künstliche Aromastoffe hergestellt. Er hat einen Alkoholgehalt von mindestens 25 Vol.-%. Liköre mit der Bezeichnung „Kaffee mit Sahne" oder „Mocca mit Sahne" enthalten mindestens 10 % Kaffeesahne. Zu den bekanntesten Kaffeelikörmarken gehören der *Kahlúa*, ein mexikanischer Kaffeelikör mit Kräutern und Vanille, der *Tía Maria*, ein Kaffeelikör mit Zuckerrohralkohol und der *Batida de Café*.

Kakaolikör
Er wird aus destillierten Kakaobohnen oder aus Kakaopulver hergestellt. Häufig wird ihm auch Kirschwasser zugesetzt.

Kirschlikör
Er gehört zur Gruppe der Fruchtsaftliköre und enthält mindestens 25 Vol.-% Alkohol. Bekannte Kirschliköre sind unter anderen der dänische *Cherry Heering*, der italienische *Luxardo* und der *Maraschino*.

Kokoslikör
Seine Basis ist die Milch von Kokosnüssen. Es gibt ihn gleich in mehreren Varianten: sahnig mit brasilianischer Kokosmilch als *Cocosala*, *Batida de Coco* oder *Crème de Coco*, kristallklar als *Coco Ribe* sowie als *Malibu*.

Kontiki
Dieser Alcotropic wird aus Gin, Zitronen und Grapefruits hergestellt. Sein Alkoholgehalt: 22 Vol.-%.

Maracujalikör
Dieser Fruchtsaftlikör wird aus Passionsfrüchten hergestellt. Die bekannteste Marke ist *Jambosala* mit 25 Vol.-% Alkohol.

Maraschino
Dieser Kirschlikör schmeckt leicht nach bitteren Mandeln. Sein Alkoholgehalt: 30–35 Vol.-%. Man trinkt ihn oft auf Eis als Digestif nach dem Essen.

Peach Brandy
Er zählt zu den Fruchtaromalikören, ist wasserhell und klar. Sein Alkoholgehalt: 30–35 Vol.-%.

Parfait Amour
Dies ist ein lilafarbener, aus Veilchen und exotischen Zutaten hergestellter Fruchtaromalikör.

Pfefferminzlikör
Er besteht aus natürlichen Pfefferminzessenzen, Alkohol und Zucker.

Pisang Ambon
Der Bananenlikör wird aus Bananen hergestellt, die auf der kleinen indonesischen Insel Ambon wachsen. Der grüne, mit Kräutern gewürzte Likör hat 22 Vol.-% Alkohol.

Sambuca
Er ist farblos und wird aus Holunderbeeren und Lakritz hergestellt. Das italienische Nationalgetränk ähnelt den französischen Anisgetränken und wird deshalb auch gerne als Longdrink mit Wasser und Eis getrunken.

Schwedenpunsch
Dieser Speziallikör wird aus Arrak, oft auch Wein und verschiedenen Gewürzen hergestellt.

Southern Comfort
Er ist der Klassiker unter den Whiskylikören und wurde vor gut 130 Jahren in New Orleans erfunden. Besonders typisch: sein aromatisches Orangen-Pfirsich-Aroma. Sein Alkoholgehalt: 40 Vol.-%.

Strega
Er wird auch oft „La Strega“ (die Hexe) genannt und ist einer der berühmtesten Kräuterliköre Italiens. Grundlage sind Kräuter, Wurzeln und Rinden aus den Tälern des Apennin. Geschmack: bittersüß.

Zitronenlikör
Dieser Fruchtaromalikör wird aus reifen Zitronen hergestellt. Die Bezeichnung „Triple“ oder „Triple sec“ erfordert einen Mindestalkoholgehalt von mindestens 35 Vol.-%. Normalerweise enthält Zitronenlikör 30 Vol.-% Alkohol.

Fast schon unüberschaubar ist die große Zahl der Soft-Spirituosen und exotischen Mischungen, die aber nicht unbedingt zur Familie der Liköre gehören. Da gibt es beispielsweise den **Pimm's No. 1**, die englische Spezialität auf Ginbasis, schon fertig gemixt zu kaufen. Das Getränk, oft als Lieblingsdrink der englischen Königin gerühmt, braucht nur noch mit Mineralwasser, Ginger-ale, Orangen- oder Zitronenlimonade aufgefüllt zu werden. Pimm's gibt es als No. 2 mit Whisky, als No. 3 mit Weinbrand, als No. 4 mit weißem Rum und als No. 5 mit Wodka.

SCHAUMWEINE

Schaumwein ist der ausgesprochen nüchterne Oberbegriff für ein äußerst prickelndes Vergnügen. Denn sowohl Sekt, Champagner, Crémant, Spumante und Cava sprudeln unter dieser Bezeichnung. Sie alle sind weinhaltige Getränke, die durch Gärung (entweder in der Flasche oder im Tank) oder durch Zusatz von Kohlensäure aus Wein hergestellt werden und in geschlossenen Behältern bei 20° C einen Überdruck von mindestens drei Bar aufweisen.

Champagner
Er ist der König unter den Schaumweinen. Seinen Namen hat er von der Region, in der er erzeugt wird; und nur der schäumende Wein aus dem genau abgegrenzten Anbaugebiet um Reims und Epernay in Nordfrankreich darf sich so nennen. Seine Herstellung ist sehr aufwendig, da der Champagner in den Flaschen gären muß, in denen er auch verkauft wird (Methode champenoise).
„Extra Brut" ist ein besonders herber Champagner, „Brut" ist sehr trocken bis trocken, „Extra dry" ist ein trockener bis halbtrockener Champagner, „Sec" ist halbtrocken bis süß, „Demi sec" ist süß und „Doux" ist sehr süß.

Crémant
Der auch Vin Mousseux genannte Schaumwein stammt zwar nicht aus der Champagne, aber auch er wird nach der „Methode champenoise" hergestellt, muß also in der Flasche gären.

Sekt
Dieser Qualitätsschaumwein wird in Deutschland hergestellt. Seine Mindestlagerzeit beträgt neun Monate. Nach einer behördlichen Prüfung wird ihm dann eine amtliche Prüfnummer zugeteilt, die auf dem Etikett erscheinen muß.
Prädikatssekt ist ein Qualitätsschaumwein, der zu mindestens 60% aus deutschen Weinen hergestellt wurde.
Winzersekt ist ein Sekt, der von Winzern oder von einer Erzeugergemeinschaft ausschließlich nach der „Methode champenoise" hergestellt wird.

Spumante
Dies ist ein lieblicher italienischer Schaumwein. Sein berühmtester und ältester Vertreter ist der Asti Spumante.

Cava
Dieser spanische Schaumwein wird ausschließlich nach der „Methode champenoise" hergestellt.

Krimsekt
Der weiße oder rote Schaumwein wird aus Muskatellertrauben hergestellt, die nur auf der russischen Halbinsel Krim wachsen. Echter Krimsekt gärt in Flaschen.

VERSETZTE WEINE

Versetzte Weine sind haltbar gemachte Weine, die Zusätze wie Kräuter, Zucker und ähnliches enthalten. Sie werden mit Vorliebe als Aperitif serviert. Die Rede ist von Vermouth, Sherry, Portwein und Co.

Vermoutn
Der mit Kräutern, Alkohol, Zucker, Karamel und Wasser versetzte Wein wird hauptsächlich in Italien und Frankreich hergestellt.
Süßer Vermouth ist weiß (bianco) oder rot (rosso) und hat einen Alkoholgehalt von 15,5–16 Vol.-%.
Trockener Vermouth (dry, extra dry) ist weiß, enthält mindestens 18 Vol.-% Alkohol und höchstens 40 g Zucker.
Halbsüßer Vermouth wird als rosé angeboten. Die bekanntesten Vermouth-Marken sind:
Carpano Punt e Mes ist ein bittersüßer italienischer Vermouth mit einem Alkoholgehalt von 20 Vol.-%. Ein weiterer berühmter „Italiener" ist der Cinzano, der Rosso Antico. Ihn gibt es als bianco, rosso und dry. Noilly Prat ist der trockenste unter den „Vermouth-Brüdern" und kommt, wie der Picon, aus Frankreich. Seit neuestem gibt es auch alkoholfreien Vermouth im Handel.
Neben den klassischen Vermouths gibt es noch eine Fülle von Aperitifs auf Weinbasis, die größtenteils auch der Chinarinde

ihren Geschmack verdanken. Die bekanntesten Vertreter dieser Aperitif-Gruppe sind unter anderem **Byrrh** (rot) und **Dubonnet** (weiß und rot), beides französische Aperitifs.

Sherry
Dies ist ein versetzter Südwein aus einer gesetzlich genau definierten Gegend Andalusiens.
Je nach Geschmack unterscheidet man folgende Sherryarten:
Fino ist der trockenste aller Sherrys. Er ist hellgelb und hat ein feines Mandelaroma. Sein Alkoholgehalt beträgt 15,5 bis 17 Vol.-%.
Manzanilla ist ein Fino aus Sanluca de Barrameda. Er ist leicht, frisch und aromatisch, etwas bitter im Geschmack und hat einen Alkoholgehalt von 15,5–16,5 Vol.-%.
Amontillado ist ein bernsteinfarbener, halbtrockener Sherry mit einem Alkoholgehalt von 18–25 Vol.-%. Er wird auch als Medium und Medium Dry angeboten.
Olorosso nennt man den dunkelbraunen, körperreichen Sherry mit einem Alkoholgehalt von bis zu 24 Vol.-%. Er schmeckt leicht nach Walnuß.
Cream Sherry ist eine Olorosso-Auslese, sehr süß und recht dunkel.

Madeira
Dieser goldgelbe versetzte Wein (15–20 Vol.-%) wird nur auf der portugiesischen Insel Madeira vor der Westküste Afrikas erzeugt. Es gibt vier verschiedene Sorten mit unterschiedlichen Süßegraden, die nach der verwendeten Traubensorte benannt sind: Bual (Boal), ein leichter, nicht ganz so süßer Wein, Verdelho, ein halbtrockener Wein mit leichtem Honiggeschmack, Malvasier (Malmsey), der süßeste Madeira, und Sercial, der trockenste Madeira.

Portwein
Er gehört zu den berühmtesten versetzten Weinen der Welt. Seine Heimat liegt im Norden Portugals. Rote und rubinrote Portweine, die gelagert werden, sind meistens verschnitten. Sie sind jung, süß und fruchtig und eignen sich ideal als Dessertweine. Weißer Portwein reift auch mehrere Jahre im Faß, ehe er in Flaschen abgefüllt wird. Er ist ein hervorragender Aperitifwein.

Malaga
Dieser spanische Südwein wurde ursprünglich nur im Gebiet von Malaga hergestellt. Heute wird er aber auch an der Ostküste Spaniens produziert. Als junger Wein ist er strohgelb, im Alter dagegen braungelb. Color auf dem Etikett bedeutet, daß er sehr süß ist, Sec dagegen heißt trocken. Malaga hat einen Alkoholgehalt von 17 Vol.-%. Man trinkt ihn häufig gerne als Digestif nach dem Essen.

Marsala
Dieser Südwein (mindestens 12 Vol.-%) darf nur in der westsizilianischen Provinz Trapani und in Teilen von Agrigent und Palermo hergestellt werden.

Samos
Dieser Dessertwein wurde nach der griechischen Insel Samos benannt. Da der Zuckergehalt etwa 10% ausmacht, ist er sehr süß. Der Samos wird wie Likör aus kleinen Dessertweingläsern getrunken.

Tokajer
Dieser ungarische Dessertwein stammt aus der Tokaji, einem Weingebiet 150 km nördlich von Budapest.

SIRUPS

Sie spielen beim Mixen eine sehr große Rolle, denn sie bringen Farbe ins Glas, geben die richtige Süße und verleihen vielen Drinks erst das gewisse Etwas. Mit Sirup sollten Sie allerdings sparsam umgehen. In der Regel reichen wenige Tropfen davon.

Zuckersirup
Der oft auch Läuterzucker genannte Sirup ist der am meisten verwendete. Er läßt sich ganz einfach selbst herstellen:
In 1 l kochendes Wasser 1 kg Zucker einrühren und alles aufkochen lassen. Je länger die Zuckerlösung kocht, desto dickflüssiger wird der Sirup. Ihn dann abkühlen lassen, in Flaschen abfüllen und kühl und dunkel aufbewahren.

Grenadine
Dieser blutrote, kräftige Fruchtsirup wird aus Granatäpfeln gewonnen. Er färbt Drinks je nach Dosis zartrosa bis tiefrot. Für Cocktails, die eine rote Farbe haben sollen, eignen sich aber auch Himbeer-, Preiselbeer- und Erdbeersirup sowie der aus schwarzen Johannisbeeren hergestellte Cassissirup.

Mandelsirup
Dieser in Frankreich und in den USA Orgeat, in Italien Orzata genannte Sirup ist milchig-weiß und hat einen sehr intensiven und aromatischen Geschmack.
Bis zu **30 verschiedene Sirupsorten** gibt es. So zum Beispiel Mango-, Papaya-, Maracuja-, Kokos- und Kiwisirup, aber auch Bananen-, Ahorn-, Orangen-, Pfirsich-, Mandarinen-, Aprikosen-, Pfefferminz- und Anissirup.
Unerläßlich zum Süßen und Aromatisieren ist auch **Rose's Lime Juice** (Limettensirup), der bei vielen Cocktails Zitronensaft und Zucker ersetzt. Ebenfalls kein klassischer Sirup, aber dennoch ausgesprochen wichtig ist **Cream of Coconut**. Die in Dosen angebotene Kokosnußcreme kann dickflüssig, aber auch cremig-fest sein. Sie ist ideal für exotische Drinks. Verdünnen Sie sie aber 1:1 mit Wasser, sonst ist sie zu süß.

SÄFTE

Fruchtsäfte sind ein absolutes Muß in jeder gut sortierten Bar, denn sie geben den Drinks die gewünschte Farbe und auch ein besonderes Aroma. Klassiker unter den Fruchtsäften sind nach wie vor Zitronen- und Orangensaft. Beide sollten möglichst frisch gepreßt sein. Im Handel gibt es jetzt aber auch schon qualitativ hochwertige Fruchtsäfte. Doch Vorsicht beim Einkauf! Nicht alles, was aus der Flasche fließt, ist auch Obst:
Naturreiner Fruchtsaft muß zu 100% aus gepreßtem Obst (frischem oder tiefgekühltem) bestehen.
Fruchtsäfte aus Konzentrat bestehen ebenfalls zu 100% aus Früchten, allerdings wird der Saft aus Fruchtsaftkonzentrat hergestellt.
Fruchtnektar ist ein Gemisch aus Fruchtsaft und/oder Fruchtmark, Wasser und Zucker. Der Fruchtanteil muß bei Äpfeln, Bir-

nen und Zitrusfrüchten mindestens 50% und bei tropischen Früchten, Johannisbeeren und Sanddorn mindestens 25% betragen. Bei Diät-Fruchtsaftnektaren oder Light-Säften wird der Fruchtsaft mit Wasser verdünnt und der Zucker durch Zuckeraustauschstoff oder Süßstoff ersetzt.
Fruchtsaftgetränke haben nur einen minimalen Fruchtanteil, dafür enthalten sie aber viel Tafel- oder Mineralwasser und Zucker. Ein Beispiel: In einer Flasche Orangensaft steckt der Saft von etwa 20 Apfelsinen, in einer Flasche Orangennektar der von etwa 10 und in einer Flasche Orangenfruchtsaftgetränk der von nur 1 ½ Apfelsinen.
Neben Obstsäften benötigen Sie zum Mixen pikanter Drinks **Gemüsesäfte**. Auch bei diesen ist die Auswahl in den Geschäften viel besser geworden.

LIMONADEN UND WÄSSER

Man braucht sie zum Auffüllen und Verdünnen, und sie sorgen für das schäumende und prickelnde Etwas.
Bitter lemon ist ein chininhaltiges Getränk, das aus den leicht bitteren Schalen von Limetten gewonnen wird. Ähnliche Getränke sind **Bitter Orange** aus Orangen- und **Bitter Grapefruit** aus Grapefruitschalen.
Colagetränke gehören zur großen Limonadenfamilie und enthalten neben Zucker, Tafelwasser und anderen Geschmacksstoffen auch das anregende Koffein.
Ginger-ale ist ein limonadenartiges Getränk mit Ingwergeschmack.
Limonaden brauchen im Gegensatz zu Fruchtsäften nur Fruchtessenzen zu enthalten, sie können aber auch mit Fruchtsaft hergestellt sein. Außerdem bestehen sie aus mindestens 7% reinem Zucker sowie aus Genußsäuren und kohlensäurehaltigem Wasser oder Tafelwasser.
Sanbitter ist ein alkoholfreies Bittergetränk aus Italien.
Tonic water schmeckt herbfrisch und leicht süßlich. Es enthält eine Spur Chinin.
Mineralwasser gibt es mit und ohne Kohlensäure, leicht bitter oder etwas salzig sowie mit hohem und geringem Gehalt an Mineralstoffen.

Soda (Sodawasser) hat einen hohen Natriumcarbonatgehalt. Es enthält entweder natürliche oder „künstlich eingepreßte" Kohlensäure.

EIER, MILCH UND SAHNE

Man braucht sie zum Beispiel für Egg-Nogs und Shakes, für Flips und Cocktails sowie zum Auffüllen und Garnieren. Auch wenn es etwas merkwürdig klingt – sie sind unentbehrliche Zutaten für einen Barmixer.

Eier sollten immer nur frisch verwendet werden. Im Eierfach des Kühlschranks halten sie mindestens drei Wochen, bei Zimmertemperatur allerdings nur eine Woche.

Frothee ist ein flüssiges, geschmacksneutrales Eiweißkonzentrat, das Drinks eine schöne Schaumkrone verleiht. Wer es nicht bekommen kann, ersetzt es durch eine selbstgemachte Eiweiß-Wasser-Mischung (Verhältnis 1:1).

Milch schmeckt frisch am besten. Besonders cremig werden die Drinks, wenn Sie Milch mit 3,5% Fett verwenden.

Milchprodukte, wie Buttermilch, Dickmilch, Joghurt und Kefir, eignen sich ebenfalls gut zum Mixen. Nehmen Sie auch hier solche mit 3,5% Fett.

Sahne nimmt man gerne, wenn ein Drink besonders cremig sein soll, aber auch, wenn man ihn mit einer Sahnehaube dekorieren will. Gemixt wird in der Regel mit flüssiger Sahne, eventuell auch mit leicht geschlagener.

OBST UND GEWÜRZE

Ob als pfiffige Dekoration oder als raffinierte Würze – Obst, Gemüse, Gewürze und Aromate spielen auch beim Mixen eine wichtige Rolle. Vieles von dem, was Sie unten aufgeführt finden, haben Sie mit Sicherheit schon in der Küche vorrätig.

Obst braucht man in der Regel für die Dekoration. Was sich eignet, finden Sie auf Seite 50.

Auch **Gemüse** (wie Oliven und Perlzwiebeln) werden als Dekoration verwendet (siehe Seite 51).

Außerdem sollten Sie folgende Dinge bereitstehen haben: Instantkaffee, Zucker (Kristallzucker, Puderzucker, Würfelzucker, Kandis, brauner Zucker), Salz, Muskat (Nüsse oder gerieben), Nelken, Zimtpulver, Zimtstangen, Pfeffer (gemahlen), Paprikapulver und Selleriesalz sowie Tabasco, Ketchup und Worchestershiresauce.

EIS

Ohne Eis sind die meisten Mixgetränke undenkbar. Zum einen soll es das Getränk beim Mixen stark abkühlen, ohne es dabei aber zu verwässern, zum anderen soll es die Getränke möglichst lange im Glas kühl halten.
Bei **Eiswürfeln** gilt: je größer, um so besser. Aus Eiswürfelschalen mit Hebeln sowie aus Plastiktüten für Eiswürfel lassen sich die Würfel besonders schnell herausnehmen. Wenn Sie Wert auf glasklares Eis legen, sollten Sie das Wasser vor dem Gefrieren abkochen oder Mineralwasser nehmen.
Crushed ice (zerstoßenes Eis) läßt sich am einfachsten in einer Eismühle zubereiten (siehe Seite 10). Es geht aber auch ohne, und zwar so: Legen Sie einige Eiswürfel auf ein Geschirrtuch, und falten Sie es zu einem Beutel zusammen. Dann legen Sie diesen auf einen festen Untergrund und schlagen mit einem Fleischklopfer auf die Eiswürfel im Tuch ein. Nun füllen Sie das zerstoßene Eis in ein großes Glas und stellen es bis zum Gebrauch ins Gefrierfach. Da zerstoßenes Eis schneller schmilzt als Würfel, sollten Sie es immer erst kurz vor der Verwendung zubereiten.
Außerdem gibt es noch **Cobbler ice** (grob zerstoßenes Eis) und **Shaved ice** (geschabtes Eis). Man benötigt beides aber in der Regel nur ganz selten.
So paradox es auch klingen mag, je kälter das Eis ist, desto geringer ist sein Kühleffekt. Drinks mit eiskalten Würfeln müssen viel länger geschüttelt werden als solche mit „wärmeren". Und so benutzen Profi-Barkeeper auch Eiswürfel, deren Temperatur bei ungefähr 0° C liegt. Deshalb der Tip: Nehmen Sie die Eiswürfelschale einige Zeit vor der Zubereitung der Getränke aus dem Tiefkühlfach.

DER GRUNDSTOCK EINER BAR

Für den Start ins Mixvergnügen haben wir eine Grundstockliste der Spirituosen und Liköre zusammengestellt, mit der Sie schon für viele Drinks gerüstet sind. Sie können aber auch erst mit zwei oder drei Ihrer Lieblingsspirituosen beginnen und das Barsortiment dann allmählich aufstocken.

Für den Anfänger:
Apricot-Brandy
Bourbon Whiskey
Scotch Whisky
Campari
Gin
Crème de Cassis (Johannisbeerlikör)
Crème de Menthe grün (Pfefferminzlikör)
Crème de Cacao (Kakaolikör)
Cognac oder Weinbrand
Cointreau (Orangenlikör)
Curaçao blue
weißer Rum
brauner Rum
Sekt
Sherry (fino und olorosso)
weißer Tequila
Wodka
Vermouth (bianco, rosso, dry).
Dazu kommen nun noch Aroma-Träger, wie Angostura und Orange-Bitter, Zucker- und Grenadinesirup, Soda- oder Mineralwasser, Bitter lemon, Ginger-ale, Tonic water, Orangen- und Zitronensaft sowie Eier, Sahne, Obst und frische Minze.

Für den Fortgeschrittenen zum Aufstocken:
Amaretto
Anislikör
Bénédictine
Calvados
Cherry Brandy
Cynar
Drambuie
Galliano
Grand Marnier
Irish Whiskey
Korn
Pernod
Portwein
Sherry (amontillado, cream)
Southern Comfort

MIXEN

Zubereitung im Shaker
So werden Drinks zubereitet, die schwer mischbare Zutaten, wie Sirup, Likör, Milch und Eier enthalten. Den Shaker zu zwei Dritteln mit Eiswürfeln füllen, kurz durchschwenken. Das Gästeglas kühl stellen.

Nun das Schmelzwasser aus dem Shaker abseihen. Die Zutaten nach Rezept abmessen, in den Shaker geben und ihn verschließen. Den Shaker kurz und kräftig schütteln. Dabei bewegt man ihn vom Körper weg und zum Körper hin. Alle Drinks, die sich leichter mischen, werden etwa 10 Sekunden, Drinks mit Eigelb 20 Sekunden geschüttelt.

Dann den Shaker öffnen und den Drink durch das Barsieb ins vorgekühlte Glas seihen. Den Drink eventuell dekorieren. Ein perfekt geschüttelter Cocktail sieht zunächst trübe aus, klärt sich aber langsam von unten nach oben. Im Boston-Shaker sollten übrigens nicht mehr als zwei Cocktails zusammen geschüttelt werden (dann mehr Eis nehmen).

Zubereitung im Blender
Im Blender werden vor allem Drinks zubereitet, die Früchte, Speiseeis, Sahne und Eier enthalten, sowie alle „frozen Drinks“. Zuerst das passende Gästeglas kühl stellen. Dann 1 Barschaufel Crushed ice oder 2 bis 3 Eiswürfel in den Mixbecher des Blenders geben. Die für den Drink nötigen Zutaten sowie die Dekoration bereitstellen.

Die Zutaten nach Rezept abmessen und in den Mixbecher geben. Diesen verschließen und den Blender auf Stufe 1 etwa 10 Sekunden laufen lassen. Dann auf Stufe 2 schalten und den Blender nochmals 10 Sekunden laufen lassen.

Den Drink in das Gästeglas gießen, dekorieren und sofort servieren. Soll der Drink etwas dickflüssiger sein, gibt man, bevor man auf Stufe 2 schaltet, noch etwas Crushed ice in den Mixbecher des Blenders.

Zubereitung im Rührglas
Im Rührglas werden alle Drinks zubereitet, die zusammen mit Eiswürfeln gerührt, aber ohne Eis serviert werden. Zuerst das passende Gästeglas kühl stellen. Dann 2 bis 3 Eiswürfel ins Rührglas geben und es einige Male durchschwenken. Die für den Drink nötigen Zutaten sowie die Dekoration bereitstellen.

Dann das Schmelzwasser aus dem Rührglas seihen. Die Zutaten nach Rezept abmessen und in das Rührglas geben. Nun alles mit einem langstieligen Barlöffel von unten nach oben verrühren.

Den Drink durch das Barsieb sofort in das vorgekühlte Gästeglas seihen und eventuell dekorieren. Werden mehrere Drinks zusammen im Rührglas gemischt (dann mehr Eis nehmen), ist es besser, erst einmal weniger in die Gästegläser zu gießen und dann den Rest gleichmäßig zu verteilen.

Zubereitung im Gästeglas
In dem Glas, in dem sie auch serviert werden, rührt man vor allem Drinks, deren Zutaten sich leicht verbinden. Zuerst das passende Gästeglas kühl stellen. Die für den Drink nötigen Zutaten sowie die Dekoration bereitstellen. Dann zunächst 2 bis 3 Eiswürfel ins vorgekühlte Gästeglas geben.

Die Zutaten nach Rezept abmessen und in das Gästeglas geben.

Dann den Drink mit einem Barlöffel vorsichtig umrühren, eventuell dekorieren und sofort servieren.

Abspritzen mit Zitronen- oder Orangenschale
Viele Cocktails werden im Gästeglas mit den Ölen von Zitronen- oder Orangenschale abgespritzt (aromatisiert). Dafür nimmt man ein kleines, rundes Stück Schale (ohne Fruchtfleisch) von einer unbehandelten Zitrusfrucht mit der Schalenseite nach unten zwischen die Finger und drückt es zusammen. Dabei spritzt das ätherische Öl der Schale, das dem Drink dann das spezielle Aroma gibt, in den Drink.

Tips und Tricks vom Profi

▲ Gerade als „Mixanfänger" sollten Sie sich genau an die vorgeschriebenen **Mengenangaben** im Rezept halten. International üblich ist beim Mixen die Angabe der Flüssigkeitsmenge in Zentilitern (cl). 1 cl entspricht 10 ml bzw. 0,01 l oder 10 cm^3 (ccm).
Weitere übliche Mengenangaben in den Rezepten sind:
1 dash (Spritzer) = 0,05 cl, also die Menge, die beim einmaligen Kippen der Spritzflasche durch den Ausgießer läuft
1 Schuß = 1 cl, ungefähr die Menge, die ½ Schnapsglas füllt
1 BL (Barlöffel) = 0,5 cl, die Menge, die ein Kaffeelöffel faßt
1 EL (Eßlöffel) = 15 ml bzw. 1,5 cl
Bei Rezepten für Drinks, die für mehrere Personen zubereitet werden (Bowlen, Punsche) finden Sie auch Angaben in **ml** (Milliliter) und in **l** (Liter).

▲ Wenn nicht anders angegeben, sind die Rezepte immer für 1 Glas (1 Person) berechnet.

▲ Sauberkeit ist beim Mixen oberstes Gebot. Deshalb sollten Sie alle Geräte, wie Shaker, Rührglas, Barsieb und Barlöffel, sofort nach Gebrauch gründlich reinigen. Zudem empfiehlt es sich, Eis und Obststücke immer mit einer Eiszange bzw. einer Gabel ins Glas zu geben und nicht mit bloßen Händen anzufassen.

- Wenn Sie Drinks in vorgekühlten Gläsern servieren wollen, dann gibt es mehrere Möglichkeiten. Entweder stellen Sie die Gläser so lange in das Gefrierfach, bis sie mit einem Eisfilm überzogen sind, oder Sie kühlen sie mit Eiswürfeln.
- Mixgetränke, die aufwendig garniert sind, zum Beispiel mit Fruchtspießen oder Zitrusfruchtschalen, sollten Sie am besten auf einem kleinen Teller oder einer kleinen Serviette servieren. Darauf kann man dann die Spieße oder die Schalen ablegen.
- Nach internationalen Regeln sollte ein Drink nicht mehr als 6 cl Alkohol und nicht mehr als fünf verschiedene Ingredienzien enthalten. Die Gesamtmenge eines Longdrinks sollte 25 cl (¼ l) nicht überschreiten.
- Sekt, Säfte, Limonaden und Wasser gehören immer in den Kühlschrank.
- Kohlensäurehaltige Zutaten (wie Limonaden, Soda und Sekt) dürfen nie im Shaker mitgeschüttelt werden, da sie sonst schäumen würden.
- Verwenden Sie für Garnituren, zum Abspritzen und zum Hineingeben in den Drink (auch in die Bowle und den Punsch) nur unbehandelte (ungespritzte) Zitrusfrüchte. Diese sowie auch alle anderen Obstsorten vor der Verwendung gründlich waschen.
- Bei Longdrinks empfiehlt es sich, immer einen Trinkhalm und einen Stirer mit ins Glas zu geben.
- Drinks, die geshaket werden, können auch mit dem Electric-Mixer zubereitet werden.
- In den Rezepten wird, der Einfachheit halber, immer ein Cocktailglas vorgeschlagen. Ob Sie nun ein Cocktailglas oder eine Cocktailschale nehmen, ist Ihnen überlassen.
- In den Rezepten für Bowlen, Punsche und Glühweine werden manche Zutaten in Flaschen angegeben. Wir gehen dabei immer von solchen mit 0,75 l Inhalt aus.
- Manche Drinks werden zunächst zusammen mit Eiswürfeln zubereitet und dann (ohne Eiswürfel) in das Gästeglas geseiht, in dem sich neue Eiswürfel befinden. So verwässert der Drink nicht so schnell und bleibt gut gekühlt. In den Rezepten steht in solch einem Fall immer: Den Drink in ein Glas mit Eiswürfeln seihen.
- Abkürzungen in den Bildlegenden: o. = oben, u. = unten, l. = links, r. = rechts, v. = vorne, h. = hinten, M. = Mitte.

DIE DEKORATION

Mixgetränke sollen nicht nur gut schmecken, sie sollten auch optisch etwas bieten, denn bekanntlich „trinkt" das Auge ja mit. Lassen Sie deshalb Ihrer Phantasie und Kreativität freien Lauf, wenn es zum Schluß ans Dekorieren geht.

Es gibt nur wenige Getränke, bei denen eine Garnitur überflüssig bzw. sogar verpönt ist. Dann gibt es noch die Klassiker, bei denen die Dekoration schon seit vielen Bar-Generationen feststeht. Das sind die Olive im Martini Dry, die Kirsche im Manhattan, die Perlzwiebeln im Gibson, die Minze für Juleps und die Gurkenschale für den Pimm's.

Bei allen exotischen sowie tropischen und vor allem bei den Fancy-Drinks ist jedoch – was die Dekoration angeht – alles erlaubt, was gefällt. Einige wenige Regeln sollten Sie dennoch beachten:

- ▲ Nehmen Sie nur solche Zutaten für die Dekoration, die geschmacklich und farblich zum Getränk passen.
- ▲ Die Garnitur soll das Getränk schmücken, es aber nicht verfälschen, überladen oder gar in den Hintergrund drängen. Weniger ist hier oft mehr. Häufig reicht schon eine Orangenscheibe, die am Glasrand steckt, eine Limettenspalte, eine Zitronenschalenspirale, eine Cocktailkirsche oder ein Minzezweig aus.
- ▲ Wenn Sie frische Früchte nehmen, achten Sie darauf, daß diese reif und makellos sind und sorgfältig geschnitten werden. Zitrusfruchtspiralen lassen sich am besten mit einem Sparschäler oder aber profihaft mit einem Zestenreißer herstellen.

Bei der Wahl der Früchte sind keine Grenzen gesetzt – vorausgesetzt, man kann sie auch essen. Sehr gut eignen sich kleine Früchte sowie Fruchtstücke, wie Melonenkugeln, Kapstachelbeeren (Physalis), Litschis, Weintrauben, Mini-Äpfel oder Mini-Birnen (aus der Konserve), Bananenscheiben, Johannisbeerrispen, Kumquats, Himbeeren und Cocktailkirschen. Bei Kirschen hat man die Wahl zwischen den roten Maraschinokirschen, den gelborangefarbenen und blauen mit Orangengeschmack, den grünen mit Pfefferminzgeschmack sowie den säuerlich schmeckenden Amarenakirschen, die in Rum-Zucker-Sirup eingelegt sind. Wenn Sie auf frische Kirschen

zurückgreifen wollen, wählen Sie möglichst Zwillingspaare am Stiel. Sehr attraktiv sind aber auch Ananas-, Aprikosen-, Pfirsich- und Feigenstücke, Kiwi-, Karambolen- und Zitrusfruchtscheiben sowie Mandarinen- und Limettenspalten. Äußerst dekorativ sind blaue und grüne Weintrauben, aber auch Erdbeeren und Himbeeren, wenn man sie mit Zitronensaft beträufelt und dann in groben Einmachzucker taucht. Sie sehen dann richtig frostig aus. Man kann die Früchte aber auch mit Puderzucker bestäuben. Nicht so gut zum Dekorieren eignen sich dagegen Apfel- und Birnenstücke, da sie leicht braun werden. Um dies zu verhindern, müssen Sie sie mit etwas Zitronensaft beträufeln.
Für pikante Mixgetränke bieten sich Garnituren aus Gemüse an, wie zum Beispiel aus Perlzwiebeln, Gurkenschalen oder -scheiben, Peperoni, grünen Oliven mit Stein, Kirschtomaten und Staudenselleriestangen.
Abwechslung in oder am Glas bieten aber auch frische Kräuter. So eignet sich zum Beispiel Basilikum sehr gut für Mixgetränke mit Tomaten- und Gemüsesaft. Zitronenmelisse paßt überall dorthin, wo Zitronensaft vertreten ist, und Pfefferminzblättchen sind der krönende Abschluß für Drinks mit Pfefferminzlikör oder -sirup. Grün wird's auch mit Ananasblättern, die man weit aufgefächert auf Spieße steckt. Sie kann man allerdings nicht mitessen.
Für die Art des Dekorierens gibt es unterschiedliche Möglichkeiten. Ganze Früchte oder Fruchtstücke können Sie einmal bis zur Hälfte einschneiden und an den Glasrand stecken. Daran lassen sich dann mit einem Sticker andere Fruchtstücke befestigen. Fruchtspieße können Sie ins Glas stellen oder über den Glasrand legen. Hier einige Vorschläge für Fruchtspieße:

Karambolen-Kiwi-Spieß
1 Erdbeere mit Fruchtansatz, 1 geschälte Kiwischeibe, 1 Karambolenscheibe und zum Schluß einige Zitronenmelisseblättchen auf einen großen Spieß stecken.

Ananasspieß
1 Ananasscheibe achteln und die Strunkteile abschneiden. Einige Ananasblätter auf einen großen Spieß stecken. Dann abwechselnd Ananasachtel, blaue Trauben und rote Cocktailkirschen aufspießen.

Zitrusspieß
1 Limettenscheibe einmal bis zur Mitte hin einschneiden, die Enden gegeneinander verdrehen und auf einen Spieß stecken. An die Enden je 1 rote Cocktailkirsche stecken.

Zuckerrand
Ein Muß für alle Crustas, aber genauso originell für viele andere Mixgetränke, ist der Crustarand (Zuckerrand). Dafür eine Zitronenspalte etwa 1 cm tief einschneiden. Das Gästeglas kopfüber halten und den Rand mit der eingeschnittenen Zitronenscheibe abfahren.

Etwas Zucker (zum Beispiel Feinkristall-, Roh- oder Kristallzucker sowie weißer oder roter Einmachzucker und Multicolorzucker) in ein Schälchen geben und den noch feuchten Glasrand Stück für Stück im Zucker leicht drehen. Dann das Glas kopfüber leicht abklopfen, damit nicht haftende Teile herunterfallen.

Sehr effektvoll sind auch Glasränder aus weißen Kokosraspeln, feinen Schokoladenraspeln oder braunem Pulverkaffee.
Pikante Drinks kann man mit Rändern aus grobem Salz, Schnittlauchröllchen, Kümmelsamen oder edelsüßem Paprikapulver schmücken. Als „Klebstoff" für Zuckerränder von süßen Drinks eignen sich neben Zitronensaft auch Orangen- und Grapefruitsaft sowie Likör, Sirup und Honig. Bei pikanten Glasrändern sollte man beim Zitronensaft bleiben. Gläser mit Crustarand kann man schon im voraus fertigmachen; der Rand hält eine ganze Weile.
Neben den eben beschriebenen Dekorationen gibt es noch eine Fülle weiterer. Dazu gehören unter anderem gehackte Pistazien, Mandelstifte, Kakaopulver, Zimt und Muskatnuß, die man beispielsweise auf Sahnehauben von Flips und Egg-Nogs streuen kann. Außerdem machen auch attraktive, bunte Trinkhalme sowie hübsche Stirer zum Umrühren aus jedem Drink eine Augenweide.

KLASSISCHE DRINKS

ALEXANDER

SIDE CAR

COGNAC COLLINS

HONEYMOON

Drinks mit Brandy

ZOOM

STINGER

BREAKFAST EGG-NOG

BRANDY FLIP

BERMUDA HIGHBALL

COGNAC CASSIS

ALEXANDER

sahniger Shortdrink für den Abend
- Cocktailglas
- Shaker

2 cl Weinbrand oder Cognac
2 cl Crème de Cacao braun
2 cl Sahne

Alle Zutaten zusammen im Shaker mit Eis kräftig schütteln und in das Glas seihen. Mit Muskatnuß bestreuen.

SIDE CAR

säuerlicher Shortdrink (Aperitif)
- Cocktailglas
- Shaker

2 cl Weinbrand oder Cognac
2 cl Cointreau
2 cl Zitronensaft

Die Zutaten zusammen im Shaker mit Eis schütteln und in das Cocktailglas seihen.

STINGER

würzig-frischer Shortdrink (After-Dinner-Drink)
- Cocktailglas
- Rührglas

4 cl Weinbrand oder Cognac
2 cl Crème de Menthe weiß

Die Zutaten zusammen im Rührglas mit Eis verrühren und in das Cocktailglas seihen.

ZOOM

lieblicher Shortdrink (After-Dinner-Drink)
- Cocktailglas
- Shaker

4 cl Weinbrand
2 cl Sahne
1 cl flüssiger Honig

Die Zutaten zusammen im Shaker mit Eis kräftig schütteln und in das Glas seihen.

B AND B

kräftiger Shortdrink für den Nachmittagskaffee
- Cocktailglas
- Gästeglas

3 cl Brandy
3 cl Bénédictine D.O.M.

Die Zutaten zusammen im Gästeglas verrühren. Nach Belieben Eis dazugeben.

ECSTASY

aromatischer Shortdrink (Aperitif)
- Cocktailglas
- Rührglas

2 cl Brandy
2 cl Drambuie (Honiglikör)
2 cl Vermouth dry

Die Zutaten zusammen im Rührglas mit viel Eis verrühren und in das Cocktailglas seihen.

Alexander (h.), Side Car (M.), Ecstasy (v.)

PANAMAC

sahniger Shortdrink für den Abend
- Cocktailglas
- Shaker

2 cl Cognac oder Weinbrand
2 cl Crème de Cacao
2 cl Sahne
Außerdem:
geriebene Muskatnuß

Alle Zutaten zusammen im Shaker mit Eis kräftig schütteln und in das Glas seihen. Mit etwas Muskat bestreuen.

IBU COCKTAIL

erfrischender Sektcocktail für den Abend
- Sektschale oder -kelch
- Shaker

2 cl Brandy
2 cl Apricot Brandy
2 cl Orangensaft
trockener Sekt oder Champagner zum Auffüllen
Deko:
½ Orangenscheibe

Alle Zutaten außer Sekt zusammen im Shaker mit Eis schütteln und in das Glas seihen. Mit Sekt auffüllen. Die Orangenscheibe an den Glasrand stecken.

PRINCE OF WALES

aromatischer Sektcocktail für den Abend
- Silberbecher oder Longdrinkglas
- Gästeglas

2 cl Weinbrand oder Cognac
1 cl Curaçao orange
1 dash Angostura
Champagner oder Sekt zum Auffüllen
Außerdem:
½ Orangenscheibe
½ Zitronenscheibe
2 Cocktailkirschen

Alle Zutaten zusammen im Becher oder Glas mit Eis verrühren. Die Früchte ins Glas geben. Den Drink mit einem Stirer servieren.

HAUTE COUTURE

etwas stärkerer Shortdrink (After-Dinner-Drink)
- Cocktailglas
- Rührglas

2 cl Brandy
2 cl Bénédictine D.O.M.
2 cl Crème de Cacao braun

Die Zutaten zusammen im Rührglas mit Eis verrühren und in das Cocktailglas seihen.

BRANDY FLIP

cremiger Flip für den Nachmittag
- Sektkelch
- Shaker

4 cl Brandy
2 BL Zuckersirup
1 Eigelb
Außerdem:
geriebene Muskatnuß

Alle Zutaten zusammen mit Eis im Shaker kräftig schütteln und in das Glas seihen. Mit etwas Muskat bestreuen.

RITZ COCKTAIL

aromatischer Sektcocktail (Aperitif, After-Dinner-Drink)
- Sektschale oder -kelch
- Shaker

2 cl Weinbrand oder Cognac
2 cl Cointreau
2 cl Orangensaft
Sekt zum Auffüllen
Deko:
½ Orangenscheibe

Alle Zutaten außer Sekt zusammen im Shaker mit Eis schütteln und in das Glas seihen. Mit Sekt auffüllen. Die Orangenscheibe an den Glasrand stecken.

RED MOON

lieblicher, fruchtiger Sektcocktail für den Empfang
- Sektschale
- Shaker

2 cl Weinbrand oder Cognac
1 cl Erdbeersirup
4 cl Maracujasaft
Sekt oder Champagner zum Auffüllen
Deko:
1 Cocktailkirsche

Alle Zutaten außer Sekt oder Champagner zusammen im Shaker mit Eis schütteln, in die Sektschale seihen und mit Sekt oder Champagner auffüllen. Die Kirsche am Sticker ins Glas geben.

FRENCH CONNECTION I

bittersüßer Shortdrink (After-Dinner-Drink)
- kleiner Tumbler
- Gästeglas

3 cl Cognac
3 cl Amaretto

Cognac und Amaretto zusammen im Tumbler mit Eiswürfeln verrühren.

BETWEEN THE SHEETS

herb-fruchtiger Shortdrink für den Abend
- Cocktailglas
- Shaker

2 cl Cognac
2 cl weißer Rum
2 cl Cointreau
1 dash Zitronensaft

Alle Zutaten zusammen im Shaker mit Eis schütteln und in das Glas seihen.

NIKOLASCHKA

würziger Shortdrink für den Nachmittag
- Pousse-Café-Glas
- Gästeglas

2 cl Weinbrand oder Cognac
1 Zitronenscheibe ohne Schale
1 BL feiner Zucker
1 BL gemahlener Kaffee

Den Weinbrand in das Glas geben, die Zitronenscheibe auf den Glasrand legen und je zur Hälfte mit Zucker und gemahlenem Kaffee bestreuen.

MOONLIGHT

cremiger, lieblicher Shortdrink (After-Dinner-Drink)
- Cocktailglas
- Rührglas

1 cl Cognac
1 cl Mandarinenlikör
1 cl Zuckersirup
2,5 cl kalter schwarzer Kaffee
1,5 cl Sahne
Außerdem:
1 Stück Mandarinenschale
1 Orangenschalenspirale

Alle Zutaten außer Kaffee und Sahne zusammen im Rührglas mit Eis verrühren und in das Cocktailglas seihen. Den Kaffee dazugeben, umrühren und die Sahne auf das Getränk fließen lassen. Den Drink mit der Mandarinenschale abspritzen. Die Schalenspirale über den Glasrand hängen.

OLYMPIC

halbtrockener, fruchtiger Shortdrink (Aperitif, After-Dinner-Drink)
- Cocktailglas
- Shaker

2 cl Weinbrand oder Cognac
2 cl Curaçao Triple sec
2 cl Orangensaft

Die Zutaten zusammen im Shaker mit Eis schütteln und in das Glas seihen.

Pisco Sour (l.), Queen Mary (r.)

PISCO SOUR

erfrischend-säuerlicher Shortdrink für die Party

- kleiner Tumbler mit Zuckerrand
- Shaker

4 cl Control Gran Pisco (Weinbrand)
2 cl Zitronensaft
1 BL Zucker oder 1 dash Zitronensirup nach Geschmack
Deko:
1 Zitronenscheibe, 1 Kirsche

Alle Zutaten zusammen im Shaker mit Eis schütteln und in das Glas mit Zuckerrand seihen. Die Früchte an den Glasrand stecken.

QUEEN MARY

fein-lieblicher Shortdrink für den Abend (Aperitif, After-Dinner-Drink)

- Cocktailglas
- Shaker

3 cl Cognac
3 cl Cointreau
1 dash Anisette
1 dash Grenadine
Deko:
1 Cocktailkirsche

Alle Zutaten zusammen im Shaker mit Eis schütteln und in das Cocktailglas seihen. Die Kirsche an den Glasrand stecken.

B AND P

feinherber Shortdrink für den Abend
- kleiner Tumbler
- Gästeglas

2 cl Brandy
2 cl Portwein

Die Zutaten zusammen mit Eiswürfeln im Tumbler verrühren.

SARATOGA

herber Shortdrink (Aperitif)
- Cocktailglas
- Rührglas

4 cl Brandy
2 dash Angostura
2 dashes Maraschino

Die Zutaten zusammen im Rührglas mit Eis verrühren und in das Cocktailglas seihen.

BRANDY ZOOM

lieblicher Shortdrink (After-Dinner-Drink)
- Cocktailglas
- Shaker

4 cl Brandy
2 BL Honig
4 BL Sahne

Alle Zutaten zusammen im Shaker mit Eiswürfeln gut schütteln und in das Cocktailglas seihen.

CORONADO

cremiger, lieblicher Shortdrink (After-Dinner-Drink)
- Cocktailglas
- Shaker

1 cl Brandy
1,5 cl Crème de Banane
1,5 cl Pfirsichlikör
2 cl Sahne
■ **Deko:**
1 Schokoplätzchen
Schokoraspel

Die Zutaten zusammen im Shaker mit Eis kräftig schütteln und in das Cocktailglas seihen. Das Schokoplätzchen und einige Schokoraspeln auf den Drink geben.

LADY BE GOOD

halbtrockener Shortdrink (Aperitif)
- Cocktailglas
- Shaker

2 cl Brandy
2 cl Vermouth dry
1 BL Crème de Menthe weiß
2 cl Orangensaft
1 BL Grenadine

Die Zutaten zusammen im Shaker mit Eis schütteln und in das Glas seihen.

ROLLS ROYCE

fruchtiger Shortdrink (Aperitif)
- Cocktailglas
- Shaker

2 cl Brandy
2 cl Cointreau
2 cl Orangensaft

Die Zutaten zusammen im Shaker mit Eis schütteln und in das Cocktailglas seihen.

QUEEN ELIZABETH

halbtrockener Shortdrink (Aperitif)
- Cocktailglas
- Rührglas

2 cl Brandy
2 cl Vermouth rosso
1 BL Curaçao Triple sec

Die Zutaten zusammen im Rührglas mit Eis verrühren und in das Cocktailglas seihen.

COGNAC FLIP

zartherber Flip für den Abend
- Cocktailglas
- Shaker

6 cl Cognac
1 Eigelb
2 TL Zucker

Alle Zutaten zusammen im Shaker mit Eiswürfeln kurz und kräftig schütteln und in das Cocktailglas seihen.

EAST INDIA

fruchtiger Shortdrink (Aperitif)
- Cocktailglas
- Shaker

3 cl Brandy
1 cl Curaçao orange
2 cl Ananassaft
1 dash Angostura
- **Deko:**
1 Cocktailkirsche

Die Zutaten zusammen im Shaker mit viel Eis schütteln und in das Cocktailglas seihen. Die Kirsche ins Glas geben.

NEW ORLEANS SIDE CAR

feinherber Shortdrink für die Party
- Cocktailglas
- Shaker

2 cl Brandy
2 cl weißer Rum
1 cl Curaçao Triple sec
2 cl Zitronensaft
1 dash Pastis
1 dash Grenadine

Alle Zutaten zusammen im Shaker mit Eiswürfeln kräftig schütteln und in das Cocktailglas seihen.

CHÂTEAU SARRE

aromatischer Shortdrink
für die Party
- Cocktailglas
- Shaker

3,5 cl Brandy
1,5 cl Crème de Banane
1,5 cl Maraschino
Deko:
1 Cocktailkirsche

Die Zutaten zusammen im Shaker mit Eis schütteln und in das Cocktailglas seihen. Die Kirsche ins Glas geben.

GLORIA

trockener Shortdrink (Aperitif)
- Cocktailglas
- Rührglas

1,5 cl Brandy
1,5 cl American Whiskey
1,5 cl Campari
1 cl Vermouth
1 cl Amaretto
Deko:
1 Stück Zitronenschale
1 Cocktailkirsche

Die Zutaten zusammen im Rührglas mit Eis verrühren und in das Cocktailglas seihen. Die Zitronenschale und die Kirsche zusammen am Sticker über den Glasrand legen.

FAR WEST

mild-würziger Shortdrink für den Abend

- Cocktailglas
- Shaker

2 cl Cognac
2 cl Eierlikör
2 cl Vermouth bianco
■ **Außerdem:**
Zimtpulver

Alle Zutaten zusammen im Shaker mit Eiswürfeln kräftig schütteln und in das Cocktailglas seihen. Mit einer Prise Zimt bestreuen.

ALBA

fruchtiger, feinherber Shortdrink für den Abend

- Cocktailglas
- Shaker

4 cl Cognac
2 cl Orangensaft
1 cl Himbeersirup
■ **Deko:**
½ Orangenscheibe

Alle Zutaten zusammen im Shaker mit Eiswürfeln schütteln und in das vorgekühlte Cocktailglas seihen. Die Orangenscheibe an den Glasrand stecken.

CHERRY BLOSSOM I

feinherber Shortdrink für den Abend
- Cocktailglas
- Shaker

2 cl Cognac
2 cl Cherry Brandy
1 cl Cointreau
1 cl Grenadine
2 cl Zitronensaft

Alle Zutaten zusammen im Shaker mit Eiswürfeln kräftig schütteln und in das Glas seihen.

WILLEM VON ORANIEN

leicht bitterer Shortdrink (Aperitif)
- Cocktailglas
- Rührglas

2 cl Brandy
1 cl Curaçao Triple sec
1 cl Orange-Bitter
Außerdem:
1 Stück Orangenschale

Die Zutaten zusammen im Rührglas mit Eis verrühren und in das Cocktailglas seihen. Den Drink mit der Orangenschale abspritzen.

COFFEE

kräftiger Shortdrink (After-Dinner-Drink)
- Rotweinglas
- Shaker

2 cl Brandy
2 cl Curaçao Triple sec
4 cl kalter, starker Kaffee
Außerdem:
evtl. etwas Sahne

Die Zutaten zusammen im Shaker mit Eis kräftig schütteln und in das Rotweinglas seihen. Auf Wunsch etwas Sahne dazugeben.

GREEN LOVE

fruchtiger, bittersüßer Shortdrink für den Abend
- Cocktailglas
- Shaker

2 cl Cognac
2 cl Curaçao blue
2 cl Mandarinenlikör
2 cl Zitronensaft
Deko:
1 Zitronenscheibe

Alle Zutaten zusammen im Shaker mit Eiswürfeln kräftig schütteln und in das Cocktailglas seihen. Die Zitronenscheibe an den Glasrand stecken.

PICASSO

herb-fruchtiger Shortdrink für den Abend
- Cocktailglas
- Shaker

3 cl Cognac
2 cl Dubonnet
1 cl Zitronensaft
4 dashes Zuckersirup

Alle Zutaten zusammen im Shaker mit Eiswürfeln gut schütteln und in das Cocktailglas seihen.

AMERICAN SEA

fruchtiger, feinherber Shortdrink (Aperitif)
- Cocktailglas
- Shaker

2 cl Cognac
2 cl Vermouth dry
1 cl Crème de Menthe weiß
3 cl Orangensaft

Die Zutaten zusammen mit Eiswürfeln im Shaker schütteln und in das Cocktailglas seihen.

GREEN DRAGON

frischer, würziger Shortdrink (After-Dinner-Drink)
- Cocktailglas
- Shaker

4 cl Cognac
1 cl Crème de Menthe grün

Cognac und Likör zusammen mit Eiswürfeln im Shaker gut schütteln und in das Glas seihen.

COGNAC CASSIS

fruchtig-lieblicher Shortdrink für den Abend
- Cocktailglas
- Shaker

3 cl Cognac
3 cl Crème de Cassis

Cognac und Crème de Cassis zusammen im Shaker mit Eis schütteln und in das Glas seihen.

DAISY

fruchtiger, feinherber Shortdrink (Aperitif)
- Cocktailglas
- Rührglas

2 cl Cognac
3 cl Gin
1 cl Apricot Brandy
■ **Deko:**
½ Zitronenscheibe

Alle Zutaten zusammen im Rührglas mit Eiswürfeln verrühren und in das Cocktailglas seihen. Die Zitronenscheibe an den Glasrand stecken.

JAMES

feinherber Shortdrink
(After-Dinner-Drink)
- Cocktailglas
- Rührglas

2 cl Cognac
2 cl Gin
2 cl Chartreuse gelb
- ***Deko:***
1 Cocktailkirsche

Alle Zutaten zusammen im Rührglas mit Eiswürfeln verrühren und in das Cocktailglas seihen. Die Kirsche an den Glasrand stecken.

BRANDY COCKTAIL

feinherber Shortdrink für den Abend
- Cocktailglas
- Rührglas

4 cl Brandy
1 BL Zuckersirup
3 dashes Angostura
- ***Deko:***
1 Cocktailkirsche

Alle Zutaten zusammen im Rührglas mit Eis verrühren und in das Glas seihen. Die Kirsche an den Glasrand stecken.

HONEYMOON II

fruchtiger, feinherber Shortdrink für den Abend
- Cocktailglas
- Rührglas

4 cl Cognac
1 cl Cointreau
1 cl Weißwein
- ***Deko:***
1 Orangenscheibe

Alle Zutaten zusammen im Rührglas mit Eis verrühren und in das Cocktailglas seihen. Die Orangenscheibe an den Glasrand stecken.

BREAKFAST EGG-NOG

lieblicher Egg-Nog für jede Jahreszeit
- Longdrinkglas
- Shaker

4 cl Cognac
2 cl Curaçao weiß
1 Ei
1 EL Zuckersirup
Milch zum Auffüllen

Alle Zutaten außer Milch zusammen mit Eis im Shaker schütteln und in das Glas seihen. Mit Milch auffüllen und umrühren.

James (h. l.), Honeymoon II (h. r.), Brandy Cocktail (v. l.), Breakfast Egg-Nog (v. r.)

EGG SOUR

gehaltvoller Sour für den Abend
- Longdrinkglas
- Shaker

3 cl *Brandy*
1 cl *Curaçao Triple sec*
2 cl *Zitronensaft*
1 cl *Zuckersirup*
1 *Ei*
▪ *Deko*:
½ *Orangenscheibe*
1 *Cocktailkirsche*

Die Zutaten zusammen im Shaker mit Eis kräftig schütteln und in das Glas seihen. Die Orangenscheibe zusammen mit der Kirsche am Sticker über den Glasrand legen.

BRANDY EGG-NOG

gehaltvoller Egg-Nog für den Nachmittag
- mittelgroßer Tumbler
- Shaker

4 cl *Brandy*
1 cl *Zuckersirup*
10 cl *Milch*
1 *Eigelb*
▪ *Außerdem*:
griebene* *Muskatnuß

Die Zutaten zusammen im Shaker mit Eis kräftig schütteln und in den Tumbler seihen. Mit Muskatnuß bestreuen.

LUMUMBA I

würziger Longdrink für den Sommer
- Highballglas
- Gästeglas

4 cl *Brandy*
kalter* *Kakao zum Auffüllen
▪ *Deko*:
1 EL *geschlagene Sahne*
Kakaopulver

Den Brandy in das Highballglas geben, mit Kakao auffüllen und kurz umrühren. Eine Sahnehaube darauf setzen und sie mit Kakaopulver bestreuen.

HORSE'S NECK III

erfrischender Longdrink für jede Gelegenheit
- Longdrinkglas
- Gästeglas

4 cl *Brandy*
1 *dash Angostura*
Ginger-ale zum Auffüllen
▪ *Deko*:
1 *Zitronenschalenspirale*

Brandy und Angostura zusammen in das Longdrinkglas mit Eis geben. Mit Ginger-ale auffüllen und umrühren. Die Zitronenschalenspirale an den Glasrand hängen und den Drink mit einem Stirer servieren.

Brandy Egg-Nog (l.), Brandy Cola (r.)

BRANDY COLA

lieblicher Longdrink für den Abend

- Longdrinkglas
- Gästeglas

4 cl Brandy

Cola zum Auffüllen

Deko:

½ Zitronenscheibe

Den Brandy in das Longdrinkglas mit Eiswürfeln geben. Mit Cola auffüllen und kurz umrühren. Die Zitronenscheibe in das Longdrinkglas geben.

COCO DE MARTINIQUE

fruchtig-lieblicher Longdrink für den Abend

- Longdrinkglas
- Shaker

3 cl Armagnac

3 cl Bénédictine D.O.M.

5 cl Cream of Coconut

8 cl Orangensaft

Alle Zutaten zusammen im Shaker mit Eiswürfeln kräftig schütteln und in das Longdrinkglas mit Crushed ice seihen.

BERMUDA HIGHBALL

würzig-milder Longdrink
für den Abend
- Longdrinkglas
- Rührglas

3 cl Weinbrand
2 cl Gin
1 dash Orange-Bitter
Ginger-ale zum Auffüllen
Außerdem:
1 Kumquat

Weinbrand, Gin und Orange-Bitter zusammen im Rührglas mit Eis verrühren und in das Glas seihen. Mit Ginger-ale auffüllen und die Kumquat ins Glas geben.

PIERRE COLLINS

erfrischender Collins für den
ganzen Tag
- Longdrinkglas
- Gästeglas

4 cl Brandy
2 cl Zitronensaft
1 cl Zuckersirup
Sodawasser zum Auffüllen
Deko:
½ Zitronenscheibe
1 Cocktailkirsche

Brandy, Zitronensaft und Zuckersirup zusammen im Longdrinkglas mit Eis verrühren. Mit Sodawasser auffüllen und solange rühren, bis das Glas beschlägt. Die Früchte an den Glasrand stecken.

COGNAC COLLINS

herb-fruchtiger Collins für den
Abend
- Longdrinkglas
- Gästeglas

4 cl Cognac
2 BL Zucker
2 cl Zitronensaft
Sodawasser zum Auffüllen
Außerdem:
1 Zitronenscheibe
½ Orangenscheibe
1 Cocktailkirsche

Cognac, Zucker und Zitronensaft zusammen im Longdrinkglas mit Eiswürfeln verrühren. Mit Soda auffüllen und kurz umrühren. Die Früchte ins Glas geben.

MANHATTAN DRY

GOD FATHER

MANHATTAN SWEET

Drinks mit Whisky

ROB ROY

RUSTY NAIL

OHIO OLD FASHIONED

BOURBON HIGHBALL

MINT JULEP

MANHATTAN

klassischer Shortdrink (Aperitif)
- Cocktailglas
- Rührglas

4 cl Canadian Whisky
2 cl Vermouth rosso
1 dash Angostura
Außerdem:
1 Cocktailkirsche
evtl. 1 Stück Zitronenschale

Die Zutaten zusammen im Rührglas mit Eis verrühren und in das Cocktailglas seihen. Die Kirsche am Sticker ins Glas geben und den Drink eventuell mit Zitronenschale abspritzen.

MANHATTAN DRY

klassischer Shortdrink (Aperitif)
- Cocktailglas
- Rührglas

4 cl Canadian Whisky
2 cl Vermouth dry
Außerdem:
1 grüne Olive
evtl. 1 Stück Zitronenschale

Die Zutaten zusammen im Rührglas mit Eis verrühren und in das Cocktailglas seihen. Die Olive am Sticker ins Glas geben. Den Drink eventuell mit Zitronenschale abspritzen.

MANHATTAN SWEET

feinherber Shortdrink (Aperitif)
- Cocktailglas
- Rührglas

4 cl Canadian Whisky
2 cl Vermouth rosso
1 dash Orange-Bitter
2 dashes Curaçao weiß
Deko:
1 Cocktailkirsche

Alle Zutaten zusammen im Rührglas mit Eis verrühren und in das Glas seihen. Die Kirsche am Sticker ins Glas geben.

MANHATTAN PERFECT

aromatischer Shortdrink für den Abend
- Cocktailglas
- Rührglas

4 cl Bourbon Whiskey
1 cl Vermouth dry
1 cl Vermouth rosso

Alle Zutaten zusammen im Rührglas mit Eis verrühren und in das Cocktailglas seihen.

Manhattan Sweet (o.), Manhattan Dry (u. l.), Esquire Manhatten (u. r.)

JIMMY LOPEZ MANHATTAN

feinherber Shortdrink (Aperitif)
- Cocktailglas
- Rührglas

3 cl Bourbon Whiskey
2 cl Vermouth dry
1 BL Apricot Brandy
Deko:
1 Cocktailkirsche

Alle Zutaten zusammen im Rührglas mit Eis verrühren und in das Cocktailglas seihen. Die Kirsche ins Glas geben.

ESQUIRE MANHATTAN

feinherber Shortdrink (Aperitif)
- Cocktailglas
- Rührglas

2,5 cl Bourbon Whiskey
2,5 cl Vermouth rosso
1 dash Orange-Bitter
Deko:
1 Cocktailkirsche

Alle Zutaten zusammen im Rührglas mit Eis verrühren und in das Cocktailglas seihen. Die Kirsche an den Glasrand stecken.

GOD FATHER

lieblicher Shortdrink für alle Gelegenheiten
- kleiner Tumbler
- Gästeglas

4 cl Bourbon Whiskey
2 cl Amaretto

Die Zutaten zusammen im Gästeglas mit Eis verrühren und den Drink mit einem Stirer servieren.

RUSTY NAIL

lieblicher Shortdrink (After-Dinner-Drink)
- kleiner Tumbler
- Gästeglas

3 cl Scotch Whisky
3 cl Drambuie (Honiglikör)

Die Zutaten zusammen im Gästeglas mit Eiswürfeln verrühren und mit einem Stirer servieren.

OHIO OLD FASHIONED

leicht bitterer Shortdrink (After-Dinner-Drink)
- kleiner Tumbler
- Gästeglas

5 cl Bourbon Whiskey
1 dash Angostura

Whiskey und Angostura zusammen im Tumbler mit zwei Eiswürfeln verrühren.

SCOTCH ON THE ROCKS

aromatischer Shortdrink
- kleiner Tumbler
- Gästeglas

4 cl Scotch Whisky

Den Whisky im Tumbler über Eiswürfel gießen und den Drink mit einem Stirer servieren.

JOKER

aromatischer Shortdrink (Aperitif)
- Cocktailglas
- Rührglas

3 cl Scotch Whisky
1,5 cl Grand Marnier
1,5 cl Dubonnet

Die Zutaten zusammen im Rührglas mit Eis verrühren und in das Cocktailglas seihen.

ROB ROY

aromatischer Shortdrink (Aperitif)
- Cocktailglas
- Rührglas

4 cl Scotch Whisky
2 cl Vermouth rosso
1 dash Angostura
Deko:
1 Cocktailkirsche

Die Zutaten zusammen im Rührglas mit Eis verrühren und in das Cocktailglas seihen. Die Kirsche am Sticker ins Glas geben.

God Father (l.), Ohio Old Fashioned (M.), Rob Roy (r.)

OLD FASHIONED BOURBON COCKTAIL

kräftiger Shortdrink (Aperitif)
■ mittelgroßer Tumbler
■ Gästeglas

1 Stück Würfelzucker
3 dashes Angostura
4 cl Bourbon Whiskey
klares Wasser
■ **Deko:**
½ Zitronenscheibe
½ Orangenscheibe
2 Cocktailkirschen

Den Würfelzucker im Tumbler mit Angostura beträufeln und zerstoßen. Einige Eiswürfel ins Glas geben und den Whiskey darübergießen. Etwas Wasser dazugeben und umrühren. Die Früchte ins Glas geben. Mit einem Stirer servieren.

MINT JULEP

erfrischender Julep für die Party
■ kleiner Tumbler
■ Gästeglas

einige Minzeblätter
2 BL klares Wasser
1 cl Zuckersirup
4 cl Bourbon Whiskey
■ **Deko:**
1 Cocktailkirsche

Die Minzeblätter im Glas zerdrücken, Wasser und Zuckersirup dazugeben und gut umrühren. Reichlich Crushed ice dazugeben und mit Whiskey auffüllen. Die Kirsche am Sticker über den Glasrand legen.

SWEET LADY

fruchtig-milder Shortdrink für jede Jahreszeit
■ Cocktailglas
■ Shaker

4 cl Scotch Whisky
1 cl Crème de Cacao weiß
1 cl Peach Brandy

Alle Zutaten zusammen im Shaker mit Eis schütteln und in das Cocktailglas seihen.

CONTINENTAL SOUR

fruchtiger, mildherber Sour für den Abend
■ kleiner Tumbler
■ Shaker

5 cl Bourbon Whiskey
2 cl Zitronensaft
3 cl Grenadine
1 Eiweiß
1 dash Rotwein
■ **Deko:**
1 Orangenscheibe

Alle Zutaten außer Rotwein zusammen im Shaker mit Eis schütteln und in den Tumbler seihen. Den Rotwein dazugeben und umrühren. Die Orangenscheibe an den Glasrand stecken.

IRISH ROSE

kräftiger Shortdrink (Aperitif)
- Cocktailglas
- Shaker

4 cl Irish Whiskey
2 cl Zitronensaft
1 cl Grenadine

Die Zutaten zusammen im Shaker mit Eis schütteln und in das Cocktailglas seihen.

DANDY

aromatischer Shortdrink (Aperitif)
- Cocktailglas
- Rührglas

3 cl Rye Whiskey
3 cl Dubonnet
3 dashes Angostura
1 dash Zitronensaft
Außerdem:
je 1 Stück Zitronen- und Orangenschale

Die Zutaten zusammen im Rührglas mit Eis verrühren und in das Cocktailglas seihen. Mit der Zitronen- und der Orangenschale abspritzen und sie ins Glas geben.

QUATTRO

aromatischer Shortdrink (Aperitif, After-Dinner-Drink)
- Cocktailglas
- Rührglas

1,5 cl Canadian Whisky
1,5 cl Amaretto
1,5 cl Crème de Cassis
1,5 cl Vermouth dry
Deko:
1 Cocktailkirsche
1 Stück Orangenschale

Die Zutaten zusammen im Rührglas mit Eis verrühren und in das Cocktailglas seihen. Die Kirsche und die Orangenschale ins Glas geben.

KING'S CROSS

halbtrockener Shortdrink (Aperitif)
- Cocktailglas
- Rührglas

3 cl Bourbon Whiskey
3 cl Vermouth rosso
1 dash Bénédictine D.O.M.
Außerdem:
1 Stück Zitronenschale

Die Zutaten zusammen im Shaker mit Eis schütteln und ins Cocktailglas seihen. Mit der Zitronenschale abspritzen und sie ins Glas geben.

UP TO DATE

halbtrockener Shortdrink (Aperitif)
- Cocktailschale
- Rührglas

3 cl Canadian Whisky
2 cl Vermouth dry
1 cl Grand Marnier
1 dash Angostura
Außerdem:
evtl. 1 Stück Zitronenschale

Die Zutaten zusammen im Rührglas mit Eis verrühren und in das Glas seihen. Auf Wunsch kann der Drink mit Zitronenschale abgespritzt werden.

OLYMPIA

lieblicher Shortdrink (Aperitif, After-Dinner-Drink)
- Cocktailglas
- Shaker

1,5 cl Canadian Whisky
1,5 cl Vermouth dry
1 cl Chartreuse grün
1 cl Escorial (Kräuterlikör)
1 cl Reineclaudensirup
Deko:
1 blaue Weintraube

Die Zutaten zusammen im Shaker mit Eis schütteln und in das Cocktailglas seihen. Die Weintraube ins Glas geben.

NEW YORKER

fruchtiger Shortdrink (Aperitif)
- Cocktailglas
- Shaker

4 cl Bourbon Whiskey
2 cl Zitronensaft
2 BL Grenadine

Die Zutaten zusammen im Shaker mit Eis schütteln und in das Cocktailglas seihen.

ZAZARAC I

kräftiger Shortdrink mit Anisaroma (Aperitif)
- Cocktailglas
- Rührglas

2 cl Scotch Whisky
2 cl Anisette
2 cl weißer Rum
1 dash Angostura
1 dash Grenadine

Die Zutaten zusammen im Rührglas mit Eis verrühren und in das Cocktailglas seihen.

BLINKER

fruchtiger Shortdrink (Aperitif)
- Cocktailglas
- Shaker

3 cl Canadian Whisky
3 cl Grapefruitsaft
2 cl Grenadine

Die Zutaten im Shaker mit Eis schütteln und in das Glas seihen.

HANDLEBAR

herber Shortdrink für den Abend
- Cocktailglas
- Shaker

3 cl Scotch Whisky
1 cl Drambuie (Honiglikör)
1 cl Limettensaft

Alle Zutaten im Shaker mit Eis schütteln und in das Glas seihen.

HURRICANE I

feinherber Shortdrink für den Abend
- Cocktailglas
- Rührglas

2 cl Bourbon Whiskey
2 cl Gin
2 cl Pfefferminzlikör

Alle Zutaten zusammen im Rührglas mit Eis verrühren und in das Glas seihen.

TORONTO

feinherber Shortdrink (After-Dinner-Drink)
- Cocktailglas
- Shaker

6 cl Canadian Whisky
2 cl Fernet Branca
1 BL Zuckersirup
1 dash Angostura

Alle Zutaten im Shaker mit Eis schütteln und in das Glas seihen.

CHURCHILL

feinherber Shortdrink für den Abend
- Cocktailglas
- Shaker

6 cl Scotch Whisky
2 cl Vermouth rosso
1 dash Curaçao Triple sec
1 dash Zitronensaft
■ **Deko:**
1 Zitronenscheibe

Alle Zutaten zusammen im Shaker mit Eis schütteln und in das Cocktailglas seihen. Nun die Zitronenscheibe an den Glasrand stecken.

CHAMPION

halbtrockener Shortdrink für die Party
- Cocktailglas
- Rührglas

2 cl Whisky
2 cl Vermouth dry
1 cl Bénédictine D.O.M.
1 cl Curaçao Triple sec

Die Zutaten zusammen im Rührglas mit Eis verrühren und in das Cocktailglas seihen.

LORD BYRON

würzig-fruchtiger Shortdrink
für den Abend

- kleiner Tumbler
- Rührglas

3 cl Scotch Whisky
1 cl Orangenlikör
1 cl Rosso antico (roter Vermouth)
1 dash Angostura
■ **Deko:**
1 Orangenscheibe

Alle Zutaten zusammen im Rührglas mit Eis verrühren und in den Tumbler seihen. Die Orangenscheibe ins Glas geben. Sofort servieren.

NEW YORK FLIP

lieblicher Flip
(After-Dinner-Drink)

- Cocktailglas
- Shaker

3 cl Bourbon Whiskey
2 cl Portwein
2 cl Sahne
1 cl Zuckersirup
1 Eigelb
■ **Außerdem:**
geriebene Muskatnuß

Die Zutaten zusammen im Shaker mit Eis sehr kräftig schütteln und in das Cocktailglas seihen. Etwas Muskatnuß darüberstreuen und den Drink sofort servieren.

LENA

halbtrockener Shortdrink
(Aperitif)

- Cocktailglas
- Rührglas

3 cl Bourbon Whiskey
1 cl Galliano
1 cl Campari
1,5 cl Vermouth rosso
1 cl Vermouth dry
Deko:
1 Cocktailkirsche

Die Zutaten zusammen im Rührglas mit Eis verrühren und in das vorgekühlte Cocktailglas seihen. Zuletzt die Cocktailkirsche ins Glas geben.

TUTIOSI

lieblicher Shortdrink
(After-Dinner-Drink)

- Cocktailglas
- Rührglas

2,5 cl Canadian Whisky
1,5 cl Weinbrand
1,5 cl Vermouth rosso
1 cl Galliano
1 cl Mandarinenlikör
Außerdem:
1 Stück Orangenschale

Die Zutaten zusammen im Rührglas mit Eis verrühren und in das Cocktailglas seihen. Den Drink mit der Orangenschale abspritzen und sie ins Glas geben.

YANKEE DUTCH

kräftiger Shortdrink für die Party
- Cocktailglas
- Rührglas

1,5 cl Bourbon Whiskey
1,5 cl Cherry Brandy
1,5 cl Curaçao Triple sec
1,5 cl Wodka
Außerdem:
1 Stück Orangenschale

Die Zutaten zusammen im Rührglas mit Eis verrühren und in das Cocktailglas seihen. Den Drink mit der Orangenschale abspritzen und sie ins Glas geben.

MR. BEAR

lieblicher Shortdrink für die Party
- Cocktailglas
- Shaker

4 cl Canadian Whisky
1 cl flüssiger Honig
Außerdem:
1 Stück Zitronenschale

Die Zutaten zusammen im Shaker mit Eis schütteln und in das Glas seihen. Den Drink mit der Zitronenschale abspritzen und sie ins Glas geben.

A.M.B.A.

hochprozentiger Shortdrink (After-Dinner-Drink)
- Cocktailglas
- Rührglas

2,5 cl Scotch Whisky
2 cl brauner Rum
1 cl Vermouth rosso
0,5 cl Cointreau
Außerdem:
1 Stück Zitronenschale
1 Cocktailkirsche

Die Zutaten zusammen im Rührglas mit Eis verrühren, in das Cocktailglas seihen und mit der Zitronenschale abspritzen. Die Kirsche ins Glas geben.

JZCARAGUA

halbtrockener Shortdrink (After-Dinner-Drink)
- Cocktailglas
- Rührglas

1,5 cl Scotch Whisky
1,5 cl Vermouth dry
1,5 cl Amaretto
1,5 cl Crème de Banane
Außerdem:
1 Stück Zitronenschale

Die Zutaten zusammen im Rührglas mit Eis verrühren und in das Cocktailglas seihen. Die Zitronenschale ins Glas geben.

TENNESSEE

fruchtiger, feinherber Shortdrink für den Abend
- Cocktailglas
- Shaker

4 cl Bourbon Whiskey
1 cl Maraschino
1 dash Zitronensaft
Deko:
1 Cocktailkirsche

Alle Zutaten zusammen im Shaker mit Eis schütteln und in das Cocktailglas seihen. Die Kirsche an den Glasrand stecken.

EXPLORATION

fruchtiger, feinherber Shortdrink für den Abend
- kleiner Tumbler
- Shaker

3 cl Scotch Whisky
2 cl Sherry dry
2 BL Amaretto
2 BL Zitronensaft
Außerdem:
1 Stück Zitronenschale

Alle Zutaten zusammen im Shaker mit Eis schütteln und in das Glas seihen. Den Drink mit der Zitronenschale abspritzen und sie ins Glas geben.

LAFAYETTE

feinherber Shortdrink (Aperitif)
- Cocktailglas
- Rührglas

3 cl Bourbon Whiskey
1 cl Vermouth dry
1 cl Dubonnet
2 dashes Angostura

Alle Zutaten zusammen im Rührglas mit Eis verrühren und in das Cocktailglas seihen.

GOLDEN NAIL

fruchtig-würziger Shortdrink (After-Dinner-Drink)
- kleiner Tumbler
- Gästeglas

3 cl Bourbon Whiskey
2 cl Southern Comfort

Die Zutaten zusammen im Tumbler mit Eiswürfeln verrühren.

MISSOURI MULE

fruchtiger, feinherber Shortdrink für den Abend
■ Cocktailglas
■ Shaker

4 cl Bourbon Whiskey
1 cl Crème de Cassis
1 cl Zitronensaft
■ **Deko:**
1 Zitronenscheibe

Alle Zutaten zusammen im Shaker mit Eis kräftig schütteln und in das Glas seihen. Die Zitronenscheibe an den Glasrand stecken.

KENTUCKY BOURBON

feinherber Shortdrink (After-Dinner-Drink)
■ Cocktailglas
■ Rührglas

4 cl Bourbon Whiskey
2 cl Bénédictine D.O.M.
■ **Deko:**
1 Cocktailkirsche

Alle Zutaten zusammen im Rührglas mit Eis verrühren und in das Glas seihen. Die Kirsche an den Glasrand stecken.

UNION CLUB

fruchtig-herber Shortdrink für den Abend
■ Cocktailglas
■ Shaker

4 cl Bourbon Whiskey
2 cl Curaçao Triple sec
2 cl Zitronensaft
1 BL Eiweiß
2 dashes Grenadine

Alle Zutaten zusammen im Shaker mit Eis schütteln und in das Cocktailglas seihen.

MONTE CARLO

feinherber Shortdrink (After-Dinner-Drink)
■ Cocktailglas
■ Rührglas

4 cl Bourbon Whiskey
2 cl Bénédictine D.O.M.
1 dash Angostura

Die Zutaten zusammen im Rührglas mit Eis verrühren und in das Cocktailglas seihen.

Missouri Mule (l.), Union Club (r.)

BELLRIVE JUBILEE COCKTAIL

feinherber Shortdrink (Aperitif)
- Cocktailglas
- Rührglas

4 cl Bourbon Whiskey
2 cl Vermouth rosso
1 dash Curaçao Triple sec
Deko:
½ Orangenscheibe

Alle Zutaten zusammen im Rührglas mit Eis verrühren und in das Cocktailglas seihen. Die Orangenscheibe an den Glasrand stecken.

OLD PALE

würzig-herber Shortdrink für den Abend oder als Aperitif
- Cocktailglas mit Zuckerrand
- Rührglas

3 cl Bourbon Whiskey
2 cl Campari
1 BL Limettensirup
Außerdem:
1 Stück Zitronenschale

Alle Zutaten zusammen im Rührglas mit Eis verrühren und in das Cocktailglas seihen. Die Zitronenschale ins Glas geben.

BARETT

würzig-lieblicher Shortdrink für den Abend
- kleiner Tumbler
- Gästeglas

4 cl Bourbon Whiskey
1 cl Galliano
1 cl Amaretto

Alle Zutaten zusammen mit Eiswürfeln im Tumbler verrühren.

DANNYS SPEZIALCOCKTAIL

fruchtiger, feinherber Shortdrink (After-Dinner-Drink)
- Cocktailglas
- Shaker

2,5 cl Bourbon Whiskey
2,5 cl Grand Marnier
2 BL Zitronensaft

Alle Zutaten im Shaker mit Eis schütteln und in das Glas seihen.

ERANS

fruchtig-lieblicher Shortdrink für den Abend
- Cocktailglas
- Rührglas

4 cl Bourbon Whiskey
1 cl Apricot Brandy
1 cl Cointreau

Alle Zutaten im Rührglas mit Eis verrühren und in das Glas seihen.

BRAINSTORMING

feinherber Shortdrink für den Abend
- Cocktailglas
- Rührglas

5 cl Irish Whiskey
2 dashes Bénédictine D.O.M.
2 dashes Vermouth dry
Außerdem:
1 Stück Orangenschale

Alle Zutaten zusammen im Rührglas mit Eis verrühren und in das Cocktailglas seihen. Den Drink mit der Orangenschale abspritzen und sie ins Glas geben.

CREOLE

mild-würziger Shortdrink für den Abend
- Cocktailglas
- Rührglas

2 cl Bourbon Whiskey
2 cl Vermouth rosso
1 cl Bénédictine D.O.M.
Deko:
1 Zitronenscheibe

Alle Zutaten zusammen im Rührglas mit Eis verrühren und in das Cocktailglas seihen. Die Zitronenscheibe an den Glasrand stecken.

OPENING I

lieblicher Shortdrink für den Abend
- Cocktailglas
- Shaker

4 cl Bourbon Whiskey
2 cl Vermouth rosso
1 cl Grenadine

Alle Zutaten zusammen im Shaker mit Eis schütteln und in das Glas seihen.

DON JOSÉ

würziger Shortdrink für den Abend
- Cocktailglas
- Shaker

2 cl Bourbon Whiskey
2 cl Vermouth rosso
1 cl Bananenlikör

Alle Zutaten zusammen im Shaker mit Crushed ice schütteln und in das Cocktailglas gießen.

OLD PAL

würzig-bitterer Shortdrink (Aperitif)
- Cocktailglas
- Rührglas

2 cl Bourbon Whiskey
2 cl Campari
2 cl Vermouth dry

Alle Zutaten im Rührglas mit Eis verrühren, in das Glas seihen.

DELTA

fruchtig-lieblicher Shortdrink für den Abend
- kleiner Tumbler
- Shaker

3 cl Bourbon Whiskey
1 cl Southern Comfort
1 cl Limettensirup
Deko:
½ Orangenscheibe
1 Cocktailkirsche

Alle Zutaten zusammen im Shaker mit Eis gut schütteln und in den zur Hälfte mit Crushed ice gefüllten Tumbler seihen. Die Früchte an den Glasrand stecken.

COAXER

fruchtig-herber Shortdrink für jede Jahreszeit
- kleiner Tumbler
- Shaker

5 cl Bourbon Whiskey
2 BL Zuckersirup
2 cl Zitronensaft
1 Eiweiß

Alle Zutaten zusammen im Shaker mit Crushed ice kräftig schütteln und in das Glas gießen.

BROOKLYN

trockener, würziger Shortdrink (Aperitif)
- Cocktailglas
- Rührglas

4 cl Canadian Whisky
2 cl Vermouth dry
2 dashes Maraschino

Alle Zutaten zusammen im Rührglas mit Eis verrühren und in das Glas seihen.

DREAM OF NAPLES

herb-würziger Shortdrink für den Abend
- Cocktailglas
- Rührglas

3 cl Bourbon Whiskey
1 cl Campari
1 cl Curaçao Triple sec
1 dash Angostura
Deko:
1 Cocktailkirsche

Alle Zutaten zusammen im Rührglas mit Eis verrühren und in das Cocktailglas seihen. Die Kirsche an den Glasrand stecken.

Gloom Lifter (l.), Bourbon Flip (r.)

GLOOM LIFTER

säuerlich-fruchtiger Shortdrink für den Abend

- Cocktailglas
- Shaker

3 cl Irish Whiskey
1 cl Zitronensaft
1 cl Zuckersirup
1 dash Eiweiß
■ **Deko:**
1 Zitronenscheibe

Alle Zutaten zusammen im Shaker mit Eis kräftig schütteln und in das Cocktailglas seihen. Die Zitronenscheibe an den Cocktailglasrand stecken.

BOURBON FLIP

cremiger, lieblicher Flip (After-Dinner-Drink)

- Cocktailglas
- Shaker

3 cl Bourbon Whiskey
1 cl brauner Rum
3 cl Sahne
1 cl Zuckersirup
1 Eigelb
■ **Außerdem:**
geriebene Muskatnuß

Alle Zutaten zusammen im Shaker mit Eis kräftig schütteln und in das Cocktailglas seihen. Etwas Muskatnuß darüberstreuen.

RITZ OLD FASHIONED

fruchtig-milder Shortdrink für den Abend

- kleiner Tumbler mit Zuckerrand
- Shaker

4 cl Bourbon Whiskey
2 cl Grand Marnier
1 dash Zitronensaft
1 dash Maraschino

Alle Zutaten zusammen im Shaker mit Eis schütteln und in das Glas seihen.

CAMERON'S KICK

nussiger, feinherber Shortdrink für den Abend

- Cocktailglas
- Shaker

2 cl Irish Whiskey
2 cl Scotch Whisky
1 cl Mandelsirup
1 cl Zitronensaft

Alle Zutaten zusammen im Shaker mit Eis kräftig schütteln und in das Glas seihen.

HAWK

fruchtig-herber Shortdrink für den Abend

- Cocktailglas
- Shaker

2 cl Bourbon Whiskey
2 cl Gin
1 cl Zitronensaft
■ **Deko:**
1 Cocktailkirsche

Alle Zutaten zusammen im Shaker mit Eis schütteln und in das Glas seihen. Die Kirsche an den Glasrand stecken.

NIGHT SHADOWS

fruchtiger, feinherber Shortdrink für den Abend

- kleiner Tumbler
- Shaker

3 cl Bourbon Whiskey
1 cl Vermouth rosso
1 cl Orangensaft
1 BL Chartreuse gelb
■ **Deko:**
½ Orangenscheibe
1 Zitronenachtel

Alle Zutaten zusammen im Shaker mit Eis schütteln und in den zu einem Drittel mit Crushed ice gefüllten Tumbler seihen. Zuletzt die Früchte ins Glas geben.

DE RIGNEUR

fruchtig-herber Shortdrink für den Abend
- Cocktailglas
- Shaker

4 cl Bourbon Whiskey
4 cl Grapefruitsaft
2 BL Honig

Alle Zutaten zusammen im Shaker mit Eis kräftig schütteln und in das Cocktailglas seihen.

HIGHLAND MOON

würzig-milder Shortdrink für den Abend
- kleiner Tumbler
- Rührglas

3 cl Scotch Whisky
3 cl Drambuie (Honiglikör)
- **Deko:**

1 Zitronenscheibe
1 Cocktailkirsche

Die Zutaten zusammen im Rührglas mit Eis verrühren und in den Tumbler seihen. Die Früchte zusammen am Sticker über den Glasrand legen.

AMERICA

feinherber Shortdrink für den Abend
- Cocktailglas
- Shaker

5 cl Bourbon Whiskey
1,5 cl Limettensaft
2 BL Grenadine
- **Außerdem:**

1 Stück Limettenschale

Alle Zutaten zusammen im Shaker mit Eis schütteln und in das Glas seihen. Den Drink mit der Limettenschale abspritzen und sie ins Glas geben.

ROBBY

feinherber Shortdrink (Aperitif)
- kleiner Tumbler
- Rührglas

2,5 cl Canadian Whisky
1,5 cl Vermouth dry
1,5 cl Vermouth blanco
- **Deko:**

1 Cocktailkirsche

Alle Zutaten zusammen im Rührglas mit Eis verrühren und in das Glas seihen. Die Kirsche am Stikker ins Glas geben.

BISHOP

fruchtiger, feinherber Shortdrink für den Abend
- Cocktailglas
- Shaker

3 cl *Canadian Whisky*
1 cl *Vermouth rosso*
1 cl *Orangensaft*
1 BL *Chartreuse grün*

Alle Zutaten zusammen im Shaker mit Eis schütteln und in das Glas seihen.

BOURBON CAR

fruchtig-säuerlicher Shortdrink für den Abend
- Cocktailglas
- Shaker

4 cl *Bourbon Whiskey*
2 cl *Cointreau*
2 cl *Zitronensaft*
■ ***Deko:***
1 *Cocktailkirsche*

Alle Zutaten zusammen im Shaker mit Eis kräftig schütteln und in das Cocktailglas seihen. Die Kirsche an den Glasrand stecken.

CANADA

fruchtig-milder Shortdrink für den Abend
- Cocktailglas
- Shaker

3 cl *Canadian Whisky*
1 cl *Curaçao Triple sec*
2 *dashes Angostura*
1 cl *Ahornsirup*

Alle Zutaten zusammen im Shaker mit Eis schütteln und in das Cocktailglas seihen.

BOURBON SKIN

fruchtig-herber Shortdrink für den Abend
- Cocktailglas
- Shaker

5 cl *Bourbon Whiskey*
1 BL *Grenadine*
2 cl *Zitronensaft*
■ ***Deko:***
1 *Cocktailkirsche*

Alle Zutaten zusammen im Shaker mit Crushed ice schütteln und in das Cocktailglas gießen. Die Kirsche an den Glasrand stecken.

Barbicane (l.), Whiskey Twist (r.)

BARBICANE

fruchtig-milder Shortdrink für die Party

- Cocktailglas
- Shaker

3 cl Scotch Whisky
1 cl Drambuie (Honiglikör)
3 cl Maracujanektar
1 dash Zitronensaft
■ **Deko:**
1 Cocktailkirsche

Alle Zutaten zusammen im Shaker mit Eiswürfeln schütteln und in das Cocktailglas seihen. Die Kirsche an den Glasrand stecken.

WHISKEY TWIST

fruchtiger, leicht säuerlicher Shortdrink für den Abend

- Cocktailglas
- Rührglas

4 cl Irish Whiskey
1 cl Zitronensaft
1 BL Cherry Brandy
1 BL Himbeersirup
■ **Deko:**
1 Cocktailkirsche

Alle Zutaten zusammen im Rührglas mit Eiswürfeln verrühren und in das Cocktailglas seihen. Die Kirsche an den Glasrand stecken.

COWBOY COCKTAIL

cremiger Shortdrink (After-Dinner-Drink)
- Cocktailglas
- Shaker

4 cl Bourbon Whiskey
2 cl Sahne

Die Zutaten zusammen im Shaker mit Eis schütteln und in das Glas seihen.

ADELLE SPECIAL

fruchtiger Shortdrink für den Abend
- Cocktailglas
- Shaker

5 cl Scotch Whisky
1 cl Orangenlikör

Die Zutaten zusammen im Shaker mit Eis schütteln und in das Glas seihen.

FRISCO SOUR

würzig-säuerlicher Sour (After-Dinner-Drink)
- Sourglas
- Shaker

4 cl Bourbon Whiskey
2 cl Bénédictine D.O.M.
3 cl Zitronensaft

Alle Zutaten zusammen im Shaker mit Eiswürfeln schütteln und in das Glas seihen.

MCKINLEY'S DELIGHT

fruchtig-herber Shortdrink für den Abend
- Cocktailglas
- Rührglas

3 cl Bourbon Whiskey
3 cl Vermouth dry
1 BL Pernod
2 BL Kirschlikör
■ **Deko:**
1 Cocktailkirsche

Alle Zutaten zusammen im Rührglas mit Eis verrühren und in das Cocktailglas seihen. Die Kirsche an den Glasrand stecken.

4TH OF JULY

fruchtiger, zart-herber Shortdrink für den Abend
- kleiner Tumbler
- Shaker

3 cl Bourbon Whiskey
1 cl Apricot Brandy
1 cl Zitronensaft
5 cl Orangensaft
■ **Deko:**
1 Orangenscheibe
1 Zitronenscheibe

Alle Zutaten zusammen im Shaker mit Eiswürfeln gut schütteln und in den Tumbler seihen. Das Obst an den Glasrand stecken.

Cowboy Cocktail (h. l.), Adelle Special (h. r.), 4th of July (v.)

COCKTAIL NR. 13

fruchtig-milder Shortdrink für den Abend
- Cocktailglas
- Shaker

2 cl Whiskey
2 cl Aprikosenlikör
2 cl Orangensaft
Deko:
1 Cocktailkirsche

Alle Zutaten zusammen im Shaker mit Eiswürfeln schütteln und in das Glas seihen. Die Kirsche an den Glasrand stecken.

EVERYTHING BUT

fruchtiger, zartherber Flip für den Abend
- Ballon- oder Weinglas
- Shaker

3 cl Bourbon Whiskey
3 cl Gin
1 EL Apricot Brandy
2 cl Zitronensaft
2 cl Orangensaft
1 Eigelb
1 TL Zuckersirup

Alle Zutaten zusammen mit Eis im Shaker kräftig schütteln und in das Glas seihen.

FOOTBALL PLAYER

fruchtiger, zartherber Shortdrink für den Abend
- Cocktailglas
- Shaker

3 cl Scotch Whisky
1 cl Cointreau
1 cl Grapefruitsaft

Alle Zutaten zusammen im Shaker mit Eiswürfeln kräftig schütteln und in das Cocktailglas seihen.

WHISKEY SOUR

erfrischender Sour für den Abend
- mittelgroßer Tumbler
- Rührglas

4 cl Bourbon Whiskey
2 cl Zitronensaft
1 cl Zuckersirup
1 dash Angostura
Deko:
½ Orangenscheibe
1 Cocktailkirsche

Die Zutaten zusammen im Shaker mit Eis schütteln und in den Tumbler seihen. Das Obst an den Glasrand stecken.

MORNING GLORY FIZZ

erfrischender Fizz für alle Gelegenheiten
- mittelgroßer Tumbler
- Shaker

4 cl Scotch Whisky
1 cl Pernod
2 cl Zitronensaft
1 cl Zuckersirup
1 Eiweiß
Sodawasser zum Auffüllen

Alle Zutaten außer Soda zusammen im Shaker mit Eis kräftig schütteln und in den Tumbler seihen. Mit Soda auffüllen.

BOURBON HIGHBALL

lieblich-würziger Longdrink für jede Jahreszeit
- Longdrinkglas
- Gästeglas

4 cl Bourbon Whiskey
1 Stück Zitronenschale
Ginger-ale zum Auffüllen
Deko:
1 Zitronenschalenspirale

Den Whiskey ins Glas mit Eiswürfeln geben. Mit der Zitronenschale abspritzen und sie dazugeben. Mit Ginger-ale auffüllen. Die Schalenspirale an den Glasrand hängen.

MINT COOLER

erfrischender Cooler für heiße Tage
- Longdrinkglas
- Gästeglas

4 cl Scotch Whisky
1 BL Crème de Menthe weiß
oder grün
Mineralwasser zum Auffüllen

Whisky und Crème de Menthe in das Longdrinkglas mit Eiswürfeln geben und mit Mineralwasser auffüllen. Mit einem Stirer servieren.

LONDON SOUR

fruchtiger Sour für jede Gelegenheit
- mittelgroßes Longdrinkglas
- Shaker

3 cl Scotch Whisky
1 cl Mandelsirup
2 cl Zitronensaft
2 cl Orangensaft
1 cl Zuckersirup
Deko:
½ Orangenscheibe
1 Cocktailkirsche

Die Zutaten zusammen im Shaker mit Eis schütteln und in das Longdrinkglas geben. Orangenscheibe und Kirsche zusammen am Sticker über den Glasrand legen.

WHISKY SODA

erfrischender Longdrink für jeden Tag
- kleiner Tumbler
- Gästeglas

4 cl Scotch Whisky
Sodawasser zum Auffüllen

Den Whisky in den Tumbler mit Eiswürfeln geben, nach Belieben mit Soda auffüllen.

WHISKY FIZZ

erfrischender Fizz für die Party
- mittelgroßer Tumbler
- Shaker

4 cl Scotch Whisky
2 cl Zitronensaft
1 cl Zuckersirup
Mineralwasser zum Auffüllen

Alle Zutaten außer Mineralwasser zusammen im Shaker mit Eis schütteln und in den Tumbler seihen. Mit Mineralwasser auffüllen.

CANADIAN SUMMER

frischer, würziger Longdrink für jede Jahreszeit
- großer Tumbler
- Gästeglas

3 cl Canadian Whisky
2 cl Crème de Cacao weiß
1 cl Crème de Menthe grün
Sodawasser zum Auffüllen

Whisky und Likör zusammen im Tumbler verrühren. Einige Eiswürfel dazugeben, mit Soda auffüllen.

CANADIAN GINGER

erfrischender Longdrink für die Sommerparty
- Longdrinkglas
- Gästeglas

4 cl Canadian Whisky
Ginger-ale zum Auffüllen

Den Whisky in das Longdrinkglas mit Eisstücken geben und mit Ginger-ale auffüllen.

BOURBON SILVER FIZZ

fruchtiger, feinherber Fizz für den Nachmittag und den Abend
- großer Tumbler
- Shaker

3 cl Bourbon Whiskey
1 BL Zitronensaft
1 BL Limettensaft
1 BL Zuckersirup
1 Eiweiß
Sodawasser zum Auffüllen
Deko:
1 Zitronenscheibe

Alle Zutaten zusammen im Shaker mit Eis schütteln und in den Tumbler seihen. Mit Soda auffüllen und umrühren. Die Zitronenscheibe an den Glasrand stecken.

Canadian Summer (h.), Whisky Soda (v. l.), Bourbon Silver Fizz (v. r.)

FREEFALL

fruchtiger Longdrink für die Sommerparty
- Longdrinkglas
- Shaker

3 cl Scotch Whisky
2 cl Malibu
1 cl Maracujasirup
1 cl Zitronensaft
6 cl Ananassaft
Deko:
1 Stück Ananas
1 Cocktailkirsche

Die Zutaten zusammen im Shaker mit Eis schütteln und in das Longdrinkglas mit Eiswürfeln seihen. Das Obst zusammen am Sticker über den Glasrand legen.

CANADIAN SOUR

erfrischender Sour für die Party
- mittelgroßer Tumbler
- Shaker

4 cl Canadian Whisky
2 cl Zitronensaft
1 cl Zuckersirup
evtl. etwas Mineralwasser
Deko:
½ Orangenscheibe, 1 Orangenschalenspirale, 1 Cocktailkirsche

Die Zutaten zusammen im Shaker mit Eis schütteln und in den Tumbler seihen. Eventuell etwas Mineralwasser dazugeben. Die Orangenscheibe an den Glasrand stecken; Kirsche und Schalenspirale daran befestigen.

SANDY COLLINS

erfrischender Collins für den ganzen Tag

- Longdrinkglas
- Gästeglas

4 cl Scotch Whisky
2 cl Zitronensaft
1 cl Zuckersirup
Sodawasser zum Auffüllen
■ **Deko:**
½ Zitronenscheibe
1 Cocktailkirsche

Alle Zutaten außer Soda zusammen im Longdrinkglas mit Eis verrühren. Mit Soda auffüllen und umrühren, bis das Glas beschlägt. Die Früchte zusammen am Sticker über den Glasrand legen.

HIGHLAND COOLER

leichter Cooler für die Sommerparty

- Longdrinkglas
- Shaker

4 cl Scotch Whisky
2 dashes Angostura
2 cl Zitronensaft
1 cl Zuckersirup
Ginger-ale zum Auffüllen
■ **Deko:**
½ Zitronenscheibe

Alle Zutaten außer Ginger-ale zusammen im Shaker mit Eis schütteln und in das Longdrinkglas mit Eisstücken seihen. Mit Ginger-ale auffüllen. Die Zitronenscheibe ins Glas geben.

OPENING II

lieblicher Shortdrink für die Party
- Cocktailglas
- Rührglas

3 cl Canadian Whisky
1,5 cl Vermouth rosso
1 cl Grenadine

Die Zutaten zusammen im Rührglas mit Eis verrühren und in das Cocktailglas seihen.

HANSEKOGGE

fruchtiger Longdrink für die Party
- Longdrinkglas
- Shaker

3 cl Scotch Whisky
1 cl Mandarinensirup
4 cl Orangensaft
4 cl Maracujasaft
1 cl Zitronensaft
Deko:
½ Orangenscheibe
2 Cocktailkirschen
1 Minzeblatt

Die Zutaten zusammen im Shaker mit Eis schütteln und in das Longdrinkglas mit Eis seihen. Die Früchte und das Minzeblatt zusammen auf einen langen Sticker stecken und ihn zusammen mit einem langen Stirer in das Glas geben.

ROYAL TURKEY

fruchtiger Longdrink für die Sommerparty
- Longdrinkglas
- Shaker

2 cl Bourbon Whiskey
2 cl Apricot Brandy
2 cl Gin
4 cl Ananassaft
Zitronenlimonade zum Auffüllen
Deko:
1 Cocktailkirsche

Alle Zutaten außer Limonade zusammen im Shaker mit Eis schütteln und in das Longdrinkglas mit Eiswürfeln seihen. Mit Limonade auffüllen und umrühren. Die Cocktailkirsche ins Glas geben und den Drink mit einem Stirer servieren.

19TH HOLE

erfrischender, fruchtiger Longdrink für die Sommerparty
- Longdrinkglas
- Shaker

3 cl Scotch Whisky
2 cl Southern Comfort
1 cl Mandarinensirup
8 cl Maracujasaft
1 cl Zitronensaft
Deko:
1 Physalis (Kapstachelbeere)

Die Zutaten zusammen im Shaker mit Eis schütteln und in das Longdrinkglas mit Crushed ice seihen. Die Physalis dann an den Glasrand stecken.

LOS ANGELES (L.A.)

fruchtiger Longdrink für die Party
- mittelgroßes Longdrinkglas
- Shaker

3 cl Scotch Whisky
1 dash Vermouth bianco
2 cl Zitronensaft
1 cl Zuckersirup
1 Ei

Die Zutaten zusammen im Shaker mit Eis kräftig schütteln und in das Longdrinkglas seihen.

NEW ORLEANS SAZERAC

erfrischender Longdrink für den ganzen Tag
- großer Tumbler
- Gästeglas

1 Stück Würfelzucker
4 cl Bourbon Whiskey
1 cl Pernod
1 dash Angostura
klares Wasser zum Auffüllen
Außerdem:
1 Stück Zitronenschale

Den Würfelzucker in das Glas mit Eiswürfeln geben und mit dem Angostura tränken. Die Spirituosen dazugeben, mit Wasser auffüllen und alles gut verrühren. Den Drink mit der Zitronenschale abspritzen und zusammen mit einem Stirer servieren.

BIG JOHN

fruchtiger Longdrink für die Party
- Longdrinkglas
- Shaker

3 cl Scotch Whisky
2 cl Maracujasirup
4 cl Orangensaft
2 cl Zitronensaft
2 cl Ananassaft
Deko:
½ Orangenscheibe
½ Zitronenscheibe
¼ Ananasscheibe
1 Cocktailkirsche
3 dashes Amaretto

Die Zutaten zusammen im Shaker mit Eis schütteln und in das Longdrinkglas seihen. Die Früchte auf einen Spieß stecken und ihn über das Glas legen. Die Kirsche mit dem Amaretto beträufeln.

HORSE'S NECK II

milder Longdrink für den Abend
- großer Tumbler
- Gästeglas

4 cl Bourbon Whiskey
2 dashes Angostura
Ginger-ale zum Auffüllen
Deko:
1 Zitronenschalenspirale

Whiskey und Angostura zusammen im Tumbler mit Eis verrühren. Mit Ginger-ale auffüllen und kurz umrühren. Die Schalenspirale ins Glas geben.

WALDORF ASTORIA

kräftiger, lieblicher Egg-Nog für jeden Tag
- großer Tumbler
- Shaker

4 cl Bourbon Whiskey
2 cl Portwein
1 cl Zuckersirup
10 cl Milch
1 cl Sahne
2 Eigelb
Außerdem:
geriebene Muskatnuß

Die Zutaten zusammen im Shaker mit Eis sehr kräftig schütteln und in das Glas gießen. Etwas Muskatnuß darüberstreuen.

SCOTTIE

fruchtiger Longdrink für die Sommerparty
- Longdrinkglas
- Shaker

3 cl Scotch Whisky
2 cl Pfirsichlikör
6 cl Ananassaft
4 cl Maracujasaft
1 cl Grenadine
Deko:
1/8 Ananasscheibe
1 Cocktailkirsche

Die Zutaten zusammen im Shaker mit Eis schütteln und in das Longdrinkglas geben. Das Ananasstück an den Glasrand stecken und die Cocktailkirsche mit einem Sticker daran befestigen.

PICNIC

fruchtiger Longdrink für die Sommerparty
- Longdrinkglas
- Shaker

1 cl Canadian Whisky
1 cl Mandarinenlikör
4 cl Ananassaft
Ginger-ale zum Auffüllen
Deko:
frische Früchte, in Stücken

Alle Zutaten außer Ginger-ale zusammen im Shaker mit Eis schütteln und in das Longdrinkglas mit Eisstücken seihen. Mit Ginger-ale auffüllen und umrühren. Nun die Fruchtstückchen am Sticker über den Glasrand legen. Mit einem Stirer servieren.

BOURBON-COLA-HIGHBALL

lieblicher Longdrink für jede Jahreszeit
- Longdrinkglas
- Gästeglas

4 cl Bourbon Whiskey
Cola zum Auffüllen
Deko:
1 Zitronenschalenspirale

Den Whiskey zusammen mit Eiswürfeln ins Glas geben. Mit Cola auffüllen und kurz umrühren. Die Schalenspirale ins Glas geben.

DEEP DREAM

fruchtiger, feinherber Longdrink für den Abend
- Longdrinkglas
- Shaker

3 cl Bourbon Whiskey
2 cl Apricot Brandy
1 cl Vermouth dry
Orangensaft zum Auffüllen
Deko:
1 Orangenscheibe

Alle Zutaten außer Orangensaft zusammen im Shaker mit Eis schütteln und in das Glas seihen. Mit Orangensaft auffüllen. Die Orangenscheibe an den Glasrand stecken. Mit Stirer servieren.

SWEET SCOTCH

milder Longdrink für den Abend
- großer Tumbler
- Gästeglas

3 cl Scotch Whisky
2 cl Crème de Cacao weiß
Sodawasser zum Auffüllen
Deko:
1 Kumquat

Whisky und Crème de Cacao zusammen im Tumbler mit Eiswürfeln verrühren. Mit Soda auffüllen und umrühren. Die Kumquat an den Glasrand stecken.

WARD EIGHT

erfrischender, fruchtiger Longdrink für die Party
- kleines Weinglas
- Shaker

4 cl Bourbon Whiskey
2 cl Zitronensaft
2 cl Orangensaft
1 cl Grenadine
1 BL Zuckersirup
Deko:
1 Zitronenscheibe
1 Cocktailkirsche

Die Zutaten zusammen im Shaker mit Crushed ice schütteln und in das Glas gießen. Zitronenscheibe und Cocktailkirsche zusammen im Glas auf das Getränk legen.

ICE RICKEY

fruchtiger, feinherber Longdrink für heiße Tage
- Longdrinkglas
- Shaker

1 Kugel Zitroneneis
4 cl Scotch Whisky
3 cl Limettensirup
2 cl Zitronensaft
1 dash Grenadine
Sodawasser zum Auffüllen
Deko:
1 Limettenscheibe

Das Eis ins Longdrinkglas geben. Alle Zutaten außer Soda zusammen im Shaker mit Eis schütteln und ins Glas seihen. Mit Soda auffüllen und kurz umrühren. Die Limettenscheibe an den Glasrand stecken. Mit Löffel servieren.

BLUE GRASS

aromatischer Longdrink für die Party
- Longdrinkglas
- Shaker

3 cl Bourbon Whiskey
1,5 cl Curaçao blue
1,5 Southern Comfort
2 cl Limettensaft
3 cl Zitronensaft
Deko:
1 Stück Zitronenschale
1 Cocktailkirsche

Die Zutaten zusammen im Shaker mit Eis schütteln und in das Longdrinkglas mit Eis seihen. Zitronenschale und Cocktailkirsche ins Glas geben.

FLOATER

erfrischender Longdrink für den Nachmittag und den Abend
- Longdrinkglas
- Gästeglas

Sodawasser
3 cl Scotch Whisky

Zuerst etwas Sodawasser ins Glas geben, dann den Whisky langsam über einen Löffelrücken darauf gießen. Beides darf sich jedoch nicht mischen.

HILL STREET

fruchtig-milder Longdrink für jede Jahreszeit
- mittelgroßer Tumbler
- Shaker

4 cl Bourbon Whiskey
1 cl brauner Rum
5 cl Maracujasaft
2 cl Ananassaft
Deko:
1 Cocktailkirsche

Alle Zutaten zusammen im Shaker mit Eiswürfeln schütteln und in den Tumbler mit Eiswürfeln seihen. Die Kirsche an den Glasrand stecken.

Ice Rickey (l.), Blue Grass (M.), Hill Street (r.)

RICKEY

fruchtiger, mild-säuerlicher Longdrink für den Abend
- Longdrinkglas
- Shaker

4 cl Scotch Whisky
1 cl Zitronensaft
1 cl Limettensirup
Sodawasser zum Auffüllen
■ **Deko:**
1 Limettenscheibe
1 Zitronenscheibe

Alle Zutaten außer Soda zusammen im Shaker mit Eis schütteln und in das Glas seihen. Mit Soda auffüllen und kurz umrühren. Die Fruchtscheiben an den Glasrand stecken.

CANADIAN SQUASH

fruchtiger, feinherber Longdrink für die Party
- Longdrinkglas
- Gästeglas

4 cl Canadian Whisky
1 cl Drambuie (Honiglikör)
6 cl Orangensaft
2 cl Grapefruitsaft
1 BL Zitronensaft
■ **Deko:**
½ Orangenscheibe

Alle Zutaten zusammen im Longdrinkglas mit Eiswürfeln verrühren. Die Orangenscheibe an den Glasrand stecken.

ONE IRELAND

feinherber Longdrink für den Abend
- breites Longdrinkglas
- Shaker

2 Kugeln Vanilleeis
4 cl Irish Whiskey
2 BL Crème de Menthe weiß
Milch zum Auffüllen

Das Vanilleeis in das Longdrinkglas geben. Whiskey und Crème de Menthe zusammen im Shaker gut schütteln, auf das Vanilleeis gießen, mit Milch auffüllen und umrühren.

COLONEL COLLINS

fruchtiger, süß-säuerlicher Collins für den Sommer
- Longdrinkglas
- Gästeglas

6 cl Bourbon Whiskey
3 cl Zitronensaft
2 cl Zuckersirup
Sodawasser zum Auffüllen
■ **Deko:**
1 Zitronenscheibe
1 Cocktailkirsche

Whiskey, Zitronensaft und Zuckersirup zusammen im Longdrinkglas mit Eiswürfeln verrühren. Mit Soda auffüllen und kurz umrühren. Die Zitronenscheibe an den Glasrand stecken und die Kirsche mit einem Sticker daran befestigen.

WILD IRISH ROSE

fruchtiger Longdrink für die Sommerzeit
- großer Tumbler
- Shaker

4 cl Irish Whiskey
1 cl Zitronensaft
1 cl Grenadine
Sodawasser zum Auffüllen
Deko:
1 Orangenscheibe

Alle Zutaten außer Soda zusammen im Shaker mit Eis schütteln und in den zur Hälfte mit Eiswürfeln gefüllten Tumbler seihen. Mit Soda auffüllen und kurz umrühren. Die Orangenscheibe ins Glas geben.

WHISKEY SLING

fruchtig-milder Sling für den Sommerabend
- großer Tumbler
- Gästeglas

4 cl Bourbon Whiskey
4 cl Zuckersirup
2 cl Zitronensaft
Sodawasser zum Auffüllen

Whiskey, Zuckersirup und Zitronensaft zusammen im Tumbler mit Eiswürfeln verrühren. Mit Soda auffüllen und kurz umrühren.

SOFTY

fruchtiger Longdrink für die Party
- mittelgroßer Tumbler
- Shaker

4 cl Scotch Whisky
1 cl Drambuie (Honiglikör)
6 cl Orangensaft
Deko:
1 Orangenscheibe
1 Cocktailkirsche

Alle Zutaten zusammen im Shaker mit Eiswürfeln gut schütteln und in den Tumbler mit Eiswürfeln seihen. Die Früchte an den Glasrand stecken.

KENTUCKY LEMON

herb-fruchtiger Longdrink für den Abend
- Longdrinkglas
- Gästeglas

4 cl Bourbon Whiskey
2 cl Zitronensaft
Bitter lemon zum Auffüllen
Deko:
½ Orangenscheibe

Whiskey und Zitronensaft zusammen im Longdrinkglas mit Eiswürfeln verrühren. Mit Bitter lemon auffüllen und umrühren. Die Orangenscheibe zuletzt an den Glasrand stecken.

CHERRY BLOSSOM II

fruchtiger, feinherber Longdrink für den Abend
- großer Tumbler
- Shaker

3 cl Irish Whiskey
1 cl Zitronensaft
1 cl Grenadine
1 BL Eiweiß
Sodawasser zum Auffüllen

Alle Zutaten außer Soda zusammen im Shaker mit Eis schütteln und in den Tumbler seihen. Mit Soda auffüllen und kurz umrühren.

IRISH ORANGE

fruchtig-herber Longdrink für den Abend
- großer Tumbler
- Shaker

4 cl Irish Whiskey
1 cl Zitronensaft
1 cl Grenadine
Bitter Orange (Bitterlimonade)
■ **Deko:**
1 Orangenschalenspirale

Alle Zutaten außer der Limonade zusammen im Shaker mit Eis schütteln und in den Tumbler mit Eiswürfeln seihen. Mit Bitter Orange auffüllen und umrühren. Die Schalenspirale an den Glasrand hängen.

BOURBON DREAM

fruchtig-milder Longdrink für den Abend
- Longdrinkglas
- Shaker

3 cl Bourbon Whiskey
3 cl Apricot Brandy
Orangensaft zum Auffüllen
■ **Deko:**
1 Orangenscheibe
1 Cocktailkirsche

Whiskey und Apricot Brandy zusammen mit Eiswürfeln im Shaker schütteln und in das Longdrinkglas seihen. Mit Orangensaft auffüllen und kurz umrühren. Die Orangenscheibe an den Glasrand stecken und die Kirsche mit einem Sticker daran befestigen.

HOLIDAY EGG-NOG

lieblicher Egg-Nog für jede Jahreszeit
- Longdrinkglas
- Shaker

4 cl Bourbon Whiskey
2 cl brauner Rum
1 cl Zuckersirup
4 cl Milch
1 Ei
■ **Außerdem:**
geriebene Muskatnuß

Alle Zutaten zusammen im Shaker mit Eis schütteln und in das Glas seihen. Etwas Muskatnuß darüberstreuen.

GOD MOTHER

VODKATINI

Drinks mit Wodka

BLACK RUSSIAN

WODKA GIBSON

FLYING GRASSHOPPER

HAIR RAISER

BARBARA

lieblicher, sahniger Shortdrink
- Cocktailglas
- Shaker

2 cl Wodka
2 cl Crème de Cacao weiß
2 cl Sahne
- **Außerdem:**
geriebene Muskatnuß

Die Zutaten zusammen im Shaker mit Eis kräftig schütteln und in das Glas seihen. Etwas Muskatnuß darüberstreuen.

VODKATINI

herber Shortdrink für die Party
- Cocktailglas
- Rührglas

4 cl Wodka
2 cl Vermouth dry
- **Außerdem:**
1 Olive

Die Zutaten zusammen im Rührglas mit Eis verrühren und in das Cocktailglas seihen. Die Olive am Sticker ins Glas geben.

GREEN SEA

halbtrockener Shortdrink (Aperitif)
- Cocktailglas
- Rührglas

1,5 cl Wodka
1,5 cl Crème de Menthe grün
1,5 cl Vermouth dry

Die Zutaten zusammen im Rührglas mit Eis verrühren und in das Cocktailglas seihen.

BLACK RUSSIAN

lieblicher Shortdrink für den Abend
- Cocktailglas
- Rührglas

4 cl Wodka
2 cl Kaffeelikör

Die Zutaten zusammen im Rührglas mit Eis verrühren und in das Cocktailglas seihen.

GOSPODIN

aromatischer Shortdrink für den Nachmittag
- kleiner Tumbler
- Gästeglas

3 cl Wodka
2 cl Apricot Brandy

Die Zutaten im Tumbler mit Eis verrühren. Mit Stirer servieren.

GOD MOTHER

aromatischer Shortdrink für den ganzen Tag
- kleiner Tumbler
- Gästeglas

4 cl Wodka
2 cl Amaretto

Die Zutaten zusammen im Tumbler mit Eis verrühren. Mit einem Stirer servieren.

Barbara (l.), Green Sea (M.), Vodkatini (r.)

FINLADY

fruchtiger, feinherber Shortdrink für den Abend
- Cocktailglas
- Shaker

4 cl Wodka
2 cl Apricot Brandy
1 cl Zitronensaft

Alle Zutaten im Shaker mit Eis schütteln und in das Glas seihen.

WODKA GIBSON

trockener Shortdrink (Aperitif)
- Cocktailglas
- Rührglas

4 cl Wodka
1 cl Vermouth dry
- **Außerdem:**

1 Cocktailzwiebel

Die Zutaten zusammen im Rührglas mit Eis verrühren und in das Cocktailglas seihen. Die Zwiebel ins Glas geben.

SMIRNOFF COCKTAIL

cremiger Shortdrink für die Party
- Cocktailglas
- Shaker

2,5 cl Wodka
1,5 cl Crème de Cacao weiß
1,5 cl Crème de Menthe grün
1,5 cl Sahne

Die Zutaten im Shaker mit Eis schütteln und in das Glas seihen.

BERENTZER PARADIESCOCKTAIL

halbtrockener Shortdrink (Aperitif)
- Cocktailglas
- Shaker

2,5 cl Wodka
2,5 cl Apfellikör
1,5 cl Orangensaft
1 dash Campari
- **Deko:**

1 Apfelscheibe
1 Cocktailkirsche
1 Minzezweig

Die Zutaten zusammen im Shaker mit Eis schütteln und in das Glas seihen. Die Apfelscheibe, die Kirsche und den Minzezweig zusammen am Sticker über den Glasrand legen.

TARANTELLA

etwas bitterer Sektcocktail für den Empfang
- Sektschale
- Rührglas

1,5 cl Wodka
1,5 cl Curaçao Triple sec
1,5 cl Campari
trockener Sekt zum Auffüllen
- **Deko:**

1 Ananasstück, 1 Cocktailkirsche

Alle Zutaten außer Sekt zusammen im Rührglas mit Eis verrühren, in die Sektschale seihen und mit dem Sekt auffüllen. Das Ananasstück an den Glasrand stecken und die Kirsche mit einem Sticker daran befestigen.

OVIDIO

erfrischender, herber Sektcocktail für die Party
- Sektschale
- Shaker

3 cl Wodka
2 cl Curaçao blue
2 cl Grapefruitsaft
trockener Sekt zum Auffüllen
■ **Deko:**
½ Zitronenscheibe
1 Minzeblatt

Alle Zutaten außer Sekt zusammen im Shaker mit Eis schütteln, in die Sektschale seihen und mit Sekt auffüllen. Die Zitronenscheibe an den Glasrand stecken und das Minzeblatt auf das Getränk legen.

SNAP

halbtrockener Shortdrink (Aperitif)
- Cocktailglas
- Rührglas

2 cl Wodka
2 cl Vermouth dry
2 cl Limettensaft
■ **Außerdem:**
1 Stück Limettenschale

Die Zutaten zusammen im Rührglas mit Eis verrühren und in das Cocktailglas seihen. Den Drink mit der Limettenschale abspritzen und sie ins Glas geben.

HAIR RAISER

feinherber Shortdrink für den Abend
- kleiner Tumbler
- Gästeglas

2 cl Wodka
2 cl Dubonnet
2 cl Tonic water

Alle Zutaten zusammen im Tumbler mit Eiswürfeln langsam verrühren.

RUSSIAN CAR

cremiger, lieblicher Shortdrink (After-Dinner-Drink)
- großes Cocktailglas
- Shaker

4 cl Wodka
1 cl Galliano
1 cl Crème de Cacao weiß
4 cl Sahne

Alle Zutaten zusammen im Shaker mit Eis schütteln, ins Glas seihen.

NORTH POLE

herb-würziger Shortdrink für den Abend
- Cocktailglas
- Shaker

3 cl Wodka
1 cl Drambuie (Honiglikör)
1 cl Campari

Alle Zutaten zusammen im Shaker mit Eis schütteln und in das Cocktailglas seihen.

WHITE RUSSIAN

cremiger Shortdrink für den ganzen Tag
- Cocktailglas
- Rührglas

3 cl Wodka
2 cl Kaffeelikör
1 cl Sahne

Wodka und Likör zusammen im Rührglas mit Eis verrühren und in das Cocktailglas seihen. Die leicht geschlagene Sahne auf das Getränk geben. Der Drink wird auch gern mit Eiswürfeln getrunken, nehmen Sie dann aber einen kleinen Tumbler zum Servieren.

MONTE ROSA

leichter Shortdrink (Aperitif)
- Cocktailglas
- Shaker

2 cl Wodka
1 cl Curaçao Triple sec
1 cl Campari
1 cl Orangensaft

Die Zutaten zusammen im Shaker mit Eis schütteln und in das Cocktailglas seihen.

FLYING GRASSHOPPER

würziger, lieblicher Shortdrink für den Abend

- Cocktailglas
- Rührglas

2 cl Wodka
1 cl Crème de Cacao weiß
1 cl Crème de Menthe grün
Deko:
1 grüne Cocktailkirsche

Alle Zutaten zusammen im Rührglas mit Eis verrühren und ins Glas seihen. Die Kirsche an den Glasrand stecken.

BALANCE

fruchtiger, feinherber Crusta für den Abend

- Cocktailglas mit Zuckerrand
- Shaker

2 cl Wodka
1 cl weißer Rum
1 cl Curaçao Triple sec
1 BL Grenadine
Deko:
1 Cocktailkirsche

Alle Zutaten zusammen im Shaker mit Eis schütteln und ins Glas mit Zuckerrand seihen. Die Kirsche am Sticker ins Glas geben.

WODKA NIKOLASCHKA

mild-fruchtiger Shortdrink für die Party
- Schnapsglas
- Gästeglas

2 cl Wodka
1 Orangenscheibe ohne Schale
1 BL Puderzucker
1 dash Grand Marnier

Den Wodka ins Glas geben. Die Orangenscheibe auf das Glas legen, mit Puderzucker bestreuen und mit Grand Marnier beträufeln. Man zerkaut die Orange und trinkt dazu den Wodka.

EASTWIND

würziger, feinherber Shortdrink (Aperitif)
- Cocktailglas
- Rührglas

2 cl Wodka
2 cl Vermouth dry
2 cl Vermouth rosso
Deko:
½ Orangenscheibe
½ Zitronenscheibe

Alle Zutaten zusammen im Cocktailglas mit Eiswürfeln verrühren. Die Fruchtscheiben an den Glasrand stecken.

YELLOW SEA

würziger Shortdrink für die Party
- Cocktailglas
- Shaker

2,5 cl Wodka
1 cl Maraschino
1,5 cl weißer Rum
1,5 cl Galliano
1 cl Limettensaft
1 BL Zuckersirup

Die Zutaten zusammen im Shaker mit Eis schütteln und in das Glas seihen.

RED RUSSIAN

fruchtig-lieblicher Shortdrink (After-Dinner-Drink)
- kleiner Tumbler
- Gästeglas

3 cl Wodka
2 cl Kirschlikör

Die Zutaten zusammen im Tumbler mit Eiswürfeln verrühren.

WODKA SPECIAL

halbtrockener Shortdrink für den Abend (Aperitif)
- Cocktailglas
- Shaker

3 cl Wodka
1 cl Crème de Cacao weiß
1 cl Zitronensaft

Alle Zutaten im Shaker mit Eis schütteln und in das Glas seihen.

RUSSIAN COCKTAIL

würzig-lieblicher Shortdrink für den Abend
- Cocktailglas
- Shaker

4 cl Wodka
2 cl Crème de Cacao braun

Alle Zutaten zusammen im Shaker mit Eis schütteln und in das Glas seihen.

WODKA STINGER

würzig-frischer Shortdrink für den Abend
- kleiner Tumbler
- Gästeglas

3 cl Wodka
2 cl Crème de Menthe grün

Die Zutaten zusammen im Tumbler mit Eiswürfeln verrühren.

WODKA SIDE CAR

bittersüßer Shortdrink für den Abend
- Cocktailglas
- Shaker

2 cl Wodka
2 cl Curaçao Triple sec
1 BL Zitronensaft

Alle Zutaten zusammen im Shaker mit Eis schütteln und in das Glas seihen.

MARAWOD

fruchtiger, zartsüßer Shortdrink für den Abend
- Cocktailglas
- Rührglas

3 cl Wodka
1 cl Kirschwasser
1 cl Maraschino
Deko:
1 Cocktailkirsche

Alle Zutaten zusammen im Rührglas mit Eis verrühren und ins Glas seihen. Die Kirsche am Sticker ins Glas geben.

FINLANDIA BITE

würziger, lieblicher Shortdrink (After-Dinner-Drink)
- Cocktailglas
- Shaker

3 cl Wodka
3 cl Southern Comfort
2 cl Sahne
1 dash Zitronensaft
Außerdem:
geriebene Muskatnuß

Alle Zutaten zusammen im Shaker mit Eis schütteln und in das Cocktailglas seihen. Mit Muskat bestreuen.

RUSSIAN FRUIT

fruchtig-lieblicher Shortdrink (After-Dinner-Drink)
- kleiner Tumbler
- Gästeglas

4 cl Wodka
2 cl Himbeerlikör

Die Zutaten zusammen mit Eiswürfeln im Tumbler verrühren.

HEAVEN SO SWEET

mild-würziger Shortdrink (After-Dinner-Drink)
- Cocktailglas
- Shaker

4 cl Wodka
1 cl Amaretto
1 cl Galliano

Alle Zutaten zusammen im Shaker mit Eis kräftig schütteln und in das Cocktailglas seihen.

MORTON'S SPECIAL

fruchtiger Shortdrink für den Abend
- Cocktailglas
- Shaker

4 cl Wodka
2 cl Tequila
4 cl Orangensaft
1 dash Grenadine

Alle Zutaten zusammen im Shaker mit Eiswürfeln schütteln und in das Cocktailglas seihen.

FREEDOM

fruchtiger, zartherber Shortdrink für jede Jahreszeit
- Cocktailglas
- Shaker

2 cl Wodka
1 cl Curaçao Triple sec
1 cl Crème de Cassis
1 cl Zitronensaft
Außerdem:
1 Stück Zitronenschale

Alle Zutaten zusammen im Shaker mit Eis gut schütteln und ins Glas seihen. Den Drink mit der Zitronenschale abspritzen und sie ins Glas geben.

FINISH VIRGIN

fruchtiger, bittersüßer Shortdrink für den Abend
- Cocktailglas
- Shaker

5 cl Wodka
1 BL Orangensaft
1 BL Mandelsirup
1 BL Limettensaft
Deko:
1 Cocktailkirsche

Alle Zutaten zusammen im Shaker mit Eis schütteln und in das Glas seihen. Die Kirsche an den Glasrand stecken.

Heaven So Sweet (h. l.), Finish Virgin (h. r.), Russian Fruit (v.)

CRISTA SOLAR

würziger Shortdrink für die Party
■ Cocktailglas
■ Rührglas

3 cl Wodka
1 cl Curaçao Triple sec
1 cl Portwein
1 cl Vermouth dry
2 dash Angostura
■ **Außerdem:**
1 Cocktailzwiebel
1 Stück Orangenschale

Die Zutaten zusammen im Rührglas mit Eis verrühren und in das Cocktailglas seihen. Den Drink mit der Orangenschale abspritzen und die Zwiebel am Sticker ins Glas geben.

KANGAROO

halbtrockener Shortdrink (Aperitif)
■ Cocktailglas
■ Rührglas

4 cl Wodka
2 cl Vermouth dry
■ **Außerdem:**
1 Stück Zitronenschale

Die Zutaten zusammen im Rührglas mit Eis verrühren und in das Cocktailglas seihen. Den Cocktail mit der Zitronenschale abspritzen und sie ins Glas geben.

ALEXANDER WODKA

würzig-lieblicher Shortdrink (After-Dinner-Drink)
■ Cocktailglas
■ Shaker

3 cl Wodka
1,5 cl Crème de Cacao weiß
1,5 cl Sahne
■ **Deko:**
Kakaopulver

Alle Zutaten zusammen im Shaker mit Eis schütteln und ins Glas seihen. Den Drink mit Kakaopulver bestäuben.

GREEN HOPE

halbtrockener Shortdrink (Aperitif)
■ Cocktailglas
■ Shaker

3 cl Wodka
1,5 cl Curaçao grün
1 cl Crème de Banane
1 cl Traubensaft
1 cl Zitronensaft
■ **Deko:**
1 rote Cocktailkirsche
1 grüne Cocktailkirsche

Die Zutaten zusammen im Shaker mit Eis schütteln und in das Glas seihen. Die Kirschen am Sticker über den Glasrand legen.

PEDI COCKTAIL

würziger Shortdrink (Aperitif)
- Cocktailglas
- Rührglas

3 cl Wodka
2 cl Campari
1 cl Curaçao Triple sec
Deko:
1 Cocktailkirsche
½ Zitronenscheibe

Die Zutaten zusammen im Rührglas mit Eis verrühren und in das Cocktailglas seihen. Die Zitronenscheibe zusammen mit der Kirsche am Sticker an den Glasrand stecken.

GALWAY SUNRISE

fruchtiger Shortdrink für die Party
- Cocktailglas
- Shaker

1,5 cl Wodka
1 cl Curaçao Triple sec
3 cl Honiglikör
2,5 cl Orangensaft
1 dash Frothee

Die Zutaten zusammen im Shaker mit Eis schütteln und in das Cocktailglas seihen.

RUSSISCHE NACHT

feinwürziger, milder Shortdrink für den Abend
- Cocktailglas
- Shaker

4 cl Wodka
1 cl Curaçao blue
1 dash Pernod
Deko:
1 Cocktailkirsche

Alle Zutaten zusammen im Shaker mit Eis schütteln und ins Glas seihen. Die Kirsche am Sticker ins Glas geben.

DAY DREAMER

würziger, trockener Shortdrink (Aperitif)
- Cocktailglas
- Rührglas

3 cl Wodka
1 cl Vermouth dry
1 cl Sherry dry
Außerdem:
1 Stück Zitronenschale

Alle Zutaten zusammen im Rührglas mit Eis gut verrühren und ins Glas seihen. Den Drink mit der Zitronenschale abspritzen und sie ins Glas geben.

TRIP

herber Shortdrink (Aperitif)
- Cocktailglas
- Rührglas

2 cl Wodka
2 cl Limettenlikör
2 cl Noilly Prat
Außerdem:
1 Stück Limettenschale

Die Zutaten zusammen im Rührglas mit Eis verrühren und in das Cocktailglas seihen. Den Drink mit der Limettenschale abspritzen und sie ins Glas geben.

AMATO

fruchtiger, feinherber Shortdrink für den Abend
- großes Cocktailglas
- Rührglas

2 cl Wodka
2 cl Vermouth dry
2 cl Mandarinenlikör
Außerdem:
1 Stück Orangenschale

Alle Zutaten zusammen im Rührglas mit Eis verrühren und ins Glas mit Eiswürfeln seihen. Den Drink mit der Orangenschale abspritzen und sie ins Glas geben.

SIMINEN RAKKAUS

fruchtiger Shortdrink für die Party
- Cocktailglas
- Shaker

2 cl Wodka
1 cl Parfait Amour (Fruchtaromalikör)
2 cl Crème de Banane
1 cl Zitronensaft
Deko:
1 Cocktailkirsche

Die Zutaten zusammen im Shaker mit Eis schütteln und in das Glas seihen. Die Kirsche am Sticker ins Glas geben.

WODKA GIMLET

halbtrockener Shortdrink (Aperitif)
- Cocktailglas
- Rührglas

4 cl Wodka
2 cl Limettensaft
Außerdem:
½ Limettenscheibe

Die Zutaten zusammen im Rührglas mit Eis verrühren und in das Cocktailglas seihen. Die Limettenscheibe ins Glas geben.

Orange Wodka (l.), Pacific Blue (r.)

ORANGE WODKA

fruchtiger, feinherber Shortdrink für jede Jahreszeit

- Cocktailglas
- Rührglas

3 cl Wodka
1 cl Orangenlikör
1 cl Limettensaft
■ **Deko:**
½ Orangenscheibe

Alle Zutaten zusammen im Rührglas mit Eis verrühren und ins Glas seihen. Die Orangenscheibe an den Glasrand stecken.

PACIFIC BLUE

lieblicher Shortdrink für die Party

- Cocktailglas mit Zuckerrand
- Rührglas

1 cl Wodka
2 cl Crème de Banane
2 cl Curaçao blue
1 cl Kokoslikör
■ **Deko:**
1 Cocktailkirsche

Die Zutaten zusammen im Rührglas mit Eis verrühren und ins Glas mit Zuckerrand seihen. Die Kirsche an den Glasrand stecken.

AVIATION

halbtrockener Shortdrink (Aperitif)

- Cocktailglas
- Shaker

3 cl Wodka
2 dash Maraschino
1 BL Apricot Brandy
1,5 cl Zitronensaft

Die Zutaten zusammen im Shaker mit Eis schütteln und in das Cocktailglas seihen.

GOLDFINGER

fruchtiger, feinwürziger Shortdrink für den Abend

- Cocktailglas
- Shaker

2 cl Wodka
4 cl Rosso Antico (roter Vermouth)
1 cl Orangensaft
1 dash Orange-Bitter

Alle Zutaten zusammen im Shaker mit Eis schütteln und in das Glas seihen.

ROBERTA

halbtrockener Shortdrink (Aperitif)

- Cocktailglas
- Rührglas

2 cl Wodka
2 cl Vermouth dry
2 cl Kirschlikör
2 dashes Campari
2 dashes Crème de Banane
Außerdem:
1 Stück Orangenschale

Die Zutaten zusammen im Rührglas mit Eis verrühren und in das Cocktailglas seihen. Den Drink mit der Orangenschale abspritzen.

FESTRUS

halbtrockener Shortdrink (Aperitif)

- Cocktailglas
- Rührglas

2 cl Wodka
2 cl Grand Marnier
2 cl Cinzano-Bitter
Außerdem:
1 Stück Orangenschale

Die Zutaten zusammen im Rührglas mit Eis verrühren und in das Cocktailglas seihen. Den Drink mit der Orangenschale abspritzen und sie ins Glas geben.

WOLGA CLIPPER

fruchtig-lieblicher Shortdrink für den Abend
- Cocktailglas
- Shaker

3 cl Wodka
2 cl Apricot Brandy
3 cl Orangensaft

Alle Zutaten zusammen im Shaker mit Eis schütteln und in das Cocktailglas seihen.

TRIPLE SUN

aromatischer Shortdrink für die Party
- Cocktailglas
- Rührglas

1,5 cl Wodka
1,5 cl Bananenlikör
1,5 cl Vermouth bianco
1,5 cl Vermouth dry
2 dash Grenadine
- **Deko:**

1 Cocktailkirsche

Die Zutaten zusammen im Rührglas mit Eis verrühren und in das Cocktailglas seihen. Die Kirsche ins Glas geben.

E.P.U.

würzig-pikanter Pick-me-up
- Sherryglas
- Gästeglas

1 Eigelb
Pfeffer
Salz
Tabasco
2 cl Wodka
2 cl Sangrita

Das Eigelb in das Sherryglas geben. Gewürze, Wodka und Sangrita dazugeben. Das Getränk wird in einem Schluck getrunken.

COLONEL KREMLIN

fruchtig-zartherber Shortdrink für den Abend
- Cocktailglas
- Shaker

4 cl Wodka
1 cl Limettensaft
1 cl Zuckersirup
- **Außerdem:**

3 Minzeblätter

Alle Zutaten zusammen im Shaker mit Eis kräftig schütteln und ins Glas seihen. Die Minze kleinhacken und ins Glas geben.

BLUE DAY

mild-fruchtiger Shortdrink für den Abend

- Cocktailglas
- Shaker

4 cl Wodka
2 cl Curaçao blue
1 dash Orange-Bitter
- **Deko:**
½ Orangenscheibe

Alle Zutaten zusammen im Shaker mit Eis schütteln und ins Glas seihen. Die Orangenscheibe an den Glasrand stecken.

BABYFACE

fruchtig-lieblicher Shortdrink (After-Dinner-Drink)

- Cocktailglas
- Shaker

2 cl Wodka
2 cl Sahne
2 cl Crème de Cassis

Alle Zutaten zusammen im Shaker mit Eiswürfeln kräftig schütteln und in das Cocktailglas seihen.

GRANDE DUCHESSE

bittersüßer Shortdrink für den Abend

- Cocktailglas
- Shaker

3 cl Wodka
1 cl weißer Rum
1 cl Zitronensaft
1 BL Grenadine

Alle Zutaten zusammen im Shaker mit Eis schütteln und in das Cocktailglas seihen.

SONJA COCKTAIL

würziger Shortdrink (After-Dinner-Drink)

- Cocktailglas
- Shaker

3 cl Wodka
3 cl grüner Pfefferminzlikör
■ Deko:
1 Minzezweig

Alle Zutaten zusammen im Shaker mit Eis schütteln und ins Glas seihen. Den Minzezweig an den Glasrand stecken.

WHITE CAP

cremiger Shortdrink für den Nachmittag
- Cocktailglas
- Shaker

3 cl Wodka
1 cl Mokkalikör
1 cl Portwein
1 cl leicht geschlagene Sahne

Alle Zutaten außer Sahne zusammen im Shaker mit Eis schütteln und in das Cocktailglas seihen. Die Sahne auf den Shortdrink fließen lassen.

CAIPIROSKA

herber Shortdrink für den Abend
- kleiner Tumbler
- Gästeglas

1 Limette
1 BL brauner Zucker
5 cl Wodka

Die Limette vierteln, ins Glas geben und mit einem Stößel zerdrücken. Den Zucker dazugeben, mit Crushed ice auffüllen, den Wodka dazugeben und alles verrühren.

INDIANAPOLIS

sahniger Shortdrink für den Abend
- Cocktailglas
- Shaker

2 cl Wodka
2 cl Curaçao blue
2 cl Sahne

Die Zutaten zusammen im Shaker mit Eis kräftig schütteln und in das Cocktailglas seihen.

RED DREAMS I

fruchtiger, feinherber Shortdrink für den Abend
- Cocktailglas
- Shaker

3 cl Wodka
1 cl Kirschlikör
1 cl Limettensaft
Deko:
1 Cocktailkirsche

Alle Zutaten zusammen im Shaker mit Eis schütteln und in das Glas seihen. Die Kirsche an den Glasrand stecken.

FINISH COCKBULL

würziger, lieblicher Shortdrink für den Abend
- Cocktailglas
- Rührglas

3 cl Wodka
2 cl Amaretto
1 cl Kaffeelikör
Deko:
¼ Ananasscheibe

Alle Zutaten zusammen im Rührglas mit Eis verrühren und in das Cocktailglas seihen. Das Ananasstück an den Glasrand stecken.

ROTER PLATZ

würziger, zartherber Shortdrink für jede Jahreszeit
- Cocktailglas
- Shaker

2 cl Wodka
2 cl Crème de Cacao weiß
1 cl Zitronensaft
½ TL Grenadine
Deko:
1 Cocktailkirsche

Alle Zutaten zusammen im Shaker mit Eis kräftig schütteln und ins Glas seihen. Die Kirsche an den Glasrand stecken.

LOVER'S NOCTURNE

feinherber Shortdrink (After-Dinner-Drink)
- Cocktailglas
- Rührglas

4 cl Wodka
1 cl Drambuie (Honiglikör)
1 dash Angostura

Alle Zutaten zusammen im Rührglas mit Eis verrühren und in das Cocktailglas seihen.

PLAZA

erfrischender Longdrink für den Sommer

- Longdrinkglas
- Gästeglas

4 cl Wodka
2 cl Maracujalikör
2 cl Cream of Coconut
Sodawasser zum Auffüllen
Deko:
1 Orangenscheibe
1 Cocktailkirsche

Die Zutaten zusammen im Longdrinkglas mit Eiswürfeln vorsichtig verrühren. Die Orangenscheibe mit der Kirsche am Sticker an den Glasrand stecken. Einen Stirer ins Glas geben und den Drink sofort servieren.

FOLKEBOOT COCKTAIL

fruchtiger Longdrink für den Sommer

- Longdrinkglas
- Shaker

4 cl Wodka
2 cl Curaçao blue
1 cl Maracujasirup
1 dash Limettensaft
6 cl Ananassaft
Deko:
½ Orangenscheibe
1 Cocktailkirsche

Die Zutaten zusammen im Shaker mit Eis schütteln und in das Longdrinkglas mit Eiswürfeln seihen. Die Orangenscheibe und die Kirsche an den Glasrand stecken.

IWAN COLLINS

erfrischender Longdrink für den ganzen Tag
- Longdrinkglas
- Gästeglas

4 cl Wodka
2 cl Zitronensaft
1 cl Zuckersirup
Sodawasser zum Auffüllen
Deko:
½ Zitronenscheibe
1 Cocktailkirsche

Alle Zutaten außer Soda zusammen in das Longdrinkglas mit Eiswürfeln geben, mit Soda auffüllen und gut umrühren. Die Zitronenscheibe an den Glasrand stecken, die Kirsche ins Glas geben. Mit einem langen Stirer servieren.

ROULETTE

fruchtig-bitterer Longdrink (After-Dinner-Drink)
- Longdrinkglas
- Gästeglas

3 cl Wodka
3 cl Campari
1 cl Grenadine
3 cl Orangensaft
Außerdem:
½ Orangenscheibe

Die Zutaten zusammen im Longdrinkglas mit Eiswürfeln verrühren. Die Orangenscheibe ins Glas geben. Mit einem Stirer servieren.

SERRERA

erfrischender Longdrink für den Sommer
- Longdrinkglas
- Shaker

3 cl Wodka
2 cl Curaçao blue
1 cl Zitronensaft
Sodawasser zum Auffüllen
Deko:
1/4 Ananasscheibe
1 Stück Orangenschale
1 Cocktailkirsche

Alle Zutaten außer Sodawasser zusammen im Shaker mit Eis schütteln, in das Longdrinkglas mit Eiswürfeln seihen und mit Soda auffüllen. Die Ananasscheibe mit der Orangenschale und der Kirsche am Sticker an den Glasrand stekken. Mit einem Stirer servieren.

HAPPY FIN

fruchtig-erfrischender Longdrink für den Sommer
- Longdrinkglas
- Gästeglas

4 cl Wodka
2 cl Pfirsichlikör
Orangensaft zum Auffüllen
Deko:
1/2 Orangenscheibe
1 Cocktailkirsche

Die Zutaten zusammen im Longdrinkglas mit Eiswürfeln verrühren. Die Orangenscheibe zusammen mit der Cocktailkirsche am Sticker an den Glasrand stecken. Mit einem langen Stirer servieren.

MOSCOW MULE

mild-würziger Longdrink für den Abend
- Longdrinkglas
- Gästeglas

6 cl Wodka
1 dash Zitronensaft
Ginger-ale zum Auffüllen
Außerdem:
1 Stück Zitronenschale

Die Zutaten zusammen im Longdrinkglas mit Eiswürfeln verrühren. Die Zitronenschale ins Glas geben. Mit Stirer servieren.

BALTIC

fruchtiger Longdrink für den Sommer
- Longdrinkglas
- Gästeglas

3,5 cl Wodka
0,5 cl Curaçao blue
1,5 cl Maracujasaft
0,5 cl Zitronensaft
Orangensaft zum Auffüllen
Deko:
1/2 Orangenscheibe
1 Cocktailkirsche

Die Zutaten zusammen im Longdrinkglas mit Eiswürfeln verrühren. Die Orangenscheibe mit der Kirsche am Sticker an den Glasrand stecken.

BLUE AEGEAN

fruchtiger Longdrink für den Sommer
- Longdrinkglas
- Gästeglas

2 cl Wodka
2 cl Curaçao blue
2 cl Grand Marnier
Ananassaft-Zitronensaft-Mischung (1:1) zum Auffüllen
- **Deko:**

½ Ananasscheibe
1 Cocktailkirsche
1 Minzezweig

Die Spirituosen im Gästeglas mit Eiswürfeln gut verrühren und mit der Ananassaft-Zitronensaft-Mischung auffüllen. Die Ananasscheibe mit der Cocktailkirsche und dem Minzezweig am Sticker an den Glasrand stecken. Mit einem Stirer servieren.

SCREW DRIVER

fruchtiger Longdrink (Aperitif, After-Dinner-Drink)
- mittelgroßer Tumbler
- Gästeglas

4 cl Wodka
Orangensaft zum Auffüllen
- **Deko:**

½ Orangenscheibe

Den Wodka in den Tumbler mit Eiswürfeln geben und mit Orangensaft auffüllen. Die Orangenscheibe an den Glasrand stecken.

SALTY DOG

fruchtiger Longdrink (Aperitif, After-Dinner-Drink)
- mittelgroßer Tumbler mit Salzrand
- Gästeglas

4 cl Wodka
Grapefruitsaft zum Auffüllen

Den Wodka in den Tumbler mit Salzrand geben und mit Grapefruitsaft auffüllen.

MANBOLS

fruchtiger Longdrink für heiße Tage
- Longdrinkglas
- Gästeglas

2 cl Wodka
4 cl Mandarinenlikör
2 cl Zitronensaft
1 cl Grenadine
Tonic water zum Auffüllen
- **Deko:**

1 Mandarinenscheibe
1 Zitronenscheibe
1 Cocktailkirsche

Die Zutaten zusammen im Longdrinkglas mit Eiswürfeln vorsichtig verrühren. Mandarinen- und Zitronenscheibe sowie Kirsche am Sticker über den Glasrand legen. Mit einem Stirer servieren.

GREEN PEACE I

lieblicher Longdrink für den Sommer
- Longdrinkglas
- Gästeglas

1,5 cl Wodka
1 cl Apricot Brandy
1,5 cl Vermouth dry
1,5 cl Pisang Ambon
Ananassaft zum Auffüllen
Deko:
1 Cocktailkirsche

Die Zutaten zusammen im Longdrinkglas mit Crushed ice oder Eiswürfeln verrühren. Die Kirsche an den Glasrand stecken. Mit einem Stirer servieren.

WOLGA CLIPPER LONG

fruchtiger, feinherber Longdrink für die Party
- Longdrinkglas
- Shaker

3 cl Wodka
2 cl Apricot Brandy
3 cl Orangensaft
Bitter orange (Bitterlimonade)
Deko:
1 Kumquat

Wodka, Apricot Brandy und Orangensaft zusammen im Shaker mit Eiswürfeln gut schütteln und in das Longdrinkglas seihen. Mit Bitter orange auffüllen und kurz umrühren. Die Kumquat an den Glasrand stecken.

BITTER SWEET I

fruchtiger, feinherber Longdrink für den Sommer
- Longdrinkglas
- Gästeglas

1 große Kugel Zitroneneis
2 cl Wodka
2 cl Grapefruitsaft
2 cl Zitronensirup
Sodawasser zum Auffüllen

Die Eiskugel zusammen mit Wodka, Grapefruitsaft und Zitronensirup im Longdrinkglas verrühren. Mit Soda auffüllen und kurz umrühren. Mit einem Löffel servieren.

NORDIC SUMMER

fruchtiger, feinherber Longdrink für die Party
- Longdrinkglas
- Gästeglas

4 cl Wodka
2 cl Maracujasirup
2 cl Limettensaft
evtl. 1 dash Grenadine
8 cl Orangensaft
Deko:
1 Limettenscheibe
1 Cocktailkirsche

Alle Zutaten zusammen im Longdrinkglas mit Eis vorsichtig verrühren. Das Obst an den Glasrand stecken.

Nordic Summer (h.), Green Peace I (M. l.), Bitter Sweet (M. r.), Wolga Clipper (v.)

NIKKO

fruchtiger Longdrink für den Sommer

- Longdrinkglas
- Shaker

3,5 cl Wodka
1,5 cl Curaçao blue
0,5 cl Zitronensaft
0,5 cl Ananassaft
Orangensaft zum Auffüllen
Deko:
1 Minzezweig

Alle Zutaten außer Orangensaft zusammen im Shaker mit Eis schütteln, in das Longdrinkglas mit Eiswürfeln seihen, mit Orangensaft auffüllen und umrühren. Den Minzezweig und einen Stirer ins Glas geben.

GRAY HOUND

herb-fruchtiger Longdrink (Aperitif)

- Longdrinkglas
- Gästeglas

6 cl Wodka
6 cl Grapefruitsaft

Die Zutaten in das Longdrinkglas mit Eiswürfeln geben. Den Drink mit einem Stirer servieren.

SILVER FIZZ WODKA

fruchtiger, zartbitterer Fizz für die Sommerzeit

- Longdrinkglas
- Shaker

6 cl Wodka
3 cl Zitronensaft
2 cl Zuckersirup
1 Eiweiß
Sodawasser zum Auffüllen

Alle Zutaten außer Soda zusammen im Shaker mit Eis schütteln und ins Glas seihen. Mit Soda auffüllen.

BLUE LAGOON

fruchtig-lieblicher Longdrink für den Sommer

- Longdrinkglas
- Gästeglas

4 cl Wodka
2 cl Curaçao blue
1 BL Zitronensaft
Zitronenlimonade zum Auffüllen
Deko:
1 Zitronenscheibe

Alle Zutaten außer Limonade im Longdrinkglas mit Eiswürfeln verrühren. Mit Limonade auffüllen und kurz umrühren. Die Zitronenscheibe an den Glasrand stecken.

WODKA AND PEPPERMINT

herb-würziger Longdrink für die Party
■ Longdrinkglas
■ Shaker

2 cl Wodka
2 cl Pfefferminzsirup
Tonic water zum Auffüllen
■ **Deko:**
1 Zitronenschalenspirale

Wodka und Sirup zusammen mit Eis im Shaker schütteln und ins Glas seihen. Mit Tonic auffüllen und kurz umrühren. Die Schalenspirale an den Glasrand hängen.

KONSUL

herb-fruchtiger Longdrink für die Party
■ mittelgroßes Longdrinkglas
■ Shaker

3 cl Wodka
2 cl Himbeerlikör
4 cl Grapefruitsaft
1 cl Zitronensaft

Die Zutaten zusammen im Shaker mit Eis schütteln und in das Longdrinkglas mit Eiswürfeln seihen.

SWINGER

bittersüßer Longdrink für die Party
■ Longdrinkglas
■ Shaker

4 cl Wodka
2 cl Amaretto
1 cl Limettensaft
8 cl Orangensaft
■ **Deko:**
1 Orangenscheibe

Alle Zutaten zusammen im Shaker mit Eiswürfeln kräftig schütteln und in das Longdrinkglas seihen. Die Orangenscheibe an den Glasrand stecken.

WODKA SOUR

erfrischender Longdrink für die Party
■ mittelgroßer Tumbler
■ Shaker

4 cl Wodka
2 cl Zitronensaft
1 cl Zuckersirup
■ **Außerdem:**
½ Zitronenscheibe
1 Cocktailkirsche

Die Zutaten zusammen im Shaker mit Eis schütteln und in den Tumbler seihen. Die Früchte ins Glas geben. Eventuell etwas Mineralwasser dazugeben.

CASABLANCA

fruchtig-cremiger Longdrink für den Abend

- Longdrinkglas
- Shaker

3 cl Wodka
2 cl Eierlikör
2 cl Zitronensaft
4 cl Orangensaft

Alle Zutaten zusammen im Shaker mit Eiswürfeln gut schütteln und in das zur Hälfte mit Crushed ice gefüllte Longdrinkglas seihen.

CAMURAI

cremiger Longdrink für den Sommer

- Longdrinkglas
- Gästeglas

3 cl Wodka
1,5 cl Curaçao blue
1,5 cl Cream of Coconut
Sodawasser zum Auffüllen
■ **Deko:**
1 Cocktailkirsche
1 Stück Orangenschale
1 Stück Zitronenschale

Die Zutaten zusammen im Longdrinkglas vorsichtig verrühren. Die Kirsche und die Zitrusfruchtschalen am Sticker über den Glasrand legen. Mit einem Stirer servieren.

HARVEY WALLBANGER

fruchtiger Longdrink
(Aperitif, After-Dinner-Drink)
■ Longdrinkglas
■ Gästeglas

3 cl Wodka
Orangensaft zum Auffüllen
1 cl Galliano
■ **Deko:**
½ Orangenscheibe

Den Wodka ins Glas mit Eiswürfeln geben. Mit Orangensaft auffüllen und den Galliano auf das gerührte Getränk gießen. Die Orangenscheibe an den Glasrand stecken. Mit einem Stirer servieren.

GREEN SPIDER

würzig-frischer Longdrink für den Sommer
■ Longdrinkglas
■ Gästeglas

4 cl Wodka
2 cl Pfefferminzsirup
Sodawasser zum Auffüllen
■ **Deko:**
1 Minzezweig

Wodka und Sirup zusammen im Longdrinkglas mit Eis verrühren. Mit Soda auffüllen und kurz umrühren. Den Minzezweig an den Glasrand stecken.

LE MANS

feinherber Longdrink für die Party
- großer Tumbler
- Gästeglas

3 cl Wodka
3 cl Cointreau
Sodawasser zum Auffüllen
Deko:
1 Zitronenscheibe

Wodka und Cointreau zusammen mit Eiswürfeln im Glas verrühren. Mit Soda auffüllen und kurz umrühren. Die Zitronenscheibe an den Glasrand stecken.

APRICOT DAILY

herb-fruchtiger Longdrink für den Abend
- Longdrinkglas
- Shaker

4 cl Wodka
2 cl Apricot Brandy
1 cl Zitronensaft
Bitter lemon zum Auffüllen

Alle Zutaten außer Bitter lemon zusammen im Shaker mit Eis schütteln und ins Glas seihen. Mit Bitter lemon auffüllen und kurz umrühren.

BULL SHOT

würzig-pikanter Pick-me-up
- Longdrinkglas
- Gästeglas

4 cl Wodka
10 cl Consommé (gewürzte Kraftbrühe)

Die Zutaten zusammen im Longdrinkglas mit Eiswürfeln gut verrühren.

BLOODY MARY

würzig-pikanter Pick-me-up
- Longdrinkglas
- Gästeglas

4 cl Wodka
1 cl Zitronensaft
12 cl Tomatensaft
Worchestershiresauce
Salz
Pfeffer
Tabasco
Selleriesalz
Deko:
evtl. 1 kleine Stange Sellerie

Die Zutaten zusammen im Longdrinkglas mit Eiswürfeln verrühren. Eventuell eine kleine Stange Stangensellerie ins Glas geben.

GIN STINGER

GIMLET

Drinks mit Gin

MARTINI EXTRA DRY

MARTINI SWEET

FLYING

ANGEL'S FACE

SINGAPORE SLING ORIGINAL

MARTINI DRY

trockener Shortdrink (Aperitif)
■ Cocktailglas
■ Rührglas

4 cl Gin
2 cl Vermouth dry
■ **Deko:**
1 Olive

Die Zutaten zusammen im Rührglas mit Eis verrühren und in das Cocktailglas seihen. Die Olive am Sticker ins Glas geben.

MARTINI EXTRA DRY

sehr harter Shortdrink (Aperitif)
■ Cocktailglas
■ Rührglas

5 cl Gin
1 cl Vermouth dry
■ **Deko:**
1 Olive
evtl. 1 Stück Zitronenschale

Die Zutaten zusammen im Rührglas mit Eis verrühren und in das Cocktailglas seihen. Die Olive am Sticker ins Glas geben und den Drink eventuell mit der Zitronenschale abspritzen.

MARTINI MEDIUM

halbtrockener Shortdrink
■ Cocktailglas
■ Rührglas

4 cl Gin
1 cl Vermouth dry
1 cl Vermouth rosso
■ **Deko:**
1 Olive
evtl. 1 Stück Zitronenschale

Die Zutaten zusammen im Rührglas mit Eis verrühren und in das Cocktailglas seihen. Die Olive am Sticker ins Glas geben und den Drink eventuell mit Zitronenschale abspritzen.

MARTINI SWEET

lieblicher Shortdrink (Aperitif)
■ Cocktailglas
■ Rührglas

4 cl Gin
2 cl Vermouth rosso
■ **Deko:**
1 Cocktailkirsche
evtl. 1 Stück Zitronenschale

Die Zutaten zusammen im Rührglas mit Eis verrühren und in das Cocktailglas seihen. Die Kirsche am Sticker in das Glas geben und den Drink eventuell mit der Zitronenschale abspritzen.

Martini Dry (o.), Martini Sweet (u.)

BRONX

trockener Shortdrink (Aperitif)
- Cocktailglas
- Shaker

2 cl Gin
1 cl Vermouth rosso
1 cl Vermouth dry
2 cl Orangensaft

Alle Zutaten zusammen im Shaker mit Eiswürfeln kräftig schütteln und in das Cocktailglas seihen.

WHITE WINGS

herber, trockener Shortdrink (Aperitif)
- Cocktailglas
- Rührglas

3 cl Gin
1,5 cl Crème de Menthe weiß

Die Zutaten zusammen im Rührglas mit Eis verrühren und in das Cocktailglas seihen.

GIN STINGER

aromatischer Shortdrink (Aperitif, After-Dinner-Drink)
- Cocktailglas
- Rührglas

3 cl Gin
3 cl Crème de Menthe grün

Die Zutaten zusammen im Rührglas mit Eis verrühren und in das Cocktailglas seihen.

FRENCH 75

aromatischer Sektcocktail (Aperitif, After-Dinner-Drink)
- Sektschale
- Shaker

2 cl Gin
2 cl Cointreau
2 cl Zitronensaft
1 dash Pernod
Sekt zum Auffüllen
Deko:
½ Orangenscheibe
1 Cocktailkirsche

Alle Zutaten außer Sekt zusammen im Shaker mit Eis schütteln und in die Sektschale seihen. Mit Sekt auffüllen. Die Orangenscheibe zusammen mit der Kirsche am Sticker an den Glasrand stecken.

NEGRONI

leicht lieblicher Shortdrink für den Abend
- kleiner Tumbler
- Gästeglas

2 cl Gin
2 cl Campari
2 cl Vermouth rosso
Deko:
1 Orangenscheibe

Alle Zutaten zusammen im Tumbler mit Eis verrühren. Die Orangenscheibe an den Glasrand stecken.

RESOLUTE

halbtrockener Shortdrink (Aperitif)
- Cocktailglas
- Shaker

2 cl Gin
1 cl Apricot Brandy
1 cl Zitronensaft

Die Zutaten zusammen im Shaker mit Eis schütteln und in das Cocktailglas seihen.

ANGEL'S FACE

lieblicher Shortdrink (Aperitif)
- Cocktailglas
- Rührglas

2 cl Gin
2 cl Calvados
2 cl Apricot Brandy

Alle Zutaten zusammen im Rührglas mit Eis verrühren und in das Cocktailglas seihen.

ATTA BOY

trockener Shortdrink (Aperitif)
- Cocktailglas
- Rührglas

3 cl Gin
1,5 cl Vermouth dry
1 BL Grenadine

Die Zutaten zusammen im Rührglas mit Eis verrühren und in das Cocktailglas seihen.

BALLA BALLA

trockener, etwas bitterer Sektcocktail für den Empfang
- Sektschale
- Rührglas

1,5 cl Gin
1,5 cl Curaçao Triple sec
1,5 cl Campari
trockener Sekt zum Auffüllen
- **Deko:**

½ Orangenscheibe
1 Cocktailkirsche

Alle Zutaten außer Sekt zusammen im Rührglas mit Eis verrühren, in die Sektschale seihen und mit Sekt auffüllen. Die Früchte ins Glas geben.

MANDY

halbtrockener Shortdrink (Aperitif)
- Cocktailglas
- Shaker

2 cl Gin
0,5 cl Pfirsichlikör
0,5 cl Red Orange
3,5 cl Orangensaft
0,5 cl Zitronensaft
- **Deko:**

1 Cocktailkirsche
1 kleiner Minzezweig

Die Zutaten zusammen im Shaker mit Eis schütteln und in das Cocktailglas seihen. Die Kirsche und den Minzezweig an den Glasrand stecken.

HONEYMOON I

herber Shortdrink (Aperitif)
- Cocktailglas
- Shaker

4 cl Gin
2 cl Apricot Brandy
0,5 cl Zitronensaft
0,5 cl Grenadine

Die Zutaten im Shaker mit viel Eis schütteln und in das Cocktailglas seihen. Die Kirsche ins Glas legen.

HAWAIIAN COCKTAIL

fruchtiger Shortdrink (Aperitif)
- Cocktailglas
- Shaker

3 cl Gin
2 cl Orangensaft
1 cl Curaçao Triple sec

Die Zutaten zusammen im Shaker mit viel Eis schütteln und in das Cocktailglas seihen.

ISLE OF SKYE

lieblicher Shortdrink (Aperitif)
- Cocktailglas
- Shaker

2 cl Gin
2 cl Drambuie (Honiglikör)
2 cl Zitronensaft

Die Zutaten zusammen im Shaker mit Eis schütteln und in das Cocktailglas seihen.

ORANGE BLOSSOM

fruchtiger Shortdrink (Aperitif)
- Cocktailglas
- Shaker

3 cl Gin
3 cl Orangensaft

Die Zutaten zusammen im Shaker mit Eis schütteln und in das Cocktailglas seihen.

BLUE LADY

fruchtig-lieblicher Crusta für den Abend
- Cocktailglas mit Zuckerrand
- Shaker

2 cl Gin
2 cl Curaçao blue
2 cl Zitronensaft

Die Zutaten zusammen im Shaker mit Eis schütteln und in das Cocktailglas mit Zuckerrand seihen. Sofort servieren.

MAY FAIR

fruchtiger Shortdrink (Aperitif, After-Dinner-Drink)
- Cocktailglas
- Shaker

3 cl Gin
3 cl Orangensaft
3 dashes Apricot Brandy

Die Zutaten zusammen im Shaker mit Eis schütteln und in das Cocktailglas seihen.

Blue Lady (l.), Gimlet (r.)

FLYING I

erfrischender Sektcocktail (Aperitif, After-Dinner-Drink)
- Sektkelch
- Shaker

2 cl Gin
2 cl Cointreau
2 cl Zitronensaft
Champagner oder trockener Sekt zum Auffüllen
■ **Deko:**
1 Cocktailkirsche

Alle Zutaten außer Sekt zusammen im Shaker mit viel Eis schütteln und in den Sektkelch seihen. Mit Champagner oder Sekt auffüllen. Die Kirsche ins Glas geben.

GIMLET

leicht herber Shortdrink (Aperitif)
- Cocktailglas
- Rührglas

4 cl Gin
2 cl Rose's Lime Juice
■ **Außerdem:**
1 Stück Limettenschale
1 Stück Zitronenschale

Die Zutaten zusammen im Rührglas mit viel Eis verrühren und in das Cocktailglas seihen. Den Drink mit den Zitrusschalen abspritzen und sie ins Glas geben.

QUEBECK

aromatischer Shortdrink (Aperitif)
- Cocktailglas
- Shaker

2 cl Gin
2 cl Canadian Whisky
2 cl Zitronensaft
1 dash Angostura

Die Zutaten zusammen im Shaker mit Eis schütteln und in das Glas seihen.

QUEEN'S COCKTAIL

fruchtiger Shortdrink (Aperitif)
- Cocktailglas
- Shaker

2 cl Gin
1 cl Vermouth rosso
1 cl Vermouth dry
2 cl Ananassaft

Die Zutaten zusammen im Shaker mit Eis schütteln und in das Cocktailglas seihen.

XANTHIA

lieblicher Shortdrink (Aperitif)
- Cocktailglas
- Rührglas

2 cl Gin
2 cl Chartreuse grün
2 cl Cherry Brandy

Die Zutaten zusammen im Rührglas mit Eis verrühren und in das Cocktailglas seihen.

THEATER

halbtrockener, erfrischender Sektcocktail für den Empfang
- Sektschale
- Shaker

2 cl Gin
2 cl Peach Brandy
1 cl Bananenlikör
1 cl Ananassaft
1 dash Zitronensaft
trockener Champagner oder Sekt zum Auffüllen
- **Deko:**

1 Erdbeere
1 Minzezweig

Alle Zutaten außer Sekt zusammen im Shaker mit Eis schütteln, in die Sektschale seihen und mit Champagner oder Sekt auffüllen. Die Erdbeere und den Minzezweig am Sticker über den Glasrand legen.

INSPIRATION

trockener Shortdrink (Aperitif)
- Cocktailglas
- Rührglas

1,5 cl Gin
1,5 cl Vermouth dry
1,5 cl Calvados
1,5 cl Grand Marnier
- **Deko:**

1 Cocktailkirsche

Die Zutaten zusammen im Rührglas mit Eis verrühren und in das Cocktailglas seihen. Die Kirsche am Sticker ins Glas geben.

NETZROLLER

erfrischender, fruchtiger Sektcocktail für den Empfang
- Sektschale
- Shaker

2 cl Gin
2 cl Maracujalikör
2 cl Orangensaft
trockener Sekt zum Auffüllen
- **Deko:**

½ Orangenscheibe
1 Cocktailkirsche

Alle Zutaten außer Sekt zusammen im Shaker mit Eis schütteln, in die Sektschale seihen und mit Sekt auffüllen. Die Orangenscheibe an den Glasrand stecken. Die Kirsche mit einem Sticker daran befestigen.

EXTERMINATOR

trockener Sektcocktail für den Empfang
- große Sektschale
- Shaker

3 cl Gin
2 cl Cointreau
4 cl Grapefruitsaft
trockener Sekt zum Auffüllen
- **Deko:**

1 Cocktailkirsche

Alle Zutaten außer Sekt zusammen im Shaker mit Eis schütteln, in die Sektschale seihen und mit Sekt auffüllen. Die Kirsche ins Glas geben.

PARADISE

halbtrockener, fruchtiger Shortdrink (After-Dinner-Drink)
- Cocktailglas
- Shaker

2 cl Gin
2 cl Apricot Brandy
2 cl Orangensaft

Die Zutaten zusammen im Shaker mit Eis schütteln und in das Cocktailglas seihen.

ZA ZA

trockener Shortdrink (Aperitif)
- Cocktailglas
- Rührglas

3 cl Gin
3 cl Dubonnet
1 dash Angostura

Die Zutaten zusammen im Shaker mit Eis schütteln und in das Cocktailglas seihen.

TRINITY

herber Shortdrink (Aperitif)
- Cocktailglas
- Rührglas

2 cl Gin
2 cl Vermouth rosso
2 cl Vermouth dry

Die Zutaten zusammen im Rührglas mit Eis verrühren und in das Cocktailglas seihen.

LADY DI

fruchtig-spritziger Sektcocktail für den Empfang
- Sektschale mit Zuckerrand
- Shaker

2 cl Gin
1 cl Bénédictine D.O.M.
1 cl Orangensaft
2 dashes Orange-Bitter
1 BL Grenadine
trockener Sekt zum Auffüllen
Deko:
½ Orangenscheibe
1 Cocktailkirsche

Alle Zutaten außer Sekt zusammen im Shaker mit Eis schütteln, in die Sektschale mit Zuckerrand seihen und mit Sekt auffüllen. Die Früchte am Sticker über den Glasrand legen.

BLUE DIAMOND

fruchtiger Sektcocktail für den Empfang
- Sektschale
- Shaker

2 cl Gin
2 cl Curaçao blue
2 cl Zitronensaft
Sekt oder Champagner zum Auffüllen
Deko:
1 Cocktailkirsche

Die Zutaten außer Sekt zusammen im Shaker mit Eis schütteln, in die Sektschale seihen und mit Sekt auffüllen. Die Kirsche am Sticker ins Glas geben.

SUZY WONG

erfrischend-fruchtiger, halbtrockener Sektcocktail für den Empfang

- Sektschale mit Zuckerrand
- Shaker

2 cl Gin
2 cl Mandarinenlikör
2 cl Zitronensaft
trockener Sekt zum Auffüllen
Deko:
½ Orangenscheibe

Alle Zutaten außer Sekt zusammen im Shaker mit Eis schütteln, in die Sektschale mit Zuckerrand seihen und mit Sekt auffüllen. Die Orangenscheibe an den Glasrand stecken.

IMPERIAL

sehr trockener Shortdrink (Aperitif)

- Cocktailglas
- Rührglas

3 cl Gin
3 cl Vermouth dry
1 dash Angostura
1 dash Maraschino
Deko:
1 Olive

Die Zutaten zusammen im Rührglas mit Eis verrühren und in das Cocktailglas seihen. Die Olive am Sticker ins Glas geben.

FLAMINGO

würzig-fruchtiger Shortdrink (Aperitif)
- Cocktailglas
- Shaker

4 cl Gin
2 cl Apricot Brandy
2 cl Zitronensaft
2 dashes Grenadine

Alle Zutaten zusammen im Shaker mit Eis schütteln und in das Cocktailglas seihen.

EMERALD

würziger Shortdrink (Aperitif)
- Cocktailglas
- Rührglas

3 cl Gin
1 cl Chartreuse grün
1 cl Chartreuse gelb
1 grüne Olive (mit Paprika gefüllt)

Alle Zutaten zusammen im Rührglas mit Eis gut verrühren und in das Cocktailglas seihen. Die Olive ins Glas geben.

GIN COCKTAIL

würziger Shortdrink (Aperitif)
- Cocktailglas
- Rührglas

5 cl Gin
3 dashes Orange-Bitter

Die Zutaten zusammen im Rührglas mit Eis verrühren und in das Cocktailglas seihen.

RED LION COCKTAIL

fruchtig-herber Shortdrink für den Abend
- Cocktailglas mit Zuckerrand
- Shaker

2 cl Gin
2 cl Grand Marnier
1 cl Orangensaft
1 cl Zitronensaft

Die Zutaten zusammen im Shaker mit Eis schütteln und in das Cocktailglas seihen.

RAUHREIF I

kräftiger Shortdrink (After-Dinner-Drink)
- Cocktailglas mit Zuckerrand
- Shaker

1 cl Gin
1 cl Curaçao weiß
1 cl weißer Rum
1 cl Grenadine
1 cl Zitronensaft

Die Zutaten zusammen im Shaker mit Eis schütteln und in das Glas mit Zuckerrand seihen.

ST. VINCENT

würzig-lieblicher Shortdrink (After-Dinner-Drink)
- Cocktailglas
- Shaker

2 cl Gin
2 cl Sahne
2 cl Galliano
3 dashes Grenadine

Alle Zutaten zusammen im Shaker mit Eis gut schütteln und in das Glas seihen.

GAME

fruchtig-milder Shortdrink für den Abend
- kleiner Tumbler
- Gästeglas

3 cl Gin
1 cl Apricot Brandy
1 cl Amaretto

Alle Zutaten zusammen mit Eiswürfeln im Tumbler verrühren.

HONOLULU

mild-fruchtiger Shortdrink für den Abend
- Cocktailglas
- Shaker

2 cl Gin
1 cl Bénédictine D.O.M.
1 cl Maraschino

Alle Zutaten zusammen im Shaker mit Eis schütteln, ins Glas seihen.

HOLLAND HOUSE

halbtrockener Shortdrink (Aperitif)
- Cocktailglas
- Shaker

3 cl Gin
1,5 cl Vermouth dry
4 dashes Maraschino
1 cl Zitronensaft
■ ***Deko:***
1 kleines Stück Ananas

Die Zutaten zusammen im Shaker mit Eis schütteln und in das Glas seihen. Das Ananasstück ins Glas geben.

ORANGENFLIP

sahniger Flip für den Nachmittag
- Kelchglas
- Shaker

2 cl Gin
2 cl Curaçao Triple sec
4 cl Orangensaft
1 cl Sahne
1 Eigelb
■ ***Außerdem:***
geriebene Muskatnuß

Die Zutaten zusammen im Shaker mit Eis kräftig schütteln und in das Kelchglas seihen. Mit Muskatnuß bestreuen.

CLOVER CLUB

fruchtiger Shortdrink (Aperitif)
■ Cocktailglas
■ Shaker

3 cl Gin
2 cl Zitronensaft
1 cl Grenadine
1 BL Eiweiß

Alle Zutaten zusammen im Shaker mit Eis kräftig schütteln und in das Cocktailglas seihen.

CASINO

herber Shortdrink (Aperitif)
■ Cocktailglas
■ Rührglas

4 cl Gin
1 cl Maraschino
1 cl Zitronensaft
1 dash Orange-Bitter
■ **Deko:**
1 Cocktailkirsche

Die Zutaten zusammen im Shaker mit viel Eis schütteln und in das Cocktailglas seihen. Die Kirsche ins Glas geben.

OPERA

leicht herber Shortdrink (Aperitif)
■ Cocktailglas
■ Rührglas

4 cl Gin
1 cl Dubonnet
1 cl Maraschino
■ **Außerdem:**
1 Stück Orangenschale

Die Zutaten zusammen im Rührglas mit Eis verrühren und in das Cocktailglas seihen. Den Drink mit der Orangenschale abspritzen und sie ins Glas geben.

EMPIRE

hochprozentiger Shortdrink (After-Dinner-Drink)
■ Cocktailglas
■ Rührglas

3 cl Gin
1,5 cl Calvados
1,5 cl Apricot Brandy
■ **Deko:**
1 Cocktailkirsche

Die Zutaten zusammen im Rührglas mit viel Eis verrühren und in das Cocktailglas seihen. Die Kirsche am Sticker ins Glas legen.

Casino (h.), Clover Club (M.), Opera (v.)

FALLEN ANGEL

sehr fruchtiger, herber Shortdrink (Aperitif)
- Cocktailglas
- Shaker

4 cl Gin
2 cl Zitronensaft
2 dashes Crème de Menthe grün
1 dash Angostura

Alle Zutaten zusammen im Shaker mit viel Eis schütteln und in das Glas seihen.

MILLION DOLLAR

lieblicher Shortdrink (Aperitif)
- Cocktailglas
- Shaker

3 cl Gin
3 cl Vermouth rosso
1 BL Grenadine
1 BL Ananassaft
1 BL Eiweiß

Die Zutaten zusammen im Shaker mit Eis kräftig schütteln und in das Glas seihen.

ALCUDIA

fruchtiger Shortdrink für den Sommer
- Cocktailglas
- Shaker

2,5 cl Gin
1,5 cl Bananenlikör
1,5 cl Galliano
1,5 cl Grapefruitsaft
- **Deko:**

1/4 Orangenscheibe
1 Cocktailkirsche

Die Zutaten zusammen im Shaker mit Eis schütteln und in das Cocktailglas seihen. Die Orangenscheibe an den Glasrand stecken und die Kirsche mit einem Sticker daran befestigen.

GIN AND FRENCH

sehr trockener Shortdrink (Aperitif)
- Cocktailglas
- Rührglas

4 cl Gin
2 cl trockener französischer Vermouth
- **Außerdem:**

1 Stück Zitronenschale

Die Zutaten zusammen mit Eis im Rührglas verrühren und in das Cocktailglas seihen. Den Drink mit Zitronenschale abspritzen und sie ins Glas geben.

CLARIDGE

halbtrockener Shortdrink für alle Gelegenheiten
- Cocktailglas
- Rührglas

1,5 cl Gin
1,5 cl Vermouth dry
1 cl Apricot Brandy
1 cl Curaçao Triple sec
Deko:
1 Cocktailkirsche

Die Zutaten zusammen im Rührglas mit Eis verrühren und in das Glas seihen. Die Kirsche ins Glas geben.

RHEINGOLD

trockener, leicht bitterer Shortdrink (Aperitif)
- Cocktailglas
- Rührglas

2,5 cl Gin
1,5 cl Cointreau
1 cl Vermouth dry
1 cl Campari
Außerdem:
1 Stück Orangenschale

Die Zutaten zusammen im Rührglas mit Eis verrühren und in das Cocktailglas seihen. Den Drink mit der Orangenschale abspritzen.

WHITE LADY

aromatischer Shortdrink (Aperitif)
- Cocktailglas
- Shaker

2 cl Gin
2 cl Cointreau
2 cl Zitronensaft
Deko:
1 Cocktailkirsche

Die Zutaten zusammen im Shaker mit Eis schütteln und in das Cocktailglas seihen. Die Kirsche ins Glas geben.

HAPPY BIRTHDAY

fruchtiger Champagnercocktail für den Empfang
- Sektkelch
- Shaker

4 cl Genever
1,5 cl Curaçao orange
1,5 cl weißer Rum
1,5 cl Pfirsichlikör
1,5 cl Ananassaft
Champagner zum Auffüllen
Deko:
½ Zitronenscheibe
1 Cocktailkirsche

Alle Zutaten außer Champagner zusammen im Shaker mit Eis schütteln und in den Sektkelch seihen. Mit Champagner auffüllen. Die Zitronenscheibe an den Glasrand stecken und die Kirsche mit einem Sticker daran befestigen.

PINK GIN

starker Shortdrink für den Abend
- kleiner Tumbler
- Gästeglas

1 dash Angostura
4 cl Gin
evtl. Eiswasser

Den Tumbler mit dem Angostura ausschwenken und den Gin dazugießen. 2 Eiswürfel ins Glas geben. Nach Belieben ein Glas Eiswasser dazugeben.

YELLOW DAISY

halbtrockener Shortdrink (Aperitif)
- Cocktailglas
- Rührglas

3 cl Gin
2 cl Vermouth dry
1 cl Grand Marnier

Die Zutaten zusammen im Rührglas mit Eis verrühren und in das Cocktailglas seihen.

MAXIM COCKTAIL

würzig-milder Shortdrink (After-Dinner-Drink)
- Cocktailglas
- Rührglas

3 cl Gin
2 cl Vermouth rosso
1 cl Crème de Cacao weiß

Alle Zutaten im Rührglas mit Eis verrühren, in das Glas seihen.

CONCA D'ORO

lieblicher Shortdrink (After-Dinner-Drink)
- Cocktailglas
- Rührglas

4 cl Gin
1 cl Cherry Brandy
1 cl Maraschino
1 cl Curaçao weiß
Außerdem:
1 Stück Orangenschale

Die Zutaten zusammen im Rührglas mit Eis verrühren und in das Cocktailglas seihen. Den Drink mit der Orangenschale abspritzen und sie ins Glas geben.

INES

halbtrockener Shortdrink (Aperitif)
- Cocktailglas
- Rührglas

2 cl Gin
2 cl Vermouth dry
2 cl Vermouth rosé
1 cl Amaretto
Deko:
1 grüne Olive (mit Paprika gefüllt)

Die Zutaten zusammen im Rührglas mit Eis verrühren und in das Cocktailglas seihen. Die Olive ins Glas geben.

AMOUR MARIE

fruchtiger Shortdrink für den Sommer
- Cocktailglas
- Rührglas

3 cl Gin
1,5 cl Parfait Amour (Fruchtaromalikör)
1,5 cl Vermouth dry
Deko:
1 Cocktailkirsche

Die Zutaten zusammen im Rührglas mit Eis verrühren und in das Cocktailglas seihen. Die Kirsche ins Glas geben.

ALASKA

aromatischer Shortdrink (Aperitif)
- Cocktailglas
- Rührglas

4 cl Gin
2 cl Chartreuse gelb
Außerdem:
1 Stück Zitronenschale

Die Zutaten zusammen im Rührglas mit Eis verrühren, in das Cocktailglas seihen und mit der Zitronenschale abspritzen.

BANANZAS

lieblicher Shortdrink für die Party
- Cocktailglas
- Shaker

2,5 cl Gin
1,5 cl Crème de Banane
1,5 cl Drambuie (Honiglikör)
1,5 cl Grapefruitsaft
Deko:
1 Cocktailkirsche

Die Zutaten zusammen im Shaker mit Eis schütteln und in das Cocktailglas seihen. Die Kirsche ins Glas geben.

PINK LADY

fruchtiger Shortdrink (Aperitif, After-Dinner-Drink)
- Cocktailglas
- Shaker

4 cl Gin
2 cl Zitronensaft
1 cl Grenadine
½ Eiweiß

Die Zutaten zusammen im Shaker mit Eis kräftig schütteln und in das Glas seihen.

TANGO

halbtrockener Shortdrink (Aperitif)

- Cocktailglas
- Shaker

3 cl Gin
1,5 cl Vermouth rosso
1,5 cl Vermouth dry
1 cl Orangensaft
2 dashes Curaçao orange
■ **Außerdem:**
1 Stück Orangenschale

Die Zutaten zusammen im Shaker mit Eis schütteln und in das Cocktailglas seihen. Nun die Orangenschale ins Glas geben.

ADAM & EVE

fruchtig-würziger Shortdrink für den Abend

- Cocktailglas
- Shaker

2 cl Gin
2 cl Drambuie
2 cl Angostura
1 cl Zitronensaft
1 dash Grenadine
■ **Deko:**
1 Zitronenscheibe
1 Cocktailkirsche

Alle Zutaten zusammen im Shaker mit Eiswürfeln schütteln und in das Cocktailglas seihen. Das Obst zusammen am Sticker über den Glasrand legen.

ADMIRAL COCKTAIL

fruchtig-würziger Shortdrink für jede Jahreszeit
- Cocktailglas
- Shaker

4 cl Gin
2 cl Kirschlikör
2 cl Zitronensaft
Deko:
1 Cocktailkirsche

Alle Zutaten zusammen im Shaker mit Eiswürfeln schütteln und in das Cocktailglas seihen. Die Kirsche an den Glasrand stecken.

ZITRONENFLIP

erfrischender Flip (After-Dinner-Drink)
- Sektkelch
- Shaker

3 cl Gin
2 cl Curaçao Triple sec
4 cl Zitronensaft
1 Eigelb
Deko:
½ Zitronenscheibe

Die Zutaten zusammen im Shaker mit Eis kräftig schütteln und in den Sektkelch seihen. Die Zitronenscheibe an den Glasrand stecken.

MAR DEL PLATA

halbtrockener Shortdrink (Aperitif)
- Cocktailglas
- Rührglas

3 cl Gin
2 cl Vermouth dry
1 cl Bénédictine D.O.M.
Außerdem:
1 Stück Zitronenschale

Die Zutaten zusammen im Rührglas mit Eis verrühren und in das Cocktailglas seihen. Den Drink mit der Zitronenschale abspritzen.

GIN AND IT

halbtrockener Shortdrink (Aperitif)
- Cocktailglas
- Rührglas

3 cl Gin
3 cl Vermouth rosso
Deko:
1 Cocktailkirsche

Die Zutaten zusammen im Rührglas mit viel Eis verrühren und in das Cocktailglas seihen. Die Kirsche am Sticker ins Glas geben.

PINK ROSE COCKTAIL

fruchtiger Shortdrink für jede Jahreszeit
- Cocktailglas
- Shaker

4 cl Gin
1 BL Grenadine
1 BL Zitronensaft
1 BL Sahne
1 Eiweiß

Alle Zutaten zusammen im Shaker mit Eis schütteln und in das Cocktailglas seihen.

SILVER JUBILEE

würzig-lieblicher Shortdrink (After-Dinner-Drink)
- Cocktailglas
- Shaker

4 cl Gin
2 cl Bananenlikör
4 cl Sahne
Deko:
1 Bananenscheibe

Alle Zutaten zusammen im Shaker mit Eis gut schütteln und in das Cocktailglas seihen. Die Bananenscheibe am Sticker ins Glas geben.

BLUE DEVIL

fruchtig-milder Shortdrink für die Party
■ Cocktailglas
■ Shaker

4 cl Gin
2 cl Curaçao blue
2 cl Zitronensaft
1 cl Zuckersirup
■ **Deko:**
1 Cocktailkirsche

Alle Zutaten zusammen im Shaker mit Eiswürfeln schütteln und in das Cocktailglas seihen. Die Kirsche an den Glasrand stecken.

BANJINO COCKTAIL

fruchtig-würziger Shortdrink für die Party
■ Cocktailglas
■ Shaker

3 cl Gin
3 cl Orangensaft
1 dash Bananenlikör
■ **Deko:**
1 Orangenscheibe

Alle Zutaten zusammen im Shaker mit Eis schütteln und ins Glas seihen. Die Orangenscheibe an den Glasrand stecken.

GIN AND SIN

fruchtig-würziger Shortdrink für jede Jahreszeit
■ kleiner Tumbler
■ Shaker

4 cl Gin
2 cl Orangensaft
2 cl Zitronensaft
2 BL Grenadine
■ **Deko:**
½ Orangenscheibe

Alle Zutaten zusammen im Shaker mit Eis kräftig schütteln und in den Tumbler seihen. Die Orangenscheibe an den Glasrand stecken.

BARFLY'S DREAM

mild-würziger Shortdrink für den Abend
■ Cocktailglas
■ Shaker

2 cl Gin
2 cl brauner Rum
2 cl Ananassaft

Alle Zutaten zusammen im Shaker mit Eis schütteln und ins Glas seihen.

ALEXANDRA COCKTAIL

lieblicher Shortdrink für den Nachmittag
- Cocktailglas
- Shaker

2 cl Gin
2 cl Crème de Cacao weiß oder braun
2 cl Sahne

Alle Zutaten zusammen im Shaker mit Eis schütteln und in das Cocktailglas seihen.

MY FAIR LADY

herb-würziger Shortdrink für den Abend
- Cocktailglas
- Shaker

3 cl Gin
1 cl Orangensaft
1 cl Zitronensaft
1 dash Grenadine
1 BL Eiweiß
Deko:
½ Orangenscheibe

Alle Zutaten zusammen im Shaker mit Eis schütteln und in das Cocktailglas seihen. Die Orangenscheibe an den Glasrand stecken.

RED GIN

halbtrockener Shortdrink (Aperitif, After-Dinner-Drink)
- Cocktailglas
- Shaker

4 cl Gin
1 cl Cherry Brandy
Deko:
1 Orangenscheibe

Die Zutaten zusammen im Shaker mit Eiswürfeln gut schütteln und in das Cocktailglas seihen. Die Orangenscheibe an den Glasrand stecken.

PALL MALL COCKTAIL

würziger Shortdrink (Aperitif)
- Cocktailglas
- Rührglas

4 cl Gin
1 cl Vermouth rosso
1 cl Vermouth dry
Deko:
1 Cocktailkirsche

Die Zutaten zusammen im Rührglas mit Eis verrühren und in das Cocktailglas seihen. Die Kirsche ins Glas geben.

Alexandra Cocktail (l.), Lady Brown (M.), Royal Cocktail (r.)

LADY BROWN

fruchtig-herber Shortdrink für jede Jahreszeit

- Cocktailglas
- Shaker

3 cl Gin
1,5 cl Grand Marnier
1,5 cl Zitronensaft
Deko:
½ Orangenscheibe

Alle Zutaten zusammen im Shaker mit Eiswürfeln schütteln und in das Cocktailglas seihen. Die Orangenscheibe in das Cocktailglas geben.

ROYAL COCKTAIL

fruchtig-würziger Shortdrink (Aperitif, After-Dinner-Drink)

- Cocktailglas
- Shaker

2 cl Gin
2 cl Vermouth dry
2 cl Cherry Brandy
1 dash Maraschino
Deko:
1 Cocktailkirsche

Alle Zutaten zusammen im Shaker mit Eis schütteln und in das Cocktailglas seihen. Die Kirsche an den Glasrand stecken.

MOULIN ROUGE

fruchtiger, feinherber Shortdrink für jede Jahreszeit

- Cocktailglas
- Shaker

2 cl Gin
2 cl Apricot Brandy
2 cl Zitronensaft
1 BL Grenadine
Deko:
1 Cocktailkirsche

Alle Zutaten zusammen im Shaker mit Eis schütteln und in das Cocktailglas seihen. Die Kirsche ins Glas geben.

GIBSON DRY

trockener Shortdrink (Aperitif)

- Cocktailglas
- Rührglas

4 cl Gin
2 cl Vermouth dry
Deko:
2 Cocktailzwiebeln

Die Zutaten zusammen im Rührglas mit viel Eis verrühren und in das Cocktailglas seihen. Die Cocktailzwiebeln am Sticker ins Glas geben.

AFTER THE STORM

mild-würziger Shortdrink (After-Dinner-Drink)

- Cocktailglas
- Shaker

2 cl Gin
1 cl Scotch Whisky
1 cl Crème de Cacao weiß
2 cl Sahne
Deko:
1 Cocktailkirsche

Alle Zutaten zusammen im Shaker mit Eis kräftig schütteln und ins Glas seihen. Die Kirsche an den Glasrand stecken.

ASTORIA COCKTAIL

herb-würziger Shortdrink (Aperitif)

- Cocktailglas
- Rührglas

4 cl Gin
2 cl Vermouth dry
2 dashes Orange-Bitter
Deko:
1 grüne Olive

Alle Zutaten zusammen im Rührglas mit Eis verrühren und ins Glas seihen. Die Olive ins Glas geben.

MISSISSIPPI I

mild-fruchtiger Shortdrink für den Abend
■ Cocktailglas
■ Shaker

3 cl Gin
3 cl Crème de Cassis
4 dashes Orangensaft

Alle Zutaten zusammen im Shaker mit Eis schütteln und in das Cocktailglas seihen.

EMPIRE STATE

würziger, feinherber Shortdrink für den Abend
■ Cocktailglas
■ Rührglas

4 cl Gin
2 cl Cognac
2 cl Apricot Brandy
1 dash Orange-Bitter
■ **Deko:**
1 Cocktailkirsche

Alle Zutaten zusammen im Rührglas mit Eis verrühren und in das Cocktailglas seihen. Die Kirsche an den Glasrand stecken.

BERMUDA

feinwürziger Shortdrink für jede Jahreszeit
■ Cocktailglas
■ Shaker

6 cl Gin
2 cl Peach Brandy
1 BL Curaçao blue
1 BL Orangensaft
■ **Deko:**
½ Orangenscheibe

Alle Zutaten zusammen im Shaker mit Eis schütteln und in das Cocktailglas seihen. Die Orangenscheibe an den Glasrand stecken.

PICCADILLY

würziger, feinherber Shortdrink für den Abend oder als Aperitif
■ Cocktailglas
■ Rührglas

4 cl Gin
2 cl Vermouth dry
1 dash Grenadine
1 dash Pernod

Alle Zutaten zusammen im Rührglas mit Eis verrühren und in das Cocktailglas seihen.

TAKE FIVE

fruchtiger, feinherber Shortdrink für die Party
- Sektschale
- Shaker

3 cl Gin
3 cl Zitronensaft
1 cl Orangensaft
2 cl Zuckersirup
1 cl Grenadine
Deko:
1 Limettenscheibe

Alle Zutaten zusammen im Shaker mit Eis schütteln und in die Sektschale seihen. Nun die Limettenscheibe an den Glasrand stecken.

ENGLISH ROSE

halbtrockener Shortdrink (Aperitif)
- Cocktailglas
- Shaker

2 cl Gin
1 cl Apricot Brandy
1 cl Vermouth dry
1 BL Grenadine
3 dashes Zitronensaft

Die Zutaten zusammen im Shaker mit Eis schütteln und in das Cocktailglas seihen.

HABERFIELD

würzig-herber Shortdrink (Aperitif)
- Cocktailglas
- Shaker

4 cl Gin
1 cl Vermouth dry
1 cl Zitronensaft

Alle Zutaten zusammen im Shaker mit Eiswürfeln kräftig schütteln und in das Cocktailglas seihen.

VIRGIN COCKTAIL

lieblicher Shortdrink (After-Dinner-Drink)
- Cocktailglas
- Rührglas

2 cl Gin
2 cl Crème de Menthe weiß
2 cl Curaçao Triple sec

Die Zutaten zusammen im Rührglas mit Eis verrühren und in das Cocktailglas seihen.

BERMUDA ROSE

trockener Shortdrink (Aperitif)
- Cocktailglas
- Shaker

4 cl Gin
1 BL Apricot Brandy
2 dashes Grenadine
1 cl Zitronensaft

Die Zutaten zusammen im Shaker mit Eis schütteln und in das Cocktailglas seihen.

Take Five (h. l.), Bermuda Rose (h. r.), Haberfield (v.)

CONCORDE

fruchtiger, feinherber Shortdrink für jede Jahreszeit
■ Cocktailglas
■ Shaker

3 cl Gin
1 cl Apricot Brandy
1 cl Campari
1 cl Grenadine
■ **Deko:**
1 Cocktailkirsche

Alle Zutaten zusammen im Shaker mit Eiswürfeln schütteln und in das Cocktailglas seihen. Die Kirsche an den Glasrand stecken.

BLUE VELVET

trockener Shortdrink für den Abend
■ Cocktailglas
■ Rührglas

2,5 cl Gin
2 cl Curaçao blue
1,5 cl Vermouth dry
■ **Deko:**
1 Karambolenscheibe

Die Zutaten zusammen im Rührglas mit Eis verrühren und in das Cocktailglas seihen. Die Karambolenscheibe zuletzt an den Glasrand stecken.

BUTTERFLY

aromatischer Shortdrink für den Abend
■ mittelgroßer Tumbler
■ Shaker

2 cl Genever
1 cl Wodka
1 cl Crème de Banane
2 cl Ananassaft
1 dash Frothee
■ **Deko:**
1 Erdbeere

Die Zutaten zusammen im Shaker mit Eis schütteln und in den Tumbler mit Eiswürfeln seihen. Die Erdbeere zuletzt an den Glasrand stecken.

GREEN PEACE II

herb-würziger Shortdrink für jede Jahreszeit
■ großes Cocktailglas
■ Shaker

3 cl Gin
1 cl Crème de Menthe grün
3 BL Zitronensaft
2 BL Zucker
1 Eiweiß

Alle Zutaten zusammen im Shaker mit Eis schütteln und in das Glas seihen.

WEDDING BELLS

kräftiger Shortdrink für den ganzen Tag
■ Cocktailglas
■ Shaker

2 cl Gin
2 cl Dubonnet
1 cl Brandy
2 cl Orangensaft

Die Zutaten zusammen im Shaker mit Eis schütteln und in das Glas seihen.

CARIN

lieblicher Shortdrink (After-Dinner-Drink)
■ Cocktailglas
■ Rührglas

3 cl Gin
1,5 cl Dubonnet
1,5 cl Mandarinenlikör
■ **Außerdem:**
1 Stück Zitronenschale

Die Zutaten zusammen im Rührglas mit Eis verrühren und in das Cocktailglas seihen. Den Drink mit der Zitronenschale abspritzen und sie ins Glas geben.

MONTE CARLO IMPERIAL

erfrischender Sektcocktail für den Empfang
■ Sektkelch
■ Shaker

2 cl Gin
1 cl Crème de Menthe weiß
Sekt zum Auffüllen

Die Zutaten außer Sekt zusammen im Shaker mit Eis schütteln und in den Sektkelch seihen. Mit Sekt auffüllen.

NORDLICHT 02

leicht lieblicher Shortdrink für alle Gelegenheiten
■ Cocktailglas
■ Shaker

3 cl Gin
1 cl Johannisbeerlikör
1 cl Curaçao Triple sec
1 cl Zitronensaft
1 dash Frothee
■ **Deko:**
1 Cocktailkirsche

Die Zutaten zusammen im Shaker mit Eis schütteln und in das Cocktailglas seihen. Die Kirsche ins Glas geben.

YELLOW FINGER

fruchtig-milder Shortdrink für jede Jahreszeit

- Cocktailglas
- Shaker

2 cl Gin
2 cl Brombeerbrandy
1 cl Bananenlikör
1 dash Sahne

Alle Zutaten zusammen im Shaker mit Eis kräftig schütteln und in das Cocktailglas seihen.

BARNUM

halbtrockener Shortdrink (Aperitif)

- Cocktailglas
- Shaker

3 cl Gin
2 cl Apricot Brandy
2 dashes Angostura
3 dashes Zitronensaft

Die Zutaten zusammen im Shaker mit Eis schütteln und in das Cocktailglas seihen.

WESTERN ROSE

herber, trockener Shortdrink für den Abend

- Cocktailglas
- Shaker

2 cl Gin
1 cl Apricot Brandy
1 cl Vermouth dry
3 dashes Zitronensaft

Die Zutaten zusammen im Shaker mit Eis schütteln und in das Cocktailglas seihen.

BIJOU

würziger Shortdrink (After-Dinner-Drink)

- Cocktailglas
- Rührglas

3 cl Gin
2 cl Vermouth dry
1 cl Chartreuse grün

Alle Zutaten zusammen im Rührglas mit Eiswürfeln verrühren und in das Cocktailglas seihen.

ALEXANDER'S SISTER

sahniger, lieblicher Shortdrink für den Nachmittag
- Cocktailglas
- Shaker

2 cl Gin
2 cl Crème de Menthe grün
2 cl Sahne

Die Zutaten zusammen im Shaker mit Eis kräftig schütteln und in das Glas seihen.

EXOTIC

lieblicher Shortdrink für den Abend
- kleiner Tumbler
- Gästeglas

3 cl Gin
1,5 cl Crème de Cacao
1,5 cl Crème de Banana

Die Zutaten zusammen im Tumbler mit Eiswürfeln verrühren und den Drink zusammen mit einem Stirer servieren.

DERBY

kräftiger Shortdrink (Aperitif)
- Cocktailglas
- Rührglas

6 cl Gin
2 dashes Peach-Bitter
- ***Deko:***

einige Minzeblätter

Die Zutaten zusammen im Rührglas mit viel Eis verrühren und in das Cocktailglas seihen. Die Minzeblätter ins Glas geben.

GOLDEN DAWN

fruchtiger Shortdrink für jede Jahreszeit
- Sektschale
- Shaker

3 cl Gin
2 cl Orangensaft
1 cl Zitronensaft
1 BL Apricot Brandy
3 dashes Grenadine

Alle Zutaten zusammen im Shaker mit Eiswürfeln schütteln und in das Cocktailglas seihen.

PERFECT GIN COCKTAIL

halbtrockener Shortdrink für den Abend
- Cocktailglas
- Rührglas

4 cl Gin
1 cl Vermouth dry
1 cl Vermouth rosso

Die Zutaten zusammen im Rührglas mit Eiswürfeln verrühren und in das Cocktailglas seihen.

HABITANT

würzig-lieblicher Shortdrink für jede Jahreszeit
- Cocktailglas
- Shaker

2 cl Gin
2 cl Vermouth rosso
2 cl Ahornsirup
2 dashes Angostura

Alle Zutaten zusammen im Rührglas mit Eis verrühren und in das Cocktailglas seihen.

SPENCER

halbtrockener Shortdrink (Aperitif)
- Cocktailglas
- Shaker

2 cl Gin
2 cl Apricot Brandy
1 dash Angostura
1 BL Orangensaft

Die Zutaten zusammen im Shaker mit Eis schütteln und in das Cocktailglas seihen.

JOURNALIST

halbtrockener Shortdrink für alle Gelegenheiten
- Cocktailglas
- Shaker

3 cl Gin
1 cl Vermouth dry
1 cl Vermouth rosso
1 BL Curaçao Triple sec
1 BL Zitronensaft
1 dash Angostura

Die Zutaten zusammen im Shaker mit Eis schütteln und in das Glas seihen.

Lady Chatterley (l.), Gin Crusta (r.)

LADY CHATTERLEY

halbtrockener Shortdrink (Aperitif)

- Cocktailglas
- Shaker

3 cl Gin
1 cl Curaçao Triple sec
1 cl Vermouth dry
1 cl Orangensaft

Die Zutaten zusammen im Shaker mit Eis schütteln und in das Cocktailglas seihen.

GIN CRUSTA

würzig-fruchtiger Crusta für jede Jahreszeit

- kleines, ballonförmiges Glas mit Zuckerrand
- Rührglas

4 cl Gin
1 BL Kirschlikör
2 dashes Angostura

Alle Zutaten zusammen im Rührglas mit Eiswürfeln verrühren und ins Glas mit Zuckerrand seihen.

JOHN COLLINS

erfrischender Longdrink für heiße Tage
- Longdrinkglas
- Gästeglas

4 cl Genever
2 cl Zitronensaft
1 cl Zuckersirup
Sodawasser zum Auffüllen
Deko:
½ Zitronenscheibe
1 Cocktailkirsche

Alle Zutaten außer Soda zusammen im Glas mit Eiswürfeln verrühren und mit Soda auffüllen. Die Zitronenscheibe an den Glasrand stecken, die Kirsche ins Glas geben. Mit einem Stirer servieren.

GOLDEN FIZZ

erfrischender Fizz für den Sommer
- Longdrinkglas
- Shaker

4 cl Gin
2 cl Zitronensaft
1 cl Zuckersirup
1 Eigelb
Sodawasser zum Auffüllen

Alle Zutaten außer Sodawasser zusammen im Shaker mit viel Eis schütteln und in das Longdrinkglas gießen. Mit Sodawasser auffüllen.

HORSE'S NECK I

feinherber Longdrink für jede Jahreszeit
- großer Tumbler
- Gästeglas

4 cl Gin
2 BL Grenadine
Ginger-ale zum Auffüllen
Deko:
1 Zitronenschalenspirale

Gin und Grenadine zusammen im Tumbler mit Eiswürfeln verrühren. Mit Ginger-ale auffüllen und kurz umrühren. Die Zitronenschalenspirale an den Glasrand hängen.

TOM COLLINS

fruchtig-herber Longdrink für heiße Tage
- Longdrinkglas
- Gästeglas

4 cl Gin
2 cl Zitronensaft
1 cl Zuckersirup
Sodawasser zum Auffüllen
Deko:
½ Zitronenscheibe
1 Cocktailkirsche

Alle Zutaten außer Soda zusammen im Longdrinkglas mit Eis verrühren und mit Soda auffüllen. Die Zitronenscheibe an den Glasrand stecken, die Kirsche ins Glas geben. Mit einem langen Sticker servieren.

SINGAPORE SLING ORIGINAL

fruchtiger Longdrink für heiße Tage

- Longdrinkglas
- Shaker

3 cl Gin
1 cl Cherry Heering
1 dash Bénédictine D.O.M.
1 dash Cointreau
1 dash Angostura
Limettensaft und Ananassaft zum Auffüllen
Deko:
1 Stück Ananas, 1 Cocktailkirsche

Alle Zutaten zusammen im Shaker mit Eis schütteln und in das Longdrinkglas mit Eis geben. Mit Limetten- und Ananassaft auffüllen. Das Ananasstück mit der Cocktailkirsche am Sticker über den Glasrand legen.

SINGAPORE GIN SLING

erfrischender Longdrink für heiße Tage

- Longdrinkglas
- Shaker

4 cl Gin
2 cl Cherry Heering
2 cl Zitronensaft
Sodawasser zum Auffüllen
Deko:
½ Zitronenscheibe
1 Cocktailkirsche

Alle Zutaten außer Soda zusammen im Shaker mit Eis schütteln und in das Longdrinkglas mit Eis seihen. Mit Soda auffüllen. Die Zitronenscheibe und die Kirsche am Sticker über den Glasrand legen.

PIMM'S NO. 1

erfrischender Longdrink für die Party

- Longdrinkglas
- Gästeglas

4 cl Pimm's No. 1
Zitronenlimonade zum Auffüllen
1 Stück Gurkenschale
½ Orangenscheibe
½ Zitronenscheibe
2 Cocktailkirschen

Pimm's No. 1 in das Longdrinkglas mit Eiswürfeln gießen und mit Zitronenlimonade auffüllen. Die Gurkenschale und die Früchte ins Glas geben. Mit Stirer servieren.

PIMM'S ROYAL

erfrischender Longdrink für den Sommer

Longdrinkglas
Gästeglas

4 cl Pimm's No. 1
Champagner oder Sekt zum Auffüllen
1 Stück Gurkenschale
½ Orangenscheibe
½ Zitronenscheibe
2 Cocktailkirschen

Pimm's No. 1 in das Longdrinkglas mit Eiswürfeln gießen. Mit Champagner oder Sekt auffüllen. Die Gurkenschale und die Früchte ins Glas geben.

NEPTUN'S FAIR

fruchtig-erfrischender Longdrink für die Party
- Longdrinkglas
- Shaker

2 cl Gin
1 cl Pisang Ambon
1 cl Jambosala
2 cl Zitronensaft
Bitter lemon zum Auffüllen
■ **Deko:**
1 Zitronenscheibe
1 Cocktailkirsche
1 kleiner Minzezweig

Alle Zutaten außer Bitter lemon zusammen im Shaker mit Eis schütteln und in das Longdrinkglas mit Eis seihen. Mit Bitter lemon auffüllen. Die Zitronenscheibe an den Glasrand stecken, die Kirsche mit einem Sticker daran befestigen. Den Minzezweig ins Glas geben.

GIN TONIC

erfrischender Longdrink für jede Gelegenheit
- Longdrinkglas
- Gästeglas

4 cl Gin
Tonic water zum Auffüllen
■ **Außerdem:**
½ Zitronenscheibe

Den Gin in das Longdrinkglas mit Eiswürfeln geben und mit Tonic water auffüllen. Die Zitronenscheibe ins Glas geben. Mit einem Stirer servieren.

CHAMPAGNER FIZZ

spritzig-leichter Fizz für die Party
- Sektkelch
- Shaker

3 cl Gin
2 cl Zitronensaft
1 cl Zuckersirup
6 cl Sekt oder Champagner
■ **Deko:**
½ Zitronenscheibe

Alle Zutaten außer Sekt zusammen im Shaker mit Eis schütteln, in das Kelchglas seihen und mit Sekt auffüllen. Die Zitronenscheibe an den Glasrand stecken.

OPTIMIST

fruchtiger Longdrink für alle Gelegenheiten
- Longdrinkglas
- Shaker

3 cl Gin
2 cl Crème de Cassis
2 cl Ananassaft
Orangensaft zum Auffüllen
1 dash Maracujasirup
■ **Deko:**
½ Orangenscheibe
1 Stück Ananas
1 Cocktailkirsche

Alle Zutaten außer Maracujasirup und Orangensaft zusammen im Shaker mit Eis schütteln und in das Longdrinkglas mit Eiswürfeln seihen. Mit Orangensaft auffüllen. Den Maracujasirup auf das Getränk geben. Das Obst zusammen am Sticker über den Glasrand legen.

Neptun's Fair (h.), Gin Tonic (v. l.), Champagner Fizz (v. M.), Optimist (v. r.)

GIN FIZZ

erfrischend-fruchtiger Fizz für alle Gelegenheiten

- mittelgroßer Tumbler
- Shaker

4 cl Gin
2 cl Zitronensaft
1 cl Zuckersirup
Sodawasser zum Auffüllen
Deko:
½ Zitronenscheibe

Alle Zutaten außer Soda zusammen im Shaker mit viel Eis schütteln, in den Tumbler gießen und mit Soda auffüllen. Die Zitronenscheibe an den Glasrand stecken.

GIN SOUR

kräftiger, erfrischender Sour für die Party

- kleiner Tumbler
- Shaker

4 cl Gin
2 cl Zitronensaft
1 cl Zuckersirup
Außerdem:
½ Zitronenscheibe
1 Cocktailkirsche

Die Zutaten zusammen im Shaker mit Eis schütteln und in den Tumbler seihen. Die Zitronenscheibe und die Cocktailkirsche ins Glas geben. Der Drink kann nach Belieben mit Sodawasser aufgefüllt werden.

PIRAT

fruchtiger, halbtrockener Longdrink für alle Gelegenheiten

- Longdrinkglas
- Shaker

2 cl Gin
3 cl Cherry Heering
4 cl Maracujasaft
1 cl Zitronensaft
Tonic water zum Auffüllen
Deko:
½ Orangenscheibe
2 Cocktailkirschen

Alle Zutaten außer Tonic water zusammen im Shaker mit Eis schütteln und in das Longdrinkglas mit Eiswürfeln seihen. Mit Tonic water auffüllen. Die Orangenscheibe und Cocktailkirschen zusammen auf einen langen Holzspieß stekken, so daß er wie ein Segel aussieht, und ihn ins Glas stellen. Mit einem Stirer servieren.

GIN ORANGE

leichter Longdrink für die Party

- kleiner Tumbler
- Gästeglas

4 cl Gin
Orangensaft zum Auffüllen
Deko:
½ Orangenscheibe

Den Gin in den Tumbler mit Eiswürfeln geben und mit Orangensaft auffüllen. Die Orangenscheibe ins Glas geben. Mit einem Stirer servieren.

GOLD DIGGER

fruchtiger Longdrink für die Party
- Longdrinkglas
- Rührglas

1,5 cl Gin
1,5 cl Kiwilikör
1,5 cl Melonenlikör
1,5 cl Aperol
Orangensaft zum Auffüllen

Alle Zutaten außer Orangensaft zusammen im Rührglas mit Eis verrühren und in das Longdrinkglas mit Eis geben. Mit dem Orangensaft auffüllen und gut umrühren. Mit einem Stirer servieren.

TROPIC SUN

leichter, fruchtig-erfrischender Longdrink für die Sommerparty
- Longdrinkglas
- Shaker

4 cl Gin
2 cl Maracujasirup
1 cl Zitronensaft
Tropical Bitter (Tropic-Limonade) zum Auffüllen
1 dash Grenadine
- **Deko:**
½ Orangenscheibe
1 Cocktailkirsche

Alle Zutaten außer Tropical Bitter und Grenadine zusammen im Shaker mit Eis schütteln, in das Longdrinkglas mit Eiswürfeln seihen und mit Tropical Bitter auffüllen. Den Grenadine auf das Getränk geben. Die Orangenscheibe zusammen mit der Cocktailkirsche am langen Sticker ins Glas geben.

NICKY

aromatischer Longdrink für die Party
- Longdrinkglas
- Gästeglas

3 cl Gin
3 cl Apricot Brandy
1 dash brauner Rum
3 dashes Zitronensaft
Sodawasser zum Auffüllen
- **Deko:**
1 Orangenscheibe
1 Cocktailkirsche

Alle Zutaten zusammen im Longdrinkglas mit Eiswürfeln verrühren. Die Orangenscheibe an den Glasrand stecken, die Kirsche mit einem kleinen Sticker daran befestigen.

NEW ORLEANS FIZZ

fruchtig-erfrischender Fizz für die Sommerparty
- Longdrinkglas
- Shaker

4 cl Gin
2 cl Zitronensaft
1 cl Zuckersirup
3 dashes Orange-Bitter
1 Eiweiß
1 cl Sahne
6 cl Sodawasser

Alle Zutaten außer Sodawasser im Shaker zusammen mit Eis kräftig schütteln und in das Longdrinkglas geben. Mit Soda auffüllen.

MEINER

fruchtig-erfrischender Longdrink (Aperitif, After-Dinner-Drink)

- Longdrinkglas
- Gästeglas

3 cl Gin
Orangensaft zum Auffüllen
½ Orangenscheibe
2 cl Campari

Den Gin in das Longdrinkglas mit Eis geben und mit Orangensaft auffüllen. Die Orangenscheibe ins Glas legen und den Campari darübergießen. Mit einen langen Stirer servieren.

SILVER FIZZ

erfrischender, fruchtiger Fizz für den Sommer

- Longdrinkglas
- Shaker

4 cl Gin
2 cl Zitronensaft
1 cl Zuckersirup
1 Eiweiß
Sodawasser zum Auffüllen

Alle Zutaten außer Sodawasser zusammen im Shaker mit Eis schütteln und in das Longdrinkglas seihen. Mit Soda auffüllen.

JOHNNIE RED

fruchtiger Longdrink für den Sommer
- Longdrinkglas
- Gästeglas

3 cl Genever
1,5 cl Parfait Amour (Fruchtaromalikör)
1,5 cl Crème de Banane
1 dash Grenadine
Orangensaft zum Auffüllen
Deko:
1 Orangenschalenspirale

Die Zutaten zusammen im Longdrinkglas mit Eiswürfeln verrühren. Die Orangenschalenspirale an den Glasrand hängen und den Drink mit einem langen Stirer servieren.

SEVEN SEA

fruchtiger Longdrink für die Sommerparty
- Longdrinkglas
- Gästeglas

2 cl Gin
4 cl Pisang Ambon
1 dash Crème de Banane
Tonic water zum Auffüllen
Deko:
1 Cocktailkirsche

Die Zutaten zusammen im Longdrinkglas mit Eiswürfeln verrühren. Die Kirsche ins Glas geben und den Drink zusammen mit einem Stirer servieren.

ROYAL FIZZ

erfrischender Fizz für heiße Tage
■ Longdrinkglas
■ Shaker

4 cl Gin
2 cl Zitronensaft
1 cl Zuckersirup
1 Ei
Sodawasser zum Auffüllen

Alle Zutaten außer Soda zusammen im Shaker mit Eis kräftig schütteln und in das Longdrinkglas seihen. Mit Soda langsam auffüllen.

STARMANIA

lieblicher Longdrink für die Party
■ Longdrinkglas
■ Shaker

2 cl Gin
1 cl Apricot Brandy
0,5 cl Campari
1 cl Maracujasaft
1 dash Curaçao green
Ginger-ale zum Auffüllen
■ **Deko:**
kleine Fruchtstücke

Alle Zutaten außer Ginger-ale zusammen im Shaker mit Eis schütteln und in das Longdrinkglas mit Eis seihen. Mit Ginger-ale auffüllen und umrühren. Die Fruchtstückchen auf einen Sticker spießen und ihn über den Glasrand legen. Mit einem hübschen Stirer servieren.

DASH MADNEY

erfrischender Longdrink für den Sommer
■ Longdrinkglas
■ Rührglas

3 cl Genever
1,5 cl Maraschino
1,5 cl Crème de Banane
Bitter lemon zum Auffüllen
■ **Deko:**
1 Cocktailkirsche

Alle Zutaten außer Bitter lemon zusammen im Rührglas mit Eis verrühren und in das Longdrinkglas mit Eiswürfeln seihen. Mit Bitter lemon auffüllen und gut umrühren. Die Kirsche an den Glasrand stecken und den Drink mit einem Stirer servieren.

BABY DOC

fruchtiger Longdrink für die Sommerparty
■ Longdrinkglas
■ Gästeglas

2 cl Gin
2 cl Kiwilikör
2 cl Ananassaft
0,5 cl Pfefferminzlikör
Tonic water zum Auffüllen
■ **Deko:**
1 Orangenschalenspirale

Die Zutaten zusammen im Longdrinkglas mit Eiswürfeln verrühren. Die Schalenspirale an den Glasrand hängen.

SWEET MARY

erfrischender Longdrink für heiße Tage
- Longdrinkglas
- Gästeglas

1,5 cl Gin
4,5 cl Crème de Banane
1 dash Crème de Cassis
Zitronenlimonade zum Auffüllen
Deko:
1 Cocktailkirsche

Die Zutaten zusammen im Longdrinkglas mit Eiswürfeln verrühren. Die Kirsche am Sticker über den Glasrand legen.

ROSETTE MEROLA

fruchtiger Longdrink für die Party
- Longdrinkglas
- Gästeglas

1,5 cl Gin
1,5 cl Gold Digger Likör
1,5 cl Kiwilikör
1,5 cl Aperol
Orangensaft zum Auffüllen
Deko:
1 Cocktailkirsche
1 Stück Orangenschale

Die Zutaten zusammen im Longdrinkglas mit Eiswürfeln verrühren. Die Cocktailkirsche und die Orangenschale am Sticker über den Glasrand legen. Den Drink mit einem Stirer servieren.

LADY KILLER

fruchtig-lieblicher Longdrink für den Sommer
- Longdrinkglas
- Shaker

2 cl Gin
1 cl Cointreau
1 cl Apricot Brandy
3 cl Maracujasaft
3 cl Ananassaft
Deko:
1 grüne Mirabelle
1 Orangenschalenspirale
1 Minzezweig

Die Zutaten zusammen im Shaker mit Eis kräftig schütteln und in das Longdrinkglas mit Eiswürfeln seihen. Die Mirabelle an den Glasrand stecken und die Orangenschalenspirale am Sticker über den Glasrand legen. Den Minzezweig ins Glas geben.

POGO STICK

herber, erfrischender Longdrink für den Sommer
- Longdrinkglas
- Shaker

3 cl Gin
2 cl Cointreau
6 cl Grapefruitsaft
1 cl Zitronensaft
Deko:
½ Grapefruitscheibe

Die Zutaten zusammen im Shaker mit Eis schütteln und in das Longdrinkglas mit Eiswürfeln seihen. Die Grapefruitscheibe an den Glasrand stecken.

BLUE MOON I

fruchtig-erfrischender Longdrink für den Sommer
- Longdrinkglas
- Shaker

2,5 cl Gin
1 cl Curaçao blue
1 cl Cointreau
1 cl Ananassaft
Zitronenlimonade zum Auffüllen
■ **Deko:**
¼ Ananasscheibe
1 grüne Cocktailkirsche

Alle Zutaten außer der Limonade zusammen im Shaker mit Eis schütteln und in das Longdrinkglas mit Eiswürfeln seihen. Mit Limonade auffüllen und umrühren. Das Ananasstück und die Kirsche an den Glasrand stecken.

APRIKOSENBLÜTE

etwas bitterer, erfrischender Longdrink für den Abend
- Longdrinkglas
- Shaker

2 cl Gin
2 cl Aprikosenlikör
1 BL Limettensaft
2 dashes Angostura
Tonic water zum Auffüllen
■ **Deko:**
1 Limettenscheibe

Alle Zutaten außer Tonic water zusammen im Shaker mit Eis schütteln und in das Longdrinkglas mit Eiswürfeln seihen. Mit Tonic water auffüllen und umrühren. Die Limettenscheibe an den Glasrand stecken. Anschließend den Drink sofort servieren.

LONG ISLAND ICETEA

erfrischender Longdrink für die Party
- Longdrinkglas
- Gästeglas

1 cl Wodka
1 cl Gin
1 cl weißer Rum
1 cl Curaçao Triple sec
1 cl Tequila silver
1 cl Zitronensaft
Cola zum Auffüllen
Deko:
½ Zitronenscheibe, 1 Minzezweig

Alle Zutaten außer Cola zusammen im Longdrinkglas mit Eiswürfeln verrühren und dann mit Cola auffüllen. Die Zitronenscheibe und den Minzezweig an den Glasrand stecken. Mit Stirer servieren.

BLUE EYES

würzig-milder Longdrink für die Party
- Longdrinkglas
- Gästeglas

3 cl Gin
2 cl Vermouth bianco
1 cl Curaçao blue
Ginger-ale zum Auffüllen
Deko:
1 Orangenscheibe
1 Cocktailkirsche

Gin, Vermouth und Curaçao zusammen im Longdrinkglas mit Eiswürfeln verrühren. Mit Ginger-ale auffüllen und nochmals umrühren. Die Orangenscheibe an den Glasrand stecken, die Kirsche mit einem kleinen Sticker daran befestigen.

BULL DOG COOLER

fruchtig-milder Cooler für heiße Tage

- Longdrinkglas
- Shaker

3 cl Gin
3 cl Orangensaft
1 cl Curaçao Triple sec
Ginger-ale zum Auffüllen
Deko:
1 Orangenscheibe

Gin, Orangensaft und Curaçao zusammen im Shaker mit Eiswürfeln schütteln und in das Longdrinkglas seihen. Mit Ginger-ale auffüllen und kurz umrühren. Die Orangenscheibe zuletzt an den Glasrand stecken.

RED SUNSHINE

fruchtiger, feinherber Longdrink für die Party

- Longdrinkglas
- Shaker

3 cl Gin
2 cl Cassislikör
2 cl Zitronensaft
Sodawasser zum Auffüllen

Gin, Cassis und Zitronensaft zusammen im Shaker mit Eis schütteln und ins Glas mit Eiswürfeln seihen. Mit Soda auffüllen und kurz umrühren.

GIN BUCK

fruchtig-würziger Longdrink für jede Jahreszeit

- großer Tumbler
- Gästeglas

4 cl Gin
2 cl Zitronensaft
Ginger-ale zum Auffüllen

Gin und Zitronensaft zusammen im Tumbler verrühren, mit Ginger-ale auffüllen und kurz umrühren.

PARADISO

fruchtig-würziger Longdrink für die Sommerparty

- Longdrinkglas
- Shaker

3 cl Gin
2 cl Apricot Brandy
10 cl Orangensaft
Deko:
1 Orangenscheibe

Alle Zutaten zusammen im Shaker mit Eis gut schütteln und in das Longdrinkglas mit Eiswürfeln seihen. Die Orangenscheibe an den Glasrand stecken.

SOUTH PACIFIC

fruchtig-erfrischender Longdrink für die Sommerparty
- Longdrinkglas
- Gästeglas

2 cl Gin
1 cl Curaçao blue
1 cl Galliano
Bitter lemon zum Auffüllen
- **Deko:**

1 Cocktailkirsche
1 Minzezweig

Die Zutaten zusammen im Longdrinkglas mit Eiswürfeln verrühren. Die Kirsche und den Minzezweig ins Glas geben und den Drink zusammen mit einem Stirer servieren.

SEX ROUGE

aromatischer Longdrink für die Party
- Longdrinkglas
- Gästeglas

3 cl Gin
3 cl Bénédictine
1 dash Grenadine
Orangensaft und Ginger-ale zum Auffüllen (Verhältnis 1:1)
- **Deko:**

1 Limettenscheibe
1 Cocktailkirsche

Die Zutaten zusammen im Longdrinkglas mit Eiswürfeln verrühren. Die Limettenscheibe und die Kirsche am Sticker über den Glasrand legen. Mit einem hübschen Stirer servieren.

MINT FIZZ

würzig-frischer Fizz für jede Jahreszeit
- Longdrinkglas
- Shaker

5 cl Gin
1 cl Crème de Menthe grün
2 cl Zuckersirup
3 cl Zitronensaft
Sodawasser zum Auffüllen

Alle Zutaten außer Soda zusammen mit Eiswürfeln im Shaker lange und kräftig schütteln. In das Longdrinkglas seihen und einige Eiswürfel dazugeben. Mit Soda auffüllen und kurz umrühren.

AMBER GLOW

fruchtig-herber Longdrink für die Sommerparty
- großer Tumbler
- Gästeglas

3 cl Gin
3 cl weißer Rum
3 cl Limettensaft
Sodawasser zum Auffüllen
1 BL Grenadine

Gin, Rum, Limettensaft und Grenadine zusammen im Tumbler mit Eis verrühren. Mit Soda auffüllen und kurz umrühren.

STROUMF

vollmundiger Longdrink für den Abend

- Longdrinkglas
- Shaker

2,5 cl Gin
2,5 cl Apricot Brandy
1 cl Amaretto
1 dash Zitronensaft
Orangensaft zum Auffüllen

Alle Zutaten außer Orangensaft zusammen im Shaker mit Eis schütteln und in das Longdrinkglas seihen. Mit Orangensaft auffüllen und umrühren. Mit einem Stirer servieren.

LONDON FEVER

mild-fruchtiger Longdrink für die Party

- mittelgroßer Tumbler
- Gästeglas

3 cl Gin
2 cl weißer Rum
3 cl Limettensirup
1 BL Grenadine
Sodawasser zum Auffüllen
Deko:
½ Ananasscheibe
1 Cocktailkirsche

Alle Zutaten außer Soda zusammen im Tumbler mit Eis verrühren. Mit Soda auffüllen und kurz umrühren. Das Obst an den Glasrand stecken.

MESSICANO

fruchtig-lieblicher Longdrink für die Sommerparty

- Longdrinkglas
- Shaker

2 cl Gin
2,5 cl Galliano
0,5 cl Amaretto
2,5 cl Orangensaft
Deko:
1 Orangenscheibe
1 Cocktailkirsche
1 Minzezweig

Die Zutaten zusammen im Shaker mit Eis schütteln und in das Longdrinkglas mit Eiswürfeln seihen. Die Früchte und den Minzezweig an den Glasrand stecken.

PARK LANE

fruchtig-milder Longdrink für die Party

- kleiner Tumbler
- Shaker

4 cl Gin
2 cl Apricot Brandy
4 cl Orangensaft
1 dash Grenadine
1 dash Zitronensaft

Alle Zutaten zusammen im Shaker mit Eiswürfeln gut schütteln und in den Tumbler seihen.

PLANTER'S COCKTAIL

PLANTER'S PUNCH

PRESIDENT

Drinks mit Rum

CAIPIRISSIMA

ROBSON

UPTON

DAIQUIRI

PLANTER'S COCKTAIL I

fruchtig-herber Longdrink für heiße Tage
- kleiner Tumbler
- Shaker

5 cl brauner Rum
3 cl Orangensaft
2 cl Zitronensaft
Deko:
½ Zitronenscheibe
½ Orangenscheibe

Alle Zutaten zusammen im Shaker mit Eiswürfeln kräftig schütteln und in den Tumbler gießen. Die Fruchtscheiben an den Glasrand stecken.

PLANTER'S COCKTAIL II

fruchtig-herber Shortdrink für heiße Tage
- kleiner Tumbler
- Shaker

4 cl brauner Rum
2 cl Zitronensaft
½ BL Staubzucker
Deko:
½ Zitronenscheibe
½ Limettenscheibe

Alle Zutaten zusammen im Shaker mit Eis schütteln und in den Tumbler gießen. Die Fruchtscheiben an den Glasrand stecken.

DAIQUIRI

herber Shortdrink (Aperitif)
- Cocktailglas
- Im Shaker

3 cl weißer Rum
2 cl Limetten- oder Zitronensaft
1 cl Zuckersirup

Die Zutaten im Shaker mit Eis schütteln und in das Glas seihen.

FROZEN DAIQUIRI

erfrischender, fruchtiger Shortdrink für die Party
- Cocktailglas
- Shaker

3 cl weißer Rum
2 cl Limetten- oder Zitronensaft
1 cl Zuckersirup
Deko:
1 Cocktailkirsche

Die Zutaten im Shaker mit Crushed ice schütteln und ins Glas gießen. Kirsche ins Glas geben.

BACARDI COCKTAIL

herber Shortdrink (Aperitif)
- Cocktailglas
- Shaker

3 cl weißer Rum
2 cl Zitronensaft
1 cl Grenadine

Die Zutaten im Shaker mit Eis schütteln und in das Glas seihen.

CHERRY DAIQUIRI

fruchtig-milder Shortdrink für die Party
- Cocktailglas
- Rührglas

3 cl *weißer* Rum
2 cl *Cherry* Brandy
1 cl *Kirschwasser*
2 cl *Limettensirup*
Deko:
1 *Cocktailkirsche*

Alle Zutaten zusammen im Rührglas mit Eis verrühren und in das Cocktailglas seihen. Die Kirsche ins Glas geben.

STRAWBERRY DAIQUIRI FROZEN

fruchtiger, erfrischender Shortdrink für die Party
- großes Cocktailglas
- Blender

5 cl *weißer* Rum
1 cl *Erdbeerlikör*
2 cl *Zitronensaft*
2 *große* Erdbeeren
1 BL *Puderzucker*

Die Zutaten zusammen mit einer Barschaufel Crushed ice im Blender mixen und in das Cocktailglas seihen.

RUM ALEXANDER COCKTAIL

lieblicher Shortdrink (After-Dinner-Drink)
- Cocktailglas
- Shaker

2 cl *brauner* Rum
2 cl *Crème de Cacao braun*
2 cl *Sahne*
Außerdem:
***geriebene* Muskatnuß**

Alle Zutaten zusammen im Shaker mit Eiswürfeln schütteln und in das Cocktailglas seihen. Etwas Muskat darüberstreuen.

CAIPIRISSIMA

herber Shortdrink für den Abend
- mittelgroßer Tumbler
- Gästeglas

1 Limette
1 BL *brauner* Zucker
5 cl *weißer* Rum

Die Limette vierteln, in das Glas geben und mit einem Stößel ausdrücken. Den Zucker und etwas Crushed ice dazugeben und den Rum dazugießen. Alles verrühren.

EL PRESIDENTE

fruchtiger Shortdrink (Aperitif)
- Cocktailglas
- Shaker

3 cl brauner Rum
2 cl Orangensaft
1 cl Vermouth dry
1 dash Grenadine
1 dash Curaçao orange

Die Zutaten zusammen im Shaker mit Eis kräftig schütteln und in das Glas seihen.

DAVIS

kräftiger Shortdrink für die Party
- Cocktailglas
- Shaker

2 cl brauner Rum
2 cl Vermouth dry
1 cl Grenadine
1 cl Zitronensaft

Die Zutaten zusammen im Shaker mit Eis schütteln und in das Cocktailglas seihen.

ROBSON

halbtrockener Shortdrink (Aperitif)
- Cocktailglas
- Shaker

3 cl brauner oder weißer Rum
1,5 cl Grenadine
1,5 cl Orangensaft
1 cl Zitronensaft

Die Zutaten zusammen im Shaker mit Eis schütteln und in das Glas seihen.

RUM GIMLET

fruchtig-frischer Shortdrink für heiße Tage
- kleiner Tumbler
- Gästeglas

4 cl brauner Rum
2 cl Limettensirup
■ ***Außerdem:***
1 Limettenviertel

Die Zutaten zusammen im Tumbler mit Eiswürfeln verrühren. Das Limettenviertel in den Drink ausdrücken und hineingeben.

Davis (l.), Robson (r. h.), Rum Gimlet (r. v.)

GOLDEN CLIPPER

fruchtig-milder Shortdrink für die Party
- Cocktailglas
- Shaker

4 cl *weißer* Rum
2 cl Peach Brandy
2 cl Orangensaft
■ Deko:
¼ Orangenscheibe

Alle Zutaten zusammen im Shaker mit Eiswürfeln schütteln und in das Cocktailglas seihen. Die Orangenscheibe zuletzt an den Glasrand stecken.

CLARENDON COCKTAIL

fruchtiger, leicht herber Shortdrink für heiße Tage
- Cocktailglas
- Shaker

4 cl *weißer* Rum
1,5 cl Limettensirup
2 cl Grapefruitsaft
2 BL Puderzucker
1 BL Grenadine

Alle Zutaten zusammen im Shaker mit Eiswürfeln schütteln und in das Cocktailglas seihen.

HONEYBEE

lieblicher Shortdrink für alle Gelegenheiten
- Cocktailglas
- Shaker

3 cl *weißer* Rum
1 cl Zitronensaft
1 cl Honig

Die Zutaten zusammen im Shaker mit Eis kräftig schütteln und in das Cocktailglas seihen.

PRESIDENT

halbtrockener Shortdrink für die Party
- Cocktailglas
- Shaker

3 cl *weißer* Rum
2 cl Orangensaft
1 BL Grenadine

Die Zutaten zusammen im Shaker mit Eis schütteln und in das Cocktailglas seihen.

PARISIAN BLOND

halbtrockener Shortdrink (After-Dinner-Drink)
- Cocktailglas
- Shaker

2 cl *brauner* Rum
2 cl Curaçao Triple sec
2 cl Sahne

Die Zutaten im Shaker mit Eis schütteln und in das Glas seihen.

DUNLOP

trockener Shortdrink (Aperitif)
- Cocktailglas
- Rührglas

4 cl weißer Rum
2 cl Sherry fino
1 dash Angostura
Außerdem:
1 Stück Zitronenschale

Alle Zutaten zusammen im Rührglas mit Eis verrühren und in das Cocktailglas seihen. Den Drink mit der Zitronenschale abspritzen und sie ins Glas geben.

LITTLE PRINCESS

kräftiger Shortdrink (Aperitif)
- Cocktailglas
- Rührglas

2 cl weißer Rum
2 cl Vermouth rosso
Deko:
1 Cocktailkirsche

Die Zutaten zusammen im Rührglas mit Eis verrühren und in das Cocktailglas seihen. Die Kirsche ins Glas geben.

MELISSA

halbtrockener Shortdrink (Aperitif)
- Cocktailglas
- Rührglas

3 cl weißer Rum
1 cl Curaçao Triple sec
1 cl Bols Tropical (Tropic-Likör)
1 cl Limettensirup
1 dash Grenadine
Deko:
½ Limettenscheibe
1 Cocktailkirsche
1 Orangenschalenspirale

Die Zutaten zusammen im Rührglas mit Eis verrühren und in das Glas seihen. Die Früchte zusammen am Sticker über den Glasrand legen.

JAMAICA KISS

cremiger Shortdrink (After-Dinner-Drink)
- Cocktailglas
- Gästeglas

2 cl brauner Rum
2 cl Crème de Café
2 cl Sahne

Rum und Crème de Café in das Gästeglas geben. Die Sahne ins Glas fließen lassen.

LITTLE DEVIL

trockener, herb-fruchtiger Shortdrink (Aperitif)
- Cocktailglas
- Shaker

2 cl weißer Rum
2 cl Gin
1 cl Cointreau
1 cl Zitronensaft
Deko:
1 Cocktailkirsche

Die Zutaten zusammen im Shaker mit Eis schütteln und in das Glas seihen. Die Kirsche am Sticker ins Glas geben.

YELLOW BIRD

lieblicher Shortdrink (Aperitif, After-Dinner-Drink)
- Cocktailglas
- Shaker

3 cl weißer Rum
1 cl Galliano
1 cl Cointreau
1 cl Zitronensaft
Deko:
1 Cocktailkirsche

Die Zutaten zusammen im Shaker mit Eis schütteln und in das Cocktailglas seihen. Die Kirsche ins Glas geben.

UPTON

fruchtiger Shortdrink (Aperitif, After-Dinner-Drink)
- Cocktailglas
- Shaker

2 cl brauner Rum
2 cl Ananassaft
1 cl Orangensaft
1 cl Zitronensaft

Die Zutaten zusammen im Shaker mit Eis schütteln und in das Glas seihen.

XYZ

kräftiger Shortdrink (Aperitif)
- Cocktailglas
- Shaker

3 cl brauner Rum
2 cl Cointreau
2 cl Zitronensaft

Die Zutaten zusammen im Shaker mit Eis schütteln und in das Cocktailglas seihen.

PETITE FLEUR

fruchtiger Shortdrink (Aperitif)
- Cocktailglas
- Shaker

2 cl weißer Rum
2 cl Cointreau
2 cl Grapefruitsaft

Die Zutaten im Shaker mit Eis schütteln und in das Glas seihen.

ELISA

halbtrockener Shortdrink
(After-Dinner-Drink)
■ Cocktailglas
■ Rührglas

3 cl brauner Rum
1 cl Amaro Averna (Bitter)
1 cl Apricot Brandy
1 cl Vermouth bianco
1 cl trockener Sekt
■ **Deko:**
1 Stück Orangenschale
1 Cocktailkirsche

Alle Zutaten außer Sekt zusammen im Rührglas mit Eis verrühren und in das Glas seihen. Mit Sekt auffüllen. Die Orangenschale zusammen mit der Kirsche am Sticker über den Glasrand legen.

VINTAGE 84

fruchtiger Shortdrink für jeden Tag
■ Cocktailglas
■ Shaker

2 cl weißer Rum
1 cl Apricot Brandy
1,5 cl Orangensaft
1,5 cl Ananassaft
1 dash Grenadine
■ **Außerdem:**
einige kleine Obststücke

Die Zutaten zusammen im Shaker mit Eis schütteln und in das Cocktailglas seihen. Die Obststücke ins Glas geben. Mit Sticker servieren.

SWEET MEMORIES

halbtrockener Shortdrink
(Aperitif)
■ Cocktailglas
■ Rührglas

2 cl weißer Rum
2 cl Orangenlikör
2 cl Noilly Prat

Die Zutaten zusammen im Rührglas mit Eis verrühren und in das Cocktailglas seihen.

CARDICAS

halbtrockener Shortdrink
(Aperitif)
■ Cocktailglas
■ Rührglas

3 cl weißer Rum
1,5 cl Cointreau
1,5 cl Portwein

Die Zutaten zusammen im Rührglas mit Eis verrühren und in das Cocktailglas seihen.

MALLORCA

halbtrockener Shortdrink
(After-Dinner-Drink)
■ Cocktailglas
■ Rührglas

3 cl brauner Rum
1 cl Vermouth dry
1 cl Crème de Banane
1 cl Drambuie (Honiglikör)

Die Zutaten im Rührglas mit Eis verrühren, in das Glas seihen.

CALCUTTA FLIP

cremig, lieblicher Flip für den Abend
- Sektkelch oder Flipglas
- Shaker

4 cl brauner Rum
1 cl Orangenlikör
2 cl Zuckersirup
4 cl Sahne
1 Eigelb
Außerdem:
geriebene Muskatnuß

Die Zutaten zusammen im Shaker mit Eis kräftig schütteln und in das Glas seihen. Mit etwas Muskatnuß bestreuen.

DREAM

cremiger Shortdrink (After-Dinner-Drink)
- Cocktailglas
- Shaker

2 cl weißer Rum
2 cl Crème de Banane
1 cl Ananassaft
1 cl Sahne
1 dash Grenadine

Die Zutaten zusammen im Shaker mit Eis kräftig schütteln und in das Cocktailglas seihen.

SHOW

kräftiger Shortdrink für den Abend
- Cocktailglas
- Shaker

3 cl weißer Rum
2,5 cl Apricot Brandy
0,5 cl Chartreuse grün
1 dash Grenadine
1 dash Zitronensaft

Die Zutaten zusammen im Shaker mit Eis schütteln und in das Cocktailglas seihen.

MARIONETTE

hochprozentiger Shortdrink für den Abend
- Cocktailglas
- Shaker

2,5 cl weißer Rum
1,5 cl Apricot Brandy
1,5 cl Sherry dry
1,5 cl Cherry Heering (Kirschlikör)

Die Zutaten im Shaker mit Eis schütteln und in das Glas seihen.

RUM STINGER

würziger Shortdrink für den Abend
- Cocktailglas
- Rührglas

4 cl brauner Rum
2 cl Crème de Menthe weiß

Die Zutaten im Rührglas mit Eis verrühren, in das Glas seihen.

Dream (h.), Show (M.), Marionette (v.)

RUM KUM

fruchtig-milder Shortdrink für die Party
- großes Cocktailglas
- Rührglas

4 cl brauner Rum
2 cl Curaçao orange
3 cl Limettensirup
Deko:
1 Kumquat

Alle Zutaten zusammen im Rührglas verrühren und in das Cocktailglas seihen. Die Kumquat an den Glasrand stecken.

EUPHORIA

fruchtig-milder Shortdrink für die Party
- großes Cocktailglas
- Shaker

5 cl weißer Rum
1 cl Curaçao Triple sec
2 cl Grapefruitsaft
1 cl Ananassaft
Deko:
1 Cocktailkirsche

Alle Zutaten zusammen im Shaker mit Eiswürfeln schütteln und in das Cocktailglas seihen. Die Kirsche an den Glasrand stecken.

CARIB

fruchtig-würziger Shortdrink für die Party
- Cocktailglas
- Shaker

3 cl brauner Rum
3 cl Gin
2 cl Zitronensaft
1 cl Zuckersirup
Deko:
2 Cocktailkirschen

Alle Zutaten zusammen im Shaker mit Eis schütteln und in das Cocktailglas seihen. Die Kirschen zusammen am Sticker über den Glasrand legen.

APRICOT LADY

fruchtiger, zart-herber Shortdrink für die Party
- großes Cocktailglas
- Shaker

3 cl brauner Rum
2 cl Apricot Brandy
1 cl Curaçao orange
½ Eiweiß
2 cl Zitronensaft

Alle Zutaten zusammen im Shaker schütteln und in das Glas seihen.

Euphoria (l.), Apricot Lady (r.)

ADIOS AMIGOS

würziger Shortdrink für die Party
- Cocktailglas
- Shaker

3 cl weißer Rum
1 cl Vermouth dry
1 cl Brandy
1 cl Gin
2 cl Limettensirup

Alle Zutaten zusammen im Shaker mit Eis schütteln und in das Glas seihen.

ROBINSON CRUSOE

fruchtig-lieblicher Shortdrink für jede Jahreszeit
- Cocktailglas
- Shaker

4 cl weißer Rum
4 cl Ananassaft
- **Deko:**

1/4 kleine Babyananas

Die Zutaten zusammen im Shaker mit Eis schütteln und in das Glas seihen. Das Babyananassviertel an den Glasrand stecken.

BEAU RIVAGE

fruchtig-milder Shortdrink für jede Jahreszeit
- großes Cocktailglas
- Shaker

2 cl weißer Rum	
2 cl Gin	
1 cl Vermouth dry	
1 cl Vermouth rosso	
3 cl Orangensaft	
1 dash Grenadine	

Alle Zutaten zusammen im Shaker mit Eiswürfeln schütteln und in das Cocktailglas seihen.

BLUE BOY

würziger Shortdrink (Aperitif)
- Cocktailglas
- Rührglas

3 cl weißer Rum	
3 cl Vermouth rosso	
1 dash Orange-Bitter	
1 dash Angostura	
Außerdem:	
1 Stück Zitronenschale	

Alle Zutaten zusammen im Rührglas mit Eis verrühren und in das Cocktailglas seihen. Den Drink mit der Zitronenschale abspritzen und sie ins Glas geben.

TROPHÄE

fruchtig-bitterer Shortdrink für den Abend
- Cocktailglas
- Shaker

6 cl brauner Rum	
2 cl Limettensaft	
1 TL Puderzucker	
3 dashes Angostura	

Alle Zutaten zusammen im Shaker schütteln und in das Glas seihen.

BEACH

fruchtiger Shortdrink für heiße Tage
- Cocktailglas
- Shaker

4 cl weißer Rum	
2 cl Crème de Menthe weiß	
1 cl Zitronensaft	

Alle Zutaten zusammen im Shaker mit Eis kräftig schütteln und in das Glas seihen.

FOXTROTT

fruchtig-herber Shortdrink für heiße Tage
- Cocktailglas
- Shaker

4 cl weißer Rum	
1 cl Cointreau	
2 cl Zitronensaft	

Alle Zutaten zusammen im Shaker schütteln und in das Glas seihen.

FLUFFY RUFFLES

würziger, trockener Shortdrink für den Abend
- Cocktailglas
- Rührglas

4 cl weißer Rum
2 cl Vermouth dry
Außerdem:
1 Stück Zitronenschale

Die Zutaten zusammen im Rührglas mit Eiswürfeln verrühren und in das Cocktailglas seihen. Den Drink mit der Zitronenschale abspritzen und sie ins Glas geben.

GRADEAL SPECIAL

halbtrockener Shortdrink für die Party
- Cocktailglas
- Rührglas

3 cl weißer Rum
2 cl Apricot Brandy
1 cl Gin
Deko:
1/4 Aprikose

Alle Zutaten zusammen im Rührglas mit Eis verrühren und in das Cocktailglas seihen. Die Aprikose am Sticker ins Glas geben.

HAVANNA CLUB

würzig-milder Shortdrink (Aperitif)
- Cocktailglas
- Rührglas

4 cl weißer Rum
2 cl Vermouth rosso
Außerdem:
1 Stück Zitronenschale

Alle Zutaten zusammen im Rührglas mit Eiswürfeln verrühren und in das Glas seihen. Den Drink mit der Zitronenschale abspritzen.

BATISTA

aromatisch-würziger Shortdrink für jede Jahreszeit
- Cocktailglas
- Rührglas

4 cl brauner Rum
2 cl Grand Marnier
Außerdem:
1 Stück Orangenschale

Die Zutaten zusammen mit Eiswürfeln im Rührglas verrühren und in das Cocktailglas seihen. Den Drink mit der Orangenschale abspritzen und sie ins Glas geben.

RAUHREIF I

würzig-milder Crusta für die Party
- Cocktailglas mit Zuckerrand
- Shaker

2 cl brauner Rum
2 cl Gin
1 cl Zitronensaft
1 cl Curaçao Triple sec
1 BL Grenadine

Alle Zutaten zusammen im Shaker mit Eiswürfeln schütteln und in das Cocktailglas mit Zuckerrand seihen.

AMARO

bittersüßer Shortdrink (After-Dinner-Drink)
- Sherryglas
- Rührglas

4 cl weißer Rum
2 cl Amaretto
Deko:
1 Zitronenscheibe
1 TL Kaffeepulver

Die Zutaten zusammen im Rührglas mit Eiswürfeln verrühren und in das Sherryglas gießen. Die Zitronenscheibe über den Glasrand legen und das Kaffeepulver darauf streuen.

CHERRY RUM

fruchtig-lieblicher Shortdrink für die Party
- großes Cocktailglas
- Shaker

3 cl weißer Rum
2 cl Kirschlikör
3 cl Sahne
Deko:
2 Cocktailkirschen

Alle Zutaten zusammen im Shaker mit Eis schütteln und in das Cocktailglas seihen. Die Kirschen zusammen am Sticker über den Glasrand legen.

WINDJAMMER

würzig-milder Crusta für die Party
- Cocktailglas mit Zuckerrand
- Rührglas

4 cl weißer Rum
2 cl Vermouth dry
2 BL Grenadine
Deko:
2 Cocktailkirschen

Die Zutaten zusammen im Shaker mit Eiswürfeln schütteln und in das Cocktailglas mit Zuckerrand seihen. Die Kirschen ins Glas geben. Mit Sticker servieren.

ORACABESSA

fruchtiger, zartherber Shortdrink für die Party
- Cocktailglas
- Shaker

4 cl brauner Rum
2 cl Bananenlikör
3 cl Zitronensaft
- **Deko:**

3 Bananenscheiben

Alle Zutaten zusammen im Shaker mit Eiswürfeln schütteln und in das Cocktailglas seihen. Die Bananenscheiben zusammen am Sticker über den Glasrand legen.

SNOW WHITE COCKTAIL

fruchtig-herber Shortdrink für die Party
- großes Cocktailglas
- Shaker

4 cl weißer Rum
2 cl Zitronensaft
2 cl Ananassaft
1 BL Zuckersirup
1 Eiweiß

Alle Zutaten zusammen im Shaker mit Eis schütteln und in das Glas seihen.

RUM FANTASY

fruchtig-lieblicher Shortdrink für die Party
- kleiner Tumbler
- Gästeglas

4 cl brauner Rum
1 cl Peach Brandy
2 cl Limettensirup
- **Deko:**

1 Limettenscheibe

Alle Zutaten zusammen im Tumbler mit Eiswürfeln verrühren. Die Limettenscheibe ins Glas geben.

FOUR FLUSH

mild-würziger Shortdrink für jede Jahreszeit
- Cocktailglas
- Rührglas

3 cl weißer Rum
2 cl Vermouth dry
1 cl Maraschino
2 dashes Grenadine
- **Deko:**

1 Cocktailkirsche

Alle Zutaten zusammen im Rührglas mit Eiswürfeln verrühren und in das Glas seihen. Die Kirsche am Sticker ins Glas geben.

FEIGENBLATT

würzig-herber Shortdrink für den Abend

- Cocktailglas
- Rührglas

4 cl weißer Rum
3 cl Vermouth rosso
2 cl Limettensaft
Deko:
1 Cocktailkirsche

Alle Zutaten zusammen im Rührglas mit Eis verrühren und in das Glas seihen. Die Kirsche am Sticker in den Drink geben.

BANANA DAIQUIRI COCKTAIL

fruchtiger Shortdrink für die Sommerparty

- Cocktailglas
- Shaker

3 cl weißer oder brauner Rum
2 cl Bananenlikör
3 cl Zitronensaft
1 cl Zuckersirup
Deko:
1 Bananenscheibe

Alle Zutaten zusammen im Shaker mit Eiswürfeln schütteln und in das Cocktailglas seihen. Die Bananenscheibe an den Glasrand stecken.

ATLAS

würziger Shortdrink
(After-Dinner-Drink)
- Cocktailglas
- Rührglas

3 cl brauner Rum
1 cl Calvados
2 cl Cointreau
1 dash Angostura
Deko:
½ Orangenscheibe

Alle Zutaten zusammen im Rührglas mit Eis verrühren und in das Cocktailglas seihen. Die Orangenscheibe dazugeben.

ELDORADO I

lieblicher Shortdrink für jede Jahreszeit
- Cocktailglas
- Shaker

4 cl weißer Rum
2 cl Eierlikör
2 cl Crème de Cacao braun
2 TL Kokosraspel
Deko:
Schokoraspel

Alle Zutaten zusammen im Shaker kräftig schütteln und in das Cocktailglas seihen. Mit Schokoraspeln bestreuen und anschließend sofort servieren.

ARAWAK

würzig-milder Shortdrink für die Party
- Cocktailglas
- Rührglas

3 cl brauner Rum
3 cl Sherry cream
1 dash Angostura
Deko:
1 Cocktailkirsche

Alle Zutaten zusammen im Rührglas mit Eis verrühren und in das Cocktailglas seihen. Die Kirsche am Sticker ins Glas geben.

PIKAKI

fruchtig-milder Longdrink für jede Jahreszeit
- mittelgroßer Tumbler
- Shaker

4 cl brauner Rum
1 cl Grenadine
3 cl Orangensaft
2 cl Zitronensaft
Deko:
¼ kleine Babyananas

Alle Zutaten zusammen im Shaker mit Eis schütteln und in das Cocktailglas seihen. Das Ananasviertel ins Glas geben.

COLUMBIA

fruchtig-milder Shortdrink für heiße Tage
- Cocktailglas
- Shaker

4 cl weißer Rum
2 cl Himbeersirup
3 cl Zitronensaft
Deko:
3 Himbeeren

Die Zutaten zusammen mit Eis im Shaker schütteln und in das Glas seihen. Die Himbeeren dazugeben. Mit Sticker servieren.

PANCHO VILLA

fruchtig-lieblicher Longdrink für die Party
- mittelgroßer Tumbler
- Shaker

2 cl brauner Rum
2 cl Cherry Brandy
2 cl Apricot Brandy
6 cl Ananassaft
Deko:
2 Cocktailkirschen

Die Zutaten zusammen mit Eis im Shaker schütteln und in das Glas seihen. Die Kirschen zusammen am Sticker ins Glas geben.

Pikaki (l.), Pancho Villa (r.)

PLANTER'S PUNCH I

fruchtiger Longdrink für die Party
- großes Ballonglas
- Gästeglas

5 cl brauner Rum
4 cl Orangensaft
4 cl Ananassaft
3 cl Zitronensaft
2 cl Grenadine
1 cl Zuckersirup
Deko:
1 Cocktailkirsche
½ Orangenscheibe
¼ Ananasscheibe
½ Kiwischeibe
1 dicke Bananenscheibe
1 Minzezweig

Alle Zutaten zusammen im Ballonglas mit Eiswürfeln verrühren. Das Obst auf einen langen Spieß stecken und ihn ins Glas stellen. Den Minzezweig an den Glasrand stecken. Mit Trinkhalm servieren.

PLANTER'S PUNCH II

fruchtig-milder Longdrink für die Party
- Longdrinkglas
- Gästeglas

3 cl weißer Rum
3 cl brauner Rum
2 cl Zitronensaft
2 cl Orangensaft
1 cl Zuckersirup
1 BL Grenadine
Deko:
1 Orangenscheibe
1 Zitronenscheibe
1 Cocktailkirsche
1 Minzezweig

Alle Zutaten zusammen im Glas mit Eiswürfeln verrühren. Fruchtscheiben, Kirsche und Minzezweig zusammen auf einen langen Spieß stecken und ihn ins Glas stellen. Mit Trinkhalm servieren.

PLANTER'S PUNCH III

fruchtig-herber Longdrink für die Party

- Longdrinkglas
- Gästeglas

6 cl brauner Rum
4 cl Limettensaft
1 cl Zuckersirup
Deko:
1/4 Ananasscheibe
1 Cocktailkirsche
1 Minzezweig

Alle Zutaten zusammen im zur Hälfte mit Crushed ice gefüllten Longdrinkglas verrühren. Die Früchte und den Minzezweig an den Glasrand stecken. Mit Trinkhalm servieren.

PLANTER'S PUNCH IV

fruchtiger Longdrink für die Sommerparty

- Longdrinkglas
- Shaker

2 cl weißer Rum
2 cl brauner Rum
1 cl Grenadine
1 dash Angostura
5 cl Orangensaft
2 cl Zitronensaft
Deko:
1/2 Orangenscheibe
1/2 Zitronenscheibe
1 Cocktailkirsche

Die Zutaten zusammen im Shaker mit Eis kräftig schütteln und in das Longdrinkglas mit Eiswürfeln seihen. Die Orangenscheibe mit der Kirsche am Sticker über den Glasrand legen und die Zitronenscheibe an den Glasrand stecken. Mit Trinkhalm servieren.

MAI TAI

fruchtig-milder Longdrink für die Party
- großes Ballonglas
- Gästeglas

4 cl brauner Rum
2 cl brauner Rum 75 Vol.-%
1 cl Curaçao weiß
1 cl Mandelsirup
2 cl Zitronensaft
4 cl Ananassaft
2 cl Orangensaft
Deko:
1 Limettenscheibe, 1 Minzezweig

Alle Zutaten zusammen in dem zur Hälfte mit Crushed ice gefüllten Ballonglas verrühren. Limettenscheibe und Minzezweig an den Glasrand stecken. Mit Trinkhalm servieren.

RUM DAISY

mild-säuerlicher Daisy für den Abend
- Longdrinkglas
- Gästeglas

4 cl brauner Rum
2 cl Himbeersaft
2 cl Zitronensaft
Sodawasser zum Auffüllen
Deko:
1 Minzezweig

Alle Zutaten zusammen im Longdrinkglas mit Eiswürfeln verrühren. Nach Belieben mit Soda auffüllen und nochmals umrühren. Den Minzezweig an den Glasrand hängen. Mit einem Trinkhalm servieren.

ZOMBIE

fruchtiger Longdrink für die Sommerparty
- Longdrinkglas
- Shaker

2 cl weißer Rum
2 cl brauner Rum
1 cl Apricot Brandy
5 cl Ananassaft
2 cl Zitronen- oder Limettensaft
2 cl 75%iger Rum
Deko:
1 Orangenscheibe, 1 Cocktailkirsche
1 Minzezweig

Alle Zutaten außer dem 75%igen Rum zusammen im Shaker mit Eis schütteln und in das Longdrinkglas mit Crushed ice seihen. Die Orangenscheibe und die Kirsche zusammen am Sticker über den Glasrand legen, den Minzezweig ins Glas stecken. Den 75%igen Rum ins Glas geben. Mit Stirer und Trinkhalm servieren.

BANANA COW

fruchtig-lieblicher Longdrink mit Milch für Sommertage
- Longdrinkglas
- Blender

6 cl brauner Rum
3 cl Zuckersirup
10 cl Milch
½ Banane, geschält und zerdrückt

Alle Zutaten zusammen im Blender mit Eiswürfeln mixen und in das Glas gießen. Mit einem dicken Trinkhalm servieren.

CUBA LIBRE

erfrischender Highball für jeden Tag

- Longdrinkglas
- Gästeglas

4 cl weißer Rum
1 cl Zitronensaft
Cola zum Auffüllen
Außerdem:
½ Zitronenscheibe

Die Zutaten in das Longdrinkglas mit Eiswürfeln geben und einen Stirer ins Glas stellen. Die Zitronenscheibe ins Glas geben.

LUMUMBA II

würziger Longdrink mit Milch für den Nachmittag

- Longdrinkglas
- Gästeglas

4 cl brauner Rum
10 cl eisgekühlter Kakao
Deko:
1 TL Schokoraspel

Die Zutaten zusammen im Shaker mit Eiswürfeln im Longdrinkglas verrühren und den Drink mit Schokoraspeln bestreuen. Mit Trinkhalm servieren.

A LULU

fruchtig-milder Longdrink für die Party

- großer Tumbler
- Shaker

4 cl weißer Rum, 2 cl Nußlikör
3 cl Maracujasaft, 3 cl Orangensaft

Alle Zutaten zusammen im Shaker mit Eis schütteln, in den Tumbler gießen. Mit Trinkhalm servieren.

CARIBBEAN CAPER

lieblicher Longdrink für die Sommerzeit

- Longdrinkglas
- Gästeglas

5 cl brauner Rum
4 cl Cream of Coconut
Sodawasser zum Auffüllen

Rum und Cream of Coconut zusammen mit Eis im Longdrinkglas verrühren. Mit Soda auffüllen, umrühren. Mit Trinkhalm servieren.

OCHO RIOS

fruchtig-lieblicher Longdrink für die Party

- großes Cocktailglas
- Shaker

4 cl brauner Rum
2 cl Zuckersirup
2 cl Limettensirup, 2 cl Sahne
4 cl Guavennektar

Alle Zutaten im Shaker schütteln und in das Cocktailglas gießen.

PIÑA COLADA

lieblicher Longdrink für die Sommerparty
- Longdrinkglas
- Shaker

4 cl weißer Rum
5 cl Cream of Coconut
5 cl Ananassaft
1 cl Sahne
Deko:
¼ Ananasscheibe
1 Cocktailkirsche

Die Zutaten zusammen im Shaker mit Eis kräftig schütteln und in das Longdrinkglas mit Crushed ice seihen. Das Ananasstück und die Cocktailkirsche zusammen am Sticker über den Glasrand legen.

SEPTEMBER MORNING

fruchtig-milder Longdrink für jede Jahreszeit
- großes Ballonglas
- Shaker

6 cl weißer Rum
1 cl Grenadine
2 cl Limettensaft
1 Eiweiß

Alle Zutaten zusammen im Shaker kräftig schütteln und vorsichtig in das Ballonglas gießen.

RUM TONIC

würzig-herber Longdrink für die Sommerparty
- Longdrinkglas
- Gästeglas

4 cl brauner Rum
Tonic water zum Auffüllen
Außerdem:
1 Limettenviertel

Den Rum in das Longdrinkglas mit Eis geben. Mit Tonic water auffüllen und kurz umrühren. Das Limettenviertel in den Drink ausdrücken und ins Glas geben.

BANANA DAIQUIRI

fruchtiger, süß-saurer Longdrink für die Sommerparty
- Ballonglas
- Blender

6 cl weißer oder brauner Rum
3 cl Zitronensaft
2 cl Zuckersirup
½ Banane, geschält und in Scheiben
Deko:
1 dicke Bananenscheibe
1 Cocktailkirsche

Alle Zutaten zusammen mit Eis im Blender mixen, bis alles püriert ist. Bananenscheibe und Kirsche auf einen großen Spieß stecken. Den Longdrink in das Ballonglas gießen und den Früchtespieß darüberlegen. Mit einem dicken Trinkhalm servieren.

TON CŒUR

fruchtiger, erfrischender Longdrink für die Party
- Longdrinkglas
- Shaker

2 cl brauner Rum
2 cl Southern Comfort
1 cl Grenadine
8 cl Orangensaft
Tonic water zum Auffüllen

Alle Zutaten außer Tonic water zusammen im Shaker mit Eis schütteln, in das Longdrinkglas seihen und mit Tonic water auffüllen.

LASER

fruchtiger, halbtrockener Longdrink für alle Gelegenheiten
- Longdrinkglas
- Shaker

3 cl weißer Rum
2 cl Southern Comfort
1 cl Mandarinensirup
6 cl Maracujasaft
2 cl Zitronensaft
- **Deko:**

½ Orangenscheibe
2 Cocktailkirschen

Die Zutaten zusammen im Shaker mit Eis kräftig schütteln und in das Longdrinkglas mit Crushed ice seihen. Die Kirschen und die Orangenscheibe zusammen auf einen langen Sticker stecken, so daß er wie ein Segel aussieht, und ihn ins Glas stellen. Mit einem hübschen Stirer servieren.

SÜDSEETRAUM

lieblicher Longdrink für die Sommerparty
- Longdrinkglas
- Shaker

2 cl weißer Rum
3 cl Pisang Ambon
5 cl Cream of Coconut
5 cl Ananassaft
1 cl Sahne
- **Deko:**

¼ Ananasscheibe
1 Cocktailkirsche
1 Minzezweig

Die Zutaten zusammen im Shaker mit Eis kräftig schütteln und in das Longdrinkglas mit Crushed ice seihen. Das Ananasstück an den Glasrand stecken, die Kirsche mit einem Sticker daran befestigen. Den Minzezweig ins Glas geben.

CHOCOLATE COCO

milder Longdrink für die Sommerparty
- großes Ballonglas mit Kokosrand
- Shaker

3 cl Malibu
3 cl weißer Rum
2 cl Zitronensaft
6 cl Ananassaft
2 cl Schokoladensirup

Alle Zutaten zusammen im Shaker mit Eis schütteln und in das Glas gießen.

RUM SOUR

erfrischender Sour für die Sommerzeit

- Sourglas oder großer Tumbler
- Shaker

5 cl weißer oder brauner Rum
2 cl Zuckersirup
2 cl Zitronensaft
1 Schuß Sodawasser nach Belieben
Deko:
1 Zitronenscheibe
1 Cocktailkirsche

Rum, Zuckersirup und Zitronensaft zusammen im Shaker mit Eiswürfeln schütteln und in das Glas seihen. Einen Schuß Soda dazugießen und kurz umrühren. Das Obst an den Glasrand stecken.

PEDRO COLLINS

erfrischender Collins für den ganzen Tag

- Longdrinkglas
- Gästeglas

4 cl weißer Rum
2 cl Zitronensaft
1 cl Zuckersirup
Sodawasser zum Auffüllen
Deko:
½ Zitronenscheibe
1 Cocktailkirsche

Rum, Zitronensaft und Zuckersirup zusammen im Longdrinkglas mit Eis verrühren. Mit Soda auffüllen und umrühren. Die Früchte zusammen am Sticker über den Glasrand legen.

RUM COLLINS

erfrischender Collins für den ganzen Tag

- Longdrinkglas
- Gästeglas

4 cl brauner Rum
2 cl Zitronensaft
1 cl Zuckersirup
Sodawasser zum Auffüllen
Deko:
½ Zitronenscheibe
1 Cocktailkirsche

Rum, Zitronensaft und Zuckersirup zusammen im Longdrinkglas mit Eis verrühren. Mit Soda aufgießen und umrühren. Die Früchte an den Glasrand stecken.

BACARDI COOLER

erfrischender, etwas bitterer Cooler für die Sommerparty

- Longdrinkglas
- Shaker

4 cl weißer Rum
2 cl Zitronensaft
1 cl Grenadine
Tonic water zum Auffüllen
■ ***Deko:***
1 Zitronenschalenspirale

Alle Zutaten außer Tonic water zusammen im Shaker mit Eis schütteln und in das Longdrinkglas gießen. Mit Tonic water auffüllen. Die Schalenspirale ins Glas geben. Mit einem Stirer servieren.

HEARTBREAKER

erfrischender Longdrink für die Party

- Longdrinkglas
- Shaker

3 cl brauner Rum
2 cl Cherry Brandy
6 cl Orangensaft
6 cl Ananassaft
■ ***Deko:***
1/4 Ananasscheibe
1 Cocktailkirsche

Die Zutaten zusammen im Shaker mit Eis schütteln und in das Longdrinkglas mit Eiswürfeln seihen. Die Früchte an den Glasrand stecken.

FINNDINGHY

halbtrockener Longdrink für alle Gelegenheiten

- Longdrinkglas
- Shaker

2 cl brauner Rum
2 cl Malibu
1 cl Maracujasirup
6 cl Ananassaft
1 dash Zitronensaft
■ ***Deko:***
1/2 Orangenscheibe
2 Cocktailkirschen

Die Zutaten zusammen im Shaker mit Eis schütteln und in das Longdrinkglas mit Crushed ice seihen. Die Orangenscheibe und die Cocktailkirschen zusammen auf einen langen Sticker stecken, so daß er wie ein Segel aussieht, und ihn ins Glas stellen.

BALI DREAM

fruchtiger Longdrink für den Abend

- Longdrinkglas
- Shaker

3 cl weißer Rum
3 cl Pisang Ambon
2 cl Cream of Coconut
8 cl Ananassaft
■ ***Deko:***
1/4 Ananasscheibe
1 Cocktailkirsche

Die Zutaten zusammen im Shaker mit Eis kräftig schütteln und in das Longdrinkglas mit Crushed ice seihen. Die Ananasscheibe an den Glasrand stecken und die Kirsche mit einem kleinen Sticker daran befestigen.

PUERTO PUNCH

fruchtig-erfrischender Longdrink für die Sommerparty
■ Longdrinkglas
■ Shaker

2 cl *brauner* Rum
2 cl Southern Comfort
4 cl Orangensaft
4 cl Ananassaft
1 cl Zitronensaft
■ **Deko:**
½ Orangenscheibe
1 Cocktailkirsche

Die Zutaten zusammen im Shaker mit Eis schütteln und in das Longdrinkglas mit Crushed ice seihen. Die Orangenscheibe an den Glasrand stecken und die Kirsche mit einem Sticker daran befestigen.

BARBADOS

fruchtiger Longdrink für den Abend
■ Longdrinkglas
■ Shaker

4 cl *brauner* Rum
1 cl Grenadine
8 cl Orangensaft
1 cl Zitronensaft
1 dash Orange-Bitter
■ **Deko:**
¼ Ananasscheibe, 1 Minzezweig

Die Zutaten zusammen im Shaker mit Eis schütteln und in das Longdrinkglas mit Eiswürfeln seihen. Die Ananasscheibe und den Minzezweig zusammen am Sticker an den Glasrand stecken.

CARIBBEAN NIGHT

fruchtiger, exotischer Longdrink für die Sommerparty
■ Longdrinkglas
■ Shaker

4 cl *brauner* Rum
4 cl Ananassaft
3 cl Orangensaft
1 cl Zitronensaft
■ **Deko:**
½ Orangenscheibe
½ Zitronenscheibe
1 Cocktailkirsche

Die Zutaten zusammen im Shaker mit Eis schütteln und in das Longdrinkglas mit Eiswürfeln seihen. Die Früchte zusammen am Sticker über den Glasrand legen.

COLT CRUISER

leichter Longdrink für heiße Tage
■ Longdrinkglas
■ Shaker

2 cl *weißer* Rum
1 cl Crème de Banane
1 cl Amaretto
2 cl Zitronensaft
Zitronenlimonade zum Auffüllen
■ **Deko:**
1 Stück Orangenschale
1 Cocktailkirsche

Die Zutaten außer der Limonade zusammen im Shaker mit Eis schütteln und in das Longdrinkglas mit Eiswürfeln seihen. Mit Limonade auffüllen und umrühren. Die Orangenschale und die Kirsche ins Glas geben und den Drink mit einem Stirer servieren.

Caribbean Night (l.), Colt Cruiser (r.)

RED COLADA

lieblicher Longdrink für die Sommerparty

- Longdrinkglas
- Shaker

3 cl weißer Rum
3 cl Red Orange
5 cl Cream of Coconut
5 cl Ananassaft
1 cl Sahne
Deko:
¼ Ananasscheibe
1 Cocktailkirsche

Die Zutaten zusammen im Shaker mit Eis kräftig schütteln und in das Longdrinkglas mit Crushed ice seihen. Die Früchte an den Glasrand stecken.

SWIMMING POOL

lieblich-fruchtiger Longdrink für die Sommerparty

- Longdrinkglas
- Shaker

3 cl weißer Rum
2 cl Wodka
5 cl Cream of Coconut
5 cl Ananassaft
1 cl Sahne
1 cl Curaçao blue
Deko:
¼ Ananasscheibe
1 Cocktailkirsche

Alle Zutaten außer Curaçao blue zusammen im Shaker mit Eis kräftig schütteln und in das Longdrinkglas mit Crushed ice seihen. Den Curaçao über den Drink gießen. Das Ananasstück und Cocktailkirsche zusammen am Sticker über den Glasrand legen.

MAGIC QUEEN

fruchtiger Longdrink für heiße Tage
- Longdrinkglas
- Shaker

4 cl brauner Rum
1 cl Curaçao Triple sec
1 cl Bananenlikör
3 cl Orangensaft
2 cl Ananassaft
1 cl Zitronensaft
1 BL Grenadine
- **Deko:**

½ Zitronenscheibe
½ Orangenscheibe
1 Cocktailkirsche

Die Zutaten zusammen im Shaker mit Eis schütteln und in das Longdrinkglas mit Crushed ice seihen. Das Obst auf einen Sticker stecken und ihn über den Glasrand legen.

ABSEITS

fruchtiger, lieblicher Longdrink für jeden Tag
- Longdrinkglas
- Shaker

3 cl brauner Rum
2 cl Amaretto
1 cl Limettensirup
4 cl Cream of Coconut
4 cl Ananassaft
- **Deko:**

¼ Ananasscheibe
1 Cocktailkirsche
1 Minzezweig

Die Zutaten zusammen im Shaker mit Eis schütteln und in das Longdrinkglas mit Eiswürfeln seihen. Das Ananasstück an den Glasrand stecken, die Kirsche mit einem Sticker daran befestigen. Den Minzezweig ins Glas geben.

COLUMBUS

erfrischender Longdrink für heiße Tage

- Longdrinkglas
- Gästeglas

3 cl brauner Rum
1 cl Aprikosenlikör
1 cl Grenadine
Bitter lemon zum Auffüllen
Deko:
½ Zitronenscheibe

Die Zutaten zusammen in das Longdrinkglas mit Eiswürfeln geben und gut umrühren. Die Zitronenscheibe an den Glasrand stecken. Mit einem langen Stirer servieren.

RAMCOOLER

herber, erfrischender Longdrink für den Abend

- Longdrinkglas
- Shaker

4,5 cl weißer Rum
1,5 cl Galliano
6 cl Limettensaft
Deko:
1 Limettenscheibe
1 Cocktailkirsche

Die Zutaten zusammen im Shaker mit Eis schütteln und in das Longdrinkglas mit Crushed ice seihen. Die Früchte zusammen am Sticker über den Glasrand legen.

FIREMAN'S SOUR

erfrischender Sour für heiße Tage

- mittelgroßes Longdrinkglas
- Shaker

2 cl weißer Rum
2 cl Zitronensaft
1 cl Grenadine
Sodawasser zum Auffüllen
Deko:
½ Orangenscheibe
1 Cocktailkirsche

Alle Zutaten außer Soda zusammen im Shaker mit viel Eis schütteln, in das Glas gießen und mit etwas Sodawasser auffüllen. Die Orangenscheibe mit der Kirsche am Sticker über den Glasrand legen.

RUM EGG-NOG

kräftiger, sättigender Egg-Nog (After-Dinner-Drink)

- großer Tumbler
- Shaker

4 cl brauner Rum
1 cl Zuckersirup
10 cl Milch oder Sahne
1 Eigelb
Außerdem:
geriebene Muskatnuß

Die Zutaten zusammen im Shaker mit Eis kräftig schütteln und in den Tumbler seihen. Etwas Muskatnuß darüberstreuen.

JAMAICA GREEN

zart-herber Longdrink für die Sommerparty
- Longdrinkglas
- Shaker

4 cl weißer Rum
2 cl Crème de Menthe grün
3 cl Zitronensaft
2 cl Zuckersirup
Deko:
1 Zitronenscheibe

Alle Zutaten zusammen im Shaker mit Eis schütteln und in das Longdrinkglas gießen. Die Zitronenscheibe an den Glasrand stecken.

MOJITO

erfrischender Longdrink für die Sommerparty
- Longdrinkglas
- Gästeglas

einige Minzeblätter
2 cl Zitronen- oder Limettensaft
1 cl Zuckersirup
4 cl weißer Rum
Sodawasser zum Abspritzen
Deko:
1 Minzezweig

Die Minzeblätter im Glas zerdrükken. Zitronen- oder Limettensaft und Zuckersirup dazugeben und umrühren. Reichlich Crushed ice und den Rum dazugeben, nochmals umrühren. Mit Soda abspritzen. Den Minzezweig ins Glas geben.

SCORPION

fruchtiger Longdrink für den ganzen Tag
- Longdrinkglas
- Shaker

3 cl brauner Rum
2 cl weißer Rum
1 cl Grenadine
5 cl Maracujasaft
3 cl Zitronensaft
Deko:
1 Stück Ananas
2 Cocktailkirschen

Die Zutaten zusammen im Shaker mit Eis schütteln und in das Longdrinkglas mit Crushed ice seihen. Die Früchte zusammen am Sticker über den Glasrand legen.

CORALL SEA

cremiger, lieblicher Longdrink für die Party
- Longdrinkglas
- Shaker

3 cl weißer Rum
2 cl Curaçao blue
5 cl Cream of Coconut
5 cl Ananassaft
1 cl Sahne
Deko:
1/4 Ananasscheibe
1 Cocktailkirsche, 1 Minzeblatt

Die Zutaten zusammen im Shaker mit Eis schütteln und in das Longdrinkglas mit Crushed ice seihen. Die Früchte und das Minzeblatt zusammen am Sticker über den Glasrand legen.

DON FREDERICO

fruchtig-erfrischender Longdrink für die Party
- Longdrinkglas
- Shaker

3 cl weißer Rum
1,5 cl Galliano
2 dashes Apricot Brandy
1,5 cl Grenadine
Orangensaft zum Auffüllen
Außerdem:
1 Stück Orangenschale

Alle Zutaten außer Orangensaft zusammen im Shaker mit Eis schütteln und in das Longdrinkglas seihen. Mit Orangensaft auffüllen und umrühren. Die Orangenschale nun an den Glasrand stecken.

BOTNIA 84

fruchtiger Longdrink für die Party
- Longdrinkglas
- Gästeglas

1,5 cl weißer Rum
1 cl Apricot Brandy
1,5 cl Grand Marnier
4 cl Orangensaft
Ginger-ale zum Auffüllen
Deko:
1 Stück Orangenschale
1 Cocktailkirsche

Die Zutaten zusammen im Longdrinkglas mit Eiswürfeln verrühren. Die Orangenschale an den Glasrand hängen, die Kirsche ins Glas geben. Mit einem Stirer servieren.

NAVY PUNCH

fruchtiger Longdrink für die Party
- Longdrinkglas
- Shaker

6 cl brauner Rum
4 cl Orangensaft
1 cl Zitronensaft
2 cl Grenadine
Deko:
½ Orangenscheibe
½ Zitronenscheibe
1 Cocktailkirsche

Die Zutaten zusammen im Shaker mit Eis kräftig schütteln und in das Longdrinkglas mit Crushed ice seihen. Das Obst zusammen am Sticker über den Glasrand legen.

BOMBAY PUNCH

fruchtiger Longdrink für die Party
- Longdrinkglas
- Shaker

4 cl brauner Rum
1 cl Orangenlikör
4 cl Orangensaft
4 cl Ananassaft
2 cl Zitronensaft
1 cl Grenadine
Deko:
¼ Ananasscheibe
1 Cocktailkirsche

Die Zutaten zusammen im Shaker mit Eis schütteln und in das Longdrinkglas mit Crushed ice seihen. Das Obst zusammen am Sticker über den Glasrand legen.

Botnia 84 (l.), Bombay Punch (r.)

CON-TICO

würzig-lieblicher Longdrink für jede Jahreszeit
■ Longdrinkglas
■ Shaker

3 cl weißer Rum
1 cl Southern Comfort
1 cl Cointreau
1 cl Rosso antico (vermouthähnliches Getränk)
12 cl Ananassaft
■ **Deko:**
1/4 Ananasscheibe
1 Orangenscheibe
1 Cocktailkirsche

Alle Zutaten zusammen im Shaker mit Eiswürfeln gut schütteln und in das Longdrinkglas seihen. Die Früchte zuletzt an den Glasrand stecken.

GOLDEN COLADA

fruchtig-milder Longdrink für die Sommerparty
■ Longdrinkglas
■ Shaker

3 cl brauner Rum
2 cl weißer Rum
1 cl Galliano
2 cl Cream of Coconut
2 cl Orangensaft
2 cl Ananassaft
1 cl Sahne
■ **Deko:**
1/2 Ananasscheibe
1 Cocktailkirsche

Alle Zutaten zusammen im Shaker mit Eiswürfeln kräftig schütteln und in das zur Hälfte mit Crushed ice gefüllte Longdrinkglas seihen. Ananasscheibe und Kirsche zusammen am Sticker über den Glasrand legen.

TROPICAL WONDER

fruchtig-milder Longdrink für jede Jahreszeit
■ Longdrinkglas
■ Shaker

4 cl weißer Rum
4 cl Maracujasaft
4 cl Orangensaft
4 cl Ananassaft
■ **Deko:**
1 Orangenscheibe
1 Limettenscheibe
1 Zweig Zitronenmelisse

Alle Zutaten zusammen im Shaker mit Eis schütteln und in das Glas seihen. Früchte und Minzezweig an den Glasrand stecken.

TAHITI

fruchtiger Longdrink für die Party
■ Longdrinkglas
■ Shaker

3 cl brauner Rum
3 cl Malibu
8 cl Orangensaft
2 cl Zitronensaft
■ **Deko:**
3 Kokosnußstreifen

Alle Zutaten zusammen im Shaker mit Eis schütteln und in das Glas gießen. Die Kokosstreifen an den Glasrand stecken.

MONTEGO BAY

fruchtiger, süß-saurer Longdrink für die Sommerparty
- Longdrinkglas
- Shaker

4 cl weißer Rum
1 cl Curaçao blue
2 cl Zitronensaft
2 cl Limettensirup
Außerdem:
1 Limettenviertel

Alle Zutaten zusammen im Shaker mit Eis schütteln und in das zur Hälfte mit Crushed ice gefüllte Glas seihen. Das Limettenviertel dazugeben. Mit einem Trinkhalm servieren.

FEDORA PUNCH

leicht bitterer Longdrink für die Party
- Longdrinkglas
- Shaker

3 cl brauner Rum
1 cl Cognac
1 cl Bourbon Whiskey
1 cl Curaçao orange
2 cl Zitronensaft
2 cl Zuckersirup
Deko:
1 Zitronenschalenspirale

Alle Zutaten zusammen im Shaker schütteln und in das zur Hälfte mit Crushed ice gefüllte Glas seihen. Die Schalenspirale an den Glasrand hängen.

SANTO DOMINGO

fruchtig-milder Longdrink für die Party
- Longdrinkglas
- Shaker

4 cl weißer Rum
2 cl Curaçao blue
6 cl Orangensaft
3 cl Maracujasaft
Deko:
1 Karambolenscheibe
1 Cocktailkirsche
1 Minzezweig

Alle Zutaten zusammen mit Eiswürfeln im Shaker kräftig schütteln und in das Glas gießen. Das Obst und den Minzezweig an den Glasrand stecken. Mit einem Trinkhalm servieren.

HAWAIIAN BANGER

würzig-milder Longdrink für die Party
- Longdrinkglas
- Gästeglas

4 cl brauner Rum
2 cl Galliano
8 cl Orangensaft
Deko:
½ Orangenscheibe
1 Cocktailkirsche

Alle Zutaten zusammen mit Eiswürfeln im Longdrinkglas verrühren. Orangenscheibe und Kirsche auf einen Sticker stecken und ihn ins Glas stellen. Mit Trinkhalm servieren.

BOSSA NOVA

fruchtig-milder Longdrink für die Sommerparty

- Longdrinkglas
- Shaker

3 cl brauner Rum
2 cl Galliano
1 cl Apricot Brandy
6 cl Ananassaft
Deko:
1 Orangenscheibe
1/4 Aprikose

Alle Zutaten zusammen im Shaker mit Eis schütteln und in das Glas gießen. Das Obst an den Glasrand stecken.

HAWAIIAN

fruchtig-milder Longdrink für die Party

- Longdrinkglas
- Shaker

4 cl brauner Rum
4 cl Ananassaft
2 cl Grenadine
1 Eiweiß
Deko:
1/4 Ananasscheibe

Alle Zutaten zusammen im Shaker mit Eis schütteln und in das Longdrinkglas gießen. Die Ananasscheibe an den Glasrand stecken. Mit Trinkhalm servieren.

COCO LOCO

fruchtig-milder Longdrink für die Sommerparty

- großes Ballonglas
- Shaker

3 cl brauner Rum
3 cl Malibu
3 cl Maracujasaft
3 cl Orangensaft
Deko:
1 Karambolenscheibe
1 Cocktailkirsche

Alle Zutaten zusammen im Shaker mit Eis schütteln und in das Ballonglas gießen. Die Karambolenscheibe an den Glasrand stecken und die Kirsche mit einem Sticker daran befestigen.

MAHUKONA

fruchtiger, süß-saurer Longdrink für die Party

- Longdrinkglas
- Gästeglas

4 cl weißer Rum
2 cl Curaçao Triple sec
3 cl Zitronensaft
2 cl Zuckersirup
1 dash Angostura
Außerdem:
1 Ananasscheibe, gewürfelt
3 Cocktailkirschen

Alle Zutaten zusammen im Longdrinkglas mit Eiswürfeln verrühren. Das Obst ins Glas geben. Mit Trinkhalm und langem Löffel servieren.

COCOS KISS

fruchtig-lieblicher Longdrink für die Sommerparty

- Longdrinkglas
- Shaker

3 cl brauner Rum
3 cl Malibu
4 cl Orangensaft
3 cl Maracujasirup
Deko:
1 Minzezweig

Alle Zutaten zusammen im Shaker mit Eis schütteln und in das Longdrinkglas gießen. Den Minzezweig ins Glas geben. Mit einem Trinkhalm servieren.

HULA HULA

fruchtig-milder Longdrink für die Sommerparty

- Ballonglas
- Shaker

3 cl brauner Rum
3 cl weißer Rum
3 cl Zuckersirup
3 cl Zitronensaft
5 cl Maracujasaft
Deko:
1 Kiwischeibe
1 Karambolenscheibe

Alle Zutaten zusammen mit Eis im Shaker schütteln und in das Glas gießen. Das Obst an den Glasrand stecken. Mit Trinkhalm servieren.

LOOKING AT YOU

würzig-milder Crusta für die Sommerparty

- Longdrinkglas mit Zuckerrand
- Shaker

2 cl weißer Rum
1 cl brauner Rum
3 cl Sambuca
10 cl Orangensaft
Deko:
1 Orangenscheibe
1 Cocktailkirsche

Alle Zutaten zusammen im Shaker mit Eiswürfeln schütteln und in das Glas seihen. Mit Crushed ice auffüllen. Das Obst an den Glasrand stecken.

BARBADOS SWIZZLE

fruchtig-herber Longdrink für die Sommerzeit

- Longdrinkglas
- Gästeglas

5 cl weißer Rum
2 cl Limettensaft
1 cl Zuckersirup
1 dash Angostura
Deko:
1 Minzezweig
1 Limettenschalenspirale

Alle Zutaten zusammen in das Longdrinkglas gießen, mit Crushed ice auffüllen und umrühren. Den Minzezweig ins Glas geben; die Schalenspirale an den Glasrand hängen.

TIP TOP

fruchtig-milder Longdrink für die Party
- Longdrinkglas
- Shaker

4 cl brauner Rum
4 cl Bananensaft
4 cl Maracujasaft
2 cl Zitronensaft
Deko:
1 Bananenscheibe
1 Cocktailkirsche

Alle Zutaten zusammen mit Eis im Shaker schütteln und in das Glas gießen. Die Bananenscheibe an den Glasrand stecken und die Kirsche mit einem Sticker daran befestigen.

BAHIA I

fruchtig-lieblicher Longdrink für heiße Tage
- Longdrinkglas
- Shaker

3 cl brauner Rum
3 cl weißer Rum
3 cl Cream of Coconut
4 cl Mangosaft
Deko:
1 Orangenscheibe
1 Karambolenscheibe
1 Cocktailkirsche

Alle Zutaten zusammen im Shaker mit Eis schütteln und in das Glas gießen. Die Früchte an den Glasrand stecken.

PINK RUM

fruchtig-milder Longdrink für jeden Tag
- Longdrinkglas
- Gästeglas

4 cl brauner Rum
2 cl Limettensirup
2 cl Grenadine
Bitter lemon zum Auffüllen
Außerdem:
1 Limettenviertel

Rum, Limettensirup und Grenadine zusammen mit Eis im Longdrinkglas verrühren. Mit Bitter lemon auffüllen und kurz umrühren. Das Limettenviertel in den Drink ausdrücken und dazugeben. Mit Trinkhalm servieren.

BAHIA II

fruchtig-milder Longdrink für die Sommerparty
- Ballonglas
- Shaker

6 cl weißer Rum
8 cl Ananassaft
2 BL Cream of Coconut
Deko:
1 Orangenscheibe
1/4 Ananasscheibe
1 Minzezweig

Alle Zutaten zusammen mit Eis im Shaker mixen und in das Ballonglas gießen. Das Obst und den Minzezweig an den Glasrand stecken.

KIR IMPERIAL

EROTICA

KIR ROYAL

Drinks mit Sekt

CHAMPAGNER COCKTAIL

CHAMPENOIS

SEKT ORANGE

KIWISEKT

KIR

aromatischer Weincocktail (Aperitif)
- Weinballonglas
- Gästeglas

1 cl Crème de Cassis
10 cl trockener Weißwein zum Auffüllen

Den Cassis in das Glas geben, mit Wein auffüllen und kurz umrühren.

KIR ROYAL

aromatischer Sektcocktail (Aperitif)
- Sektkelch
- Gästeglas

1 cl Crème de Cassis
10 cl trockener Sekt oder Champagner zum Auffüllen

Den Cassis in das Glas geben, mit Sekt oder Champagner auffüllen.

KIR IMPERIAL I

fruchtiger Sektcocktail für den Empfang
- Sektkelch
- Gästeglas

1 cl Himbeerlikör
10 cl trockener Sekt oder Champagner zum Auffüllen

Den Likör in das Glas geben, mit Sekt oder Champagner auffüllen.

KIR IMPERIAL II

lieblicher Champagnercocktail (Aperitif)
- Sektkelch
- Shaker

2 cl Crème de Cassis
2 cl Wodka
Champagner zum Auffüllen

Crème de Cassis und Wodka zusammen im Shaker mit Eis schütteln und in das Glas seihen. Mit Champagner auffüllen.

SEKT ORANGE

leichter Sektcocktail für den Empfang
- Sektkelch
- Gästeglas

Orangensaft
trockener Sekt zum Auffüllen

Den Sektkelch zur Hälfte mit Orangensaft füllen, mit Sekt auffüllen.

SOUTHERN TRIP

herber Sektcocktail (Aperitif)
- Sektkelch
- Gästeglas

4 cl Southern Comfort
trockener Sekt zum Auffüllen
1 Stück Orangenschale

Den Southern Comfort in den Sektkelch geben, mit Sekt auffüllen. Mit der Orangenschale abspritzen und sie in das Glas geben.

KIWISEKT

fruchtiger Sektcocktail für den Abend
- Sektkelch
- Shaker

4 cl Kiwilikör
1 cl Zitronensaft
Sekt zum Auffüllen
- **Deko:**
1 Kiwischeibe

Kiwilikör und Zitronensaft zusammen im Shaker mit Eis schütteln und in das Glas seihen. Mit Sekt auffüllen. Die Kiwischeibe an den Glasrand stecken.

APRIKOSENSEKT

fruchtiger Sektcocktail für heiße Tage
- Sektschale
- Rührglas

2 cl Apricot Brandy
3 cl weißer Rum
Sekt zum Auffüllen

Apricot Brandy und Rum zusammen im Rührglas mit Eis verrühren und in die Sektschale seihen. Mit Sekt auffüllen.

MARGRET ROSE

leicht bitterer Sektcocktail (Aperitif)
- Sektflöte
- Gästeglas

2 cl Campari
Sekt zum Auffüllen

Den Campari in die Sektflöte geben, mit Sekt langsam auffüllen.

CHAMPAGNER ORANGE

fruchtiger Champagnercocktail für die Party
- Sektflöte
- Gästeglas

2 cl Curaçao orange
Champagner zum Auffüllen
- **Deko:**
Orangenschalenspirale

Den Curaçao in die Sektflöte gießen, mit Champagner auffüllen. Die Schalenspirale an den Glasrand hängen.

OUVERTÜRE

aromatischer Sektcocktail (Aperitif)

- Sektkelch
- Gästeglas

1,5 cl Orangenlikör
1 dash Orange-Bitter
trockener Sekt oder Champagner zum Auffüllen
Deko:
1 Orangenschalenspirale

Likör und Orange-Bitter zusammen in das Glas geben, dann mit Sekt oder Champagner auffüllen. Die Schalenspirale an den Glasrand hängen.

CHAMPENOIS

erfrischender Champagnercocktail für den Empfang

- Sektkelch
- Gästeglas

0,5 cl Apricot Brandy
1 dash Crème de Framboise
1 dash Angostura
Champagner zum Auffüllen
Deko:
1 Orangenscheibe
1 Cocktailkirsche

Alle Zutaten außer Champagner im Sektkelch verrühren. Mit Champagner auffüllen. Die Orangenscheibe an den Glasrand stecken und die Kirsche mit einem Sticker daran befestigen.

VALENCIA

fruchtiger Champagnercocktail (Aperitif)

- Sektkelch
- Shaker

2 cl Apricot Brandy
2 cl Orangensaft
Champagner zum Auffüllen
Deko:
1 Cocktailkirsche

Alle Zutaten außer Champagner zusammen im Shaker mit Eis schütteln und in einen Sektkelch seihen. Mit Champagner auffüllen. Die Cocktailkirsche am Sticker in das Glas geben.

FRANÇOIS BISE

fruchtiger Champagnercocktail (Aperitif)

- Sektkelch
- Gästeglas

1 TL pürierte Himbeeren
Champagner zum Auffüllen

Die Himbeeren ins Glas geben, mit Champagner auffüllen.

CHAMPAGNER-COCKTAIL I

bitter-süßer Champagnercocktail
- Sektschale
- Gästeglas

1 Stück Würfelzucker
3 dashes Angostura
Champagner oder trockener Sekt zum Auffüllen
1 Stück Zitronenschale

In der Sektschale das Stück Würfelzucker mit Angostura tränken und mit Champagner oder Sekt auffüllen. Das Getränk mit Zitronenschale abspritzen und sie ins Glas geben.

LILA CRYSTAL

leichter Sektcocktail für den Empfang
- Sektschale
- Rührglas

2 cl Bénédictine D.O.M.
1 cl Gin
2 dashes Orange-Bitter
trockener Sekt zum Auffüllen
1 Stück Orangenscheibe
- **Deko:**
1 Cocktailkirsche

Bénédictine, Gin und Orange-Bitter zusammen im Rührglas verrühren und in die Sektschale seihen. Mit Sekt auffüllen. Das Getränk mit der Orangenschale abspritzen und die Cocktailkirsche hineingeben.

CHAMPAGNER-COCKTAIL II

bitter-süßer Champagnercocktail für den Abend
- Sektkelch
- Gästeglas

1 Stück Würfelzucker
1 dash Angostura
2 cl Cognac
Champagner zum Auffüllen
- **Deko:**
1 Orangenschalenspirale

Den Zucker im Glas mit Angostura tränken, den Cognac dazugeben, mit Champagner auffüllen. Die Schalenspirale an den Glasrand hängen.

EROTICA

fruchtig-erfrischender Sektcocktail (Aperitif)
- Sektschale
- Shaker

2 cl Maracujalikör
2 cl Wodka
2 cl Ananassaft
1 dash Angostura
trockener Sekt zum Auffüllen
- **Deko:**
1 Stück Ananas
2 Cocktailkirschen

Alle Zutaten außer Sekt zusammen im Shaker mit Eis schütteln, in eine Sektschale seihen und mit Sekt auffüllen. Das Ananasstück an den Glasrand stecken; die Kirschen mit einem Sticker daran befestigen.

Erotica (l.), Champagnercocktail II (r.)

SEKT SOUR

fruchtiger Sektcocktail (Aperitif)
- Sektkelch
- Gästeglas

1 Stück Würfelzucker
3 BL Zitronensaft
Sekt zum Auffüllen
Deko:
1 Orangenscheibe

Den Würfelzucker ins Glas geben, mit Zitronensaft beträufeln, mit Sekt auffüllen.

AIR MAIL I

lieblich-fruchtiger Champagnercocktail für die Party
- Sektkelch
- Shaker

2 cl Limettensirup
2 TL Honig
3 cl brauner Rum
Champagner zum Auffüllen
Deko:
1 Limettenscheibe
1 Cocktailkirsche

Limettensirup, Honig und Rum zusammen im Shaker schütteln und zusammen mit dem Eis in den Sektkelch gießen. Mit Champagner auffüllen. Das Obst an den Glasrand stecken.

SILVER TOP

erfrischend-fruchtiger Sektcocktail für die Party
- Sektschale
- Shaker

2 cl Curaçao Triple sec
2 cl Gin
1 cl Orangensaft
1 BL Grenadine
Sekt zum Auffüllen
Deko:
½ Orangenscheibe
2 Cocktailkirschen

Likör, Gin und Orangensaft sowie Grenadine zusammen im Shaker mit Eis gut schütteln und in das Glas seihen. Mit Sekt auffüllen. Das Obst an den Glasrand stecken.

FEEL LIKE HOLIDAY

milder Champagnercocktail für die Party
- Sektkelch
- Rührglas

1 cl Wodka
1 cl Himbeergeist
Champagner zum Auffüllen

Wodka und Himbeergeist zusammen im Rührglas mit Eis verrühren und in den Sektkelch seihen. Mit Champagner auffüllen.

MOON WALK COCKTAIL

fruchtiger, zartherber Champagnercocktail für den Empfang
- Sektkelch
- Shaker

3 cl Orangenlikör
3 cl Grapefruitsaft
1 dash Rosenwasser
Champagner zum Auffüllen

Likör, Grapefruitsaft und Rosenwasser zusammen im Shaker mit Eis schütteln und in den Kelch seihen. Mit Champagner auffüllen.

SPOTLIGHT

fruchtiger, leicht bitterer Sektcocktail (Aperitif)
- Sektschale
- Rührglas

3 cl Kirschlikör
1 cl Campari
1 cl Vermouth dry
1 cl Gin
Sekt zum Auffüllen
Deko:
1 Zitronenscheibe

Alle Zutaten außer Sekt zusammen im Shaker mit Eis schütteln und in das Glas seihen. Mit Sekt auffüllen. Die Zitronenscheibe an den Glasrand stecken.

HANSEATIC

fruchtiger, starker Sektcocktail für den Abend
- Sektschale
- Shaker

2 cl Bourbon Whiskey
2 cl Weinbrand
2 cl Brombeerlikör
Sekt zum Auffüllen
Deko:
1 Zitronenscheibe

Alle Zutaten außer Sekt zusammen im Shaker mit Eis schütteln und in das Glas seihen. Mit Sekt auffüllen. Die Zitronenscheibe an den Glasrand stecken.

SEKTFLIP

fruchtiger Flip für den Abend
- Sektkelch
- Shaker

4 cl Portwein
1 Eigelb
1 BL Zucker
Sekt zum Auffüllen

Portwein, Eigelb und Zucker zusammen im Shaker mit Eis schütteln und in das Glas seihen. Mit Sekt auffüllen.

CHICAGO I

fruchtiger Champagnercocktail für die Party
- Sektkelch
- Rührglas

2 cl Cognac
1 BL Cointreau
1 dash Angostura
Champagner zum Auffüllen

Cognac, Cointreau und Angostura zusammen im Rührglas mit Eis verrühren und in den Sektkelch seihen. Mit Champagner auffüllen.

CHICAGO II

aromatischer Sektcocktail für den Abend
- Sektschale mit Zuckerrand
- Rührglas

2 cl Cognac
3 dashes Curaçao orange
1 dash Orange-Bitter
Sekt zum Auffüllen

Alle Zutaten außer Sekt zusammen im Rührglas mit Eis verrühren und in das Glas seihen. Mit Sekt auffüllen.

VALENCIA SMILE

fruchtiger Sektcocktail für den Empfang
- Sektkelch
- Shaker

3 cl Apricot Brandy
2 cl Orangensaft
3 dashes Orange-Bitter
Sekt zum Auffüllen
- **Deko:**
1 Orangenscheibe

Alle Zutaten außer Sekt zusammen im Shaker mit Eis schütteln und in das Glas seihen. Mit Sekt auffüllen. Die Orangenscheibe an den Glasrand stecken.

SEKT COBBLER

fruchtig-milder Cobbler für die Sommerparty
- Cocktailglas
- Gästeglas

2 cl Maraschino
2 cl Curaçao Triple sec
2 BL Zitronensaft
1 Pfirsichhälfte, gewürfelt
2 Cocktailkirschen
2 Weintrauben
Sekt zum Auffüllen

Maraschino, Curaçao und Zitronensaft zusammen in dem zu einem Drittel mit Crushed ice gefüllten Cocktailglas verrühren. Die Früchte dazugeben, mit Sekt auffüllen. Mit Löffel servieren.

Valencia Smile (l.), Sekt Cobbler (r.)

AMARETTO FLIRT

fruchtiger Sektcocktail für den Empfang

- Sektschale
- Shaker

2 cl Amaretto
2 cl Orangensaft
trockener Sekt zum Auffüllen
Deko:
½ Orangenscheibe
1 Cocktailkirsche

Alle Zutaten außer Sekt zusammen im Shaker mit Eis schütteln, in eine Sektschale seihen und mit dem Sekt auffüllen. Die Orangenscheibe an den Glasrand stecken, die Kirsche mit einem Sticker daran befestigen.

CHAMPAGNER DAISY

fruchtiger Champagnercocktail für die Party

- Sektkelch
- Shaker

1 cl Grenadine
1 cl Zitronensaft
2 cl Chartreuse gelb
Champagner zum Auffüllen
Deko:
1 Erdbeere

Grenadine, Zitronensaft und Chartreuse zusammen im Shaker mit Eiswürfeln schütteln und in den Sektkelch seihen. Mit Champagner auffüllen. Die Erdbeere an den Glasrand stecken und den Cocktail sofort servieren.

SEXY 6

fruchtiger Sektcocktail (Aperitif)
- Sektschale
- Shaker

2 cl Gin
1 cl Apricot Brandy
2 cl Orangensaft
1 cl Himbeersaft
Sekt zum Auffüllen
Deko:
1 Cocktailkirsche

Gin, Orangensaft, Apricot Brandy und Himbeersaft zusammen im Shaker mit Eis schütteln und in das Glas seihen. Mit Sekt auffüllen. Die Kirsche an den Glasrand stecken.

FRUCHTSEKT

fruchtig-milder Sektcocktail für den Abend
- Sektschale
- Shaker

1 cl Cognac
2 cl Apricot Brandy
5 cl Orangensaft
Sekt zum Auffüllen
Deko:
1 Cocktailkirsche

Cognac, Apricot Brandy und Orangensaft zusammen im Shaker mit Eis schütteln und in das Glas seihen. Mit Sekt auffüllen. Die Kirsche an den Glasrand stecken.

NORTHERN LIGHT

aromatischer Sektcocktail für die Party
- Sektkelch
- Shaker

2 cl weißer Rum
2 cl Curaçao Triple sec
Sekt zum Auffüllen
1 Stück Orangenschale
Deko:
½ Orangenscheibe

Rum und Curaçao zusammen im Shaker mit Eis schütteln und in das Glas seihen. Mit Sekt auffüllen und mit der Orangenschale abspritzen. Die Orangenscheibe an den Glasrand stecken.

MIRABELL

aromatischer Champagnercocktail (Aperitif)
- Sektkelch
- Shaker

2 cl Orangenlikör
2 cl Gin
2 cl Vermouth rosso
2 cl Orangensaft
Champagner zum Auffüllen

Alle Zutaten außer Champagner zusammen im Shaker mit Eis schütteln und in das Glas seihen. Mit Champagner auffüllen und sofort servieren.

OHIO I

würziger Champagnercocktail (Aperitif)
- Cocktailglas
- Rührglas

2 cl Canadian Whisky
1 cl Vermouth rosso
1 dash Angostura
Champagner zum Auffüllen

Whisky, Vermouth und Angostura zusammen im Rührglas mit Eis verrühren und in das Cocktailglas seihen. Mit Champagner auffüllen.

OHIO II

aromatischer Sektcocktail für die Party
- Sektschale
- Gästeglas

2 cl Cointreau
2 cl Brandy
1 dash Angostura
Sekt zum Auffüllen
- **Deko:**
1 Cocktailkirsche

Cointreau, Brandy und Angostura zusammen in der Sektschale gut verrühren. 2 kleine Eiswürfel dazugeben, mit Sekt auffüllen. Die Kirsche an den Glasrand stecken.

ADRIA LOOK

fruchtiger Sektcocktail für die Sommerparty
- Sektschale
- Rührglas

2 cl Gin
2 cl Curaçao blue
2 BL Zitronensaft
Sekt zum Auffüllen
- **Deko:**
1 Cocktailkirsche
1 Aprikosenhälfte

Gin, Curaçao und Zitronensaft zusammen im Rührglas mit Eis verrühren und in das Glas seihen. Mit Sekt auffüllen. Das Obst an den Glasrand stecken.

AMERICAN GLORY I

fruchtig-milder Sektcocktail (Aperitif)
- Sektkelch
- Gästeglas

2 cl Grenadine
4 cl Orangensaft
1 cl Zitronensaft
Sekt zum Auffüllen
- **Deko:**
1 Orangenscheibe

Grenadine, Orangen- und Zitronensaft zusammen im zu einem Drittel mit Crushed ice gefüllten Kelch verrühren. Mit Sekt auffüllen. Die Orangenscheibe an den Glasrand stecken.

STRAWBERRY FIELDS

fruchtiger Champagnercocktail (Aperitif)
- Sektschale
- Gästeglas

5 mittelgroße Erdbeeren, gewürfelt
1 BL Orangenlikör
Rosé-Champagner zum Auffüllen

Die Erdbeeren in das Glas geben. Den Likör darübergießen, mit Champagner auffüllen. Mit einem Teelöffel servieren.

HARRY'S PICK-ME-UP

fruchtiger, zartherber Champagnercocktail für die Party oder als Pick-me-up
- Sektkelch
- Shaker

3 cl Cognac
1 cl Zitronensaft
2 dashes Grenadine
Champagner zum Auffüllen

Cognac, Zitronensaft und Grenadine zusammen mit Eis im Shaker schütten und in den Kelch seihen. Mit Champagner auffüllen.

ROGER VERGÉ

fruchtiger Champagnercocktail (Aperitif)
- Sektkelch
- Gästeglas

1 BL Crème de Cassis
1 BL Orangenlikör
Champagner zum Auffüllen
Deko:
1 Zitronenscheibe

Crème de Cassis und Orangenlikör ins Glas geben, mit Champagner auffüllen. Die Zitronenscheibe an den Glasrand stecken.

FLYING II

erfrischend-herber Champagnercocktail für die Party
- Sektkelch
- Shaker

2 cl Gin
2 cl Curaçao Triple sec
2 cl Zitronensaft
Champagner zum Auffüllen

Gin, Curaçao und Zitronensaft zusammen im Shaker mit Eis schütteln und in das Glas seihen. Mit Champagner auffüllen.

Strawberry Fields (l.), Roger Vergé (M.), Flying II (r.)

JAMES BOND

leicht bitterer Champagnercocktail für die Party
- Sektschale
- Gästeglas

4 cl Wodka
1 dash Angostura
Champagner zum Auffüllen

Wodka und Angostura zusammen in der Sektschale verrühren. Mit Champagner auffüllen.

FRENCH 76

fruchtiger Champagnercocktail für die Party
- Sektkelch
- Shaker

3 cl Wodka
1 cl Zitronensaft
1 TL Zuckersirup
Champagner zum Auffüllen

Wodka, Zitronensaft und Zuckersirup zusammen im Shaker mit Eis schütteln und in das Glas seihen. Mit Champagner auffüllen.

KALTE ENTE COCKTAIL

herb-frischer Champagnercocktail (Aperitif)
- Sektschale
- Gästeglas

5 cl Weißwein
Champagner zum Auffüllen
Außerdem:
1 Stück Zitronenschale

Alle Zutaten zusammen in das Glas geben. Die Zitronenschale ins Glas geben

JACQUES LAMELOISE

lieblich-milder Champagnercocktail
- Sektkelch
- Gästeglas

2 BL Himbeerlikör
1 TL Pflaumenlikör
Champagner zum Auffüllen
Deko:
1 Himbeere

Die Liköre zusammen ins Glas geben, mit Champagner auffüllen. Die Himbeere an den Glasrand stecken.

French 76 (h. l.), Jacques Lameloise (h. r.), James Bond (v. l.), Kalte Ente Cocktail (v. r.)

FECAMP

halbtrockener, erfrischender Longdrink (Aperitif)
- Longdrinkglas
- Shaker

3 cl Bénédictine D.O.M.
1 cl Sherry
1 cl Pimm's No. 1
2 cl Zitronensaft
trockener Sekt zum Auffüllen
Deko:
½ Orangenscheibe
½ Zitronenscheibe
2 Cocktailkirschen

Alle Zutaten außer Sekt zusammen im Shaker mit Eis schütteln und in ein Longdrinkglas mit Eis seihen. Dann mit Sekt auffüllen. Die Orangen- und die Zitronenscheibe sowie die Kirschen zusammen am Sticker über den Glasrand legen.

MELODIE

fruchtiger Longdrink für den Abend
- Longdrinkglas
- Gästeglas

2 cl Apricot Brandy
2 cl Gin
1 cl Curaçao Triple sec
Sekt zum Auffüllen
Deko:
1 Orangenscheibe

Alle Zutaten außer Sekt zusammen mit Eiswürfeln im Glas verrühren. Mit Sekt auffüllen. Die Orangenscheibe an den Glasrand stecken.

ROSIE'S

fruchtig-herber Sektcocktail (Aperitif)
- Longdrinkglas
- Shaker

1 cl Orangenlikör
4 cl Campari
8 cl Grapefruitsaft
Sekt zum Auffüllen
Deko:
1 Orangenscheibe

Likör, Campari und Grapefruitsaft zusammen im Shaker mit Eis schütteln und in das Glas seihen. Mit Sekt auffüllen. Die Orangenscheibe an den Glasrand stecken.

FLYING DUTCHMAN

erfrischender, halbtrockener Longdrink für den ganzen Tag
- Longdrinkglas
- Rührglas

2 cl Pisang Ambon
2 cl Wodka
1 cl Malibu
1 dash Limettensaft
Sekt zum Auffüllen
Außerdem:
1 Stück Zitronenschale
1 Zitronen- oder Limettenscheibe
1 Minzezweig

Die Zutaten außer Sekt zusammen im Rührglas mit Eis verrühren und in das Longdrinkglas mit Eisstücken seihen. Mit Sekt auffüllen und mit der Zitronenschale abspritzen. Die Früchte an den Glasrand, die Minze ins Glas geben.

BLUE SPLASH

fruchtiger Champagnerdrink für die Party
- großer Tumbler
- Rührglas

2 cl Gin
2 cl Curaçao blue
1 cl Vermouth dry
2 cl Zitronensaft
1 dash Angostura
Champagner zum Auffüllen
Deko:
1 Orangenscheibe

Alle Zutaten außer Champagner zusammen im Rührglas mit Eis verrühren und in den Tumbler seihen. Mit Champagner auffüllen. Die Orangenscheibe an den Glasrand stecken.

LIMETTENSEKT

fruchtiger Sektcocktail für die Sommerzeit
- Sektkelch
- Gästeglas

3 cl Limettenlikör
3 cl Bitter lemon
Sekt zum Auffüllen
Deko:
1 Limettenscheibe

Likör und Bitter lemon in den Sektkelch geben. Mit Sekt auffüllen. Die Limettenscheibe an den Glasrand stecken.

PROFI

fruchtig-bitterer Sektcocktail (Aperitif)
- Longdrinkglas
- Shaker

3 cl Campari
3 cl Vermouth dry
4 cl Orangensaft
10 cl Sekt
Deko:
1 Orangenscheibe

Campari, Vermouth und Orangensaft zusammen im Shaker mit Eis schütteln und in das Glas seihen. Mit Sekt auffüllen. Die Orangenscheibe an den Glasrand stecken.

PEPPERMINT-FRESH

würziger Sektcocktail (After-Dinner-Drink)
- mittelgroßer Tumbler
- Shaker

4 cl Pfefferminzlikör
2 BL Zitronensaft
Sekt zum Auffüllen
Deko:
1 Minzezweig

Likör und Zitronensaft zusammen im Shaker mit Eis schütteln und in das Glas geben. Mit Sekt auffüllen. Den Minzezweig an den Glasrand hängen.

RED SIN

fruchtiger Sektcocktail (Aperitif)
- Longdrinkglas
- Gästeglas

4 cl Crème de Cassis
1 cl Orangensaft
roter Sekt zum Auffüllen
Deko:
1 Johannisbeerrispe

Crème de Cassis und Orangensaft zusammen im Longdrinkglas mit Eiswürfeln verrühren. Mit Sekt auffüllen. Die Johannisbeerrispe an den Glasrand hängen.

SPRITZER

erfrischender Longdrink für jeden Tag
- großer Tumbler
- Gästeglas

12 cl Weißwein
Sodawasser zum Auffüllen
½ Zitronenscheibe

Den Wein in den Tumbler gießen und mit Soda abspritzen. Die Zitronenscheibe ins Glas geben.

JAMAICA COOLER

fruchtiger Cooler für die Party
- hohes Stielglas
- Gästeglas

4 cl weißer Rum
10 cl trockener Rotwein
1 cl Zitronensaft
1 cl Orangensaft
3 cl Zuckersirup
Deko:
½ Zitronenscheibe

Alle Zutaten zusammen mit Eiswürfeln im Stielglas verrühren. Die Zitronenscheibe an den Glasrand stecken. Mit Trinkhalm servieren.

ROTWEINFLIP

mild-würziger Flip für den Abend
- Kelchglas
- Shaker

1 Eigelb
8 cl Rotwein
2 TL Zucker
Außerdem:
geriebene Muskatnuß

Alle Zutaten zusammen im Shaker mit Eiswürfeln schütteln und in das Kelchglas seihen. Mit Muskatnuß bestreuen.

UNION JACK

POUSSE-CAFÉ 1

Drinks mit Likör

SMITH & WESSON

SUNNY DREAM

AURELIA

FLUFFY F

MUDDY RIVER

GOLDEN CADILLAC

POUSSE-CAFÉ 1

würzig-lieblicher Pousse-Café
(After-Dinner-Drink)
■ Pousse-Café-Glas
■ Gästeglas

Curaçao blue
Galliano

Etwas Curaçao mit Hilfe eines Meßbechers ins Glas geben. Dann den Galliano über einen verkehrt gehaltenen Barlöffel, der am inneren Glasrand anliegt, vorsichtig auf den Likör fließen lassen. Die einzelnen Schichten dürfen nicht ineinanderlaufen.

POUSSE-CAFÉ 2

lieblicher Pousse-Café
(After-Dinner-Drink)
■ Pousse-Café-Glas
■ Gästeglas

Grenadine
Maraschino
Curaçao blue

Die Zutaten in der angegebenen Reihenfolge schichtweise ins Glas fließen lassen (genaue Beschreibung siehe Pousse-Café 1).

POUSSE-CAFÉ 3

lieblicher Pousse-Café
(After-Dinner-Drink)
■ Pousse-Café-Glas
■ Gästeglas

Maraschino
Curaçao blue
Grand Marnier

Zubereitung siehe Pousse-Café 1.

POUSSE-CAFÉ 4

würzig-lieblicher Pousse-Café
(After-Dinner-Drink)
■ Pousse-Café-Glas
■ Gästeglas

Crème de Menthe grün
Curaçao blue
Chartreuse grün

Zubereitung siehe Pousse-Café 1.

POUSSE-CAFÉ 5

würzig-lieblicher Pousse-Café
(After-Dinner-Drink)
■ Pousse-Café-Glas
■ Gästeglas

Grenadine
Crème de Menthe grün
Cherry Brandy
Chartreuse gelb

Zubereitung siehe Pousse-Café 1.

Pousse-Café 2 (l.), Pousse-Café 5 (M.), Pousse-Café 7 (r.)

POUSSE-CAFÉ 6

fruchtig-lieblicher Pousse-Café (After-Dinner-Drink)
- Pousse-Café-Glas
- Gästeglas

Kahlúa (Kaffeelikör)
Grand Marnier
geschlagene Sahne

Die Zutaten in der angegebenen Reihenfolge schichtweise ins Glas geben (genaue Beschreibung siehe Pousse-Café 1, auf der Seite 260 oben).

POUSSE-CAFÉ 7

würzig-lieblicher Pousse-Café (After-Dinner-Drink)
- Pousse-Café-Glas
- Gästeglas

Grenadine
Crème de Menthe grün
Curaçao blue
Escorial grün

Die Zutaten in der angegebenen Reihenfolge schichtweise ins Glas fließen lassen (genaue Beschreibung siehe Pousse-Café 1).

LAYER CAKE

lieblicher Pousse-Café (After-Dinner-Drink)
- kleiner Tumbler
- Gästeglas

2 cl Crème de Cacao weiß
2 cl Apricot Brandy
2 cl Sahne

Zubereitung siehe Pousse-Café 1, Seite 260.

UNION JACK

lieblicher Pousse-Café zum Kaffee am Nachmittag
- Pousse-Café-Glas
- Gästeglas

2 cl Grenadine
2 cl Maraschino
2 cl Chartreuse grün

Zubereitung siehe Pousse-Café 1, Seite 260.

FRENCH CONNECTION II

aromatischer Shortdrink (After-Dinner-Drink)
- kleiner Tumbler
- Gästeglas

2 cl Amaretto
3 cl Brandy

Die Zutaten zusammen im Tumbler mit Eis verrühren.

ITALIAN MELODY

lieblicher Shortdrink (After-Dinner-Drink)
- Cocktailglas
- Shaker

3 cl Amaretto
1 cl Barack Liqueur
2 cl Sahne
1 cl Orangensaft
Deko:
1 Cocktailkirsche

Alle Zutaten zusammen im Shaker mit Eis schütteln und in das Cocktailglas seihen. Die Kirsche an den Glasrand stecken.

EUROPEAN FRIENDSHIP

fruchtig-milder Shortdrink für die Party
- Cocktailglas
- Shaker

1,5 cl Amaretto
1,5 cl Bananenlikör
1,5 cl Scotch Whisky
1,5 cl Vermouth bianco
Deko:
1 Cocktailkirsche

Alle Zutaten zusammen im Shaker mit Eis schütteln und in das Cocktailglas seihen. Die Kirsche an den Glasrand stecken.

CHRISTMAS

lieblicher Longdrink für die Party
- Longdrinkglas
- Shaker

3 cl Amaretto
5 cl Maracujasaft
5 cl Cream of Coconut
1 cl Sahne
- **Deko:**
2 Cocktailkirschen

Die Zutaten zusammen im Shaker mit Eis kräftig schütteln und in das Longdrinkglas mit Crushed ice seihen. Die Cocktailkirschen zusammen am Sticker über den Glasrand legen.

BOCCIE BALL

fruchtig-milder Longdrink für jede Jahreszeit
- Longdrinkglas
- Gästeglas

5 cl Amaretto
5 cl Orangensaft
10 cl Sodawasser
- **Deko:**
1 Orangenscheibe

Amaretto und Orangensaft zusammen mit Eiswürfeln im Longdrinkglas verrühren. Mit Soda auffüllen und nochmals kurz umrühren. Die Orangenscheibe an den Glasrand stecken.

AMAROS

fruchtig-süßer Shortdrink für den Abend
- Cocktailglas
- Shaker

4 cl Amaretto
2 cl Calvados
1 dash Zitronensaft

Alle Zutaten im Shaker mit Eis schütteln und in das Glas seihen.

ORIENT EXPRESS

fein-würziger Longdrink für jede Jahreszeit
- Longdrinkglas mit Mandelrand (aus gemahlenen Mandeln)
- Blender

2 cl Amaretto
20 cl sehr kalte Milch
1 EL Instantkakao

Alle Zutaten zusammen im Blender mixen und in das Glas gießen. Mit Trinkhalm servieren.

ITALIAN CHERRY

fruchtig-lieblicher Shortdrink (After-Dinner-Drink)
- Cocktailglas
- Shaker

3 cl Amaretto
3 cl Cherry Brandy

Die Zutaten im Shaker mit Eis schütteln und in das Glas seihen.

VICTORIA

herb-milder Shortdrink (After-Dinner-Drink)

- kleiner Tumbler
- Shaker

3 cl Amaretto

1,5 cl Campari

1,5 cl Wodka

Deko:

1 Cocktailkirsche

Alle Zutaten zusammen im Shaker mit Eis gut schütteln und in den zu einem Drittel mit Crushed ice gefüllten Tumbler seihen. Die Cocktailkirsche an den Glasrand stecken.

SMITH & WESSON

fruchtig-lieblicher Longdrink für die Party

- Longdrinkglas
- Shaker

4 cl Amaretto

2 cl Tequila

12 cl Aprikosennektar

Deko:

1 Aprikosenhälfte

Alle Zutaten zusammen im Shaker mit Eiswürfeln schütteln und in das Longdrinkglas seihen. 2 Eiswürfel dazugeben. Zuletzt die Aprikosenhälfte an den Glasrand stecken.

APRICOT SOUR

fruchtiger Sour
(After-Dinner-Drink)
- kleiner Tumbler
- Shaker

3 cl Apricot Brandy
3 cl Zitronensaft
3 cl Orangensaft
Deko:
½ Orangenscheibe
1 Cocktailkirsche

Die Zutaten zusammen im Shaker mit Eiswürfeln kräftig schütteln und in den Tumbler seihen. Orangenscheibe und Kirsche an den Glasrand stecken.

SUNNY DREAM

lieblicher Shortdrink
(After-Dinner-Drink)
- Cocktailglas
- Shaker

2 cl Apricot Brandy
1 cl Cointreau
1,5 cl Orangensaft
1 Kugel Vanilleeis
Deko:
½ Orangenscheibe

Alle Zutaten zusammen im Shaker ohne Zugabe von Eiswürfeln kräftig schütteln und in das Glas gießen. Die Orangenscheibe an den Glasrand stecken.

LOUSIANA

fruchtiger, leicht herber Shortdrink für den Abend
- Cocktailglas
- Shaker

4 cl Apricot Brandy
2 cl Gin
2 cl Grapefruitsaft

Alle Zutaten mit Eis im Shaker schütteln und in das Glas seihen.

PRINCESS

lieblicher Shortdrink für den Nachmittag
- Cocktailglas
- Gästeglas

3 cl Apricot Brandy
2 cl Sahne

Den Apricot Brandy in das Cocktailglas geben. Die Sahne löffelweise darauf geben.

FESTIVAL

cremiger Shortdrink (After-Dinner-Drink)
- Cocktailglas
- Shaker

2 cl Apricot Brandy
2 cl Crème de Cacao weiß
1 BL Grenadine
2 cl Sahne

Zutaten im Shaker mit Eis schütteln und in das Glas seihen.

BREAKFAST

lieblicher Egg-Nog für den ganzen Tag
- mittelgroßer Tumbler
- Shaker

2 cl Apricot Brandy
1 cl Curaçao Triple sec
6 cl Milch
1 cl Sahne
1 BL Puderzucker
1 Ei
Außerdem:
Muskatnuß

Die Zutaten zusammen im Shaker mit Eis kräftig schütteln und in den Tumbler seihen. Etwas Muskatnuß darüberreiben.

APRICOT COOLER

sehr erfrischender Cooler für die Sommerparty
- Longdrinkglas
- Gästeglas

4 cl Apricot Brandy
3 cl Zitronensaft
1 BL Grenadine
Mineralwasser zum Auffüllen
Deko:
1 Zitronenscheibe

Alle Zutaten außer Mineralwasser zusammen im Shaker mit Eisstücken schütteln und in das Longdrinkglas mit Eis seihen. Mit Mineralwasser auffüllen. Die Zitronenscheibe an den Glasrand stecken. Mit einem langen Stirer servieren.

Lousiana (o. l.), Festival (o. r.), Princess (u. l.), Apricot Cooler (u. r.)

AURELIA

cremiger Shortdrink für die Party
- Cocktailglas
- Rührglas

2,5 cl Batida de Coco
2 cl Curaçao blue
2 cl Grenadine
Deko:
1 Cocktailkirsche

Die Zutaten zusammen im Rührglas mit Eis verrühren und in das Cocktailglas seihen. Die Cocktailkirsche am Sticker in das Glas geben.

JIMMY'S DREAM

lieblich-fruchtiger Longdrink für die Party
- Longdrinkglas
- Shaker

2 cl Batida de Coco
2 cl Amaretto
2 cl Jambosala (Likör aus Passionsfrüchten)
7 cl Orangensaft
2 cl Zitronensaft
Deko:
½ Orangenscheibe

Die Zutaten zusammen im Shaker mit Eis schütteln und in das Longdrinkglas mit Crushed ice seihen. Die Orangenscheibe an den Glasrand stecken.

APRICOT ORANGE

fruchtig-lieblicher Longdrink für die Party
- großes Cocktailglas
- Shaker

4 cl Cointreau
3 cl Orangensaft
3 cl Aprikosensaft
1 cl Apricot Brandy
Deko:
1 Cocktailkirsche

Alle Zutaten zusammen im Shaker mit Eiswürfeln schütteln und in das Glas seihen. Die Kirsche an den Glasrand stecken.

FLUFFY F

lieblicher Shortdrink für den Nachmittag
- Cocktailglas
- Shaker

2 cl Crème de Banane
2 cl Crème de Cacao weiß
2 cl Frangelico (Kräuterlikör)
2,5 cl Sahne
Deko:
1 Cocktailkirsche

Die Zutaten zusammen im Shaker mit Eis schütteln und in das Glas seihen. Die Kirsche an den Glasrand stecken.

GOLDEN COCONUT

lieblicher Shortdrink
(After-Dinner-Drink)
- kleiner Tumbler
- Shaker

2 cl Bananenlikör
2 cl Crème de Cacao weiß
2 cl Cream of Coconut
3 cl Sahne
Deko:
1 Cocktailkirsche

Alle Zutaten zusammen im Shaker mit Eiswürfeln kräftig schütteln und in den Tumbler seihen. Die Kirsche an den Glasrand stecken.

DALLAS

cremiger Longdrink für die Party
- Longdrinkglas
- Shaker

2 cl Crème de Banane
2 cl Curaçao blue
2 cl Batida de Coco
Ananassaft zum Auffüllen
Deko:
1 Erdbeere
1 Minzezweig

Alle Zutaten außer Ananassaft zusammen im Shaker mit Eis schütteln und in das Longdrinkglas mit Eis seihen. Mit Ananassaft auffüllen und umrühren. Die Erdbeere an den Glasrand stecken. Den Minzezweig ins Glas geben. Mit Stirer servieren.

GREEN BANANAS

fruchtig-milder Longdrink für jede Jahreszeit
- Longdrinkglas
- Shaker

4 cl grüner Bananenlikör
2 cl Zitronensaft
14 cl Orangensaft
Deko:
1 Orangenscheibe

Alle Zutaten zusammen im Shaker mit Eis schütteln und in das Glas seihen. Die Orangenscheibe an den Glasrand stecken.

COCONUT FRUIT

fruchtig-lieblicher Longdrink für die Party
- Longdrinkglas
- Shaker

3 cl grüner Bananenlikör
3 cl Malibu
10 cl Ananassaft
Deko:
1 Ananasscheibe

Alle Zutaten zusammen im Shaker mit Eiswürfeln schütteln, in das Longdrinkglas seihen und 1 Eßlöffel Crushed ice hinzufügen. Die Ananasscheibe an den Glasrand stecken.

GRASSHOPPER

sahniger Shortdrink
(After-Dinner-Drink)
- Cocktailglas
- Shaker

2 cl Crème de Cacao weiß
2 cl Crème de Menthe grün
2 cl Sahne

Die Zutaten im Shaker mit Eis schütteln und in das Glas seihen.

CONNECTION

lieblicher Shortdrink
(After-Dinner-Drink)
- kleiner Tumbler
- Gästeglas

2 cl Bailey's Irish Cream Likör (Kakaolikör)
2 cl Wodka

Die Zutaten zusammen im Glas verrühren. Wer möchte, gibt 2 bis 3 Eiswürfel dazu.

SCHOKOFLIP

lieblich-cremiger Flip für die Party
- Cocktailglas
- Shaker

3 cl Kakaolikör
2 cl Scotch Whisky
2 cl Sahne
1 Eigelb

Die Zutaten zusammen im Shaker mit Eis kräftig schütteln und in das Glas seihen.

TROPICAL

lieblicher Shortdrink (Aperitif)
- Cocktailglas
- Rührglas

2 cl Crème de Cacao weiß
2 cl Maraschino
2 cl Vermouth dry
1 dash Angostura
Deko:
1 Cocktailkirsche

Die Zutaten zusammen im Rührglas mit Eis verrühren und in das Cocktailglas seihen. Die Kirsche am Sticker in das Glas geben.

ANGEL'S KISS

würzig-lieblicher Shortdrink für den Nachmittag
- Sektflöte
- Gästeglas

4 cl Crème de Cacao braun
leicht geschlagene Sahne zum Auffüllen
Deko:
1 Cocktailkirsche

Den Kakaolikör in das Glas geben. Die Sahne in einer etwa 2 cm dicken Schicht über den Likör geben. Die Kirsche an den Glasrand stecken.

GOLDEN CADILLAC

sahniger Shortdrink
(After-Dinner-Drink)
■ Cocktailglas
■ Shaker

2 cl Crème de Cacao weiß
2 cl Sahne
2 cl Galliano
2 cl Orangensaft

Die Zutaten im Shaker mit Eis schütteln und in das Glas seihen.

NICOLA

würzig-lieblicher Shortdrink
(After-Dinner-Drink)
■ Cocktailglas
■ Shaker

1 dash Grenadine
2 cl Sahne
2 cl Crème de Cacao braun
2 cl Amaretto

Den Grenadine in das Cocktailglas geben. Die restlichen Zutaten zusammen im Shaker mit Eiswürfeln schütteln, in das Glas seihen.

CACAO CREAM

würzig-lieblicher Shortdrink
(After-Dinner-Drink)
■ Cocktailglas
■ Shaker

4 cl Crème de Cacao braun
4 cl Sahne

Die Zutaten im Shaker mit Eis schütteln und in das Glas seihen.

LUMUMBA III

lieblich-erfrischender Longdrink
für heiße Tage
■ großer Tumbler
■ Gästeglas

3 cl Crème de Cacao braun
2 cl Weinbrand
eiskalte Milch zum Auffüllen
■ **Deko:**
Schokoladenraspel

Crème de Cacao und Weinbrand in den Tumbler gießen, mit Milch auffüllen und umrühren. Mit Schokoladenraspeln bestreuen.

KING ALFONS

cremiger Shortdrink für den
Nachmittag
■ Cocktailglas
■ Gästeglas

4 cl Crème de Café
2 cl leicht geschlagene Sahne

Den Likör in das Glas geben. Die Sahne vorsichtig auf den Likör fließen lassen.

MUDDY RIVER

lieblicher Shortdrink
(After-Dinner-Drink)
■ kleiner Tumbler
■ Gästeglas

4 cl Kahlúa (Kaffeelikör)
4 cl Sahne

Die Zutaten zusammen im Tumbler mit Eis verrühren.

MOKKA FLIP

lieblicher Flip für den Abend
- Kelchglas
- Shaker

5 cl Kahlúa (Kaffeelikör)
1 cl Sahne
1 Eigelb
Außerdem:
geriebene Muskatnuß

Kahlúa, Sahne und Eigelb zusammen im Shaker mit Eiswürfeln kräftig schütteln und in das Kelchglas seihen. Eine Prise Muskatnuß darüberstreuen.

CARIBIC CASSIS

fruchtiger Longdrink für die Party
- Longdrinkglas
- Shaker

4 cl Crème de Cassis
2 cl weißer Rum
2 cl Zitronensaft
12 cl Orangensaft
Deko:
1 Zitronenscheibe

Alle Zutaten zusammen mit Eis im Shaker gut schütteln und in das Glas mit Eiswürfeln seihen. Die Zitronenscheibe an den Glasrand stecken.

TRÄUMEREI

lieblicher, sahniger Shortdrink
- Cocktailglas
- Shaker

2 cl Cassis
2 cl Crème de Cacao weiß
2 cl Sahne

Die Zutaten zusammen im Shaker mit Eis schütteln und in das Cocktailglas seihen.

WHITE SPIDER

härterer Shortdrink für den Abend
- kleiner Tumbler
- Gästeglas

3 cl Crème de Menthe weiß
3 cl Wodka

Die Zutaten in den Tumbler mit Eiswürfeln gießen und den Drink mit einem Stirer servieren.

CRÈME DE MENTHE FRAPPÉ

lieblicher Frappé zum Nachmittagskaffee
- kleines Weinglas
- Gästeglas

4 cl Crème de Menthe grün oder weiß

Den Crème de Menthe in das zur Hälfte mit Crushed ice gefüllte Weinglas geben und leicht umrühren. Mit zwei kleinen Trinkhalmen sofort servieren.

Mokka Flip (l.), Caribic Cassis (M.), Crème de Menthe Frappé (r.)

DIANA

lieblicher Frappé
(After-Dinner-Drink)
■ kleines Weißweinglas
■ Gästeglas

3 cl Crème de Menthe weiß
1 cl Brandy

Das Weißweinglas zur Hälfte mit Crushed ice füllen, den Crème de Menthe darübergießen und dann den Brandy vorsichtig dazugeben. Nicht umrühren.

DUCE HOPE

aromatischer Shortdrink für die Party
■ Cocktailglas
■ Shaker

2 cl Crème de Menthe grün
2 cl Amaretto
2 cl Grand Marnier

Die Zutaten zusammen im Shaker mit Eis schütteln und in das Cocktailglas seihen.

PEPPERMINT COCKTAIL

frischer, halbtrockener Shortdrink
(After-Dinner-Drink)
■ Cocktailglas
■ Shaker

4 cl Crème de Menthe grün
2 cl Vermouth dry
1 BL Cognac

Alle Zutaten zusammen im Shaker mit Eiswürfeln schütteln und in das Cocktailglas seihen.

AFTERWARDS

fruchtig-milder Shortdrink
(After-Dinner- oder Partydrink)
■ Cocktailglas
■ Shaker

3 cl Curaçao blue
3 cl Apricot Brandy
1 cl Zitronensaft
■ **Deko:**
1 Zitronenscheibe

Alle Zutaten zusammen im Shaker mit Eiswürfeln schütteln und in das Cocktailglas seihen. Die Zitronenscheibe an den Glasrand stecken.

CURAÇAO FLIP

fruchtig-lieblicher Flip für den Abend
- Cocktailglas
- Shaker

4 cl Curaçao blue
4 cl Orangensaft
1 Eigelb

Alle Zutaten zusammen im Shaker mit Eiswürfeln kräftig schütteln und in das Cocktailglas seihen.

PARIS OPERA

fruchtig-milder Shortdrink für die Party
- kleiner Tumbler
- Shaker

3 cl Curaçao blue
2 cl weißer Rum
3 cl Grapefruitsaft
- **Deko:**

1 Cocktailkirsche

Alle Zutaten zusammen im Shaker mit Eiswürfeln schütteln und in den Tumbler mit Eiswürfeln seihen. Die Kirsche an den Glasrand stecken.

LAMBADA

fruchtiger Longdrink für die Sommerparty
- Longdrinkglas
- Shaker

2 cl Curaçao blue
1 cl Pfirsichlikör
2 cl Malibu
2 cl Pfirsichsaft
1 cl Ananassaft
- **Deko:**

1 Cocktailkirsche

Die Zutaten zusammen im Shaker mit Eis schütteln und in das Longdrinkglas mit Eis seihen. Die Kirsche an den Glasrand stecken.

BLUE KONTIKI

fruchtig-milder Shortdrink für die Party
- Cocktailglas
- Shaker

1 cl Curaçao blue
Zucker
3 cl Kontiki (Alcotropic)
2 cl Grapefruitsaft

Den Rand des Cocktailglases zuerst in Curaçao und dann in Zucker tauchen. Kontiki und Grapefruitsaft zusammen im Shaker mit Eiswürfeln gut schütteln und in das Glas seihen.

CHAMÄLEON

fruchtig-milder Longdrink für den Abend

- Longdrinkglas
- Gästeglas

4 cl Curaçao blue
Orangensaft zum Auffüllen
Deko:
½ Orangenscheibe
1 Cocktailkirsche

Den Curaçao ins Glas mit Eiswürfeln geben, mit Orangensaft auffüllen und kurz umrühren. Die Orangenscheibe an den Glasrand stecken und die Kirsche mit einem Sticker daran befestigen. Mit Trinkhalm servieren.

OKENNATT

erfrischender Longdrink für die Party

- Longdrinkglas
- Gästeglas

2 cl Curaçao blue
2 cl Parfait Amour (Fruchtaromalikör)
Bitter lemon und Sodawasser zum Auffüllen
Deko:
1 Zitronenscheibe
1 Cocktailkirsche

Curaçao und Parfait Amour zusammen ins Longdrinkglas mit Eisstücken geben. Zu zwei Dritteln mit Bitter lemon und zu einem Drittel mit Sodawasser auffüllen. Die Zitronenscheibe und die Cocktailkirsche zusammen am Sticker über den Glasrand legen. Mit einem Stirer servieren.

GRÜNE WITWE I

fruchtig-lieblicher Longdrink für jede Jahreszeit

- Longdrinkglas mit Zuckerrand
- Gästeglas

2 cl *Curaçao blue*
1 cl *Bananenlikör*
16 cl *Orangensaft*
Deko:
1 *Orangenscheibe*

Den Curaçao in das Longdrinkglas gießen, einige Eiswürfel dazugeben und mit Orangensaft auffüllen. Den Bananenlikör darübergießen. Die Orangenscheibe an den Glasrand stecken. Mit Trinkhalm servieren.

CARIBBEAN WONDER

fruchtig-lieblicher Longdrink für heiße Tage

- Longdrinkglas
- Shaker

4 cl *Curaçao blue*
1 cl *weißer Rum*
4 cl *Bananensaft*
4 cl *Ananassaft*
4 cl *Buttermilch*
Deko:
1/4 *Ananasscheibe*

Alle Zutaten zusammen im Shaker mit Eiswürfeln kräftig schütteln und in das Longdrinkglas seihen. Das Ananasstück an den Glasrand stecken.

CURAÇAO TONIC

herb-süßer Longdrink für heiße Tage
- Longdrinkglas
- Gästeglas

3 cl Curaçao blue
Tonic water zum Auffüllen
Deko:
1 Zitronenscheibe

Den Likör in das zu einem Drittel mit Eiswürfeln gefüllte Glas gießen. Mit Tonic water auffüllen und langsam umrühren. Die Zitronenscheibe an den Glasrand stecken.

BLUE CHANGE

fruchtig-milder Longdrink für jede Jahreszeit
- Longdrinkglas
- Gästeglas

4 cl Curaçao blue
8 cl Ananassaft
8 cl Grapefruitsaft
Deko:
1/4 Ananasscheibe

Etwa 3 Eiswürfel in das Longdrinkglas geben, die Flüssigkeiten nacheinander hineingießen und kurz verrühren. Die Ananasscheibe an den Glasrand stecken.

PINEAPPLE-CURAÇAO

fruchtig-milder Longdrink für jede Jahreszeit
- Longdrinkglas
- Shaker

4 cl Curaçao blue
2 cl Zitronensaft
12 cl Ananassaft
Deko:
1/4 Ananasscheibe

Alle Zutaten zusammen im Shaker mit Eis schütteln und in das Glas seihen. Die Ananasscheibe an den Glasrand stecken.

RED DREAMS II

fruchtig-milder Shortdrink für den Abend
- großes Cocktailglas
- Shaker

2 cl Curaçao orange
2 cl Apfellikör
2 cl Wodka
2 cl Orangensaft
Deko:
1 Cocktailkirsche

Alle Zutaten zusammen im Shaker mit Eiswürfeln schütteln und in das vorgekühlte Glas seihen. Die Kirsche an den Glasrand stecken.

RED DEVIL

leichter, bitterer Shortdrink (After-Dinner-Drink)
- Cocktailglas
- Shaker

2 cl Curaçao Triple sec
2 cl Campari
2 cl Orangensaft

Die Zutaten zusammen im Shaker mit Eis schütteln und in das Glas seihen.

BABY

lieblicher Shortdrink für die Party
- Cocktailglas
- Shaker

4 cl Curaçao Triple sec
1 dash Angostura
2 cl Sahne

Die Zutaten zusammen im Shaker mit Eis kräftig schütteln und in das Glas seihen.

GOLDEN DREAM

cremiger, lieblicher Shortdrink
- Cocktailglas
- Shaker

2 cl Curaçao Triple sec
1 cl Galliano
2 cl Orangensaft
2 cl Sahne

Die Zutaten zusammen im Shaker mit Eis schütteln und in das Glas seihen.

SWEET MURIELLE

sahniger Shortdrink für den Nachmittag
- Cocktailglas
- Shaker

2 cl Curaçao Triple sec
2 cl Crème de Cacao
2 cl Sahne
Deko:
Kakaopulver

Die Zutaten zusammen im Shaker mit Eis kräftig schütteln und in das Cocktailglas seihen. Mit etwas Kakaopulver bestäuben.

REGATTA

halbtrockener Shortdrink für die Party
- Cocktailglas
- Shaker

2 cl Curaçao Triple sec
2 cl Galliano
2 cl Zitronensaft
1 dash Wodka
etwas trockener Sekt

Alle Zutaten außer Sekt zusammen im Shaker mit Eis schütteln und in das Glas seihen. Etwas Sekt auf den Cocktail fließen lassen.

SWEET ORANGE

fruchtig-lieblicher Longdrink für jede Jahreszeit
- Longdrinkglas
- Shaker

6 cl Orangenlikör
6 cl Orangensaft
6 cl Aprikosennektar
Deko:
1 Orangenachtel

Alle Zutaten zusammen im Shaker mit Eis schütteln und in das Longdrinkglas mit Eiswürfeln seihen. Das Orangenachtel in das Glas geben.

LOVELY RAINBOW

fruchtig-milder Shortdrink für jede Jahreszeit
- kleiner Tumbler
- Gästeglas

4 cl Drambuie (Honiglikör)
2 cl Orangensaft
1 dash Zitronensaft
1 dash Grenadine
Deko:
1 Orangenscheibe
1 Zitronenscheibe

Die Zutaten der Reihe nach in den zur Hälfte mit Eiswürfeln gefüllten Tumbler gießen. Die Zitrusscheiben an den Glasrand stecken. Mit Trinkhalm servieren.

SHADES OF BHOK

aromatischer Shortdrink für den Nachmittag
- Cocktailglas
- Shaker

2 cl Drambuie (Honiglikör)
2 cl Apricot Brandy
1 cl Parfait Amour (Fruchtaromalikör)
2 cl Zitronensaft
Außerdem:
1 Stück Zitronenschale

Die Zutaten zusammen im Shaker mit Eis schütteln und in das Cocktailglas seihen. Zuletzt die Zitronenschale ins Glas geben.

MISTY MARIE

cremiger Shortdrink für den Nachmittag
- Cocktailglas
- Shaker

2,5 cl Drambuie (Honiglikör)
1 cl Anisette
1,5 cl Sahne

Die Zutaten zusammen im Shaker mit Eis kräftig schütteln und in das Cocktailglas seihen.

SCOTTISH HEART

fruchtig-milder Longdrink für die Party
- Longdrinkglas
- Shaker

4 cl Drambuie (Honiglikör)
2 cl Scotch Whisky
6 cl Orangensaft
6 cl Aprikosennektar
Deko:
2 Cocktailkirschen

Alle Zutaten zusammen im Shaker mit Eis schütteln und in das Longdrinkglas mit Eiswürfeln seihen. Die Kirschen auf einen Sticker spießen und ihn über den Glasrand legen.

FOR THE DUKE

fruchtig-würziger Longdrink für den Abend
- große Sektschale
- Shaker

5 cl Drambuie (Honiglikör)
5 cl Orangensaft
1 Eiweiß
Deko:
1 Orangenscheibe
1 Cocktailkirsche

Die Zutaten zusammen mit Eiswürfeln im Shaker kräftig schütteln und in die Sektschale seihen. Die Früchte an den Glasrand stecken.

SCOTTISH DREAMS

fruchtig-milder Longdrink für die Party
- Longdrinkglas
- Shaker

4 cl Drambuie (Honiglikör)
7 cl Orangensaft
7 cl Aprikosennektar
1 BL Zitronensaft
Deko:
½ Orangenscheibe
1 Cocktailkirsche

Alle Zutaten zusammen im Shaker mit Eis schütteln und in das Longdrinkglas mit Eiswürfeln seihen. Die Früchte zusammen am Sticker über den Glasrand legen.

GREAT BRITAIN

fruchtig-herber Longdrink für die Party
- Longdrinkglas
- Shaker

4 cl Drambuie (Honiglikör)
2 cl Gin
3 cl Zitronensaft
Sodawasser zum Auffüllen
Deko:
1 Cocktailkirsche

Drambuie, Gin und Zitronensaft zusammen im Shaker mit Eiswürfeln schütteln und in das Glas seihen. Mit Soda auffüllen und umrühren. Die Kirsche an den Glasrand stecken.

DRAMBUIE TROPICAL

fruchtiger Longdrink für die Party
■ Longdrinkglas
■ Gästeglas

4 cl Drambuie (Honiglikör)
2 cl weißer Rum
8 cl Maracujasaft
■ **Deko:**
1 Zitronenscheibe

Drambuie und Rum zusammen mit Eiswürfeln im Glas verrühren. Mit Maracujasaft auffüllen und umrühren. Die Zitronenscheibe an den Glasrand stecken.

DRAMBUIE APRICOT

fruchtig-milder Longdrink für die Party
■ Longdrinkglas
■ Gästeglas

4 cl Drambuie (Honiglikör)
8 cl Aprikosennektar
1 cl Zitronensaft
■ **Deko:**
1 Zitronenscheibe

Die Zutaten zusammen mit Eiswürfeln im Longdrinkglas verrühren. Die Zitronenscheibe an den Glasrand stecken.

SNOW BALL

erfrischender Longdrink für die Party
■ Longdrinkglas
■ Gästeglas

4 cl Eierlikör
Zitronenlimonade zum Auffüllen

Den Eierlikör in das Longdrinkglas mit Eis geben und vorsichtig mit Zitronenlimonade auffüllen. Mit einem langen Stirer servieren.

SPIRIT OF MUNICH

erfrischender, fruchtiger Longdrink für die Party
■ Longdrinkglas
■ Shaker

4 cl Escorial grün
5 cl Orangensaft
4 cl Maracujasaft
1 cl Zitronensaft
■ **Deko:**
½ Orangenscheibe
1 Minzeblatt

Alle Zutaten zusammen im Shaker mit Eis schütteln und in das Longdrinkglas mit Crushed ice seihen. Die Orangenscheibe an den Glasrand stecken. Das Minzeblatt auf das Getränk legen.

Drambuie Apricot (o. l.), Spirit of Munich (o. r.), Drambuie Tropical (u. l.), Snow Ball (u. r.)

EURO-CUP

cremiger Shortdrink für die Party
- Cocktailglas
- Shaker

2,5 cl Galliano
0,5 cl Curaçao blue
1 cl Curaçao Triple sec
0,5 cl Zitronensaft
1,5 cl Sahne
Deko:
1 Cocktailkirsche

Die Zutaten zusammen im Shaker mit Eis kräftig schütteln und in das Glas seihen. Die Kirsche an den Glasrand stecken.

WHITE SNOW

lieblicher Shortdrink für den Nachmittag
- Cocktailglas
- Shaker

2 cl Galliano
1 cl Crème de Cacao weiß
2 cl Maracujasaft
2 cl Sahne
Deko:
Zimtpulver
1 Karambolenscheibe

Die Zutaten zusammen im Shaker mit Eis kräftig schütteln und in das Glas seihen. Mit Zimt bestreuen. Die Karambolenscheibe an den Glasrand stecken.

COBRA

würzig-lieblicher Shortdrink (After-Dinner-Drink)
- Cocktailglas
- Shaker

3 cl Galliano
1 cl Amaretto

Die Zutaten zusammen im Shaker mit Eiswürfeln gut schütteln und in das Cocktailglas seihen.

GOLDEN TORPEDO

cremiger, lieblicher Shortdrink (After-Dinner-Drink)
- Cocktailglas
- Shaker

2 cl Galliano
2 cl Sahne
2 cl Amaretto

Alle Zutaten zusammen im Shaker mit Eiswürfeln schütteln und in das Cocktailglas seihen.

GALLIANO STINGER

erfrischender, würziger Shortdrink für jede Jahreszeit
- Cocktailglas
- Shaker

4 cl Galliano
2 cl Crème de Menthe weiß

Die Zutaten zusammen im Shaker mit Eis schütteln und in das vorgekühlte Cocktailglas seihen.

Euro-Cup (l.), White Snow (r.)

GALLIANO SOUR

fruchtig-würziger Sour für jede Jahreszeit

- mittelgroßer Tumbler
- Shaker

2 cl Galliano

2 cl Whisky

2 cl Zitronensaft

1 cl Zuckersirup

Alle Zutaten zusammen im Shaker mit Eis schütteln und in das vorgekühlte Glas seihen.

GALLIANO MIST

fruchtig-würziger Shortdrink für heiße Tage

- kleiner Tumbler
- Gästeglas

6 cl Galliano

1 Zitronenachtel

Den Galliano in den zu zwei Dritteln mit Crushed ice gefüllten Tumbler gießen, die Zitrone darüber auspressen und ins Glas geben, kurz umrühren.

KING'S CUP

würzig-milder Shortdrink (After-Dinner-Drink)
- kleiner Tumbler
- Gästeglas

4 cl Galliano
2 cl Sahne

Den Galliano in den zu einem Drittel mit Crushed ice gefüllten Tumbler gießen, die Sahne dazugeben und kurz umrühren.

ORANGE-GRAPEFRUIT

fruchtig-milder Longdrink für den Abend
- Longdrinkglas
- Shaker

5 cl Grand Marnier
1 cl Grenadine
Grapefruitsaft zum Auffüllen
Deko:
1 Cocktailkirsche

Grand Marnier und Grenadine zusammen im Shaker mit Eiswürfeln schütteln und in das Glas seihen. Mit Grapefruitsaft auffüllen. Die Kirsche an den Glasrand stecken.

PEACHNUTS

lieblich-sahniger Shortdrink für die Party
- Sektschale
- Shaker

3 cl Haselnußlikör
1 cl Pfirsichlikör
1 cl weißer Rum
2 cl Sahne

Die Zutaten zusammen im Shaker mit Eis schütteln und in die Sektschale seihen.

GREEN CAT

säuerlicher Shortdrink für die Party
- Cocktailglas
- Shaker

4 cl Kiwilikör
2 cl weißer Rum
2 dashes Zitronensaft
1 dash Frothee
Deko:
1 Cocktailkirsche

Die Zutaten zusammen im Shaker mit Eis schütteln und in das Cocktailglas seihen. Die Cocktailkirsche am Sticker in das Glas geben.

BODIL

cremiger Shortdrink für den Nachmittag
- Cocktailglas
- Shaker

2 cl Parfait Amour (Fruchtaromalikör)
1 cl Kakaolikör
2 cl Crème de Menthe
1 cl Sahne
Außerdem:
geriebene Muskatnuß

Die Zutaten zusammen im Shaker mit Eis schütteln und in das Glas seihen. Mit Muskatnuß bestreuen.

NEW WAVE

lieblicher Shortdrink (After-Dinner-Drink)
- Cocktailglas
- Shaker

3 cl Pfirsichlikör
1 cl Galliano
1,5 cl Ananassaft
1,5 cl Sahne
Deko:
1 Stück Ananas
1 Erdbeere

Alle Zutaten zusammen im Shaker mit Eis kräftig schütteln und in das Glas seihen. Das Obst zusammen am Sticker über den Glasrand legen.

BONN 2000

halbtrockener Shortdrink (Aperitif)
- Cocktailglas
- Rührglas

2 cl Pfirsichlikör
2 cl Noilly-Prat
1 cl Williamsbirne
Deko:
1 Minibirne

Die Zutaten zusammen im Rührglas mit Eis verrühren und in das Cocktailglas seihen. Die Minibirne am Sticker in das Glas geben.

HAITI NIGHT

fruchtiger, alkoholarmer Longdrink für die Party
- Longdrinkglas
- Shaker

4 cl Pfirsichlikör
2 cl Mandarinensirup
8 cl Maracujasaft
1 cl Zitronensaft
Deko:
½ Zitronenscheibe
½ Orangenscheibe

Die Zutaten zusammen im Shaker mit Eis schütteln und in das Longdrinkglas mit Crushed ice seihen. Die Orangenscheibe und die Zitronenscheibe zusammen am Sticker über den Glasrand legen.

LIEBESTRAUM

fruchtiger Longdrink für die Party
- Longdrinkglas
- Shaker

3 cl Pfirsichlikör
1 cl Curaçao blue
2 cl Malibu
1 cl Zitronensaft
8 cl Ananassaft
Deko:
1 kleine Melonenscheibe
1 Cocktailkirsche
1 Orchidee

Die Zutaten zusammen im Shaker mit Eis schütteln und in das Longdrinkglas mit Crushed ice oder Eiswürfeln seihen. Die Melonenscheibe und die Cocktailkirsche an den Glasrand stecken. Die Orchidee auf den Glasrand setzen.

SPRINGTIME

lieblicher Longdrink für die Sommerparty
- Longdrinkglas
- Shaker

4 cl Pfirsichlikör
2 cl Cream of Coconut
8 cl Ananassaft
1 cl Zitronensaft
Deko:
1 Stück Ananas
1 Cocktailkirsche

Die Zutaten zusammen im Shaker mit Eis kräftig schütteln und in das Longdrinkglas mit Crushed ice seihen. Das Ananasstück mit der Kirsche am Sticker an den Glasrand stecken.

STAR

lieblicher, erfrischender Longdrink für die Party
- Longdrinkglas
- Shaker

3 cl Pirshou
2 cl Weinbrand
3 cl Maracujasaft
1 cl Zitronensaft
4 cl Cream of Coconut
- **Deko:**

½ Orangenscheibe
2 Cocktailkirschen

Die Zutaten zusammen im Shaker mit Eis schütteln und in das zu einem Viertel mit Crushed ice gefüllte Longdrinkglas seihen. Einen langen Holzspieß mit den Kirschen und der Orangenscheibe bestücken, so daß er wie ein Segel aussieht, und ihn zusammen mit einem Stirer in das Glas geben.

HASEL

lieblicher Longdrink für die Party
- Longdrinkglas
- Shaker

3 cl Pirshou
2 cl Wodka
3 cl Cream of Coconut
4 cl Ananassaft
1 cl Curaçao blue
- **Deko:**

2 Cocktailkirschen
1 Stück Ananas

Alle Zutaten außer Curaçao blue zusammen im Shaker mit Eis schütteln und in das zur Hälfte mit Crushed ice gefüllte Longdrinkglas seihen. Den Curaçao über das fertige Getränk geben. Die Cocktailkirschen und die Ananas am Sticker über den Glasrand legen.

PISANG PISTACHA

süßer Shortdrink
(After-Dinner-Drink)
- Cocktailglas
- Shaker

3 cl Pisang Ambon
1 cl Amaretto
2 cl Sahne

Die Zutaten zusammen im Shaker mit Eiswürfeln schütteln und in das Cocktailglas seihen.

JUNGLE JUICE

fruchtig-lieblicher Longdrink für die Party
- Longdrinkglas
- Shaker

2 cl Pisang Ambon
1 cl Apricot Brandy
1 cl Gin
5 cl Orangensaft
2 cl Zitronensaft
Deko:
1 Stück Ananas
1 Cocktailkirsche

Die Zutaten zusammen im Shaker mit Eis schütteln und in das Longdrinkglas mit Crushed ice seihen. Das Ananasstück an den Glasrand stecken und die Cocktailkirsche mit einem kleinen Sticker daran befestigen.

AZZURO

fruchtiger Longdrink für die Party
- Longdrinkglas
- Shaker

2 cl Pisang Ambon
2 cl Curaçao blue
2 cl Orangensaft
4 cl Maracujasaft
1 dash Frothee
Deko:
kleine Obststücke

Die Zutaten zusammen im Shaker mit Eis schütteln und in das Longdrinkglas mit Crushed ice seihen. Das Obst auf einen Spieß stecken und ihn über den Glasrand legen.

TROPENZAUBER I

fruchtig-milder Longdrink für die Party
- großer Tumbler
- Gästeglas

4 cl Pisang Ambon
Maracujasaft zum Auffüllen
Deko:
1 Bananenscheibe
1 Cocktailkirsche

Den Pisang Ambon in den zur Hälfte mit Eiswürfeln gefüllten Tumbler geben, mit Maracujasaft auffüllen und kurz umrühren. Das Obst am Sticker über den Glasrand legen.

GREEN ORANGE

fruchtig-milder Longdrink für den Abend
- Longdrinkglas
- Gästeglas

4 cl Pisang Ambon
8 cl Orangensaft
Deko:
1 Orangenscheibe

Die Zutaten zusammen in das Longdrinkglas mit Eiswürfeln geben und gut umrühren. Die Orangenscheibe an den Glasrand stecken.

SOUTHERN COMFORT PINK

würziger-milder Shortdrink für die Party
- kleiner Tumbler
- Shaker

2 cl Southern Comfort
2 cl weißer Rum
1 cl Grapefruitsaft
2 dashes Grenadine

Alle Zutaten zusammen im Shaker mit Eiswürfeln schütteln und in den kleinen Tumbler mit Eiswürfeln seihen.

SOUTHERN COMFORT SOUR

erfrischender Sour für die Party
- großer Tumbler
- Shaker

4 cl Southern Comfort
4 cl Zitronensaft
2 cl Orangensaft
1 cl Zuckersirup
Deko:
½ Orangenscheibe
1 Cocktailkirsche

Die Zutaten zusammen im Shaker mit Eis schütteln und in den Tumbler mit Eisstücken seihen. Die Orangenscheibe und die Cocktailkirsche zusammen am Sticker über den Glasrand legen.

WHISKEY CREAM

würzig-lieblicher Shortdrink (After-Dinner-Drink)
- Cocktailglas
- Shaker

2 cl Southern Comfort
2 cl Sahne
2 cl Crème de Cacao weiß

Alle Zutaten zusammen im Shaker mit Eiswürfeln kräftig schütteln und in das Cocktailglas seihen.

STEAMBOAT

erfrischender Longdrink für die Party
- Longdrinkglas
- Gästeglas

4 cl Southern Comfort
10 cl Sodawasser
Deko:
1 Zitronenscheibe

Den Southern Comfort in das Longdrinkglas mit Eis geben, mit Sodawasser auffüllen und umrühren. Die Zitronenscheibe ins Glas geben. Einen langen Stirer dazu reichen.

NEW ORLEANS

fruchtig-milder Longdrink für die Sommerparty
- Longdrinkglas
- Shaker

3 cl Southern Comfort
2 cl Bourbon Whiskey
1 cl Mandellikör
4 cl Orangensaft
2 cl Zitronensaft

Die Zutaten zusammen mit Eiswürfeln im Shaker schütteln und in das Longdrinkglas mit Crushed ice seihen. Mit Trinkhalm servieren.

HONOLULU JUICER

fruchtig-milder Longdrink für die Sommerparty
- Longdrinkglas
- Shaker

4 cl Southern Comfort
2 cl brauner Rum
6 cl Ananassaft
2 cl Zitronensaft
2 cl Limettensirup
Deko:
1/4 Ananasscheibe
1 Cocktailkirsche

Alle Zutaten zusammen im Shaker mit Eis kräftig schütteln und in das zu einem Drittel mit Crushed ice gefüllte Longdrinkglas seihen. Die Ananasscheibe an den Glasrand stecken und die Kirsche mit einem Sticker daran befestigen.

TONIC OF THE SOUTH

bittersüßer Longdrink für den Abend
- Longdrinkglas
- Gästeglas

4 cl Southern Comfort
Tonic water zum Auffüllen
Deko:
1 Limettenscheibe

Southern Comfort im Longdrinkglas über Eiswürfel gießen. Mit Tonic water auffüllen und kurz umrühren. Die Limettenscheibe an den Glasrand stecken. Mit Stirer servieren.

SOUTHERN COLA

lieblicher Longdrink für den Abend
- Longdrinkglas
- Gästeglas

4 cl Southern Comfort
Cola zum Auffüllen
Deko:
1 Zitronenscheibe

Den Southern Comfort zusammen mit Eiswürfeln ins Longdrinkglas geben. Mit Cola auffüllen und kurz umrühren. Die Zitronenscheibe an den Glasrand stecken. Mit Trinkhalm servieren.

MISSISSIPPI II

kräftiger Shortdrink für jede Gelegenheit
- kleiner Tumbler
- Gästeglas

3 cl Southern Comfort
1 cl Bourbon Whiskey
1 cl Vermouth dry
Deko:
1/4 Orangenscheibe

Die Zutaten zusammen im Gästeglas mit Eis verrühren. Die Orangenscheibe in das Glas geben. Mit einem Stirer servieren.

SOUTHERN SUMMER

fruchtig-milder Longdrink für die Sommerparty
- Longdrinkglas
- Shaker

4 cl Southern Comfort
2 cl Canadian Whisky
4 cl Pfirsichsaft
1 cl Zitronensaft
Ginger-ale zum Auffüllen
Deko:
1 Zitronenscheibe
1 Cocktailkirsche

Alle Zutaten außer Ginger-ale zusammen mit Eiswürfeln im Shaker schütteln und in das Longdrinkglas mit Eiswürfeln seihen. Mit Ginger-ale auffüllen und kurz umrühren. Die Zitronenscheibe an den Glasrand stecken; die Kirsche mit einem kleinen Sticker daran befestigen.

VELVET HAMMER

lieblicher Shortdrink
(After-Dinner-Drink)
- Cocktailglas
- Shaker

2 cl Tia Maria
2 cl Cointreau
2 cl Sahne

Die Zutaten zusammen im Shaker mit Eis schütteln und in das Cocktailglas seihen.

CREAM DREAM

cremiger, lieblicher Shortdrink für die Party
- Cocktailglas
- Shaker

3 cl Tia Maria
2 cl Amaretto
1 cl Galliano
2 cl Sahne
Deko:
1 Cocktailkirsche

Die Zutaten zusammen im Shaker mit Eis kräftig schütteln und in das Glas seihen. Die Cocktailkirsche an den Glasrand stecken.

V. W.

aromatischer Shortdrink mit Birnengeschmack (Aperitif)
- Cocktailglas
- Rührglas

3 cl William's Liqueur
3 cl Vermouth bianco
Deko:
1 Cocktailkirsche

Die Zutaten zusammen im Rührglas mit Eis verrühren und in das Glas seihen. Die Kirsche am Sticker in das Glas geben.

SWEET PEAR

lieblicher Longdrink für die Party
- Longdrinkglas
- Shaker

3 cl William's Liqueur
1 cl Red Orange
2 cl Cream of Coconut
8 cl Orangensaft
Deko:
1 Minibirne

Die Zutaten zusammen im Shaker mit Eis schütteln und in das Longdrinkglas mit Crushed ice seihen. Die Minibirne an den Glasrand stecken.

Drinks mit Calvados

DIKI DIKI

CALVADOS SOUR

GREENWICH

APPLE BLOSSOM

CALVADOS COCKTAIL

BOSTON

herber Shortdrink (Aperitif)
- Cocktailglas
- Rührglas

3 cl Calvados
1 cl Gin
1 cl Scotch Whisky

Die Zutaten zusammen im Rührglas mit Eis verrühren und in das Cocktailglas seihen.

ANGEL'S HOPE

halbtrockener Shortdrink (Aperitif)
- Cocktailglas
- Rührglas

2 cl Calvados
2 cl Gin
2 cl Orangenlikör

Die Zutaten im Shaker mit Eis schütteln und in das Cocktailglas seihen.

JERSEY

herber Shortdrink (Aperitif)
- Cocktailglas
- Shaker

3 cl Calvados
2 cl Zitronensaft
1 cl Zuckersirup
1 dash Angostura

Die Zutaten zusammen im Shaker mit Eis schütteln und in das Cocktailglas seihen.

JACKE ROSE

fruchtiger Shortdrink (Aperitif)
- Cocktailglas
- Shaker

3 cl Calvados
1 cl Grenadine
2 cl Zitronensaft

Die Zutaten zusammen im Shaker mit Eis schütteln und in das Cocktailglas seihen.

DIKI DIKI

herber Shortdrink (Aperitif)
- Cocktailglas
- Shaker

4 cl Calvados
1 cl Schwedenpunsch (Likör)
1 cl Grapefruitsaft

Die Zutaten zusammen im Shaker mit Eis schütteln und in das Cocktailglas seihen.

LIBERTY

aromatischer Shortdrink (Aperitif)
- Cocktailglas
- Rührglas

4 cl Calvados
2 cl Rum
1 dash Zuckersirup

Die Zutaten zusammen im Rührglas mit Eis verrühren und in das Cocktailglas seihen.

Boston (l.), Jacke Rose (r. o.), Diki Diki (r. u.)

BENTLEY

halbtrockener Shortdrink (Aperitif)
- Cocktailglas
- Rührglas

3 cl Calvados
3 cl Dubonnet

Die Zutaten zusammen im Rührglas mit Eis verrühren und in das Cocktailglas seihen. Auf Wunsch Eis dazugeben.

BIG APPLE I

aromatischer Shortdrink für den ganzen Tag
- Cocktailglas
- Rührglas

3 cl Calvados
1 cl Brandy
3 cl Apfelsaft

Die Zutaten zusammen im Rührglas mit Eis verrühren und in das Cocktailglas seihen.

WHITE WING

würzig-frischer Shortdrink (After-Dinner-Drink)
- Cocktailglas
- Shaker

3 cl Calvados
3 cl weißer Pfefferminzlikör

Alle Zutaten zusammen im Shaker mit Eis schütteln und in das Cocktailglas seihen.

CALVADOS SOUR

erfrischender Sour für den Sommer
- mittelgroßer Tumbler
- Shaker

4 cl Calvados
2 cl Zitronensaft
1 cl Zuckersirup
Deko:
½ Orangenscheibe
1 Cocktailkirsche

Die Zutaten zusammen im Shaker mit Eis schütteln und in den Tumbler seihen. Die Orangenscheibe zusammen mit der Kirsche an den Glasrand stecken. Eventuell etwas Mineralwasser dazugeben.

NORMANDIE I

fruchtiger, mittelherber Crusta (Aperitif)
- kleines Ballonglas mit Zuckerrand
- Shaker

3 cl Calvados
2 cl Orangensaft
1 cl Zuckersirup
Deko:
1 Zitronenschalenspirale

Die Zutaten zusammen im Shaker mit Eis schütteln und in das Ballonglas mit Zuckerrand seihen. Die Schalenspirale ins Glas geben.

CALVA JULEP

würzig-fruchtiger Julep für die Sommermonate
- kleiner Tumbler
- Gästeglas

3 Minzeblätter
1 BL Zucker
4 cl Calvados
1 BL Zitronensaft
Deko:
1 Minzezweig

Die Minzeblätter zusammen mit dem Zucker im Tumbler zerdrücken. Calvados und Zitronensaft dazugeben, umrühren und kurz ziehen lassen. Dann zwei Eiswürfel dazugeben. Den Minzezweig an den Glasrand hängen.

APPLEJACK RABBIT

fruchtiger, feinherber Shortdrink für den Abend
- Cocktailglas
- Shaker

2 cl Calvados
2 cl Orangensaft
2 cl Zitronensaft
2 cl Ahornsirup
Deko:
½ Orangenscheibe

Alle Zutaten zusammen im Shaker mit Eis kräftig schütteln und in das Glas seihen. Die Orangenscheibe an den Glasrand stecken.

VERMONT

mild-fruchtiger Shortdrink (After-Dinner-Drink)
- Cocktailglas
- Shaker

4 cl Calvados
1 cl Grenadine
1 cl Zitronensaft

Alle Zutaten zusammen im Shaker mit Eis schütteln und in das Glas seihen.

LUGGER

halbtrockener Shortdrink (Aperitif)
- Cocktailglas
- Rührglas

2 cl Calvados
2 cl Brandy
1 cl Apricot Brandy

Die Zutaten zusammen im Rührglas mit Eis verrühren und in das Cocktailglas seihen.

B AND C

fruchtig-würziger Shortdrink (After-Dinner-Drink)
- kleiner Tumbler
- Gästeglas

2 cl Bénédictine D.O.M.
2 cl Calvados

Die Zutaten zusammen mit Eiswürfeln im Tumbler verrühren.

FUN APPLE

fruchtiger, feinherber Shortdrink für die Party
- Cocktailglas
- Shaker

2 cl Calvados
1 cl Brandy
1 cl Gin
2 cl lieblicher Apfelwein

Alle Zutaten zusammen im Shaker schütteln und in das Glas seihen.

GREENWICH

mild-würziger Shortdrink (After-Dinner-Drink)
- Cocktailglas
- Shaker

2 cl Calvados
2 cl Gin
2 cl Crème de Cacao weiß

Alle Zutaten zusammen im Shaker mit Eis schütteln und in das Glas seihen.

NICE ADVENTURE

herb-fruchtiger Shortdrink für jede Jahreszeit
- Cocktailglas
- Shaker

4 cl Calvados
2 cl Gin
2 cl Grapefruitsaft

Alle Zutaten im Shaker mit Eis schütteln und in das Glas seihen.

APPLE BLOSSOM

fruchtiger, feinherber Shortdrink für die Sommerparty
- Sektschale
- Blender

3 cl Calvados
2 cl Apfelsaft
1 cl Zitronensaft
1 TL Ahornsirup
Deko:
1 Zitronenscheibe

Alle Zutaten zusammen mit einer Barschaufel Crushed ice im Blender kurz mixen und in das Glas gießen. Die Zitronenscheibe an den Glasrand stecken.

LUMBERJACK

fruchtig-aromatischer Shortdrink (After-Dinner-Drink)
- kleiner Tumbler
- Rührglas

3 cl Calvados
1 cl Scotch Whisky
1 cl Gin
Außerdem:
1 Stück Zitronenschale

Alle Zutaten zusammen im Rührglas mit Eiswürfeln verrühren und in den Tumbler seihen. Den Drink mit der Zitronenschale abspritzen und sie ins Glas geben.

Calvados Cocktail I (l.), Calvados Cocktail II (r.)

CALVADOS COCKTAIL I

fruchtig-lieblicher Shortdrink für den Abend

- Cocktailglas
- Shaker

4 cl Calvados	
2 cl Grenadine	
2 cl Orangensaft	
1 dash Orange-Bitter	

Alle Zutaten zusammen im Shaker mit Eis schütteln und in das Glas seihen.

CALVADOS COCKTAIL II

fruchtig-milder Shortdrink für den Abend oder als After-Dinner-Drink

- Cocktailglas
- Shaker

2 cl Calvados	
2 cl Orangenlikör	
2 cl Orangensaft	
Deko:	
1/2 Orangenscheibe	

Alle Zutaten zusammen im Shaker mit Eis schütteln und in das Glas seihen. Die Orangenscheibe an den Glasrand stecken.

STAR COCKTAIL

fruchtiger, würzig-herber Shortdrink (Aperitif)
- Cocktailglas
- Rührglas

4 cl Calvados
2 cl Vermouth dry
1 dash Angostura
Deko:
1 grüne Olive

Alle Zutaten zusammen im Rührglas verrühren und in das Cocktailglas mit Eiswürfeln gießen. Die Olive am Sticker ins Glas geben.

KIDDY CAR

herb-fruchtiger Shortdrink (After-Dinner-Drink)
- Cocktailglas
- Shaker

5 cl Calvados
1 cl Zitronensaft
2 dashes Orangenlikör
Deko:
1 Cocktailkirsche

Alle Zutaten zusammen im Shaker mit Eis schütteln und in das Glas seihen. Die Kirsche an den Glasrand stecken.

NEW YORKER APPLE

fruchtiger, feinherber Shortdrink (Aperitif)
- Cocktailglas
- Rührglas

4 cl Calvados
2 cl Vermouth rosso
1 dash Orange-Bitter
Deko:
1 Cocktailkirsche

Alle Zutaten zusammen im Rührglas mit Eis verrühren und in das Glas seihen. Die Kirsche an den Glasrand stecken.

FROZEN FRUITS

fruchtiger, feinherber Shortdrink für die Sommerparty
- Cocktailglas
- Blender

3 cl Calvados
1 cl Bananenlikör
1 cl Limettensaft
Deko:
1 Bananenscheibe

Alle Zutaten zusammen mit einer Barschaufel Crushed ice im Blender mixen und in das Glas gießen. Die Bananenscheibe am Sticker über den Glasrand legen.

APPLEHAWK

fruchtig-herber Shortdrink für jede Jahreszeit
- Cocktailglas
- Shaker

3 cl Calvados
3 cl Grapefruitsaft
1 TL Zuckersirup
Deko:
1 Cocktailkirsche

Alle Zutaten zusammen im Shaker mit Eis kräftig schütteln und in das Glas seihen. Die Kirsche an den Glasrand stecken.

FINE APPLE

fruchtiger, feinherber Shortdrink für den Abend
- kleiner Tumbler
- Rührglas

2 cl Calvados
1 cl Cognac
1 cl Orangenlikör
Außerdem:
1 Stück Orangenschale
1 Stück Zitronenschale

Alle Zutaten zusammen im Rührglas mit Eis verrühren und in das Glas mit Eiswürfeln seihen. Den Drink mit den Zitrusschalen abspritzen und sie ins Glas geben.

KICKER

würziger, etwas lieblicher Shortdrink (After-Dinner-Drink)
- Cocktailglas
- Rührglas

2 cl Calvados
2 cl brauner Rum
2 cl Vermouth rosso
Deko:
1 Cocktailkirsche

Alle Zutaten zusammen im Rührglas mit Eis verrühren und in das Cocktailglas seihen. Die Kirsche ins Glas geben.

APPLE FIZZ

fruchtiger, mildherber Fizz für jede Jahreszeit
- kleiner Tumbler
- Shaker

3 cl Calvados
3 cl Zitronensaft
3 cl Ahornsirup
Sodawasser zum Auffüllen
Deko:
1 Zitronenscheibe

Alle Zutaten außer Soda zusammen im Shaker mit Eis schütteln und in den Tumbler seihen. Mit Soda auffüllen und umrühren. Die Zitronenscheibe an den Glasrand stecken.

GOLDEN HEATH

fruchtig-herber Shortdrink (After-Dinner-Drink)
- Cocktailglas
- Shaker

2 cl Calvados
2 cl Drambuie (Honiglikör)
2 cl Zitronensaft

Alle Zutaten zusammen im Shaker mit Eis schütteln und in das Glas seihen.

NEWTON'S APPLE

fruchtiger, leicht bitterer Shortdrink (After-Dinner-Drink)
- Cocktailglas
- Rührglas

4 cl Calvados
1 cl Curaçao Triple sec
2 dash Angostura

Alle Zutaten zusammen im Rührglas mit Eiswürfeln verrühren und in das Cocktailglas seihen.

JACK CARNATION

fruchtiger, zartherber Shortdrink für die Party
- Cocktailglas
- Shaker

4 cl Calvados
3 cl Zitronensaft
1 cl Grenadine
1 cl Zuckersirup

Alle Zutaten im Shaker mit Eis schütteln und in das Glas seihen.

CALVADOS COBBLER

fruchtiger Cobbler für heiße Tage
- großes Kelch- oder Weinglas
- Gästeglas

3 cl Calvados
1 cl Zitronensaft
1 cl Zuckersirup
6 cl Apfelwein
- **Deko:**

1 Miniapfel
1 Zitronenscheibe

Das Glas zur Hälfte mit Crushed ice füllen. Calvados, Zitronensaft und Zuckersirup hinzufügen und kurz umrühren. Mit Apfelwein auffüllen und nochmals umrühren. Dann das Obst an den Glasrand stecken.

APPLES AND MORE

fruchtiger, feinherber Crusta für die Party
- Cocktailglas mit Zuckerrand
- Shaker

2 cl Calvados
1,5 cl Apricot Brandy
2 cl Zitronensaft
2 BL Grenadine
1 dash Orange-Bitter

Alle Zutaten zusammen im Shaker mit Eis schütteln und in das Glas seihen.

Calvados Cobbler (h. l.), Apples And More (h. r.), Golden Heath (v.)

CIDRE COCKTAIL

fruchtiger Shortdrink für jede Jahreszeit
■ kleines Ballonglas
■ Gästeglas

2 cl Calvados
Cidre zum Auffüllen
■ **Deko:**
1 Apfelschalenspirale

Den Calvados in das Ballonglas geben, mit Cidre auffüllen und kurz umrühren. Die Schalenspirale an den Glasrand hängen.

APPLE

fruchtiger, zartherber Shortdrink für den Abend
■ kleiner Tumbler
■ Rührglas

3 cl Calvados
2 cl Gin
4 cl Apfelsaft
1 BL Zitronensaft

Alle Zutaten zusammen im Rührglas mit Eis verrühren und in den Tumbler seihen.

HAWAIIAN APPLE

mild-fruchtiger Shortdrink für jede Jahreszeit
■ kleiner Tumbler
■ Shaker

4 cl Calvados
1,5 cl Brandy
2 cl Ananassaft
■ **Außerdem:**
1 Ananasscheibe, gewürfelt

Alle Zutaten zusammen im Shaker mit Eis schütteln und in das Glas mit Eiswürfeln seihen. Die Ananasstücke ins Glas geben. Mit einem Sticker servieren.

FROZEN APPLE

fruchtiger, feinherber Shortdrink für die Sommerparty
■ Cocktailglas
■ Blender

3 cl Calvados
1 cl Limettensaft
1 TL Zucker
½ Eiweiß

Alle Zutaten zusammen mit einer Barschaufel Crushed ice im Blender mixen und in das Glas gießen.

APPLE SUNSET

fruchtig-lieblicher Longdrink für jede Jahreszeit
- Longdrinkglas
- Gästeglas

4 cl Calvados
1 cl Crème de Cassis
1 cl Grenadine
10 cl Orangensaft
Deko:
1 Cocktailkirsche

Calvados, Cassis und Grenadine zusammen im Longdrinkglas mit Eiswürfeln verrühren. Langsam mit Orangensaft aufgießen. Die Kirsche an den Glasrand stecken. Mit Trinkhalm servieren.

MONDSCHEIN CUP

mild-fruchtiger Longdrink für den Abend
- Longdrinkglas
- Shaker

4 cl Calvados
6 cl Apfelsaft
½ BL Zucker
Ginger-ale zum Auffüllen
Außerdem:
1 Zitronenscheibe

Alle Zutaten außer Ginger-ale zusammen im Shaker mit Eis schütteln und in das Glas seihen. Mit Ginger-ale auffüllen und kurz umrühren. Die Zitronenscheibe ins Glas geben.

KENNY

herb-würziger Longdrink für den Abend
- Longdrinkglas
- Gästeglas

4 cl Calvados
2 cl Vermouth rosso
Tonic water zum Auffüllen
Deko:
1 Zitronenscheibe

Alle Zutaten zusammen im Longdrinkglas mit Eiswürfeln langsam verrühren. Die Zitronenscheibe an den Glasrand stecken.

JACK COLLINS

erfrischender Collins für den ganzen Tag
- Longdrinkglas
- Gästeglas

4 cl Calvados
2 cl Zitronensaft
1 cl Zuckersirup
Sodawasser zum Auffüllen
Deko:
½ Zitronenscheibe
1 Cocktailkirsche

Zutaten außer Soda im Gästeglas mit Eis verrühren, mit Soda auffüllen und gut umrühren. Die Zitronenscheibe an den Glasrand stecken und die Kirsche ins Glas geben. Mit einem langen Stirer servieren.

APPLE SUNRISE

mild-fruchtiger Longdrink für jede Jahreszeit
- Longdrinkglas
- Gästeglas

4 cl Calvados
1 dash Zitronensaft
8 cl Orangensaft
2 cl Crème de Cassis

Calvados, Zitronensaft und Orangensaft zusammen im zur Hälfte mit Crushed ice gefüllen Longdrinkglas verrühren. Den Cassis langsam dazugießen. Mit Trinkhalm servieren.

BITTER APPLE

fruchtig-herber Longdrink für die Sommerparty
- großer Tumbler
- Gästeglas

4 cl Calvados
2 dashes Angostura
Sodawasser zum Auffüllen
Außerdem:
1 Stück Zitronenschale

Das Glas zur Hälfte mit Crushed ice füllen, Calvados und Angostura darübergießen, Soda dazugeben und alles langsam verrühren. Den Drink mit der Zitronenschale abspritzen.

TROPICAL APPLE

fruchtiger, feinherber Longdrink für die Sommerparty
- Longdrinkglas
- Shaker

5 cl Calvados
2 cl weißer Rum
2 cl Limettensaft
1 cl Mandelsirup
Außerdem:
1 Limettenviertel

Alle Zutaten zusammen im Shaker mit Eis kräftig schütteln und in das zur Hälfte mit Crushed ice gefüllte Glas seihen. Das Limettenviertel ins Glas geben.

CAMPUS

APOTHEKE

PATHETIC

DBU

Drinks mit Bitters

CAMPANILE

CAMPARI TONIC

APRICAMP

COLUMBO

APOTHEKE

bitterer Shortdrink
(After-Dinner-Drink)
■ Cocktailglas
■ Gästeglas

3 cl Fernet-Branca
1 cl Crème de Menthe weiß
2 cl Vermouth rosso

Die Zutaten zusammen im Gästeglas verrühren.

PATHETIC

leicht bitterer Shortdrink
■ Cocktailglas
■ Rührglas

1,5 cl Campari
2,5 cl Curaçao orange
2,5 cl Vermouth dry

Die Zutaten zusammen im Rührglas mit Eis verrühren und in das Cocktailglas seihen.

CABALLERO

fruchtiger, feinherber Shortdrink für den Abend
■ Cocktailglas
■ Rührglas

2 cl Campari
3 cl Bananenlikör

Die Zutaten zusammen im Rührglas mit Eis verrühren und in das Cocktailglas seihen.

CAMPARI FLIP

fruchtig-herber Flip für den Abend
■ Sektkelch
■ Shaker

4 cl Campari
1 cl Gin
4 cl Orangensaft
1 Eigelb

Alle Zutaten zusammen im Shaker mit Eis kräftig schütteln und in das Glas seihen.

SHAKERATO

bitterer Shortdrink (Aperitif)
■ Cocktailglas
■ Shaker

5 cl Campari
3 dashes Zitronensaft
■ **Außerdem:**
1 Stück Zitronenschale

Die Zutaten zusammen im Shaker mit Eis schütteln und in das Glas seihen. Mit der Zitronenschale abspritzen und sie ins Glas geben.

Apotheke (h. l.), Campari Flip (h. r.), Pathetic (v.)

KOKOSNUSS BITTER

aromatisch-fruchtiger Shortdrink für die Party
- kleiner Tumbler
- Shaker

2 cl Campari
2 cl Wodka
4 cl Orangensaft
1 cl Cream of Coconut
■ **Deko:**
1 Orangenscheibe

Alle Zutaten zusammen im Shaker mit Eis schütteln und in den Tumbler seihen. Die Orangenscheibe an den Glasrand stecken.

HSV

erfrischender, bitterer Sektcocktail (Aperitif)
- Sektkelch
- Gästeglas

4 cl Campari
trockener Sekt zum Auffüllen
■ **Außerdem:**
1 Stück Orangenschale

Den Campari ins Glas gießen und mit Sekt auffüllen. Die Orangenschale ins Glas geben.

FANCY CAMPARI

herber Shortdrink (Aperitif)
- Cocktailglas
- Rührglas

4 cl Campari
2 cl Wodka
2 dashes Angostura

Alle Zutaten zusammen im Rührglas mit Eis verrühren und in das Glas seihen.

SILVER CAMPARI

trockener, herber Sektcocktail (Aperitif)
- Sektschale
- Shaker

2 cl Campari
2 cl Gin
1 cl Zuckersirup
3 cl Zitronensaft
trockener Sekt zum Auffüllen
■ **Außerdem:**
1 Stück Zitronenschale

Alle Zutaten außer Sekt zusammen im Shaker mit Eis schütteln, in die Sektschale seihen und mit Sekt auffüllen. Mit der Zitronenschale abspritzen.

FERNANDO I

fruchtiger, zartherber Shortdrink für den Abend
- Cocktailglas
- Shaker

2 cl Campari
3 cl Bananenlikör
1 cl Escorial grün

Alle Zutaten zusammen im Shaker mit Eis schütteln und in das Glas seihen.

CAMPANILE

fruchtig-herber Shortdrink für den Abend
- großes Cocktailglas
- Shaker

2 cl Campari
2 cl Gin
2 cl Apricot Brandy
4 cl Orangensaft

Alle Zutaten zusammen im Shaker mit Eiswürfeln schütteln und in das Cocktailglas seihen.

CAMPUS

herb-würziger Shortdrink für den Abend
- kleiner Tumbler
- Rührglas

5 cl Campari
2 cl Whisky
1 cl Gin
■ **Außerdem:**
1 Orangenachtel

Alle Zutaten zusammen im Rührglas mit Eis verrühren und in das Glas mit Eiswürfeln seihen. Das Orangenachtel dazugeben.

AMERICANO II

leichter Longdrink (Aperitif)
- Longdrinkglas
- Gästeglas

4 cl Campari
2 cl Vermouth rosso
Mineralwasser zum Auffüllen
■ **Außerdem:**
½ Orangenscheibe

Campari und Vermouth zusammen im Longdrinkglas mit Eiswürfeln verrühren. Die Orangenscheibe ins Glas geben und den Drink mit Mineralwasser auffüllen. Mit einem Stirer servieren.

DBU

erfrischender Sektcocktail
(Aperitif, After-Dinner-Drink)
- Sektschale oder -kelch
- Shaker

2 cl Campari
2 cl Cointreau
2 cl Grapefruitsaft
trockener Sekt zum Auffüllen

Alle Zutaten außer Sekt zusammen im Shaker mit viel Eis schütteln und ins Glas seihen. Dann mit Sekt auffüllen.

CAMPARI LEMON

herb-fruchtiger Longdrink
(Aperitif)
- Longdrinkglas
- Gästeglas

5 cl Campari
Bitter lemon zum Auffüllen

Den Campari in das Longdrinkglas mit Eiswürfeln geben. Mit Bitter lemon auffüllen und kurz umrühren.

ROSEMIE

herb-fruchtiger Longdrink
(Aperitif)
- Longdrinkglas
- Gästeglas

4 cl Campari
8 cl Grapefruitsaft
Sekt zum Auffüllen
■ ***Außerdem:***
1 Orangenscheibe

Campari und Grapefruitsaft zusammen im Longdrinkglas mit Eiswürfeln verrühren. Mit Sekt auffüllen. Die Orangenscheibe ins Glas geben.

CAMPARI TONIC

erfrischender Longdrink für heiße Tage
- Longdrinkglas
- Gästeglas

4 cl Campari
Tonic water zum Auffüllen
■ ***Außerdem:***
1 Zitronenviertel

Den Campari in das Longdrinkglas mit Eiswürfeln geben und mit Tonic water auffüllen. Das Zitronenstück ins Glas geben. Mit einem Stirer servieren.

CAMPARI ORANGE

erfrischender Longdrink für heiße Tage
- Longdrinkglas
- Gästeglas

4 cl Campari
Orangensaft zum Auffüllen
Außerdem:
½ Orangenscheibe

Die Zutaten zusammen in das Longdrinkglas mit Eis geben. Die Orangenscheibe ins Glas geben und den Drink mit einem Stirer servieren.

CAMPARI SODA

herber Longdrink (Aperitif)
- Longdrinkglas
- Gästeglas

5 cl Campari
½ Zitronenscheibe
Sodawasser zum Auffüllen

Den Campari und die Zitronenscheibe zusammen in das Longdrinkglas mit Eiswürfeln geben. Mit Soda auffüllen und kurz umrühren. Mit Stirer servieren.

CAMPOR

herb-fruchtiger Longdrink fur den Abend
- Longdrinkglas
- Gästeglas

4 cl Campari
1 dash Orange-Bitter
1 dash Zitronensaft
Orangensaft zum Auffüllen
Deko:
1 Orangenscheibe

Campari, Orange-Bitter und Zitronensaft zusammen im Longdrinkglas mit Eiswürfeln verrühren. Mit Orangensaft auffüllen und kurz umrühren. Die Orangenscheibe an den Glasrand stecken.

CAMPARI PUNCH

herb-fruchtiger Longdrink für den Abend
- Ballonglas
- Shaker

3 cl Campari
2 cl Cointreau
4 cl Orangensaft
4 cl Grapefruitsaft
2 cl Zitronensaft

Alle Zutaten zusammen im Shaker mit Eis schütteln und in das Ballonglas gießen.

APRICAMP

herb-fruchtiger Longdrink für die Party

- großes Ballonglas
- Rührglas

3 cl Campari
3 cl Apricot Brandy
Orangensaft zum Auffüllen
Außerdem:
1 Stück Orangenschale

Campari und Apricot Brandy zusammen im Rührglas mit Eis verrühren und in das Ballonglas seihen. Mit Orangensaft auffüllen und nochmals umrühren. Die Orangenschale ins Glas geben.

ADRIA

herb-fruchtiger Longdrink für die Sommerparty

- Longdrinkglas
- Shaker

3 cl Campari
2 cl Wodka
1 TL Orangenlikör
1 TL Zitronensaft
Bitter orange (Bitterlimonade) zum Auffüllen
Deko:
2 Kumquats

Alle Zutaten außer Bitter orange zusammen im Shaker mit Eis schütteln und in das Glas mit Eiswürfeln seihen. Mit Bitter orange auffüllen und kurz umrühren. Die Kumquats zusammen am Sticker über den Glasrand legen.

LONG JEAN

herb-fruchtiger Longdrink für den Abend
- mittelgroßer Tumbler
- Gästeglas

2 cl Campari
1 cl Grand Marnier
Orangensaft zum Auffüllen
Deko:
1 Orangenscheibe
1 Zitronenscheibe

Campari und Grand Marnier in den Tumbler mit Eiswürfeln geben. Mit Orangensaft auffüllen und gut umrühren. Die Zitrusscheiben an den Glasrand stecken.

COLUMBO

herb-fruchtiger Longdrink für den Abend
- Longdrinkglas
- Gästeglas

4 cl Campari
4 cl Orangensaft
2 cl Zitronensaft
2 cl Limettensirup
Tonic water zum Auffüllen
Deko:
¼ Limettenscheibe

Alle Zutaten außer Tonic water zusammen im Longdrinkglas mit Eiswürfeln verrühren. Mit Tonic water auffüllen und kurz umrühren. Die Limettenscheibe an den Glasrand stecken.

SAMT UND SEIDE

herb-würziger Shortdrink (Aperitif)
■ kleiner Tumbler
■ Gästeglas

3 *cl* Cynar
2 *cl* Gin
■ **Deko:**
1 Zitronenscheibe

Die Zutaten zusammen mit drei Eiswürfeln im Tumbler verrühren. Die Zitronenscheibe an den Glasrand stecken.

CYNAR COCKTAIL

herb-würziger Shortdrink (Aperitif)
■ Cocktailglas
■ Gästeglas

3 *cl* Cynar
3 *cl* Vermouth bianco
■ **Deko:**
½ Orangenscheibe

Die Zutaten zusammen mit zwei Eiswürfeln im Cocktailglas verrühren. Die Orangenscheibe an den Glasrand stecken.

CYNAR ORANGE

feinherber Longdrink (Aperitif)
■ Longdrinkglas
■ Gästeglas

4 *cl* Cynar
1 *dash* Orange-Bitter
Orangensaft zum Auffüllen
■ **Deko:**
1 Orangenscheibe

Cynar und Orange-Bitter zusammen mit Eiswürfeln im Longdrinkglas verrühren. Mit Orangensaft auffüllen und kurz umrühren. Die Orangenscheibe an den Glasrand stecken.

CYNAR SODA

feinherber Longdrink (Aperitif)
■ Longdrinkglas
■ Gästeglas

4 *cl* Cynar
1 *dash* Orange-Bitter
Sodawasser zum Auffüllen

Cynar und Orange-Bitter zusammen mit Eiswürfeln im Longdrinkglas verrühren. Mit Soda auffüllen und kurz umrühren.

FRIENDS

herb-würziger Shortdrink für den Abend
- Cocktailglas
- Rührglas

2 cl Aperol
2 cl Gin
2 cl Vermouth dry
Außerdem:
1 Stück Zitronenschale

Alle Zutaten zusammen im Rührglas mit Eis verrühren und in das Cocktailglas seihen. Den Drink mit der Zitronenschale abspritzen und sie ins Glas geben.

GILIA

herber Shortdrink (Aperitif, After-Dinner-Drink)
- mittelgroßer Tumbler
- Gästeglas

4 cl Aperol
2 cl Scotch Whisky

Die Zutaten zusammen im Tumbler mit Eiswürfeln verrühren. Mit einem Stirer servieren.

SHAFT

trockener Sektcocktail (Aperitif)
- Longdrinkglas
- Gästeglas

3 cl Aperol
3 cl Gin
trockener Sekt zum Auffüllen
Deko:
½ Orangenscheibe

Alle Zutaten außer Sekt zusammen im Longdrinkglas mit Eiswürfeln verrühren und mit Sekt auffüllen. Die Orangenscheibe an den Glasrand stecken und den Drink mit einem Stirer servieren.

SIENA

würziger, feinherber Shortdrink für den Abend
- Cocktailglas
- Rührglas

2 cl Aperol
2 cl Gin
2 cl Vermouth bianco
Deko:
1 Cocktailkirsche

Alle Zutaten zusammen im Rührglas mit Eis verrühren und in das Glas seihen. Die Kirsche an den Glasrand stecken.

SUMMER IN ITALY

herb-würziger Longdrink für den Abend
- Longdrinkglas
- Gästeglas

2 *cl* Amaro Siciliano
2 *cl* Gin
1 *Orangenachtel*
Tonic water zum Auffüllen

Amaro und Gin zusammen mit viel Eis im Longdrinkglas verrühren. Das Orangenachtel dazugeben, mit Tonic water auffüllen und kurz umrühren.

RAMAZZOTTI LONG

feinherber Longdrink (After-Dinner-Drink)
- Longdrinkglas
- Gästeglas

4 *cl* Amaro Felsina Ramazzotti
2 *dashes* Orange-Bitter
Sodawasser zum Auffüllen
- **Deko:**

1 *Orangenscheibe*

Die Bitters zusammen mit Eiswürfeln im Longdrinkglas verrühren. Mit Soda auffüllen und kurz umrühren. Die Orangenscheibe an den Glasrand stecken.

RAMAZZOTTI SPECIAL

würziger, feinherber Shortdrink (After-Dinner-Drink)

- kleiner Tumbler
- Gästeglas

5 cl *Amaro Felsina Ramazzotti*

1 TL *Zitronensaft*

Deko:

1 *Zitronenscheibe*

Bitter und Zitronensaft zusammen mit Eiswürfeln im Tumbler verrühren. Die Zitronenscheibe an den Glasrand stecken.

NATALIA

würziger, feinherber Shortdrink (After-Dinner-Drink)

- Cocktailglas
- Rührglas

2 cl *Amaro Siciliano*

2 cl *Gin*

2 cl *Vermouth bianco*

1 dash *Orangenlikör*

Deko:

½ *Orangenscheibe*

Alle Zutaten zusammen im Rührglas mit Eis verrühren und in das Cocktailglas seihen. Die Orangenscheibe an den Glasrand stecken.

PAJA

feinherber Longdrink (After-Dinner-Drink)
- Longdrinkglas
- Gästeglas

1 Zitronenviertel
1 Orangenachtel
4 cl Amaro Siciliano
12 cl Orangenlimonade

Die Zitrusfrüchte ins Longdrinkglas geben. Bitter und Limonade darübergießen, kurz umrühren und einige Eiswürfel dazugeben.

PINKY

halbtrockener, cremiger Longdrink für die Party
- Longdrinkglas
- Shaker

3 cl Aperol
2 cl Gin
4 cl Cream of Coconut
6 cl Ananassaft
Deko:
1 Stück Ananas
1 Cocktailkirsche
1 Minzezweig

Die Zutaten zusammen im Shaker mit Eis kräftig schütteln und in das Cocktailglas seihen. Das Ananasstück, die Kirsche und den Minzezweig zusammen am Sticker an den Glasrand stecken.

AMARO SOUR

würzig-herber Sour für den Abend
- mittelgroßer Tumbler
- Shaker

4 cl Amaro Siciliano
2 cl Zitronensaft
1 cl Zuckersirup
Sodawasser zum Auffüllen
Deko:
1 Orangenscheibe
1 Zitronenscheibe
1 Cocktailkirsche

Alle Zutaten außer Soda zusammen im Shaker mit Eis kräftig schütteln und in das Glas mit Eiswürfeln seihen. Die Früchte auf einen großen Sticker spießen und ihn ins Glas geben. Den Drink mit Soda auffüllen und ihn dann kurz umrühren.

RED LIGHTNING

herb-würziger Longdrink (After-Dinner-Drink)
- Longdrinkglas
- Gästeglas

4 cl Amaro Siciliano
2 cl Campari
Sodawasser zum Auffüllen
Deko:
1 Zitronenschalenspirale
1 Cocktailkirsche

Amaro und Campari zusammen mit viel Eis im Longdrinkglas verrühren. Mit Soda auffüllen und kurz umrühren. Die Schalenspirale an den Glasrand hängen. Die Kirsche an den Glasrand stecken.

RIDLEY

DORADO

JALAPA

Drinks mit Tequila

TAMPICO

LA CONGA

MEXIKANISCHER TRAUM

DEBUTANTE

TEQUILA SOUR

TEQUILA GIMLET

TEQUILA SPECIAL SOUR

fruchtig-herber Sour für die Sommerzeit
- kleiner Tumbler
- Shaker

3 cl Tequila
1,5 cl Apricot Brandy
1 cl Zitronensaft

Alle Zutaten zusammen im Shaker mit Eis kräftig schütteln und in das Glas seihen.

JALAPA

fruchtiger, mildherber Shortdrink für den Abend
- Cocktailglas
- Shaker

3 cl Tequila
3 cl Limettensaft
3 cl Maracujanektar

Alle Zutaten im Shaker mit Eis gut schütteln und in das Glas seihen.

RIDLEY

würziger Shortdrink (After-Dinner-Drink)
- kleiner Tumbler
- Gästeglas

3 cl Tequila
3 cl Gin
1 dash Galliano

Tequila, Gin und zuletzt Galliano in das zur Hälfte mit Crushed ice gefüllte Glas geben. Kurz umrühren.

SIERRA MARGARITA

aromatischer Shortdrink (Aperitif)
- Cocktailglas mit Salzrand
- Shaker

4 cl Sierra Tequila silver
1 cl Orangenlikör (z. B. Cointreau)
2 cl Zitronen- oder Limettensaft

Die Zutaten zusammen im Shaker mit Eis schütteln und in das Glas seihen.

DORADO

zartherber Shortdrink für jede Jahreszeit
- Cocktailglas
- Shaker

5 cl Tequila
2 cl Zitronensaft
2 BL Honig

Alle Zutaten zusammen im Shaker mit Eis schütteln und in das Glas seihen.

BRAVE BULL

mild-würziger Shortdrink für den Abend
- Sherryglas
- Rührglas

3 cl Tequila
3 cl Kahlúa (Kaffeelikör)

Alle Zutaten zusammen im Rührglas mit Eis verrühren und in das Sherryglas seihen.

Sierra Margarita (h.), Brave Bull (M.), Jalapa (v.)

TOREADOR

lieblicher Shortdrink (After-Dinner-Drink)
- Cocktailglas
- Shaker

3 cl Tequila
1 cl Crème de Cacao
1 cl Sahne
Deko:
geschlagene Sahne
Kakaopulver

Alle Zutaten zusammen im Shaker mit Eis schütteln und in das Glas seihen. Eine Sahnehaube auf den Drink setzen und sie mit Kakao bestäuben.

LA CONGA

fruchtiger, leicht bitterer Shortdrink für jede Jahreszeit
- kleiner Tumbler
- Gästeglas

4 cl Tequila
2 BL Ananassaft
2 dashes Angostura
Sodawasser zum Auffüllen
Deko:
1 Zitronenscheibe

Alle Zutaten außer Soda zusammen mit Eiswürfeln im Tumbler verrühren. Etwas Soda dazugeben und kurz umrühren. Die Zitronenscheibe an den Glasrand stecken.

TEQUILA BITTER SWEET

fruchtiger, bittersüßer Shortdrink für die Sommerparty
- kleiner Tumbler
- Shaker

3 cl Tequila
1,5 cl Erdbeerlikör
1 cl Limonensaft
2 dashes Orange-Bitter
Deko:
2 Erdbeeren
1 Limettenviertel

Alle Zutaten zusammen im Shaker mit Eis kräftig schütteln und in das Glas seihen. Einige Eiswürfel und die Früchte ins Glas geben.

COCONUT TEQUILA

fruchtiger, zartherber Shortdrink für die Sommerparty
- Cocktailglas
- Shaker

3 cl Tequila
1 cl Cream of Coconut
1 cl Zitronensaft
1 TL Maraschino
Deko:
½ Ananasscheibe
½ Kiwischeibe

Alle Zutaten zusammen im Shaker mit Crushed ice kräftig schütteln und in das Glas seihen. Das Obst an den Glasrand stecken.

TAMPICO

fruchtiger, mildherber Shortdrink für den Abend

- Cocktailglas
- Shaker

4 cl Tequila
2 cl Papayasaft
2 dashes Orange-Bitter
Deko:
1 Papayastück

Alle Zutaten zusammen im Shaker mit Eis schütteln und in das Glas seihen. Das Papayastück an den Glasrand stecken.

MEXIKANISCHER TRAUM

herb-fruchtiger Shortdrink für den Abend

- Cocktailglas
- Shaker

2 cl Tequila
2 cl Brandy
2 cl Zitronensaft
1 BL Grenadine
Außerdem:
1 Stück Zitronenschale

Alle Zutaten zusammen im Shaker mit Eis schütteln und in das Glas seihen. Den Drink mit der Zitronenschale abspritzen und sie ins Glas geben.

PRADO

fruchtiger, zartherber Shortdrink für den Abend

- kleiner Tumbler
- Shaker

3 cl Tequila
1 cl Maraschino
1,5 cl Limettensaft
1 TL Grenadine
1 Eiweiß
Außerdem:
1 Cocktailkirsche
1 Limettenviertel

Alle Zutaten zusammen im Shaker mit Eis kräftig schütteln und in das Glas seihen. Die Früchte ins Glas geben.

TEBONNET

würziger, feinherber Shortdrink für den Abend

- kleiner Tumbler
- Gästeglas

3 cl Tequila
3 cl Dubonnet
Deko:
1 Zitronenscheibe

Die Zutaten zusammen im Tumbler verrühren. Crushed ice nach Wunsch dazugeben. Die Zitronenscheibe an den Glasrand stecken.

GRACE OF MONACO

aromatischer Shortdrink für den Nachmittag
■ Cocktailglas
■ Rührglas

2 cl *Tequila weiß*
2 cl *Apricot Brandy*
2,5 cl *Mandarinenlikör*
■ ***Außerdem:***
1 *Stück Zitronenschale*

Die Zutaten zusammen im Rührglas mit Eis verrühren und in das Cocktailglas seihen. Die Zitronenschale ins Glas geben.

OLÉ

lieblicher Shortdrink (After-Dinner-Drink)
■ kleiner Tumbler
■ Rührglas

3 cl *Tequila weiß*
3 cl *Crème de Banane*
1 *dash Curaçao blue*
■ ***Außerdem:***
1 *Stück Zitronenschale*
1 *Limettenscheibe*

Die Zutaten zusammen im Rührglas mit Eis verrühren, in den Tumbler mit Eiswürfeln seihen und mit der Zitronenschale abspritzen. Die Limettenscheibe ins Glas geben.

DEBUTANTE

halbtrockener Shortdrink (Aperitif)
■ Cocktailglas
■ Shaker

3 cl *Tequila*
2,5 cl *Pfirsichlikör*
0,5 cl *Pfefferminzlikör*
1 BL *Zitronensaft*
■ ***Deko:***
1 *Cocktailkirsche*

Die Zutaten zusammen im Shaker mit Eis schütteln und in das Glas seihen. Die Kirsche ins Glas geben.

TEQUILA SOUR

fruchtiger, säuerlicher Sour für jede Jahreszeit
■ kleiner Tumbler
■ Shaker

5 cl *Tequila*
3 cl *Zitronensaft*
2 cl *Zuckersirup*
■ ***Deko:***
1 *Cocktailkirsche*

Alle Zutaten zusammen im Shaker mit Eis schütteln und in das Glas seihen. Die Kirsche an den Glasrand stecken. Der Druck kann auf Wunsch mit Mineralwasser aufgefüllt werden.

TEQUILA GIMLET

leicht säuerlicher Shortdrink für den Abend

- Cocktailglas
- Shaker

4 cl Tequila
2 cl Zitronensaft
2 cl Limettensaft

Alle Zutaten zusammen im Shaker mit Eiswürfeln gut schütteln und in das Cocktailglas seihen.

MARTINI MAYADOR

herber Shortdrink für den Abend

- Cocktailglas
- Rührglas

4 cl Tequila
2 cl Vermouth dry
- **Deko:**

1 Olive

Die Zutaten zusammen im Rührglas mit Eis verrühren und in das Cocktailglas seihen. Die Olive am Sticker ins Glas geben.

BLUE MOON II

würzig-lieblicher Shortdrink (After-Dinner-Drink)

- Cocktailglas
- Shaker

3 cl Tequila
2 cl Galliano
1 cl Curaçao blue
4 cl Sahne

Alle Zutaten zusammen im Shaker mit Eiswürfeln gut schütteln und in das Glas seihen.

KNOCK OUT I

herb-fruchtiger Shortdrink für den Abend

- Cocktailglas
- Shaker

5 cl Tequila
1 cl Galliano
2 cl Zitronensaft
1 cl Orangensaft

Alle Zutaten zusammen im Shaker mit Eis gut schütteln und in das Glas seihen.

PINK MARGARITA

fruchtiger, zartherber Shortdrink für den Abend
- Cocktailglas
- Shaker

3 cl Tequila
1 cl Himbeerlikör
1 cl Zitronensaft
1 TL Grenadine
Deko:
1 Cocktailkirsche

Alle Zutaten zusammen im Shaker mit Eis kräftig schütteln und in das Glas seihen. Die Kirsche an den Glasrand stecken.

GOLDEN VOLCANO

cremiger Shortdrink für den Abend
- Cocktailglas
- Shaker

1,5 cl Tequila
0,5 cl Curaçao Triple sec
1,5 cl Galliano
1 cl Sahne
1 cl Limettensaft
1 cl Orangensaft
Deko:
1 Cocktailkirsche

Die Zutaten zusammen im Shaker mit Eis kräftig schütteln und in das Glas seihen. Die Kirsche an den Glasrand stecken oder am Sticker über das Glas legen.

JULIET

lieblicher Shortdrink für den Abend
- Cocktailglas
- Shaker

2 cl Tequila Gold
2 cl Pisang Ambon
3 cl Ananassaft
1 dash Grenadine
- **Deko:**

1 Karambolenscheibe
1 Cocktailkirsche

Die Zutaten zusammen im Shaker mit Eis schütteln und in das Glas seihen. Die Karambolenscheibe mit der Kirsche am Sticker an den Glasrand stecken.

PACIFICO

fruchtiger, zartherber Shortdrink für die Sommerparty
- Cocktailglas
- Blender

4 cl Tequila
2 cl Maracujasirup
1 cl Zitronensaft
- **Deko:**

1 Zitronenscheibe

Alle Zutaten zusammen mit einer Barschaufel Crushed ice im Blender mixen und in das Glas gießen. Die Zitronenscheibe an den Glasrand stecken.

TEQUIN

fruchtig-herber Shortdrink für den Abend
- Cocktailglas
- Shaker

2 cl Tequila
1 cl Gin
1 cl Limettensaft
Deko:
1 Limettenscheibe

Alle Zutaten zusammen im Shaker mit Eis kräftig schütteln und in das Glas seihen. Die Limettenscheibe an den Glasrand stecken.

MARLON BRANDO'S PUEBLA FLIP

würziger, lieblicher Flip für den Abend
- Kelchglas
- Shaker

3 cl Tequila
1 BL brauner Rum
1 BL Crème de Cacao
½ Päckchen Vanillezucker
1 Eigelb
Deko:
Zimtpulver

Alle Zutaten zusammen im Shaker mit Eis kräftig schütteln und in das Glas seihen. Mit Zimt bestäuben.

MEXICANA

fruchtig-herber Shortdrink für die Party
- Cocktailglas
- Shaker

4 cl Tequila
2 cl Zitronensaft
1 cl Ananassaft
1 TL Grenadine
Deko:
1 Cocktailkirsche

Alle Zutaten zusammen im Shaker mit Eis kräftig schütteln und in das Glas seihen. Die Kirsche an den Glasrand stecken.

TEQUILA MARTINI

trockener, würziger Shortdrink (Aperitif)
- Cocktailglas
- Rührglas

4 cl Tequila
2 cl Vermouth dry
Deko:
1 grüne Olive

Alle Zutaten zusammen im Rührglas mit Eis verrühren und in das Glas seihen. Die Olive ins Glas geben.

FROZEN TEQUILA

fruchtiger, zartherber Shortdrink für die Sommerparty
■ Cocktailglas
■ Blender

3 cl Tequila
4 cl Ananassaft
1 cl Zitronensaft

Alle Zutaten zusammen mit einer Barschaufel Crushed ice im Blender gut mixen und in das Glas gießen.

FROZEN BLACKBERRY TEQUILA

herb-fruchtiger Shortdrink für die Sommerparty
■ Cocktailglas
■ Blender

4 cl Tequila
2 cl Brombeerlikör
1 cl Zitronensaft
■ **Deko:**
1 Zitronenscheibe

Alle Zutaten zusammen mit einer Barschaufel Crushed ice im Blender mixen und in das Glas gießen. Die Zitronenscheibe an den Glasrand stecken.

MEXICAN GUAYABA

fruchtiger, feinherber Shortdrink für die Party
■ Cocktailglas
■ Shaker

3 cl Tequila
1 cl Orangensaft
1 cl Limettensaft
1 cl Guavensirup
■ **Außerdem:**
1 Stück Orangenschale

Alle Zutaten zusammen im Shaker mit Eis kräftig schütteln und in das Glas seihen. Den Drink mit der Orangenschale abspritzen und sie ins Glas geben.

COPA DE ORO

fruchtiger, lieblicher Flip für jede Jahreszeit
■ Kelchglas
■ Shaker

2 cl Tequila
1 cl Grand Marnier
1 cl Zuckersirup
1 Eigelb

Alle Zutaten zusammen im Shaker mit viel Eis kräftig schütteln und in das Glas seihen.

NORTHAMERICANO

fruchtiger, trockener Shortdrink (Aperitif)
■ Cocktailglas
■ Rührglas

4 cl Tequila
1 cl Sherry dry
■ **Deko:**
1 Zitronenscheibe

Alle Zutaten zusammen im Rührglas mit Eis verrühren und in das Glas seihen. Die Zitronenscheibe an den Glasrand stecken.

TORNADO

halbtrockener Longdrink für alle Gelegenheiten
■ Longdrinkglas
■ Shaker

3 cl Tequila
2 cl Pfirsichlikör
4 cl Grapefruitsaft
4 cl Maracujasaft
1 cl Limettensirup
■ **Deko:**
½ Orangenscheibe
2 Cocktailkirschen

Die Zutaten zusammen im Shaker mit Eis kräftig schütteln und in das Longdrinkglas mit Crushed ice seihen. Die Kirschen und die Orangenscheibe auf einen langen Spieß stecken, so daß er wie ein Segel aussieht, und ihn ins Glas stellen. Mit einem Stirer servieren.

VIVA

fruchtiger Longdrink für die Party
■ Longdrinkglas
■ Gästeglas

4 cl Tequila weiß
2 cl Red Orange
6 cl Maracujasaft
6 cl Orangensaft
1 cl Limettensaft
■ **Deko:**
1 Erdbeere
1 Karambolenscheibe

Die Zutaten zusammen im Longdrinkglas mit Eiswürfeln verrühren. Die Karambolenscheibe mit der Erdbeere am Sticker an den Glasrand stecken. Mit einem Stirer servieren.

TEMPEST

fruchtiger, halbtrockener Longdrink für alle Gelegenheiten
■ Longdrinkglas
■ Shaker

3 cl Tequila
1 cl Mandarinensirup
4 cl Maracujasaft
4 cl Orangensaft
1 cl Zitronensaft
■ **Deko:**
1 Karambolenscheibe
1 Cocktailkirsche

Die Zutaten zusammen im Shaker mit Eis schütteln und in das Longdrinkglas mit Crushed ice seihen. Die Karambolenscheibe an den Glasrand stecken. Die Kirsche mit einem kleinen Sticker dann daran befestigen.

Sierra Sunrise (l.), Sierra Gringo (r.)

SIERRA SUNRISE

fruchtig erfrischender Longdrink für die Sommerparty

- Longdrinkglas
- Shaker

5 cl Sierra Tequila silver
10 cl Orangensaft
2 cl Grenadine

Tequila und Orangensaft im Shaker mit Eis schütteln und in das Longdrinkglas mit Eiswürfeln seihen. Den Grenadine langsam in den Drink geben und ihn sich absetzen lassen. Vor dem Trinken umrühren.

SIERRA GRINGO

fruchtiger Longdrink für den Sommer

- Longdrinkglas
- Shaker

2 cl Sierra Tequila Gold
1 cl Pennypacker (Bourbon Whiskey)
1 cl Zitronensaft
5 cl Maracujasaft
Deko:
1 Zitronenscheibe, 1 Kirsche

Alle Zutaten im Shaker mit Eis schütteln und in das Glas gießen. Die Früchte am Sticker über das Glas legen.

ACAPULCO DREAM

mild-fruchtiger Longdrink für die Party
- Longdrinkglas
- Shaker

3 cl Tequila
1 cl brauner Rum
10 cl Ananassaft
4 cl Grapefruitsaft
- **Deko:**

1 Ananasscheibe

Alle Zutaten zusammen im Shaker mit Eis schütteln und in das Glas mit Eiswürfeln seihen. Zuletzt die Ananasscheibe an den Glasrand stecken.

MEXICAN NIGHT

fruchtig-herber Longdrink für die Party
- Longdrinkglas
- Gästeglas

4 cl Tequila
2 dashes Limettensirup
1 Zitronenviertel
Bitter lemon zum Auffüllen

Tequila, Limettensirup und das Zitronenviertel zusammen im Glas mit Eis verrühren. Mit Bitter lemon auffüllen und kurz umrühren.

JUNGLE BIRD

fruchtiger, halbtrockener Longdrink für die Sommerparty
- Longdrinkglas
- Shaker

4 cl Tequila
4 cl Papayasaft
4 cl Zitronensaft
1 cl Maracujasirup
- **Deko:**

1/4 Ananasscheibe
1 Cocktailkirsche

Die Zutaten zusammen im Shaker mit Eis schütteln und in das Longdrinkglas mit Crushed ice seihen. Das Obst auf einen Spieß stecken und ihn über den Glasrand legen.

MEXICAN OLD FASHIONED

bitter-süßer Longdrink für die Sommerparty
- großer Tumbler
- Gästeglas

1 Stück Würfelzucker
1 dash Angostura
1 Zitronenviertel
1 Orangenachtel
1 Cocktailkirsche
5 cl Tequila
Sodawasser zum Auffüllen

Den Zucker im Glas mit Angostura tränken und mit einem Stößel zerdrücken. Die Früchte dazugeben, mit Tequila begießen und vier Eiswürfel dazugeben. Gut umrühren. Dann mit Soda auffüllen und nochmals vorsichtig umrühren. Mit einem Löffel servieren.

TEQUILA SUNRISE

fruchtiger Longdrink für heiße Tage
- Longdrinkglas
- Gästeglas

4 cl Tequila weiß
Orangensaft zum Auffüllen
½ Orangenscheibe
2 cl Grenadine

Den Tequila und den Orangensaft in das Longdrinkglas mit Eiswürfeln geben. Die Orangenscheibe auf das Getränk legen und den Grenadine darauf gießen. Mit einem Stirer servieren.

FROZEN SUN

fruchtiger, zartherber Shortdrink für die Sommerparty
- Cocktailglas
- Blender

4 cl Tequila
1 cl Limettensaft
1 cl Grenadine
Deko:
1 Orangenscheibe

Alle Zutaten zusammen mit einer Barschaufel Crushed ice im Blender mixen und in das vorgekühlte Glas gießen. Die Orangenscheibe an den Glasrand stecken.

TEQUILA FEVER

erfrischender Longdrink für heiße Tage
- Longdrinkglas
- Shaker

4 cl Tequila Gold
1 cl Red Orange
6 cl Maracujasaft
4 cl Mango-Zitronen-Saft
1 cl Zitronensaft
Deko:
1 Karambolenscheibe
1 Cocktailkirsche
1 Minzezweig

Die Zutaten zusammen im Shaker mit Eis schütteln und in das Longdrinkglas mit Eiswürfeln seihen. Die Karambolenscheibe zusammen mit der Kirsche am Sticker über den Glasrand legen. Den Minzezweig ins Glas geben.

CARABINIERI

fruchtiger, zartherber Longdrink für die Sommerparty
- Longdrinkglas
- Shaker

3 cl Tequila
2 cl Galliano
2 cl Limettensaft
8 cl Orangensaft
1 Eigelb

Alle Zutaten zusammen im Shaker mit Eiswürfeln gut schütteln und in das zur Hälfte mit Crushed ice gefüllte Glas seihen.

MEXICAN MOCKINGBIRD

würziger, zartherber Longdrink für die Sommerparty

- Longdrinkglas
- Shaker

4 cl Tequila
2 cl Creme de Menthe grün
1 cl Limettensaft
Sodawasser zum Auffüllen
■ Deko:
1 Minzezweig

Alle Zutaten außer Soda zusammen im Shaker mit Eis schütteln und in das zu einem Drittel mit Eiswürfeln gefüllte Glas seihen. Mit Soda auffüllen und kurz umrühren. Den Minzezweig an den Glasrand stecken.

TAPICO

erfrischender, bitterer Longdrink für die Party

- Longdrinkglas
- Shaker

4 cl Tequila silver
2 cl Cassis
2 cl Bananensaft
Tonic water zum Auffüllen
■ Deko:
1/2 Orangenscheibe
1 Cocktailkirsche

Alle Zutaten außer Tonic water zusammen im Shaker mit Eis schütteln und in das Longdrinkglas mit Eiswürfeln seihen. Mit Tonic water auffüllen. Die Orangenscheibe mit der Kirsche am Sticker an den Glasrand stecken.

MEXICAN SCREWDRIVER

fruchtiger Longdrink für die Sommerparty

- Longdrinkglas
- Gästeglas

4 cl Tequila
10 cl Orangensaft
Außerdem:
1 Orangenscheibe

Die Zutaten zusammen mit Eiswürfeln im Gästeglas verrühren. Die Orangenscheibe ins Glas geben. Mit Stirer servieren.

DESPERTADOR

fruchtiger, leicht herber Longdrink für jede Jahreszeit

- Longdrinkglas
- Shaker

3 cl Tequila
1 cl Cointreau
2 cl Grenadine
1 BL Honig
Grapefruitsaft zum Auffüllen
Deko:
1 Zitronenscheibe
1 Cocktailkirsche

Alle Zutaten außer Grapefruitsaft zusammen im Shaker mit Eis schütteln und in das Glas seihen. Mit Grapefruitsaft auffüllen und kurz umrühren. Das Obst zusammen am Sticker über den Glasrand legen.

TEQUAS

fruchtiger, feinherber Longdrink für die Party
- großer Tumbler
- Shaker

3 cl Tequila
4 cl Zitronensaft
2 cl Ananassirup
Deko:
1 Zitronenscheibe

Alle Zutaten zusammen im Shaker mit Eis kräftig schütteln und in das zur Hälfte mit Eiswürfeln gefüllte Glas seihen. Die Zitronenscheibe an den Glasrand stecken.

CARAMBA I

fruchtiger, zartherber Longdrink für die Sommerzeit
- Longdrinkglas
- Shaker

4 cl Tequila
2 cl Grapefruitsaft
2 BL Zuckersirup
Sodawasser zum Auffüllen

Tequila, Grapefruitsaft und Zuckersirup zusammen im Shaker mit Crushed ice schütteln und in das Glas gießen. Mit Soda auffüllen und kurz umrühren.

ALELUIA

erfrischend-fruchtiger Longdrink für die Sommerparty
- Longdrinkglas
- Shaker

2,5 cl Tequila weiß
1,5 cl Maraschino
1,5 cl Curaçao blue
1,5 cl Zitronensaft
1 dash Eiweiß
Bitter lemon zum Auffüllen
Deko:
1 Zitronenscheibe, 2 Kirschen
1 Stück Orangenschale
1 Minzezweig

Alle Zutaten außer Bitter lemon zusammen im Shaker mit Eis schütteln und in das Longdrinkglas seihen. Mit Bitter lemon auffüllen und umrühren. Die Zitronenscheibe mit den Cocktailkirschen am Sticker an den Glasrand stecken. Den Minzezweig und die Orangenschale ins Glas geben.

BLOODY JUANITA

pikanter Longdrink für den Abend
- großer Tumbler
- Gästeglas

4 cl Tequila
10 cl Tomatensaft
Pfeffer
Selleriesalz
Worcestershiresauce
Tabasco

Tequila und Tomatensaft zusammen im Tumbler mit Eis verrühren. Mit den Gewürzen abschmecken.

FERRARI COCKTAIL

Drinks mit Südwein

FIVE O'CLOCK

TROCADERO

ALADIN

STERN DES SÜDENS

DANIELLE

VERMOUTH TONIC

ADMIRAL

AIR MAIL II

feinherber Shortdrink (Aperitif)
- Cocktailglas
- Shaker

4 cl *Vermouth rosso*
2 cl Grappa
2 *dashes* Angostura

Alle Zutaten zusammen im Shaker mit Eis schütteln und in das Glas seihen.

STREGA COMET

feinherber Shortdrink (Aperitif)
- Cocktailglas
- Shaker

6 cl Vermouth dry
2 cl Strega-Likör (Kräuterlikör)

Alle Zutaten zusammen im Shaker mit Eis schütteln und in das Glas seihen.

FIVE O'CLOCK

fruchtig-würziger Shortdrink für den Abend
- Cocktailglas
- Shaker

2 cl Vermouth rosso
2 cl Gin
2 cl weißer Rum
2 cl Orangensaft

Alle Zutaten zusammen im Shaker mit Eiswürfeln kräftig schütteln und in das Glas seihen.

FERRARI COCKTAIL

würziger, feinherber Shortdrink für den Abend
- Cocktailglas
- Rührglas

4 cl Vermouth dry
2 cl Amaretto
abgeriebene Schale von ½ Zitrone

Alle Zutaten zusammen im Rührglas mit Eiswürfeln verrühren und in das Cocktailglas seihen.

PERFECTION

feinherber Shortdrink (Aperitif)
- Cocktailglas
- Rührglas

2 cl Vermouth dry
2 cl Vermouth rosso
2 cl Gin

Alle Zutaten zusammen im Rührglas mit Eis verrühren und in das Glas seihen.

SWEPT AWAY

würziger, feinherber Shortdrink für den Abend
- kleiner Tumbler
- Gästeglas

3 cl Rosso Antico (roter Vermouth)
2 cl weißer Rum

Die Zutaten zusammen im Tumbler mit Crushed ice verrühren und sofort servieren.

Air Mail II (o. l.), Five O'Clock (o. r.), Strega Comet (u.)

MASCOTTE COCKTAIL

herb-würziger Shortdrink für den Abend
- Cocktailglas
- Shaker

4 cl *Vermouth dry*
1 cl *Anisette*
1 cl *Bénédictine* D.O.M.

Alle Zutaten zusammen im Shaker mit Eis kräftig schütteln und in das Glas seihen.

LOVELY BUTTERFLY

würziger, feinherber Shortdrink (Aperitif)
- Cocktailglas
- Shaker

2 cl *Vermouth dry*
2 cl *Vermouth bianco*
1 cl *Dubonnet*
1 cl *Orangensaft*

Alle Zutaten zusammen im Shaker mit Eis schütteln und in das Glas seihen.

ADONIS

würzig-milder Shortdrink (Aperitif)
- Cocktailglas
- Rührglas

2 cl *Vermouth bianco*
1 cl *Vermouth rosso*
2 cl *Sherry*
1 *dash* Orange-Bitter

Alle Zutaten im Rührglas mit Eis verrühren, in das Glas seihen.

TOP OF THE HILL

fruchtiger, feinherber Shortdrink für den Nachmittag
- Cocktailglas
- Shaker

4 cl *Vermouth rosso*
4 cl *Orangensaft*
2 *dashes Ananassaft*
1 *dash* Orange-Bitter
- ***Deko*:**
½ *Orangenscheibe*

Alle Zutaten zusammen im Shaker mit Eis kräftig schütteln und in das Glas seihen. Die Orangenscheibe an den Glasrand stecken.

TROCADERO

halbtrockener Shortdrink (Aperitif)
- Cocktailglas
- Rührglas

3 cl *Vermouth dry*
3 cl *Vermouth rosso*
1 *dash* Grenadine
1 *dash* Orange-Bitter
- ***Deko*:**
1 *Cocktailkirsche*

Die Zutaten zusammen im Rührglas mit Eis verrühren und in das Cocktailglas seihen. Die Kirsche am Sticker ins Glas geben.

CHORUS GIRL

fruchtiger, feinherber Shortdrink für die Party
- Cocktailglas
- Shaker

2 cl Vermouth rosso
2 cl Vermouth dry
2 cl Gin
2 cl Orangensaft
Deko:
1 Cocktailkirsche

Alle Zutaten zusammen im Shaker mit Eis kräftig schütteln und in das Glas seihen. Die Kirsche an den Glasrand stecken.

GRÜNE WITWE II

würziger, feinherber Shortdrink für den Abend
- kleiner Tumbler
- Gästeglas

2 cl Vermouth dry
2 cl Gin
2 cl grüner Pfefferminzlikör
Deko:
1 Minzezweig

Den Tumbler halbvoll mit Crushed ice füllen. Dann Vermouth, Gin und Pfefferminzlikör darübergeben. Den Minzezweig an den Glasrand stecken.

DELMONICO

würziger, feinherber Shortdrink für den Abend
- kleiner Tumbler
- Shaker

2 cl Vermouth dry
2 cl Vermouth rosso
2 cl Cognac
2 cl Gin
1 dash Angostura
Außerdem:
1 Stück Orangenschale
1 Stück Gurkenschale
1 Cocktailkirsche

Alle Zutaten zusammen im Shaker mit Eis schütteln und in den Tumbler seihen. Die Schalenstücke und die Kirsche ins Glas geben.

AFFINITY COCKTAIL

würziger, feinherber Shortdrink für den Abend
- Cocktailglas
- Rührglas

2 cl Vermouth rosso
2 cl Vermouth dry
2 cl Scotch Whisky
2 dashes Angostura
Außerdem:
1 Stück Zitronenschale

Alle Zutaten zusammen im Rührglas mit Eis verrühren und in das Glas seihen. Den Drink mit der Zitronenschale abspritzen.

ALADIN

würzig-lieblicher Shortdrink für den Abend

- Cocktailglas
- Shaker

4 cl Vermouth rosso
2 cl Kirschwasser
1 cl Grenadine
Deko:
1 Cocktailkirsche

Alle Zutaten zusammen im Shaker mit Eis kräftig schütteln und in das Glas seihen. Die Kirsche an den Glasrand stecken.

FLORA MCDONALD

würziger, feinherber Shortdrink für den Abend

- Cocktailglas
- Shaker

4 cl Vermouth dry
2 cl Drambuie (Honiglikör)
2 cl Gin
Deko:
1 Orangenscheibe

Alle Zutaten zusammen im Shaker mit Eis kräftig schütteln und in das Glas seihen. Die Orangenscheibe an den Glasrand stecken.

DOLLY

mild-fruchtiger Shortdrink für den Abend

- Cocktailglas
- Shaker

3 cl Vermouth bianco
2 cl Gin
3 cl Maracujanektar
Deko:
1 Zitronenscheibe

Alle Zutaten zusammen im Shaker mit Eis schütteln und in das Glas seihen. Die Zitronenscheibe an den Glasrand stecken.

STERN DES SÜDENS

feinherber Shortdrink für den Abend

- Cocktailglas
- Shaker

2,5 cl Vermouth rosso
2,5 cl weißer Rum
1 BL Zitronensaft
1 dash Orange-Bitter

Alle Zutaten zusammen im Shaker mit Eis schütteln und in das Glas seihen.

ADMIRAL

herber Shortdrink für den Abend
- Cocktailglas
- Rührglas

4 cl Vermouth dry
2 cl Bourbon Whiskey
1 dash Zitronensaft
Deko:
1 Zitronenscheibe

Alle Zutaten zusammen im Rührglas mit Eis verrühren und in das Glas seihen. Die Zitronenscheibe ins Glas geben.

DIPLOMAT

feinherber Shortdrink (Aperitif)
- Cocktailglas
- Shaker

4 cl Vermouth dry
2 cl Vermouth rosso
1 BL Maraschino
Deko:
1 Cocktailkirsche

Alle Zutaten zusammen im Shaker mit Eis kräftig schütteln und in das Glas seihen. Die Kirsche an den Glasrand stecken.

BITTER SWEET II

feinherber Shortdrink (Aperitif)
- Cocktailglas
- Gästeglas

3 cl Vermouth dry
3 cl Vermouth rosso
1 dash Angostura
Außerdem:
1 Stück Orangenschale

Alle Zutaten zusammen im Cocktailglas mit Eiswürfeln verrühren. Den Drink mit der Orangenschale abspritzen und sie ins Glas geben.

DANIELLE

feinherber Shortdrink (Aperitif)
- Cocktailglas
- Rührglas

4 cl Vermouth rosso
2 cl Brandy
1 dash Angostura
Deko:
1 Zitronenscheibe

Alle Zutaten zusammen im Shaker mit Eis kräftig schütteln und in das Glas seihen. Die Zitronenscheibe an den Glasrand stecken.

SEEJUNGFRAU

fruchtiger, feinherber Longdrink für die Sommerparty
- Longdrinkglas
- Gästeglas

2 cl Vermouth bianco
2 cl Gin
2 cl Curaçao blue
Bitter orange (Bitterlimonade) zum Auffüllen
Deko:
1 Zitronenschalenspirale
1 Orangenscheibe

Alle Zutaten außer Bitter Orange zusammen im Longdrinkglas mit Eiswürfeln verrühren. Mit Limonade auffüllen und kurz umrühren. Die Schalenspirale an den Glasrand hängen, die Orangenscheibe an den Glasrand stecken.

DREI MAL DREI

würziger, feinherber Longdrink für den Abend
- Longdrinkglas
- Shaker

3 cl Vermouth dry
3 cl Gin
3 cl Limettensirup
1 BL Zitronensaft
Sodawasser zum Auffüllen

Alle Zutaten außer Soda zusammen im Shaker mit Eis schütteln und in das Glas seihen. Mit Soda auffüllen und kurz umrühren.

AMERICANO I

etwas lieblicher Longdrink für heiße Tage
- mittelgroßer Tumbler
- Gästeglas

3 cl Vermouth rosso
3 cl Campari
Sodawasser zum Auffüllen
Außerdem:
1 Stück Zitronenschale

Vermouth und Campari zusammen im Tumbler mit Eis verrühren. Mit Soda auffüllen und umrühren. Den Drink mit der Zitronenschale abspritzen.

VERMOUTH TONIC

herb-würziger Longdrink für den Abend
- Longdrinkglas
- Gästeglas

5 cl Vermouth dry
1 BL Zitronensaft
Tonic water zum Auffüllen
Deko:
1 Zitronenscheibe

Vermouth und Zitronensaft zusammen mit Eiswürfeln im Longdrinkglas verrühren. Mit Tonic water auffüllen und kurz umrühren. Die Zitronenscheibe an den Glasrand stecken.

CATCH ME

fruchtiger, bittersüßer Longdrink für den Abend
- Sektschale
- Shaker

4 cl Vermouth rosso	
4 cl Grand Marnier	
2 cl Zitronensaft	
2 cl Multifruchtsaft	
Tonic water zum Auffüllen	

Alle Zutaten außer Tonic water zusammen im Shaker mit Eis schütteln und in das Glas seihen. Mit Tonic water auffüllen und kurz umrühren.

MEZZ'E MEZZ'

fruchtig-herber Longdrink für den Abend
- großer Tumbler
- Shaker

6 cl Vermouth bianco	
1 cl Campari	
6 cl Grapefruitsaft	
Außerdem:	
1 Haselnußkern	

Alle Zutaten zusammen im Shaker mit Eiswürfeln schütteln und in das Glas seihen. Die Nuß ins Glas geben.

EXOTIC HOUR

fruchtiger, zartherber Longdrink für den Abend
- Longdrinkglas
- Gästeglas

4 cl Vermouth rosso	
4 cl Ananassaft	
Orangenlimonade zum Auffüllen	
Deko:	
½ Ananasscheibe	

Vermouth und Ananassaft zusammen im Glas mit Eiswürfeln gut verrühren. Mit der Limonade aufgießen. Die Ananasscheibe an den Glasrand stecken.

TEXAS RANCHER

würziger, feinherber Longdrink für jede Jahreszeit
- großer Tumbler
- Shaker

2 cl Vermouth bianco	
2 cl Vermouth dry	
2 cl Gin	
4 cl Grapefruitsaft	
1 BL Maraschino	
Deko:	
¼ Grapefruitscheibe	

Alle Zutaten zusammen im Shaker mit Eis schütteln und in das Glas seihen. Die Grapefruitscheibe an den Glasrand stecken.

Long Evening (l.), Gold Lion (r.)

LONG EVENING

würziger, feinherber Longdrink (Aperitif)

- Old-fashioned-Glas
- Rührglas

2 cl Vermouth dry
2 cl Vermouth rosso
1 cl Brandy
2 dashes Angostura
Sodawasser zum Auffüllen
Deko:
1 Zitronenscheibe

Alle Zutaten außer Soda zusammen im Rührglas mit Eis verrühren und in das Glas mit Eiswürfeln seihen. Mit Soda aufgießen. Die Zitronenscheibe an den Glasrand stecken.

GOLD LION

fruchtiger, feinherber Longdrink für den Abend

- Longdrinkglas
- Gästeglas

4 cl Vermouth rosso
2 cl Wodka
2 cl Zitronensaft
12 cl Orangensaft
Deko:
1 Orangenscheibe
1 Minzezweig

Alle Zutaten zusammen im Longdrinkglas mit Eiswürfeln gut verrühren. Die Orangenscheibe und den Minzezweig an den Glasrand stecken. Den Drink mit Stirer und Trinkhalm servieren.

PORTO

fruchtiger, feinherber Shortdrink (Aperitif)
- Cocktailglas
- Rührglas

4 cl Portwein
2 cl Brandy

Die Zutaten zusammen im Rührglas mit Eis verrühren und in das Glas seihen.

PORTWEIN FLIP

sahniger Flip (After-Dinner-Drink)
- Flipglas oder Sektkelch
- Shaker

4 cl Portwein
1 cl Cognac
1 BL Zuckersirup
1 Eigelb
Außerdem:
geriebene Muskatnuß

Die Zutaten zusammen im Shaker mit Eis kräftig schütteln und in das Glas seihen. Mit etwas Muskat bestreuen.

BETSY ROSS COCKTAIL

fruchtiger, feinherber Shortdrink (Aperitif)
- Cocktailglas
- Shaker

3 cl Portwein
3 cl Cognac
1 dash Orangenlikör
1 dash Angostura
Außerdem:
1 Stück Zitronenschale

Alle Zutaten zusammen im Shaker mit Eis schütteln und in das Glas seihen. Den Drink mit der Zitronenschale abspritzen.

TAYLOR MADE

fruchtiger Cobbler für heiße Tage
- Cobblerglas
- Gästeglas

5 cl Portwein
2 cl B & B-Likör
2 dashes Orange-Bitter
Außerdem:
½ Pfirsich, halbiert
2 Erdbeeren, halbiert
4 kleine Honigmelonenkugeln

Die Zutaten zusammen im zur Hälfte mit Crushed ice gefüllten Glas verrühren. Die Früchte ins Glas geben.

BERLENGA

feinwürziger Shortdrink (Aperitif)
- Cocktailglas
- Rührglas

6 cl weißer Portwein
2 cl Gin
■ ***Deko:***
½ Zitronenscheibe

Die Zutaten zusammen im Rührglas mit Eis verrühren und in das Glas seihen. Die Zitronenscheibe an den Glasrand stecken.

PORT SANGAREE

fruchtig-lieblicher Shortdrink für den Abend
- Cocktailglas
- Shaker

4 cl roter Portwein
1 cl Curaçao blue
1 cl Zuckersirup
■ ***Außerdem:***
geriebene Muskatnuß

Alle Zutaten zusammen im Shaker mit Eis schütteln und in das Glas seihen. Mit Muskat bestreuen.

PORTO RICO

fruchtig-herber Shortdrink für den Abend
- Cocktailglas
- Shaker

4 cl Portwein
2 cl Scotch Whisky
1 cl Zitronensaft
■ ***Deko:***
1 Orangenscheibe

Alle Zutaten zusammen im Shaker mit Eis schütteln und in das Glas seihen. Die Orangenscheibe an den Glasrand stecken.

EXTRAVAGANT PORT

fruchtiger, feinherber Longdrink für die Sommerparty
- Longdrinkglas
- Shaker

4 cl roter Portwein
2 cl Brandy
1 cl Orangenlikör
Bitter lemon zum Auffüllen
■ ***Deko:***
1 Orangenscheibe

Alle Zutaten außer Bitter lemon zusammen im Shaker mit Eis schütteln und in das Glas mit Eiswürfeln seihen. Mit Bitter lemon aufgießen und kurz umrühren. Die Orangenscheibe an den Glasrand stecken.

MOSS ROSE COCKTAIL

fruchtiger, feinherber Shortdrink für die Party
- Cocktailglas
- Shaker

4 cl Cream Sherry
2 cl Grapefruitsaft
***1 dash* Gin**

Alle Zutaten zusammen im Shaker mit Eis schütteln und in das Glas seihen.

P. J. (PERRIER JOUET)

trockener Champagnercocktail (Aperitif)
- Sektkelch
- Gästeglas

2 cl trockener Sherry
1 BL B & B-*Likör*
Champagner zum Auffüllen

Sherry und Likör zusammen im Gästeglas verrühren und danach mit Champagner auffüllen.

GORDON'S

fruchtiger, zartherber Shortdrink (Aperitif)
- Cocktailglas
- Rührglas

4 cl Sherry medium
1 cl Gin

Die Zutaten zusammen im Rührglas mit Eis verrühren und in das Glas seihen.

ARENA

feinherber Shortdrink (Aperitif)
- Cocktailglas
- Rührglas

2 cl Sherry dry
2 cl Vermouth dry
2 cl Vermouth rosso
***1 dash* Orange-Bitter**
■ ***Deko:***
1 Ingwerfrucht

Alle Zutaten zusammen im Rührglas mit Eis verrühren und in das Glas seihen. Die Ingwerfrucht am Sticker ins Glas geben.

INCA

würziger, feinherber Shortdrink (Aperitif)
- Cocktailglas
- Rührglas

2 cl Sherry medium
2 cl Vermouth dry
2 cl Vermouth rosso
2 cl Gin
***1 dash* Orange-Bitter**
■ ***Außerdem:***
1 Stück Zitronenschale

Alle Zutaten zusammen im Rührglas mit Eis verrühren und in das Glas seihen. Den Drink mit der Zitronenschale abspritzen.

Moss Rose Cocktail (l.), P. J. (M.), Arena (r.)

BAHIA COCKTAIL

würziger, feinherber Shortdrink (Aperitif)
- Cocktailglas
- Rührglas

3 cl *Sherry medium*
3 cl *Vermouth dry*
***2 dashes* Pastis**
***1 dash* Orange-Bitter**
- ***Außerdem:***

1 Stück *Zitronenschale*

Alle Zutaten zusammen im Rührglas mit viel Eis verrühren und in das Glas seihen. Den Drink mit der Zitronenschale abspritzen.

COPACABANA PALACE

fruchtig-würziger, zartherber Shortdrink (Aperitif)
- Cocktailglas
- Rührglas

3 cl *Sherry dry*
3 cl *Vermouth rosso*
3 dashes Chartreuse grün

Alle Zutaten zusammen im Rührglas mit Eis verrühren und in das Glas seihen.

BAMBOO

feinherber Shortdrink (Aperitif)
- Cocktailglas
- Rührglas

3 cl *Sherry fino*
3 cl *Vermouth dry*
***1 dash* Orange-Bitter**
- ***Deko:***

1 Zitronenscheibe

Alle Zutaten zusammen im Rührglas mit Eis verrühren und in das Glas seihen. Die Zitronenscheibe an den Glasrand stecken.

SHERRY FLIP

sahniger Flip (After-Dinner-Drink)
- Sektkelch
- Shaker

4 cl *Sherry medium*
2 cl *Weinbrand oder Cognac*
2 cl *Zuckersirup*
1 Eigelb
- ***Außerdem:***

geriebene Muskatnuß

Die Zutaten zusammen im Shaker mit Eis kräftig schütteln und in das Glas seihen. Mit Muskatnuß bestreuen.

BELLE EPOQUE

trockener Champagnercocktail (Aperitif)
- Sektkelch
- Gästeglas

1 cl trockener Sherry
1 BL Vieut Marc de Champagne
Champagner zum Auffüllen
Deko:
½ Orangenscheibe
1 Cocktailkirsche

Die Zutaten ohne Champagner zusammen in das Gästeglas geben und mit Champagner auffüllen. Das Obst am Sticker über den Glasrand legen.

DUBONNET CARIBIENNE

halbtrockener Shortdrink für den ganzen Tag
- kleiner Tumbler
- Gästeglas

3 cl Dubonnet
3 cl brauner Rum
Mineralwasser zum Auffüllen
Deko:
½ Zitronenscheibe
1 Cocktailkirsche

Die Zutaten zusammen in den Tumbler mit Eiswürfeln geben und mit Mineralwasser auffüllen. Die Früchte ins Glas geben. Mit einem Stirer servieren.

DUBONNET ON THE ROCKS

aromatischer Shortdrink (Aperitif)
- kleiner Tumbler
- Gästeglas

5 cl Dubonnet
Außerdem:
1 Stück Zitronenschale

Den Dubonnet in den Tumbler mit Eiswürfeln geben. Die Zitronenschale hinzufügen.

ALFONSO I

halbtrockener Sektcocktail (Aperitif)
- Sektkelch
- Gästeglas

1 Stück Würfelzucker
1 dash Angostura
4 cl Dubonnet
Sekt oder Champagner zum Auffüllen
Außerdem:
1 Stück Zitronenschale

Den Würfelzucker im Sektkelch mit Angostura tränken. Einen Eiswürfel dazugeben. Den Dubonnet darübergießen und mit Sekt oder Champagner auffüllen. Den Drink mit der Zitronenschale abspritzen und sie dazugeben.

ALFONSO II

milder Shortdrink (Aperitif)
- Cocktailglas
- Shaker

3 cl Dubonnet
3 cl Sherry medium

Die Zutaten zusammen im Shaker mit Eis schütteln und in das Glas seihen.

CAT'S

fruchtiger, feinherber Shortdrink für den Abend

- Cocktailglas
- Shaker

4 cl Dubonnet
1 cl Armagnac
1 cl Maraschino
Deko:
1 Cocktailkirsche

Alle Zutaten zusammen im Shaker mit Eis schütteln und in das Glas seihen. Die Kirsche an den Glasrand stecken.

APPETIZER

herber Shortdrink (Aperitif)

- Cocktailglas
- Shaker

2 cl Dubonnet
2 cl Gin
3 dashes Angostura
2 cl Orangensaft

Alle Zutaten zusammen im Shaker mit Eis schütteln und in das Glas seihen.

BOB DANDY

halbtrockener Shortdrink (Aperitif)
■ Cocktailglas
■ Rührglas

4 cl Dubonnet
2 cl Brandy

Die Zutaten zusammen im Rührglas mit Eis verrühren und in das Cocktailglas seihen. Eventuell etwas Eis dazugeben.

CORONATION

herber Shortdrink (Aperitif)
■ Cocktailglas
■ Rührglas

2 cl Dubonnet
2 cl Vermouth dry
2 cl Gin

Die Zutaten zusammen im Rührglas mit Eis verrühren und in das Glas seihen.

BULL'S EYE

lieblicher Shortdrink für die Party
■ Cocktailglas
■ Gästeglas

1 ganzes Eigelb
Malaga zum Auffüllen

Das Eigelb vorsichtig ins Glas geben und mit Malaga auffüllen.

BUSHRANGER

herber Shortdrink für den Abend
■ Cocktailglas
■ Rührglas

3 cl Dubonnet
3 cl weißer Rum
2 dashes Angostura
■ **Deko:**
1 Cocktailkirsche

Alle Zutaten zusammen im Rührglas mit Eis verrühren und in das Glas seihen. Die Kirsche am Sticker ins Glas geben.

DUBONNET CREAM

fruchtiger, bittersüßer Longdrink (Aperitif)
■ Longdrinkglas
■ Gästeglas

6 cl Dubonnet
3 cl Crème de Cassis
Sodawasser zum Auffüllen
2 dashes Zitronensaft
1 Zitronenscheibe

Dubonnet und Crème de Cassis zusammen im Longdrinkglas mit Eiswürfeln verrühren. Mit Soda auffüllen, Zitronensaft und Zitronenscheibe dazugeben und kurz umrühren.

BRASILIA

CAIPIRINHA

BATIDA DEL SOL

Drinks mit Cachaça

BATIDA RIO

TELENOVELA

CARNEVAL

BRASILIAN SUNRISE

SURF

BEST WISHES

BATIDA DE MARACUJA

CHAÇINI

würziger, trockener Shortdrink (Aperitif)
- Cocktailglas
- Rührglas

4 cl Cachaça
1 cl weißer Rum
1 cl Vermouth dry
1 dash Angostura
Außerdem:
1 Stück Zitronenschale

Alle Zutaten zusammen im Rührglas mit Eis verrühren und in das Glas seihen. Den Drink mit der Zitronenschale abspritzen und sie ins Glas geben.

CAIPIRINHA

säuerlich-herber Shortdrink (Aperitif)
- kleiner Tumbler
- Gästeglas

1 Limette, geviertelt
2–3 TL brauner Zucker
5 cl Nêga Fulô (Cachaça)

Die Limette in das Glas geben und mit einem Stößel zerdrücken. Den braunen Zucker und den Nêga Fulô dazugeben, mit Crushed ice auffüllen und alles verrühren.

BRASILIA

fruchtig-lieblicher Longdrink für die Sommerparty
- Longdrinkglas
- Shaker

4 cl Cachaça
1 cl Curaçao blue
2 cl Cream of Coconut
5 cl Orangensaft
5 cl Ananassaft
Deko:
1 Stück Melone

Die Zutaten zusammen im Shaker mit Eis schütteln und in das Longdrinkglas mit Crushed ice seihen. Das Melonenstück an den Glasrand stecken. Mit Palmenstirer servieren.

BATIDA DE MARACUJA

fruchtig-frischer Longdrink für die Sommerparty
- Longdrinkglas
- Shaker

3 cl Cachaça
6 cl Maracujasaft
1 cl Zitronensaft
Deko:
1 Karambolenscheibe

Die Zutaten zusammen im Shaker mit Eis schütteln und in das Longdrinkglas mit Crushed ice seihen. Die Karambolenscheibe an den Glasrand stecken.

Brasilia (h. l.), Batida De Maracuja (h. r.), Chaçini (v. l.), Caipirinha (v. r.)

SURF

lieblicher Longdrink für alle Gelegenheiten
- Longdrinkglas
- Shaker

3 cl Cachaça
2 cl Pfirsichlikör
4 cl Bananensaft
4 cl Maracujasaft
3 dashes Curaçao blue
- **Deko:**

½ Orangenscheibe
2 Cocktailkirschen

Die Zutaten zusammen im Shaker mit Eis schütteln und in das Longdrinkglas mit Crushed ice seihen. Die Orangenscheibe an den Glasrand stecken, die Kirschen am Sticker daran befestigen. Mit Stirer servieren.

CARAMBA II

fruchtig-herber Fizz für die Sommerzeit
- Longdrinkglas
- Shaker

4 cl Cachaça
2 cl Grapefruitsaft
2 BL Zuckersirup
Sodawasser zum Auffüllen
- **Deko:**

½ Grapefruitscheibe

Alle Zutaten außer Soda zusammen im Shaker mit Crushed ice schütteln und in das Glas gießen. Mit Soda auffüllen und kurz umrühren. Die Grapefruitscheibe an den Glasrand stecken.

BATIDA

fruchtig-milder Longdrink für die Sommerparty
- Longdrinkglas
- Blender

5 cl Cachaça
4 cl Limettensirup
2 BL Honig
- **Außerdem:**

2 Limettenviertel

Alle Zutaten zusammen im Blender mixen. Etwa vier Eiswürfel dazugeben, alles weitermixen und dann in das Glas gießen. Die Limettenviertel in das Glas ausdrücken und dazugeben.

BATIDA DEL SOL

fruchtiger, lieblicher Longdrink für die Sommerparty
- Longdrinkglas
- Shaker

3 cl Cachaça
1 cl brauner Rum
2 cl Kokosnußlikör
5 cl Ananassaft
1 cl Cream of Coconut
- **Deko:**

½ Ananasscheibe
1 Cocktailkirsche

Alle Zutaten zusammen im Shaker mit Eis kräftig schütteln und in das Glas seihen. Mit Crushed ice auffüllen. Die Ananasscheibe an den Glasrand stecken und die Kirsche mit einem kleinen Sticker daran befestigen.

RECIFE

fruchtiger, feinherber Longdrink für die Sommerparty

- Longdrinkglas
- Shaker

3 cl Cachaça
1 cl Tequila
2 cl brauner Rum
8 cl Ananassaft
1 dash Orange-Bitter
Deko:
1/4 Ananasscheibe
1 Cocktailkirsche

Alle Zutaten zusammen im Shaker mit Eis kräftig schütteln und in das Glas seihen. Mit Crushed ice auffüllen. Die Früchte an den Glasrand stecken.

BATIDA RIO

fruchtiger, lieblicher Longdrink für die Sommerparty

- Longdrinkglas
- Blender

2 cl Cachaça
1 cl weißer Rum
1 cl Bananenlikör
6 cl Ananassaft
1 cl Sahne
1 cl Cream of Coconut
1/2 Banane, geschält und
in Scheiben
Deko:
1/4 Ananasscheibe

Alle Zutaten zusammen mit einer Barschaufel Crushed ice im Blender schaumig schlagen und in das Glas gießen. Die Ananasscheibe an den Glasrand stecken.

BRASILIAN SUNRISE

fruchtiger, lieblicher Longdrink für die Party
- Longdrinkglas
- Gästeglas

4 *cl* Cachaça
1 *cl* Zitronensaft
10 *cl* Orangensaft
2 *cl* Grenadine
Deko:
1 Orangenscheibe

Den Cachaça und die Säfte zusammen im Glas mit Eiswürfeln verrühren. Den Grenadine langsam hineingießen. Die Orangenscheibe an den Glasrand stecken. Mit Trinkhalm servieren.

BEST WISHES

fruchtig-herber Longdrink für die Sommerparty
- Longdrinkglas
- Shaker

3 *cl* Cachaça
1 *cl* Tequila
2 *cl* weißer Rum
8 *cl* Grapefruitsaft
1 *cl* Zuckersirup
Deko:
1 Limettenscheibe

Alle Zutaten zusammen im Shaker mit Eis kräftig schütteln und in das Glas seihen. Etwas Crushed ice dazugeben und die Limettenscheibe an den Glasrand stecken.

CARNEVAL

fruchtiger, lieblicher Longdrink für die Sommerparty
- Longdrinkglas
- Shaker

4 *cl* Cachaça
1 *cl* brauner Rum
3 *cl* Kokosnußlikör
6 *cl* Ananassaft
2 *cl* Sahne
Deko:
1/4 Ananasscheibe

Alle Zutaten zusammen im Shaker mit Eis kräftig schütteln und in das Glas seihen. Etwas Crushed ice dazugeben. Die Ananasscheibe an den Glasrand stecken.

TELENOVELA

fruchtiger, feinherber Longdrink für die Sommerparty
- Longdrinkglas
- Shaker

3 *cl* Cachaça
1 *cl* brauner Rum
2 *cl* Kokosnußlikör
6 *cl* Maracujanektar
1 *cl* Cream of Coconut
Deko:
1 Limettenscheibe

Alle Zutaten zusammen im Shaker mit Eis kräftig schütteln und in das Glas seihen. Etwas Crushed ice dazugeben. Die Limettenscheibe an den Glasrand stecken.

WALDORF

TEMPTATION

BLANCHE

Drinks mit Anisées

GREEN MONKEY

PERNOD FIZZ

DR. FUNK

PINK PERNOD

BUNNY HUG

GLAD EYE

GANGADINE COCKTAIL

WALDORF

würziger Shortdrink (Aperitif)
- Cocktailglas
- Shaker

2 cl Pernod
2 cl Irish Whiskey
2 dashes Angostura

Alle Zutaten zusammen im Shaker mit Eis schütteln und in das Cocktailglas seihen.

TEMPTATION

würziger Shortdrink (Aperitif)
- Cocktailglas
- Shaker

2 cl Pernod
2 cl Bourbon Whiskey
2 cl Gin

Alle Zutaten zusammen im Shaker mit Eis schütteln und in das Cocktailglas seihen.

GREEN MONKEY

würziger, lieblicher Shortdrink für die Party
- kleiner Tumbler
- Gästeglas

4 cl Galliano
1 cl Pernod

In den Tumbler mit Eis zuerst den Galliano geben, darauf den Pernod gießen und dann umrühren.

HURRICANE II

würziger Shortdrink für den Abend
- Cocktailglas
- Shaker

1 cl Pernod
2 cl Cognac
1 cl Wodka

Alle Zutaten zusammen im Shaker mit Eis schütteln und in das Glas seihen.

ZAZARAC II

mild-würziger Shortdrink für den Abend
- kleiner Tumbler
- Shaker

2 cl Pernod
2 cl weißer Rum
2 cl Whisky
2 cl Zuckersirup
2 dashes Angostura
■ **Außerdem:**
1 Stück Zitronenschale

Alle Zutaten zusammen im Shaker mit Eiswürfeln schütteln und in das Glas gießen. Den Drink mit der Zitronenschale abspritzen und sie ins Glas geben.

Temptation (o. l.), Zazarac II (o. r.), Green Monkey (u.)

PERNOD FIZZ

würziger, fruchtiger Fizz für den Abend
- Longdrinkglas
- Shaker

3 cl Pernod
1 cl Weinbrand
1 cl Grenadine
2 cl Zitronensaft
2 cl Orangensaft
1 Eiweiß
Sodawasser zum Auffüllen

Alle Zutaten außer Soda zusammen im Shaker mit Eis schütteln und in das Glas seihen. Mit Soda auffüllen und kurz umrühren.

DR. FUNK

mild-würziger Longdrink für den Abend
- Longdrinkglas
- Shaker

2 cl Pernod
4 cl brauner Rum
2 cl Zitronensaft
2 cl Limettensaft
3 cl Grenadine
Sodawasser zum Auffüllen

Alle Zutaten außer Soda zusammen im Shaker mit Eis schütteln und in das Longdrinkglas gießen. Mit Soda auffüllen und kurz umrühren. Mit Trinkhalm servieren.

MARTINIQUE I

fruchtiger-würziger Longdrink für die Sommermonate
- Longdrinkglas
- Gästeglas

1 cl Pernod
4 cl brauner Rum
2 cl Zitronensaft
2 cl Zuckersirup
1 dash Angostura

Alle Zutaten zusammen in das zur Hälfte mit Crushed ice gefüllte Longdrinkglas geben. Umrühren, bis das Glas beschlägt. Mit einem Trinkhalm servieren.

PINK PERNOD

mild-würziger Longdrink für den Abend
- Longdrinkglas
- Gästeglas

2 cl Pernod
2 cl Grenadine
Ginger-ale zum Auffüllen

Pernod und Grenadine zusammen im Longdrinkglas mit Eis gut verrühren. Mit Ginger-ale auffüllen und kurz umrühren.

Pink Pernod (l.), Dixie (M.), Pernod Klassisch (r.)

DIXIE

würziger, fruchtig-herber Shortdrink (Aperitif)
- Cocktailglas
- Shaker

1 cl Pernod
2 cl Gin
1 cl Vermouth dry
1 cl Zitronensaft
2 dashes Grenadine

Alle Zutaten zusammen im Shaker mit Eis schütteln und in das Glas seihen.

PERNOD KLASSISCH

würzig-erfrischender Longdrink (Aperitif)
- Longdrinkglas
- Gästeglas

5 cl Pernod
20 cl klares Wasser zum Auffüllen

Den Pernod in das Longdrinkglas geben. Mit dem Wasser auffüllen und kurz umrühren. Eventuell einige Eiswürfel dazugeben.

BUNNY HUG

würziger, feinherber Shortdrink (Aperitif)
■ Cocktailglas
■ Shaker

2 cl Pastis
2 cl Gin
2 cl Whisky

Alle Zutaten zusammen im Shaker mit Eis schütteln und in das Glas seihen.

ATOMIC

würziger, feinherber Shortdrink für den Abend
■ Cocktailglas
■ Rührglas

2 cl Pastis
2 cl Brandy
1 dash Orange-Bitter

Alle Zutaten zusammen im Shaker mit viel Eis kräftig schütteln und in das Glas seihen.

GLAD EYE

würziger, feinherber Shortdrink (Aperitif, After-Dinner-Drink)
■ Cocktailglas
■ Shaker

4 cl Pastis
2 cl Crème de Menthe grün

Die Zutaten zusammen im Shaker mit viel Eis gut schütteln und in das Glas seihen.

YELLOW PERROT

lieblicher Shortdrink (Aperitif)
■ Cocktailglas
■ Rührglas

2 cl Pastis
2 cl Chartreuse gelb
2 cl Apricot Brandy

Die Zutaten zusammen im Rührglas mit Eis verrühren und in das Cocktailglas seihen.

DUCHESS

würziger, feinherber Shortdrink (Aperitif)
■ kleiner Tumbler
■ Rührglas

2 cl Pastis
2 cl Vermouth rosso
2 cl Vermouth dry

Alle Zutaten zusammen im Rührglas mit Eis gut verrühren und in den Tumbler mit Eis seihen.

BALTIMORE

herb-würziger Shortdrink (Aperitif)
■ Cocktailglas
■ Shaker

2 cl Pastis
2 cl Brandy
1 BL Eiweiß

Alle Zutaten zusammen im Shaker mit Eis kräftig schütteln und in das Glas seihen.

Yellow Perrot (o. l.), Duchess (o. r.), Glad Eye (u.)

ABSINTH COCKTAIL

würziger, zartherber Shortdrink (Aperitif)
- Cocktailglas
- Shaker

3 cl Pastis
3 cl klares Wasser
1 BL Zuckersirup
1 dash Angostura

Alle Zutaten zusammen im Shaker mit Eis gut schütteln und in das Glas seihen.

GANGADINE COCKTAIL

würziger, feinherber Shortdrink für den Abend
- Cocktailglas
- Shaker

2 cl Pastis
2 cl Gin
2 cl Crème de Menthe weiß
1 BL Grenadine

Alle Zutaten zusammen im Shaker mit Eis kräftig schütteln und in das Glas seihen.

TOMATE

würzig-lieblicher Longdrink (Aperitif)
- kleiner Tumbler
- Gästeglas

2 cl Pastis
1 cl Grenadine
klares Wasser zum Auffüllen

Pastis und Grenadine zusammen im Tumbler mit Eiswürfeln verrühren. Mit Wasser auffüllen und kurz umrühren.

LONDON FOG COCKTAIL

würziger Shortdrink für den Abend
- Cocktailglas
- Shaker

2,5 cl Anisette
2,5 cl weißer Pfefferminzlikör
1 dash Angostura
- **Deko:**
1 Minzezweig

Alle Zutaten zusammen im Shaker mit Eis schütteln und in das Glas seihen. Den Minzezweig an den Glasrand stecken.

BLANCHE

feinherber Shortdrink für den Abend
- Cocktailglas
- Shaker

2 cl Anisette
2 cl Cointreau
2 cl Curaçao Triple sec

Alle Zutaten zusammen im Shaker mit viel Eis schütteln und in das Glas seihen.

KNOCK OUT II

würziger, trockener Shortdrink (Aperitif)
- Cocktailglas
- Shaker

2 cl Anisette
2 cl Vermouth dry
2 cl Gin
2 dashes weißer Pfefferminzlikör

Alle Zutaten zusammen im Shaker mit Eis schütteln und in das Cocktailglas seihen.

GOOD-BYE JOHNNIE

würziger Shortdrink für den Abend
- Cocktailglas
- Shaker

2 cl Anisette
2 cl Brandy
1 Eiweiß
Deko:
1 Prise Kümmelkörner

Alle Zutaten zusammen im Shaker mit Eis schütteln und in das Glas seihen. Mit Kümmel bestreuen.

BIONDINA

würzig-herber Shortdrink für den Abend
- Cocktailglas
- Shaker

2 cl Anisette
2 cl Curaçao Triple sec

Die Zutaten zusammen im Shaker mit Eis kräftig schütteln und in das Glas seihen.

HORIZON

herb-würziger Shortdrink für den Abend
- Cocktailglas
- Shaker

1 cl Anisette
4 cl brauner Rum
2 cl Zitronensaft
1 cl Grenadine

Alle Zutaten zusammen mit Eis im Shaker kurz schütteln und in das Cocktailglas seihen.

LÖWENMILCH

würziger Longdrink für den Abend
- großer Tumbler
- Gästeglas

4 cl Raki
Milch zum Auffüllen
1 Prise Kümmelpulver

Den Raki in das Glas gießen, mit Milch auffüllen und kurz umrühren. Mit dem Kümmelpulver bestreuen.

BOSPORUS SPRING

würziger Longdrink für heiße Tage
- Longdrinkglas
- Shaker

2 cl Raki
2 cl Pernod
2 BL Zitronensaft
2 BL Limettensirup
Sodawasser zum Auffüllen
- **Deko:**

1 Zitronenschalenspirale

Alle Zutaten außer Soda zusammen im Shaker mit Crushed ice schütteln und in das Glas seihen. Mit Soda auffüllen und umrühren. Die Schalenspirale ins Glas geben.

RAKI KLASSISCH

würziger Longdrink für den Abend
- kleines Longdrinkglas
- Gästeglas

4 cl Raki
klares Wasser zum Auffüllen

Den Raki in das Glas geben, mit Wasser auffüllen und kurz umrühren. Nach Belieben Eis dazugeben.

TIME BOMB

MIDNIGHT SUN

PINK FLIP

HELVETIA

Drinks mit Geisten & Korn

NORTHERN LIGHTS

ROSE COCKTAIL

SOUTH EXPRESS

TIME BOMB

würzig-herber Shortdrink (After-Dinner-Drink, Aperitif)
- Cocktailglas
- Shaker

2 cl Aquavit
2 cl Wodka
2 cl Zitronensaft
Außerdem:
1 Stück Zitronenschale

Alle Zutaten zusammen im Shaker mit Eiswürfeln schütteln und in das Glas seihen. Die Zitronenschale an den Glasrand stecken.

FIL D'ARGENT

fruchtiger, feinherber Shortdrink (After-Dinner-Drink, Aperitif)
- Cocktailglas
- Shaker

2 cl Aquavit
2 cl Wodka
1 cl Pastis
1 cl Orangenlikör
2 dashes Zitronensaft

Alle Zutaten zusammen im Shaker mit Eis kräftig schütteln und in das Glas seihen.

FERNANDO II

würziger, fruchtig-herber Shortdrink (Aperitif)
- Cocktailglas
- Shaker

2 cl Aquavit
2 cl Gin
2 cl Zitronensaft
1 dash Angostura

Alle Zutaten zusammen im Shaker mit Eis schütteln und in das Glas seihen.

DANISH DYNAMITE

würziger, fruchtig-milder Shortdrink für den Abend
- Cocktailglas
- Shaker

3 cl Aquavit
4 cl Orangensaft
1 cl Limettensirup
Deko:
½ Orangenscheibe

Alle Zutaten zusammen im Shaker mit Eis schütteln und in das Glas seihen. Die Orangenscheibe an den Glasrand stecken.

Northern Lights (l.), Midnight Sun (r.)

NORTHERN LIGHTS

würziger, feinherber Longdrink für die Sommerparty
- mittelgroßer Tumbler
- Shaker

2 cl Aquavit
2 cl Canadian Whisky
1 BL Grenadine
1 dash Angostura
Außerdem:
1 Zitronenviertel
1 Orangenachtel
Sodawasser zum Auffüllen

Alle Zutaten zusammen im Shaker mit Eis schütteln und in das Glas mit Eiswürfeln seihen. Die Früchte dazugeben, mit Soda auffüllen und kurz umrühren.

MIDNIGHT SUN

würziger, feinherber Shortdrink fur den Abend (Aperitif)
- Cocktailglas
- Shaker

3 cl Aquavit
1 cl Grapefruitsaft
1 cl Zitronensaft
1 cl Zuckersirup
2 dashes Grenadine
Deko:
½ Orangenscheibe

Alle Zutaten zusammen im Shaker mit Eis kräftig schütteln und in das Glas seihen. Die Orangenscheibe an den Glasrand stecken.

ROSE COCKTAIL

aromatischer Shortdrink (Aperitif)
- Cocktailglas
- Rührglas

3 cl Kirschwasser
2 cl Vermouth dry
1 cl Grenadine
Deko:
1 Cocktailkirsche

Die Zutaten zusammen im Rührglas mit Eis verrühren und in das Glas seihen. Die Kirsche an den Glasrand stecken.

DR. SACK

starker Shortdrink (Aperitif)
- Cocktailglas
- Rührglas

2 cl Kirschwasser
2 cl Cherry Brandy
2 cl Gin
Deko:
1 Cocktailkirsche

Die Zutaten zusammen im Rührglas mit Eis verrühren und in das Cocktailglas seihen. Die Kirsche ins Glas geben.

KIRSCHCOCKTAIL

stärkerer Shortdrink für den Abend
- Cocktailglas
- Rührglas

5 cl Kirschwasser
1 cl Grenadine
1 dash Curaçao Triple sec
Deko:
1 Cocktailkirsche

Alle Zutaten zusammen im Rührglas mit Eis verrühren und in das Glas seihen. Die Kirsche am Stikker über den Glasrand legen.

CHERRY CREAM

fruchtig-lieblicher Shortdrink (After-Dinner-Drink)
- Cocktailglas
- Shaker

3 cl Kirschwasser
2 cl Cherry Brandy
2 cl Sahne
Deko:
1 Cocktailkirsche

Alle Zutaten zusammen im Shaker mit Eis kräftig schütteln und in das Glas seihen. Die Kirsche an den Glasrand stecken.

WESTERN COCKTAIL

würziger Shortdrink (Aperitif)
- Cocktailglas
- Rührglas

1 cl Kirschwasser
1 cl Vermouth dry
2 cl Vermouth rosso
- **Deko:**

1 Cocktailkirsche

Alle Zutaten zusammen im Rührglas mit Eis verrühren und in das Glas seihen. Die Kirsche am Sticker ins Glas geben.

PINK FLIP

fruchtig-lieblicher Flip für den Abend
- Cocktailglas
- Shaker

2 cl Kirschwasser
2 cl Kirschlikör
1 Eigelb
- **Außerdem:**

geriebene Muskatnuß

Alle Zutaten zusammen im Shaker mit Eis kräftig schütteln und in das Glas seihen. Etwas Muskat darüberstreuen.

HELVETIA

lieblicher Shortdrink (After-Dinner-Drink)
- Cocktailglas
- Shaker

2 cl Kirschwasser
2 cl Cherry Brandy
2 cl Sahne
1 cl Grenadine
- **Deko:**

1 Cocktailkirsche

Alle Zutaten zusammen im Shaker mit Eis kräftig schütteln und in das Glas seihen. Danach die Kirsche am Sticker über den Glasrand legen.

COLORADO

mild-fruchtiger Shortdrink (After-Dinner-Drink)
- Cocktailglas
- Shaker

2 cl Kirschwasser
2 cl Kirschlikör
2 cl Sahne
1 cl Kirschsaft

Alle Zutaten zusammen im Shaker mit Eis kräftig schütteln und in das Glas seihen.

SOUTH EXPRESS

würziger Shortdrink (Aperitif)
- Cocktailglas
- Rührglas

2 cl Kirschwasser
2 cl Vermouth dry
2 cl Vermouth rosso

Alle Zutaten zusammen im Rührglas mit Eis verrühren und in das Glas seihen.

NORMANDIE II

fruchtiger Shortdrink für den Abend
- Cocktailglas
- Shaker

2 cl Kirschwasser
2 cl Vermouth rosso
1 cl Orangenlikör
1 cl Grenadine

Alle Zutaten zusammen im Shaker mit Eis schütteln und in das Glas seihen.

T.E.E.

fruchtiger, zartherber Shortdrink für die Party
- Cocktailglas
- Rührglas

1 cl Kirschwasser
1,5 cl Cognac
1,5 cl Pfirsichlikör
1 cl Campari

Alle Zutaten im Rührglas mit Eis verrühren; in das Glas seihen.

DANACH

lieblicher Shortdrink für den Sommer
- kleiner Tumbler
- Gästeglas

1,5 cl Kirschwasser
1,5 cl Wodka
1,5 cl Pfefferminzlikör

Alle Zutaten zusammen im zur Hälfte mit Crushed ice gefüllten Tumbler verrühren. Mit Trinkhalm servieren.

GOAT'S COCKTAIL

feinherber Shortdrink für den Abend
- Cocktailglas
- Shaker

3 cl Kirschwasser
3 cl Brandy
2 BL Sahne
1 dash Pastis

Alle Zutaten zusammen im Shaker mit Eis kräftig schütteln und in das Glas seihen.

South Express (l.), Goat's Cocktail (M.), Danach (r.)

KIRSCHENMUND

fruchtiger Longdrink für die Party
- Sektschale
- Shaker

2 cl Kirschwasser
2 cl Kirschlikör
4 cl Orangensaft
8 cl Sekt
Deko:
2 Cocktailkirschen

Alle Zutaten außer Sekt zusammen im Shaker mit Eis schütteln und in das Glas seihen. Mit Sekt auffüllen. Die Kirschen zusammen am Sticker über den Glasrand legen.

ICE KIR

fruchtiger Longdrink für den Abend
- Longdrinkglas
- Rührglas

1 Kugel Kirscheis
3 cl Kirschwasser
3 cl Crème de Cassis
Sekt zum Auffüllen
Deko:
1 Cocktailkirsche

Das Kirscheis in das Glas geben. Kirschwasser und Cassis zusammen im Rührglas mit Eis verrühren und in das Glas seihen. Mit Sekt auffüllen. Die Kirsche ins Glas geben. Mit Löffel servieren.

KIRSCH CASSIS

sehr fruchtiger Longdrink für den Abend
- großer Tumbler
- Gästeglas

3 cl Kirschwasser
6 cl schwarzer Johannisbeersaft
Sodawasser zum Auffüllen

Kirschwasser und Johannisbeersaft zusammen im Tumbler verrühren. Mit Soda auffüllen und kurz umrühren.

MARASCHINO DAISY

fruchtig-milder Longdrink für die Party
- Sektschale
- Shaker

2 cl Kirschwasser
2 cl Maraschino
2 cl Kirschlikör
4 cl Kirschsaft
Sekt zum Auffüllen
Deko:
3 Cocktailkirschen

Alle Zutaten außer Sekt zusammen im Shaker mit Crushed ice schütteln und in die Sektschale seihen. Mit Sekt auffüllen und die Kirschen ins Glas geben.

OMNIBUS

fruchtiger, lieblicher Longdrink für die Sommerparty
- Longdrinkglas
- Gästeglas

4 cl Kirschwasser
4 cl Himbeersirup
Sodawasser zum Auffüllen
Deko:
2 Himbeeren

Kirschwasser und Sirup in das Glas geben, eine Barschaufel Crushed ice hinzufügen, mit Soda auffüllen und kurz umrühren. Die Himbeeren zusammen am Sticker über den Glasrand legen.

GRAPPON

fruchtiger, feinherber Shortdrink für den Abend
- Cocktailglas
- Shaker

4 cl Grappa
2 cl Peach Brandy
2 cl Zitronensaft
Außerdem:
1 Stück Zitronenschale

Alle Zutaten zusammen im Shaker mit Eis schütteln und in das Glas seihen. Den Drink mit der Zitronenschale abspritzen und sie ins Glas geben.

ART

mild-fruchtiger Longdrink für jede Jahreszeit
- Longdrinkglas
- Gästeglas

3 cl Kirschwasser
2 cl Grenadine
Sodawasser zum Auffüllen
Außerdem:
4 Cocktailkirschen

Kirschwasser und Grenadine zusammen mit Eiswürfeln im Longdrinkglas verrühren. Mit Soda auffüllen und kurz umrühren. Die Kirschen ins Glas geben. Mit Stirer servieren.

GRAPEMINT

würziger Shortdrink (After-Dinner-Drink)
- Cocktailglas
- Shaker

4 cl Grappa
2 cl Pfefferminzsirup
Deko:
1 Cocktailkirsche

Alle Zutaten zusammen im Shaker mit Eis kräftig schütteln und in das Glas seihen. Die Kirsche an den Glasrand stecken.

GRAPPATTO

bittersüßer Shortdrink (After-Dinner-Drink)
- Cocktailglas
- Rührglas

3 cl Grappa
1 cl Amaretto
Deko:
1 Cocktailkirsche

Alle Zutaten zusammen im Rührglas mit Eis verrühren und in das Glas seihen. Die Kirsche an den Glasrand stecken.

CLOVER

feinherber Shortdrink für die Sommerparty
- kleiner Tumbler
- Shaker

3 cl Grappa
1 cl Erdbeersirup
2 cl Zitronensaft
1 Eiweiß
Außerdem:
1 Zitronenviertel

Alle Zutaten zusammen im Shaker mit Eis kräftig schütteln und in das Glas seihen. Einige Eiswürfel und das Zitronenviertel ins Glas geben.

KORN KIR

mild-fruchtiger Shortdrink für den Abend

- kleiner Tumbler
- Rührglas

2,5 cl Korn
2,5 cl Crème de Cassis
2,5 cl schwarzer Johannisbeersaft
Sodawasser zum Auffüllen

Alle Zutaten außer Soda zusammen mit Eiswürfeln im Shaker schütteln und in das Glas seihen. Mit etwas Soda auffüllen.

CURAKO

fruchtig-würziger Shortdrink für den Abend

- Cocktailglas
- Rührglas

3 cl Korn
2 cl Curaçao blue
2 dashes Angostura
Deko:
1 Cocktailkirsche

Alle Zutaten zusammen im Rührglas mit Eiswürfeln verrühren und in das Glas seihen. Die Kirsche dazugeben.

KORN SOUR

erfrischender, herber Sour für den Sommer
- mittelgroßer Tumbler
- Shaker

4 cl Korn
2 cl Zitronensaft
1 cl Zuckersirup
Deko:
1 Cocktailkirsche

Die Zutaten zusammen im Shaker mit Eis schütteln und in den Tumbler seihen. Die Kirsche ins Glas geben. Auf Wunsch etwas Mineralwasser dazugeben.

KORNELIUS

würziger, etwas lieblicher Shortdrink (After-Dinner-Drink, Aperitif)
- Cocktailglas
- Shaker

3 cl Doppelkorn
1 cl Vermouth dry
1 cl Vermouth rosso
2 BL Grenadine
Deko:
1 Orangenscheibe

Alle Zutaten zusammen im Shaker mit Eis schütteln und in das Glas seihen. Die Orangenscheibe an den Glasrand stecken.

JUMPING JACK

fruchtig-lieblicher Longdrink für die Party
- Longdrinkglas
- Shaker

4 cl Korn
2 cl Erdbeersirup
8 cl Orangensaft
1 cl Zitronensaft
Deko:
1 Erdbeere

Die Zutaten zusammen im Shaker mit Eis schütteln und in das Longdrinkglas mit Eiswürfeln seihen. Die Erdbeere an den Glasrand stecken.

GERMAN MARY

pikant-würziger Longdrink für den Abend
- Longdrinkglas
- Shaker

5 cl Korn
10 cl Tomatensaft
1 cl Zitronensaft
Pfeffer
Selleriesalz
Tabasco
Worcestershiresauce

Alle Flüssigkeiten zusammen im Shaker mit Eis kräftig schütteln, mit den Gewürzen abschmecken und in das Glas seihen.

WILLIAMS ZAUBER

fruchtiger Shortdrink für die Party
- Sektschale
- Shaker

2 cl Birnengeist
2 cl Birnenlikör
1 cl weißer Rum
1 BL Zitronensaft
1 cl Sekt zum Auffüllen
Deko:
1 Cocktailkirsche

Alle Zutaten außer Sekt zusammen mit Eis im Shaker schütteln und in das Glas seihen. Den Sekt und die Kirsche dazugeben.

SWEET WILLIAM

mild-fruchtiger Shortdrink (After-Dinner-Drink)
- Cocktailglas
- Shaker

2 cl Birnengeist
2 cl Apricot Brandy
2 cl Sahne
Deko:
1 Cocktailkirsche

Alle Zutaten zusammen im Shaker mit Eis kräftig schütteln und in das Glas seihen. Die Kirsche an den Glasrand stecken.

WILLIAMS BITTER LEMON

fruchtig-herber Longdrink für den Abend
- Longdrinkglas
- Gästeglas

4 cl Birnengeist
Bitter lemon zum Auffüllen
Deko:
1 Birnenspalte

Den Birnengeist in das Longdrinkglas mit Eiswürfeln geben. Mit Bitter lemon auffüllen und kurz umrühren. Die Birnenspalte an den Glasrand stecken.

KORSAR

fruchtig-herber Sektcocktail für jede Gelegenheit
- große Sektschale
- Rührglas

2 cl Bananengeist
1 BL Campari
1 cl Grenadine
4 cl Johannisbeersaft
trockener Sekt zum Auffüllen
Deko:
1 Cocktailkirsche
1 Stück Zitronenschale

Alle Zutaten außer Sekt zusammen im Rührglas mit Eis verrühren, in die Sektschale seihen und mit Sekt auffüllen. Die Kirsche an den Glasrand stecken. Den Drink mit der Zitronenschale abspritzen.

VULCANO

herber Sektcocktail für den Empfang

- Sektschale
- Gästeglas

3 cl Himbeergeist
2 cl Curaçao blue
Champagner oder Sekt zum Auffüllen
Außerdem:
1 Stück Orangenschale

Die Zutaten außer Sekt zusammen in der Sektschale anzünden und mit Champagner oder Sekt löschen. Den Drink mit der Orangenschale abspritzen und sie ins Glas geben.

KIWO 81

halbtrockener, erfrischender Longdrink für die Party

- Longdrinkglas
- Shaker

3 cl Bananengeist
2 cl Bananensirup
4 cl Ananassaft
1 cl Orangensaft
1 cl Zitronensaft
1 dash Grenadine
Deko:
1 Bananenscheibe, 1 Kirsche

Alle Zutaten außer Grenadine zusammen im Shaker mit Eis schütteln und in das zur Hälfte mit Crushed ice gefüllte Longdrinkglas seihen. Den Grenadine auf das Getränk gießen. Die Bananenscheibe und die Kirsche am Sticker über den Glasrand legen.

STRAWBERRY CREAM

fruchtig-lieblicher Shortdrink (After-Dinner-Drink)

- Cocktailglas
- Shaker

2 cl Himbeergeist
2 cl Erdbeerlikör
2 cl Sahne
Deko:
1 Kiwischeibe
2 kleine Erdbeeren

Alle Zutaten zusammen im Shaker mit Eiswürfeln kräftig schütteln und in das Glas seihen. Die Früchte an den Glasrand stecken.

BEERENTRUNK

fruchtiger, feinherber Longdrink für die Party

- Longdrinkglas
- Gästeglas

4 cl Himbeergeist
2 cl Zitronensaft
roter Johannisbeernektar zum Auffüllen
Außerdem:
1 EL frische Himbeeren

Himbeergeist und Zitronensaft zusammen mit etwas Eis im Longdrinkglas verrühren. Mit Johannisbeernektar auffüllen, umrühren und die Himbeeren dazugeben. Mit einem Stirer servieren.

PINKY RASPBERRY

fruchtig-herber Longdrink für den Abend
- Longdrinkglas
- Shaker

2 cl Himbeergeist
2 cl Campari
6 cl Grapefruitsaft
Tonic water zum Auffüllen
Deko:
3 frische Himbeeren

Alle Zutaten außer Tonic water zusammen im Shaker mit Eis schütteln und in das Glas mit Eiswürfeln seihen. Mit Tonic water auffüllen und kurz umrühren. Die Himbeeren an den Glasrand stecken.

LOOPING

fruchtig-herber Longdrink für den Abend
- Longdrinkglas
- Gästeglas

3 cl Himbeergeist
1 cl Kokosnußlikör
Bitter Grapefruit (Bitterlimonade)
Deko:
1 Zitronenviertel

Himbeergeist und Kokosnußlikör zusammen im Longdrinkglas mit Eiswürfeln verrühren. Mit Limonade auffüllen und kurz umrühren. Das Zitronenviertel an den Glasrand stecken.

SUMMERLIGHT

fruchtiger, feinherber Longdrink für die Party
- Longdrinkglas
- Gästeglas

3 cl Himbeergeist
1 cl Grenadine
Bitter lemon zum Auffüllen
Deko:
1 Zitronenscheibe

Alle Zutaten zusammen mit Eiswürfeln im Longdrinkglas verrühren. Die Zitronenscheibe an den Glasrand stecken.

WILD ROSE

fruchtig-herber Longdrink für die Party
- Longdrinkglas
- Shaker

4 cl Aprikosengeist
4 cl Orangensaft
2 cl Zitronensaft
2 cl Limettensirup
Tonic water zum Auffüllen
Deko:
1 Orangenscheibe

Alle Zutaten außer Tonic water zusammen im Shaker mit Eis kräftig schütteln und in das Glas mit Eiswürfeln seihen. Mit Tonic water auffüllen und kurz umrühren. Die Orangenscheibe an den Glasrand stecken.

ANGEL'S WING

mild-würziger Shortdrink für den Abend
- Cocktailglas
- Shaker

3 cl Slivowitz
3 cl Crème de Cacao weiß
1 dash Sahne
Deko:
1 Cocktailkirsche

Alle Zutaten zusammen im Shaker mit Eis gut schütteln und in das Glas seihen. Die Kirsche an den Glasrand stecken.

ALICE MINE

mild-würziger Shortdrink für den Abend
- Cocktailglas
- Shaker

3 cl Kümmel
3 cl Vermouth rosso
2 dashes Whisky

Alle Zutaten zusammen im Shaker mit Eis schütteln und in das Glas seihen.

YELLOW PLUM

fruchtiger, feinherber Shortdrink für den Abend
- Cocktailglas
- Shaker

3 cl Zwetschgenwasser
1 BL Maraschino
1 cl Orangensaft
1 cl Zitronensaft
1 cl Zuckersirup

Alle Zutaten zusammen im Shaker mit Eis schütteln und in das Glas seihen.

CHERRY ALE

LIGHT BANANA

Alkoholfreie Drinks

BREAKFASTDRINK

PROMILLE NULL

GREENY

AVALANCHE

CABRIOLET 911

LEMON SQUASH

SWEETY

fruchtig-lieblicher Shortdrink für alle Gelegenheiten

- Cocktailglas
- Shaker

4 cl Ananassaft
4 cl Orangensaft
1 cl Grenadine
Deko:
1 Cocktailkirsche

Alle Zutaten zusammen mit Eiswürfeln im Shaker gut schütteln und in die Cocktailschale seihen. Die Kirsche an den Glasrand stecken.

LIGHT RED

lieblicher, erfrischender Cocktail für den Empfang

- Sektkelch
- Shaker

6 cl roter Traubensaft
2 cl Kirschsaft
1 cl Zuckersirup
alkoholfreier Sekt zum Auffüllen
Deko:
1 Traubenrispe

Alle Zutaten außer Sekt zusammen im Shaker mit Eis schütteln und in den Sektkelch seihen. Mit Sekt auffüllen. Die Traubenrispe über den Glasrand hängen.

LIGHT BANANA

fruchtiger Cocktail für den Empfang

- Longdrinkglas
- Shaker

2 cl Bananensirup
4 cl Orangensaft
4 cl Ananassaft
1 cl Zitronensaft
½ Banane, geschält und in Stücken
alkoholfreier Sekt zum Auffüllen
Deko:
1 Karambolenscheibe
1 Minzeblatt

Alle Zutaten außer Sekt zusammen im Shaker mit Eis kräftig schütteln, in das Longdrinkglas mit Crushed ice seihen und mit Sekt auffüllen. Die Karambolenscheibe zusammen mit dem Minzeblatt an den Glasrand stecken.

CHERRY ALE

fruchtiger Shortdrink für die Party

- mittelgroßer Tumbler
- Gästeglas

2 cl Kirschsaft
1 dash Limettensaft
6 cl Ginger-ale
Deko:
1 Cocktailkirsche

Kirsch- und Limettensaft zusammen im Tumbler mit Eiswürfeln verrühren. Mit Ginger-ale auffüllen und umrühren. Die Kirsche an den Glasrand stecken.

Sweety (h. l.), Light Red (h. r.), Cherry Ale (v. l.), Light Banana (v. r.)

RED SKY

fruchtig-lieblicher Shortdrink für die Party
- großes Cocktailglas
- Shaker

4 cl Ananassaft
4 cl Limettensirup
2 cl Sahne
1 cl Grenadine

Alle Zutaten zusammen im Shaker mit Eiswürfeln gut schütteln und in das Glas seihen.

ABENDSONNE

fruchtig-süßer Shortdrink für jede Jahreszeit
- Cocktailglas
- Shaker

4 cl Sahne
2 cl Bananensaft
1 cl Grenadine

Alle Zutaten im Shaker mit Eis schütteln und in das Glas seihen.

ANANAS SOUR

fruchtiger Sour für heiße Tage
- Cocktailglas
- Shaker

6 cl Ananassaft
2 cl Zitronensaft
1 cl Zuckersirup

Alle Zutaten im Shaker mit Eis schütteln und in das Glas seihen.

GRENADINE FRAPPÉ

fruchtiger, herbmilder Frappé für heiße Tage
- großes Cocktailglas
- Shaker

1 Kugel Zitronensorbet
2 cl Grenadine
4 cl Limettensaft
Deko:
1 Limettenviertel
1 Zweig Zitronenmelisse

Das Sorbet in das Cocktailglas geben. Grenadine und Limettensaft zusammen im Shaker schütteln und auf das Sorbet gießen. Das Limettenviertel sowie die Zitronenmelisse an den Glasrand stecken.

SPORTSMAN

fruchtig-süßer Flip für jede Jahreszeit
- großer Tumbler
- Shaker

4 cl Orangensaft
2 cl Zitronensaft
2 cl Grenadine
1 Eigelb
Deko:
1 Orangenscheibe

Alle Zutaten zusammen im Shaker mit Eiswürfeln schütteln und in den Tumbler seihen. Die Orangenscheibe an den Glasrand stecken.

CANARIA

fruchtig-herber Shortdrink für die Party
- Cocktailglas
- Shaker

6 cl Grapefruitsaft
1 cl Limettensaft
1 cl Orangensirup
- **Deko:**

1 Limettenscheibe

Alle Zutaten zusammen im Shaker mit Eiswürfeln schütteln und in das Cocktailglas seihen. Die Limettenscheibe an den Glasrand stecken.

LIGHT LIMARA

erfrischender Sektcocktail für die Party
- Sektkelch
- Shaker

1,5 cl Maracujasirup
4 cl Maracujasaft
2 cl Orangensaft
1 cl Zitronensaft
alkoholfreier Sekt zum Auffüllen
- **Deko:**

1 Zitronenscheibe

Alle Zutaten außer Sekt zusammen im Shaker mit Eis schütteln, in den Sektkelch seihen und mit dem Sekt auffüllen. Die Zitronenscheibe an den Glasrand stecken.

LIGHT STRAWBERRY

fruchtig-erfrischender Sektcocktail
- Sektschale
- Shaker

1 cl Erdbeersirup
1 cl Ananassaft
1 cl Zitronensaft
1 cl Grapefruitsaft
3 BL pürierte Erdbeeren
alkoholfreier Sekt zum Auffüllen
- **Deko:**

½ Erdbeere

Alle Zutaten außer Sekt zusammen im Shaker mit Eis kräftig schütteln, in die Sektschale seihen und mit Sekt auffüllen. Die Erdbeere an den Glasrand stecken.

ANANASCOCKTAIL

fruchtig-lieblicher Shortdrink für die Party
- Cocktailglas
- Shaker

4 cl Ananassaft
3 cl Orangensaft
- **Deko:**

⅛ Ananasscheibe

Die Zutaten zusammen im Shaker mit Eiswürfeln schütteln und in das Cocktailglas seihen. Das Ananasstück an den Glasrand stecken.

BREAKFASTDRINK

fruchtig-lieblicher Shortdrink für den Vormittag
■ Cocktailglas
■ Shaker

6 cl *Orangensaft*
1 cl *Grenadine*
1 TL *Eiweiß*

Alle Zutaten zusammen im Shaker mit Eiswürfeln gut schütteln und in das Glas seihen.

SCHWARZWALD FLIP

fruchtig-herber Flip für jede Jahreszeit
■ Kelchglas
■ Shaker

6 cl *Sauerkirschsaft*
2 cl *Limettensirup*
1 cl *Zitronensaft*
1 *Eigelb*
■ ***Deko:***
1 *kleiner Zweig Zitronenmelisse*

Alle Zutaten zusammen im Shaker mit Eiswürfeln schütteln und in das Glas seihen. Den Melissezweig an den Glasrand stecken.

OFFENBURG FLIP

fruchtig-lieblicher Flip für jede Jahreszeit
■ Longdrinkglas
■ Blender

4 cl *Orangensaft*
4 cl *Bananensirup*
2 cl *Zitronensaft*
1 *Eigelb*
½ *Banane, geschält und gewürfelt*
■ ***Deko:***
2 *Bananenscheiben*

Alle Zutaten zusammen mit Eiswürfeln im Blender gut mixen und in das Longdrinkglas seihen. Die Bananenscheiben am Sticker über den Glasrand legen.

BIG APPLE II

erfrischender, halbtrockener Longdrink für den Sommer
■ Longdrinkglas
■ Rührglas

2 cl *Grenadine*
6 cl *Apfelsaft*
Mineralwasser zum Auffüllen
■ ***Deko:***
1 *Miniapfel*
1 *Apfelschalenspirale*

Die Zutaten ohne Mineralwasser im Rührglas mit Eis verrühren und in das Longdrinkglas mit Eiswürfeln seihen. Mit Mineralwasser auffüllen und umrühren. Den Miniapfel an den Glasrand stecken und die Schalenspirale über den Glasrand hängen. Einen Stirer ins Glas geben.

BIG APPLE III

fruchtiger Longdrink für jede Jahreszeit
- Longdrinkglas
- Shaker

3 cl Grenadine
6 cl Orangensaft
6 cl Apfelsaft
Sodawasser zum Auffüllen
- **Deko:**

1 Miniapfel

Fruchtsäfte und Grenadine zusammen im Shaker schütteln und in das Longdrinkglas mit Eiswürfeln gießen. Mit Soda auffüllen und kurz umrühren. Den Miniapfel an den Glasrand stecken.

PROMILLE NULL

erfrischend-fruchtiger Longdrink für den Sommer
- Longdrinkglas
- Shaker

2 cl Mandarinensirup
4 cl Ananassaft
4 cl Orangensaft
2 cl Zitronensaft
1 cl Grenadine
- **Deko:**

kleine Obststücke

Alle Zutaten außer Grenadine zusammen im Shaker mit Eis schütteln und in das Longdrinkglas mit Crushed ice seihen. Den Grenadine auf das fertige Getränk geben. Die Obststücke zusammen am Sticker über den Glasrand legen.

GRÜNE WELLE

erfrischender Longdrink für den Sommer
- Longdrinkglas
- Gästeglas

4 cl Pfefferminzsirup
Tonic water zum Auffüllen
- **Deko:**

1 Minzezweig

Den Pfefferminzsirup in das Longdrinkglas mit Eisstücken geben, mit Tonic water auffüllen und umrühren. Den Minzezweig sowie einen Stirer ins Glas geben.

GREENY

lieblicher Longdrink für jeden Tag
- Longdrinkglas
- Shaker

2 cl Mandelsirup
4 cl Orangensaft
2 cl Zitronensaft
Ginger-ale zum Auffüllen
3 dashes Curaçao blue alkoholfrei
- **Deko:**

1 Minzezweig

Alle Zutaten außer Ginger-ale und Curaçao zusammen im Shaker mit Eis schütteln und in das Longdrinkglas mit Crushed ice seihen. Mit dem Ginger-ale auffüllen und 3 dashes Curaçao auf den Drink geben. Den Minzezweig ins Glas stecken.

CABRIOLET 911

erfrischender, etwas bitterer Longdrink für den Abend

- Longdrinkglas
- Shaker

2 cl Curaçao blue alkoholfrei
2 cl Grapefruitsaft
1 cl Limettensirup
Tonic water zum Auffüllen
■ Deko:
1 Zweig blaue Weintrauben

Alle Zutaten außer Tonic water zusammen im Shaker mit Eis schütteln, in das Longdrinkglas seihen und mit Tonic water auffüllen. Den Traubenzweig über den Glasrand hängen. Mit Stirer servieren.

TARGA 911

süffiger Longdrink für den Autofahrer

- Longdrinkglas
- Gästeglas

4 cl Orangensaft
4 cl Maracujasaft
2 cl Ananassaft
2 cl Zitronensaft
2 cl Grenadine
■ Deko:
2 Cocktailkirschen

Die Zutaten zusammen im Gästeglas mit Eiswürfeln verrühren. Die Kirschen am Sticker über den Glasrand legen. Mit einem großen Stirer servieren.

RED SLIP

lieblicher, fruchtiger Longdrink für die Party
- Longdrinkglas
- Shaker

4 cl Erdbeersirup
4 cl Grapefruitsaft
Bitter Grapefruit (Bitterlimonade) zum Auffüllen
Deko:
1 Erdbeere
1 Minzezweig

Alle Zutaten außer Bitter Grapefruit zusammen im Shaker mit Eis schütteln und in das Longdrinkglas mit Eis seihen. Die Erdbeere zusammen mit dem Minzezweig am Sticker über den Glasrand legen. Mit einem Stirer servieren.

AVALANCHE

herber, erfrischender Longdrink für heiße Tage
- Longdrinkglas
- Gästeglas

1 Kugel Zitroneneis
Bitter lemon zum Auffüllen
Deko:
2 Limettenscheiben

Das Zitroneneis in das Gästeglas mit Crushed ice geben und mit Bitter lemon auffüllen. Die eine Limettenscheibe an den Glasrand stecken; die zweite Limettenscheibe ins Glas geben. Mit einem Stirer servieren.

TROPICAL COOLER

erfrischender Cooler für die karibische Party

- Longdrinkglas
- Shaker

2 cl Maracujasirup
4 cl Maracujasaft
2 cl Zitronensaft
Tropical Bitter (Tropic-Limonade) zum Auffüllen
Deko:
1 Karambolenscheibe
1 Cocktailkirsche

Alle Zutaten außer Tropical Bitter zusammen im Shaker mit Eis schütteln, in das Longdrinkglas mit Crushed ice seihen und mit Tropical Bitter auffüllen. Die Karambolenscheibe an den Glasrand stecken und die Kirsche mit einem kleinen Sticker daran befestigen. Mit einem Stirer seriveren.

GRENADINA

erfrischender Longdrink für den Sommer

- Longdrinkglas
- Gästeglas

3 cl Grenadine
2 cl Zitronensaft
Mineralwasser zum Auffüllen

Den Grenadine zuerst in das zu einem Viertel mit Eiswürfeln gefüllte Glas geben. Dann den Zitronensaft vorsichtig darübergießen, so daß sich beides nicht mischt. Vorsichtig mit Mineralwasser auffüllen. Mit einem Stirer servieren.

EXOTIC LEMON

fruchtig-herber Longdrink für alle Gelegenheiten

- Longdrinkglas
- Gästeglas

1 Kumquat, in Scheiben
10 cl Maracujasaft
1 cl Zitronensaft
Bitter lemon zum Auffüllen

Kumquatscheiben sowie Zitronen- und Maracujasaft im Longdrinkglas mit Crushed ice verrühren. Mit Bitter lemon auffüllen.

LEMON COOLER

herb-säuerlicher, erfrischender Cooler für den Sommer

- Longdrinkglas
- Shaker

2 cl Limettensirup
2 cl Limettensaft
4 cl Zitronensaft
Bitter lemon zum Auffüllen
Deko:
1 Zitronenscheibe
2 Cocktailkirschen

Alle Zutaten außer Bitter lemon zusammen im Shaker mit Eis schütteln, in das Longdrinkglas mit Eis seihen und mit Bitter lemon auffüllen. Die Zitronenscheibe an den Glasrand stecken. Die eine Cocktailkirsche mit einem Sticker daran befestigen. Die zweite Kirsche ins Glas legen. Mit einem Stirer servieren.

ORANGE COOLER

fruchtig-erfrischender Cooler für den Sommer

- Longdrinkglas
- Shaker

2 cl Mandarinensirup
4 cl Orangensaft
2 cl Zitronensaft
Bitter Orange (Bitterlimonade) zum Auffüllen
Deko:
½ Orangenscheibe
1 Cocktailkirsche

Alle Zutaten außer Bitter Orange zusammen im Shaker mit Eis schütteln, in das Longdrinkglas mit Crushed ice seihen und mit Bitter Orange auffüllen. Die Orangenscheibe zusammen mit der Cocktailkirsche am Sticker über den Glasrand legen. Mit einem Stirer servieren.

FLORIDA COCKTAIL

fruchtig-herber Longdrink für jede Gelegenheit

- großes Cocktailglas
- Shaker

6 cl Ananassaft
3 cl Zitronensaft
1 cl Grenadine
1 dash Angostura

Alle Zutaten zusammen im Shaker mit Eiswürfeln gut schütteln und in das Glas seihen.

KENIA

fruchtig-lieblicher Longdrink für alle Gelegenheiten

- Sektschale
- Shaker

4 cl Zitronensaft
4 cl Maracujasaft
2 cl Ananassirup
1 cl Bananensirup

Alle Zutaten zusammen im Shaker mit Eiswürfeln schütteln und in die Sektschale seihen.

SONNENSTRAHL

fruchtiger Longdrink für die Party

- großes Stielglas
- Rührglas

1 große Grapefruit
5 cl Ananassaft
3 cl Grenadine
Bitter lemon zum Auffüllen
Deko:
2 Cocktailkirschen

Von der Grapefruit oben einen kleinen Deckel abschneiden, die Frucht vorsichtig auspressen und die Schalenhälfte in das große Stielglas (mit einer kleinen roten Serviette ausgelegt) setzen. Den ausgepreßten Grapefruitsaft mit Ananassaft und Grenadine im Rührglas gut verrühren, in die Grapefruithälfte geben und mit Bitter lemon auffüllen. Die Kirschen zusammen am Sticker in die Frucht spießen. Einen kleinen Trinkhalm dazu reichen.

MINT TONIC

fruchtig-herber Longdrink für die Sommerzeit
- Longdrinkglas
- Gästeglas

4 Blätter Pfefferminze
1 cl Zuckersirup
4 cl Pfefferminzsirup
6 cl Zitronensaft
Tonic water
■ **Deko:**
1 Zitronenschalenspirale

Die Minzeblätter zusammen mit dem Zuckersirup im Longdrinkglas zerreiben. Einige Eiswürfel, Pfefferminzsirup und Zitronensaft dazugeben und gut umrühren. Mit dem Tonic water auffüllen und nochmals umrühren. Die Schalenspirale an den Glasrand hängen.

MARACAS

fruchtig-lieblicher Longdrink für die Party
- Longdrinkglas
- Shaker

4 cl Ananassaft
4 cl Orangensaft
4 cl Grapefruitsaft
2 cl Maracujasirup
2 cl Zitronensaft
■ **Deko:**
1 Karambolenscheibe

Alle Zutaten zusammen im Shaker mit Eiswürfeln gut schütteln und in das Longdrinkglas seihen. Die Karambolenscheibe an den Glasrand stecken.

SHIRLEY TEMPLE

fruchtig-herber Longdrink für jede Jahreszeit
- großer Tumbler
- Gästeglas

4 cl Kirschsaft
2 cl Zitronensaft
Ginger-ale zum Auffüllen
■ **Deko:**
2 Cocktailkirschen
1 Zitronenscheibe

Die Säfte in den Tumbler mit Eiswürfeln geben, kurz umrühren, mit Ginger-ale auffüllen und nochmals umrühren. Die Zitronenscheibe an den Glasrand stecken, die Kirsche mit einem Sticker daran befestigen.

GRAPEFRUIT LEMONADE

fruchtiger Longdrink für jede Jahreszeit
- Longdrinkglas
- Gästeglas

6 cl Grapefruitsaft
1 cl Orangensaft
2 cl Grenadine
Bitter Grapefruit (Bitterlimonade) zum Auffüllen
■ **Deko:**
1 Kumquat

Alle Zutaten außer der Limonade zusammen im Longdrinkglas mit Eiswürfeln verrühren. Mit Bitter Grapefruit auffüllen und kurz umrühren. Die Kumquat an den Glasrand stecken.

Mint Tonic (l.), Kirschenkuß (r.)

TONIC FRESH

fruchtiger Longdrink für heiße Tage

- Longdrinkglas
- Shaker

6 cl Orangensaft
3 cl Ananassaft
2 cl Zitronensaft
2 cl Himbeersirup
Tonic water zum Auffüllen
Deko:
1 Orangenscheibe

Säfte und Sirup zusammen im Shaker mit Eiswürfeln schütteln und in das Longdrinkglas seihen. Mit Tonic water auffüllen und kurz umrühren. Die Orangenscheibe an den Glasrand stecken.

KIRSCHENKUSS

fruchtig-milder Longdrink für jede Jahreszeit

- Longdrinkglas
- Shaker

9 cl Kirschsaft
5 cl Ananassaft
3 cl Zitronensaft
2 cl Kirschsirup
Deko:
1/4 Ananasscheibe
1 Cocktailkirsche

Alle Zutaten zusammen im Shaker mit Eiswürfeln schütteln und in das Longdrinkglas seihen. Die Kirsche mit einem Sticker am Ananasstück befestigen und dieses an den Glasrand stecken.

ANANASMINZE

fruchtig-herber Longdrink für heiße Tage

- Longdrinkglas
- Gästeglas

12 cl Ananassaft
6 cl Bitter lemon
2 dashes Pfefferminzsirup
- **Deko:**

¼ Ananasscheibe

Alle Zutaten zusammen im Longdrinkglas mit Eiswürfeln vorsichtig verrühren. Die Ananasscheibe an den Glasrand stecken.

GREEN DREAMS

fruchtig-lieblicher Longdrink für heiße Tage

- Longdrinkglas
- Shaker

6 cl Orangensaft
6 cl Ananassaft
5 cl Maracujasaft
2 cl Pfefferminzsirup
- **Deko:**

½ Ananasscheibe

Alle Zutaten zusammen mit Eiswürfeln im Shaker schütteln und in das Longdrinkglas seihen. Die Ananasscheibe an den Glasrand stecken.

PUSSY FOOT

fruchtig-herber Longdrink für die Party

- Longdrinkglas
- Shaker

5 cl Orangensaft
3 cl Zitronensaft
3 cl Ananassaft
1 cl Grenadine
- **Deko:**

½ Orangenscheibe

Alle Zutaten zusammen im Shaker mit Eiswürfeln schütteln und in das Longdrinkglas seihen. Die Orangenscheibe am Sticker über den Glasrand legen.

PRIMADONNA

fruchtig-lieblicher Longdrink für die Party

- Longdrinkglas
- Shaker

4 cl Orangensaft
4 cl Grapefruitsaft
4 cl Maracujasaft
1 cl Zitronensaft
2 cl Grenadine
- **Deko:**

1 Orangenscheibe
1 Zitronenscheibe

Alle Zutaten zusammen im Shaker mit Eiswürfeln schütteln und in das Longdrinkglas seihen. Die Obstscheiben an den Glasrand stecken.

PLANTER'S WONDER

fruchtig-lieblicher Longdrink für die Party
- Longdrinkglas
- Shaker

6 cl Orangensaft
6 cl Ananassaft
6 cl Maracujasaft
2 cl Zitronensaft
2 cl Grenadine
Deko:
1 Karambolenscheibe
1 Kiwischeibe
1 Cocktailkirsche

Alle Zutaten zusammen im Shaker mit Eiswürfeln gut schütteln und in das Longdrinkglas mit Crushed ice seihen. Die Obststücke auf einen Sticker spießen und ihn über den Glasrand legen.

MIAMI

fruchtig-lieblicher Longdrink für heiße Tage
- Longdrinkglas
- Shaker

14 cl Ananassaft
1 cl Zitronensaft
1 cl Zuckersirup
1 cl Pfefferminzsirup
Deko:
½ Ananasscheibe

Alle Zutaten zusammen im Shaker mit Eiswürfeln gut schütteln und in das Longdrinkglas seihen. Die Ananasscheibe an den Glasrand stecken.

DOUBLE RAINBOW

fruchtiger Longdrink für heiße Tage
- Longdrinkglas
- Gästeglas

12 cl Orangensaft
2 cl Zitronensaft
1 cl Grenadine
Sodawasser zum Auffüllen
Deko:
1 Orangenscheibe
1 Zitronenscheibe

Säfte und Grenadine zusammen im Longdrinkglas mit Eiswürfeln verrühren und mit Soda auffüllen. Die Obstscheiben an den Glasrand stecken.

MENTHAPOLL

erfrischender Longdrink für heiße Tage
- Longdrinkglas
- Gästeglas

4 cl Pfefferminzsirup
20 cl Mineralwasser
Deko:
1 Minzezweig

Sirup und Mineralwasser zusammen mit viel Eis in das Glas geben und vorsichtig umrühren. Den Minzezweig ins Glas geben.

JAMAICA FRUIT

fruchtig-lieblicher Longdrink für die Party

- Ballonglas
- Shaker

3 cl Maracujasaft
6 cl Orangensaft
6 cl Ananassaft
2 cl Zitronensaft
Deko:
½ Orangenscheibe
1 Cocktailkirsche

Alle Zutaten zusammen im Shaker mit Eiswürfeln schütteln und in das Ballonglas mit Eiswürfeln seihen. Orangenscheibe und Kirsche am Sticker an den Glasrand stecken.

GOLDENER SCHAUM

fruchtig-lieblicher Longdrink für Vor- und Nachmittage

- Longdrinkglas
- Shaker

8 cl Karottensaft
4 cl Ananassaft
2 cl Bananensaft
Deko:
2 Karottenscheiben

Alle Zutaten zusammen im Shaker mit Eiswürfeln gut schütteln und in das Longdrinkglas seihen. Die Karottenscheiben an den Glasrand stecken.

BLUTORANGE

fruchtiger Longdrink für alle Gelegenheiten

- Longdrinkglas
- Gästeglas

16 cl Orangensaft
1 cl Zitronensaft
1 cl Grenadine
Außerdem:
1 Zitronenviertel

Alle Zutaten zusammen im Longdrinkglas mit Eiswürfeln verrühren. Das Zitronenviertel ins Glas geben.

APRICOTMIX

fruchtig-herber Longdrink für Sommertage

- Longdrinkglas
- Gästeglas

10 cl Orangensaft
10 cl Aprikosensaft
4 cl Zitronensaft
Deko:
1 Orangenscheibe

Alle Zutaten zusammen im Longdrinkglas mit Eiswürfeln verrühren. Die Orangenscheibe an den Glasrand stecken.

Jamaica Fruit (l.), Blutorange (M.), Apricotmix (r.)

EXOTIC ORANGE

fruchtiger Longdrink für alle Gelegenheiten
- Longdrinkglas
- Gästeglas

10 *cl* *Orangensaft*
10 *cl* *Maracujasaft*
1 *dash Angostura*
Deko:
1 *Orangenscheibe*

Alle Zutaten zusammen im Longdrinkglas mit Eiswürfeln verrühren. Die Orangenscheibe an den Glasrand stecken.

MARACUJA-FREEZE

fruchtig-milder Longdrink für heiße Tage
- große Sektschale
- Shaker

1 *cl Himbeersirup*
1 *cl Zitronensaft*
8 *cl Maracujasaft*
Sodawasser zum Auffüllen
Deko:
1 *Cocktailkirsche*

Sirup und Säfte zusammen mit Eiswürfeln im Shaker kräftig schütteln und in die Sektschale seihen. Mit Soda auffüllen und kurz umrühren. Die Kirsche an den Glasrand stecken.

QUICKLY WAIKIKI

fruchtig-lieblicher Longdrink für die Party
- Longdrinkglas
- Shaker

14 *cl Ananassaft*
2 *cl Zitronensaft*
2 EL *brauner Zucker*
Deko:
½ *Ananasscheibe*

Alle Zutaten zusammen im Shaker mit Eiswürfeln schütteln und in das Longdrinkglas seihen. Die Ananasscheibe an den Glasrand stecken.

ORANGE FRESH

fruchtig-herber Longdrink für alle Gelegenheiten
- Longdrinkglas
- Gästeglas

6 *cl Orangensaft*
2 *cl Zitronensaft*
2 *cl Ananassaft*
4 *cl Ginger-ale*
Sodawasser zum Auffüllen
Deko:
¼ *Ananasscheibe*
1 *Stück Orangenschale*

Die Fruchtsäfte im Longdrinkglas zusammen mit Eiswürfeln gut verrühren. Mit Ginger-ale und Soda auffüllen und kurz umrühren. Ananasscheibe und Orangenschale an den Glasrand stecken.

CAR DRIVE

fruchtig-erfrischender Longdrink für alle Gelegenheiten
- Longdrinkglas
- Gästeglas

4 cl Ananassaft
2 cl Zitronensaft
1 cl Grenadine
Ginger-ale zum Auffüllen
Deko:
½ Ananasscheibe

Ananas- und Zitronensaft sowie Grenadine zusammen im Longdrinkglas mit Eiswürfeln verrühren, mit Ginger-ale auffüllen. Die Ananasscheibe an den Glasrand stecken.

ARGENTINA

fruchtig-lieblicher Longdrink für die Party
- Superlongdrinkglas
- Shaker

5 cl Ananassaft
5 cl Aprikosensaft
5 cl Maracujasaft
5 cl Papayasaft
2 cl Zitronensaft
2 cl Grenadine
Deko:
¼ Ananasscheibe
1 Cocktailkirsche

Säfte und Grenadine zusammen im Shaker mit Eis schütteln und in das Superlongdrinkglas mit Crushed ice seihen. Nun Ananasscheibe und Kirsche am Sticker über den Glasrand legen.

GOLDEN GINGER-ALE

fruchtig-lieblicher Longdrink für heiße Tage
- Longdrinkglas
- Gästeglas

4 cl Orangensaft
4 cl Ananassaft
Ginger-ale zum Auffüllen

Orangen- und Ananassaft zusammen im Longdrinkglas mit Eiswürfeln verrühren, mit Ginger-ale auffüllen und umrühren.

SUMMERCOOLER

fruchtig-erfrischender Longdrink für heiße Tage
- Longdrinkglas
- Gästeglas

4 cl Orangensaft
1 dash Angostura
Zitronenlimonade zum Auffüllen
Deko:
1 Zitronenscheibe

Orangensaft und Angostura zusammen im Longdrinkglas mit Eiswürfeln verrühren, mit Limonade auffüllen und kurz umrühren. Die Zitronenscheibe an den Glasrand stecken.

SUMMER DELIGHT

fruchtig-lieblicher Longdrink für heiße Tage

- Longdrinkglas
- Gästeglas

2 cl Limettensaft
2 cl Himbeersirup
Sodawasser zum Auffüllen
Deko:
4 Himbeeren
2 Limettenscheiben

Saft und Sirup zusammen im Longdrinkglas mit Eiswürfeln verrühren, mit Soda auffüllen und umrühren. Die Himbeeren ins Glas geben, die Limettenscheiben an den Glasrand stecken.

STRAWBERRY AND FRIENDS

fruchtig-lieblicher Longdrink für die Sommerzeit

- Longdrinkglas
- Rührglas

5 cl Orangensaft
5 cl Ananassaft
3 cl Zitronensaft
2 cl Grenadine
2 cl Erdbeersirup
Deko:
2 Erdbeeren

Alle Zutaten zusammen im Rührglas verrühren und in das Longdrinkglas gießen. Die Erdbeeren auf einen Sticker spießen und ihn über den Glasrand legen.

EISCREME SODA

cremiger Longdrink für alle Gelegenheiten

- großer Tumbler
- Gästeglas

2 Kugeln Speiseeis nach Wahl
(z.B. Zitronen- oder Orangensorbet)
Sodawasser zum Auffüllen

Das Eis in den Tumbler geben und mit Sodawasser auffüllen. Mit Löffel und Trinkhalm servieren.

FRUIT CUP I

fruchtig-herber Longdrink für die Party

- Longdrinkglas
- Shaker

8 cl Orangensaft
6 cl Ananassaft
6 cl Limettensaft
2 cl Zitronensaft
2 cl Grenadine
Deko:
1 Orangenscheibe
½ Zitronenscheibe
3 Cocktailkirschen
⅛ Ananasscheibe

Alle Zutaten zusammen im Shaker mit viel Eis schütteln und in das Longdrinkglas seihen. Die Orangenscheibe an den Glasrand stecken, das übrige Obst in den Drink geben.

FRUIT CUP II

fruchtig-lieblicher Longdrink für die Party
- Longdrinkglas
- Shaker

8 cl Maracujasaft
4 cl Ananassaft
4 cl Zitronensaft
2 cl Orangensaft
2 cl Grenadine
Deko:
½ Ananasscheibe
1 Cocktailkirsche

Alle Zutaten zusammen im Shaker mit Eiswürfeln schütteln und in das Longdrinkglas seihen. Die Früchte am Sticker an den Glasrand stecken.

FRUIT CUP III

fruchtig-milder Longdrink für jede Jahreszeit
- Longdrinkglas
- Shaker

8 cl Orangensaft
8 cl Ananassaft
4 cl Zitronensaft
2 cl Grenadine
Deko:
1 Orangenscheibe
1 Cocktailkirsche

Die Zutaten zusammen im Shaker mit Eiswürfeln schütteln und in das Longdrinkglas seihen. Orangenscheibe und Kirsche zusammen am Sticker über den Glasrand legen.

PINEAPPLE PEPPERMINT

fruchtig-erfrischender Longdrink für jede Jahreszeit
- Longdrinkglas
- Gästeglas

12 cl Ananassaft
2 dashes Pfefferminzsirup
6 cl Bitter lemon
Deko:
1 Minzezweig

Ananassaft und Pfefferminzsirup zusammen im Longdrinkglas mit Eiswürfeln verrühren. Mit Bitter lemon auffüllen und umrühren. Den Minzezweig ins Glas geben.

ORANGE LEMONADE

fruchtig-milder Longdrink für jede Jahreszeit
- großer Tumbler
- Gästeglas

5 cl Orangensaft
2 cl Zitronensaft
2 cl Zuckersirup
Sodawasser zum Auffüllen
Deko:
1 Orangenscheibe

Die Säfte und den Sirup zusammen im Tumbler mit Eiswürfeln verrühren. Mit Soda auffüllen und kurz umrühren. Die Orangenscheibe an den Glasrand stecken.

AMERICAN GLORY II

fruchtig-lieblicher Longdrink für jede Jahreszeit
- Sektkelch
- Gästeglas

3 cl Orangensaft
2 dashes Zuckersirup
Zitronenlimonade zum Auffüllen
Deko:
1 Orangenscheibe

Orangensaft und Zuckersirup in den Sektkelch mit 2 Eiswürfeln gießen. Mit Zitronenlimonade auffüllen und kurz umrühren. Die Orangenscheibe an den Glasrand stecken.

REFRESHER

fruchtig-lieblicher Longdrink für alle Gelegenheiten
- großer Tumbler
- Gästeglas

5 cl Orangensaft
2 cl Grenadine
Sodawasser zum Auffüllen
Deko:
1 Orangenscheibe

Orangensaft und Grenadine zusammen im Tumbler mit Eiswürfeln verrühren. Mit Soda auffüllen und nochmals umrühren. Die Orangenscheibe an den Glasrand stecken.

ELDORADO II

fruchtig-erfrischender Longdrink für die Party

- Longdrinkglas
- Shaker

4 cl Guavensaft
4 cl Orangensaft
4 cl Maracujasaft
4 cl Ananassaft
Tonic water zum Auffüllen
Deko:
½ Ananasscheibe
1 Orangenscheibe
1 Cocktailkirsche

Die Säfte zusammen im Shaker mit Eiswürfeln schütteln und in das Longdrinkglas seihen. Mit Tonic water auffüllen und kurz umrühren. Das Obst am Sticker an den Glasrand stecken.

STEFFI-GRAF-COCKTAIL

fruchtig-lieblicher Longdrink für jede Jahreszeit

- Longdrinkglas
- Rührglas

4 cl Birnensaft
4 cl Aprikosensaft
4 cl Kiwi-Zitrus-Saft
4 cl Orangensaft
Deko:
1 Kiwischeibe
1 Minibirne
1 Orangenscheibe

Alle Zutaten zusammen im Rührglas mit Eiswürfeln verrühren und in das Glas seihen. Das Obst am Sticker über den Glasrand legen.

BALI-BOO

fruchtiger Longdrink für die Party
■ Longdrinkglas
■ Shaker

4 cl Ananassaft
4 cl Maracujasaft
4 cl Aprikosensaft
2 cl Curaçao blue alkoholfrei
Bitter lemon zum Auffüllen
■ **Deko:**
½ Ananasscheibe
1 Cocktailkirsche

Die Säfte und den Curaçao zusammen im Shaker mit Eiswürfeln schütteln und in das Longdrinkglas seihen. Mit Bitter lemon auffüllen und kurz umrühren. Die Ananasscheibe und die Kirsche zusammen am langen Sticker ins Glas geben.

BRUNSWICK COOLER

herber Cooler für heiße Tage
■ großer Tumbler
■ Gästeglas

2 cl Zitronensaft
2 TL Zuckersirup
Ginger-ale zum Auffüllen

Zitronensaft und Sirup zusammen in den zur Hälfte mit Eiswürfeln gefüllten Tumbler geben und gut umrühren. Mit Ginger-ale auffüllen und nochmals kurz umrühren.

PROOFLESS

fruchtig-herber Longdrink für heiße Tage
■ Longdrinkglas
■ Shaker

6 cl Limettensaft
4 cl Limettensirup
Tonic water zum Auffüllen
■ **Deko:**
1 Limettenscheibe

Limettensaft und -sirup zusammen im Shaker mit Eiswürfeln schütteln und in das Longdrinkglas seihen. Mit Tonic water auffüllen und kurz umrühren. Die Limettenscheibe an den Glasrand stecken.

LEMON SQUASH

fruchtiger Cooler für heiße Tage
■ großer Tumbler
■ Gästeglas

3 cl Zitronensaft
2 TL Puderzucker
Sodawasser zum Auffüllen
■ **Deko:**
1 Zitronenscheibe

Zitronensaft und Puderzucker zusammen in dem zur Hälfte mit Eiswürfeln gefüllten Tumbler verrühren. Mit Soda auffüllen und nochmals umrühren. Die Zitronenscheibe an den Glasrand stecken.

JAVATRAUM

fruchtig-lieblicher Longdrink für die Party
- Longdrinkglas
- Shaker

4 cl Pfirsichsaft
4 cl Bananensaft
4 cl Maracujasaft
2 cl Grenadine
Tonic water zum Auffüllen
Deko:
1 Pfirsichstück
1 Cocktailkirsche

Die Säfte und den Grenadine zusammen im Shaker mit Eiswürfeln schütteln und in das Longdrinkglas seihen. Mit Tonic water auffüllen und kurz umrühren. Das Obst am Sticker über den Glasrand legen.

SARATOGA COOLER

fruchtig-milder Cooler für heiße Tage
- großer Tumbler
- Gästeglas

2 cl Grenadine
2 cl Zitronensaft
Ginger-ale zum Auffüllen

Grenadine und Zitronensaft zusammen in den zur Hälfte mit Eiswürfeln gefüllten Tumbler geben und gut umrühren. Mit Ginger-ale auffüllen und nochmals kurz umrühren.

CHICAGO COOLER

fruchtig-herber Cooler für heiße Tage
- großer Tumbler
- Gästeglas

2 cl Zitronensaft
Ginger-ale zum Auffüllen
roter Traubensaft zum Auffüllen

Den Zitronensaft in den zur Hälfte mit Eiswürfeln gefüllten Tumbler geben. Je zur Hälfte mit Ginger-ale und mit Traubensaft auffüllen und kurz umrühren.

STRAWBERRY PLANT

fruchtig-milder Longdrink für die Frühjahrsparty
- Longdrinkglas
- Shaker

6 cl Orangensaft
6 cl Ananassaft
3 cl Zitronensaft
2 cl Erdbeersirup
Deko:
1 Erdbeere

Die Zutaten zusammen im Shaker gut schütteln und in das Longdrinkglas geben. Die Erdbeere an den Glasrand stecken.

JUANA

fruchtig-herber Longdrink für die Sommermonate
- Longdrinkglas
- Gästeglas

1 cl Himbeersaft
2 cl Zitronensaft
2 cl Orangensaft
3 cl Apfelsaft
6 cl schwarzer Johannisbeersaft
Sodawasser zum Auffüllen
■ **Deko:**
1 Zitronenscheibe
2 rote Johannisbeerrispen

Die Säfte zusammen im Longdrinkglas verrühren, mit Soda auffüllen und nochmals umrühren. Die Zitronenscheibe und die eine Johannisbeerrispe an den Glasrand stecken, die andere Rispe ins Glas geben.

GRAPEFRUIT DREAM

fruchtig-milder Longdrink für jede Jahreszeit
- großer Tumbler
- Gästeglas

4 cl Grapefruitsaft
2 cl Grenadine
Ginger-ale zum Auffüllen

Grapefruitsaft und Grenadine zusammen im Tumbler verrühren. Mit Ginger-ale auffüllen und kurz umrühren.

BLUE BATAVIA

fruchtig-milder Longdrink für die Party
- Longdrinkglas
- Shaker

3 cl Ananassaft
3 cl Birnensaft
3 cl Maracujasaft
3 cl Aprikosensaft
1 cl Zitronensaft
1 cl Curaçao blue alkoholfrei
Bitter lemon zum Auffüllen
■ **Deko:**
1 Zitronenscheibe
1 Cocktailkirsche

Die Säfte und den Curaçao zusammen im Shaker mit Eiswürfeln schütteln und in das Longdrinkglas seihen. Mit Bitter lemon auffüllen und kurz umrühren. Die Zitronenscheibe an den Glasrand stecken und die Kirsche mit einem Sticker daran befestigen.

BERLIN

fruchtiger Longdrink für jeden Tag
- großes Ballonglas
- Shaker

½ Ananasscheibe, gewürfelt
2 Orangenscheiben, in Stücken
1 cl Zitronensaft
4 cl Ananassaft
Apfelsaft zum Auffüllen
Deko:
1 Orangenscheibe

Die Obststücke in das Ballonglas geben. Zitronen- und Ananassaft zusammen im Shaker mit Eiswürfeln schütteln und ins Glas seihen. Mit Apfelsaft auffüllen und kurz umrühren. Die Orangenscheibe an den Glasrand stecken.

FRUIT MIX

fruchtiger Longdrink für heiße Tage
- Longdrinkglas
- Shaker

4 cl Ananassaft
3 cl Himbeersaft
2 cl Orangensaft
1 cl Zitronensaft
Sodawasser zum Auffüllen
Deko:
1 Zitronenscheibe
1 Orangenscheibe

Die Säfte zusammen in Shaker mit Eiswürfeln schütteln und in das Longdrinkglas seihen. Mit Soda auffüllen und kurz umrühren. Die Obstscheiben an den Glasrand stecken.

PEPPERMINT TONIC

erfrischender Longdrink für heiße Tage
- Longdrinkglas
- Gästeglas

2 cl Zitronensaft
3 cl Pfefferminzsirup
Tonic water zum Auffüllen
Deko:
1 Zitronenschalenspirale

Zitronensaft und Sirup zusammen im Longdrinkglas verrühren. Mit Tonic water auffüllen und kurz umrühren. Die Schalenspirale an den Glasrand hängen.

BELFAST COOLER

fruchtig-herber Cooler für jede Gelegenheit
- großer Tumbler
- Gästeglas

5 cl Zitronensaft
Ginger-ale zum Auffüllen

Den Zitronensaft in den zur Hälfte mit Eiswürfeln gefüllten Tumbler geben, mit Ginger-ale auffüllen und kurz umrühren.

BABOUIN

fruchtiger Longdrink für die Party
- Longdrinkglas
- Shaker

5 cl Kirschsaft
4 cl Maracujasaft
3 cl Ananassaft
2 cl Limettensaft
1 cl Orangensaft
- **_Außerdem:_**

1/4 Banane, geschält und in Scheiben
einige Ananasstückchen
2 Cocktailkirschen

Alle Zutaten zusammen im Shaker mit Eiswürfeln schütteln und in das Longdrinkglas seihen. Die Obststückchen ins Glas geben. Mit Löffel oder Sticker servieren.

BORNEO GOLD

fruchtiger Longdrink für den Abend
- Longdrinkglas
- Gästeglas

6 cl Aprikosensaft
4 cl Bananensaft
2 cl Maracujasaft
Tonic water zum Auffüllen

Die Säfte zusammen im Longdrinkglas mit Eiswürfeln verrühren. Mit Tonic water auffüllen und nochmals kurz umrühren.

BICYCLE

fruchtig-herber Longdrink für die Party
- Longdrinkglas
- Gästeglas

7 cl Mangosaft
4 cl Zitronensaft
2 cl Maracujasaft
1 cl Grenadine
Mineralwasser zum Auffüllen
- **_Deko:_**

1/8 Ananasscheibe
1 Cocktailkirsche
1 Zweig Zitronenmelisse

Die Säfte und den Grenadine zusammen im Longdrinkglas mit Eiswürfeln verrühren. Mit Mineralwasser auffüllen und nochmals umrühren. Ananasscheibe, Kirsche und Melissezweig zusammen am Sticker über den Glasrand legen.

Babouin (l.), Bicycle (r.)

BORA-BORA

fruchtig-lieblicher Longdrink für die Party
- Longdrinkglas
- Shaker

10 cl *Ananassaft*
6 cl *Maracujasaft*
1 cl *Zitronensaft*
1 cl *Grenadine*
- **Deko:**
½ *Ananasscheibe*
1 *Cocktailkirsche*

Alle Zutaten zusammen im Shaker mit Eiswürfeln schütteln und in das Longdrinkglas seihen. Die Ananasscheibe an den Glasrand stecken und die Kirsche mit einem Sticker daran befestigen.

ANANAS ADÉ

fruchtig-lieblicher Cooler für heiße Tage
- großer Tumbler
- Gästeglas

2 cl *Zitronensaft*
4 cl *Ananassirup*
Sodawasser zum Auffüllen

Zitronensaft und Sirup zusammen in dem zur Hälfte mit Eiswürfeln gefüllten Tumbler verrühren. Mit Soda auffüllen und nochmals umrühren.

SUNBREAKER

fruchtiger Longdrink für jede Gelegenheit
- Longdrinkglas
- Gästeglas

8 cl *Mangosaft*
2 cl *Limettensirup*
Tonic water zum Auffüllen
- **Deko:**
1 *Orangenscheibe*
1 *Zweig Zitronenmelisse*

Mangosaft und Limettensirup zusammen im Longdrinkglas mit Eiswürfeln verrühren. Mit Tonic water auffüllen und nochmals umrühren. Die Orangenscheibe und den Melissenzweig an den Glasrand stecken.

PARADIESVOGEL

fruchtig-lieblicher Longdrink für die Party
- Longdrinkglas
- Shaker

6 cl *Ananassaft*
6 cl *Maracujasaft*
6 cl *Orangensaft*
1 cl *Zitronensaft*
1 cl *Grenadine*
- **Deko:**
½ *Ananasscheibe*
1 *Cocktailkirsche*

Die Zutaten zusammen im Shaker mit Eiswürfeln schütteln und in das Longdrinkglas seihen. Die Ananasscheibe an den Glasrand stecken und die Kirsche mit einem Sticker daran befestigen.

SONNENAUFGANG

fruchtiger Longdrink für jede Gelegenheit
- Longdrinkglas
- Shaker

15 cl Orangensaft
2 cl Grapefruitsaft
1 cl Zitronensaft
Außerdem:
1 Orangenscheibe
1 cl Grenadine

Alle Zutaten zusammen im Shaker mit Eiswürfeln schütteln und in das Longdrinkglas mit Eiswürfeln seihen. Die Orangenscheibe in das Glas geben und den Grenadine darauf gießen.

KIWI-KIWI

fruchtiger Longdrink für heiße Tage
- Longdrinkglas
- Gästeglas

6 Kiwischeiben, geschält
1 cl Zitronensaft
2 cl Himbeersirup
Bitter lemon zum Auffüllen
Deko:
1 Limettenschalenspirale

Die Kiwischeiben in das Longdrinkglas geben. Saft und Sirup darübergießen, mit Bitter lemon auffüllen. Die Schalenspirale an den Glasrand hängen.

PEACH TREE

fruchtig-milder Longdrink für jede Jahreszeit
- Longdrinkglas
- Shaker

10 cl Pfirsichnektar
6 cl Orangensaft
1 dash Zitronensaft
Außerdem:
1 Orangenscheibe
1 Pfirsichspalte

Die Zutaten zusammen im Shaker mit Eis schütteln und in das Longdrinkglas seihen. Das Obst ins Glas geben.

BOSTON COOLER

lieblicher, prickelnder Cooler für heiße Tage
- großer Tumbler
- Gästeglas

1 Zitronenschalenspirale
2 cl Grenadine
Ginger-ale zum Auffüllen

Die Schalenspirale zusammen mit dem Grenadine in den zur Hälfte mit Eiswürfeln gefüllten Tumbler geben. Mit Ginger-ale auffüllen und gut umrühren.

PEPPERMINT LEMONADE

würzig-frischer Longdrink für heiße Tage
- großer Tumbler
- Gästeglas

2 cl Pfefferminzsirup
2 cl Zitronensaft
Sodawasser zum Auffüllen

Sirup und Zitronensaft zusammen im Tumbler mit Eiswürfeln verrühren. Mit Soda auffüllen und kurz umrühren.

MALAYENDRINK

fruchtiger Longdrink für die Party
- Longdrinkglas
- Rührglas

8 cl Ananassaft
4 cl Grapefruitsaft
2 cl Curaçao blue alkoholfrei
Bitter lemon zum Auffüllen
- **Deko:**

½ Ananasscheibe

Die Säfte und den Curaçao zusammen im Rührglas mit Eiswürfeln verrühren und in das Longdrinkglas seihen. Mit Bitter lemon auffüllen und kurz umrühren. Die Ananasscheibe an den Glasrand stecken.

PEACHY

fruchtig-frischer Longdrink für die Sommerzeit
- Ballonglas
- Shaker

12 cl Pfirsichnektar
6 cl Grapefruitsaft
2 dashes Limettensaft
- **Außerdem:**

2 Pfirsichspalten
2 Bananenscheiben

Alle Zutaten zusammen im Shaker mit Eis schütteln und in das zu einem Drittel mit Crushed ice gefüllte Glas seihen. Die Früchte ins Glas geben.

SWEET RAINBOW

fruchtig-milder Longdrink für jede Jahreszeit
- Ballonglas
- Shaker

14 cl Orangensaft
2 cl Zitronensaft
1 cl Grenadine
1 cl Curaçao blue alkoholfrei
- **Deko:**

1 Orangenscheibe
1 Zitronenscheibe

Die Säfte zusammen im Shaker mit Eis schütteln und in das Glas seihen. Nach Belieben Eis dazugeben. Erst Grenadine, dann Curaçao langsam darübergießen. Die Zitrusscheiben an den Glasrand stecken.

HAWAIIAN MIX

fruchtig-milder Longdrink für die heiße Jahreszeit
- großes Ballonglas
- Shaker

8 cl Ananassaft
4 cl Orangensaft
3 cl Grapefruitsaft
2 cl Zitronensaft
3 cl Maracujasaft
Außerdem:
Früchte der Saison (z. B. Orangenachtel, Zitronenviertel, Ananasstücke, Karambolenscheiben)

Alle Zutaten zusammen im Shaker mit Eis kräftig schütteln und in das zu einem Drittel mit Crushed ice gefüllte Glas seihen. Die Früchte ins Glas geben.

MISSISSIPPI LONG

sehr fruchtiger Longdrink für die Party
- großer Tumbler
- Gästeglas

8 cl Crème de Cassis alkoholfrei
8 cl Orangensaft
Deko:
1 Orangenscheibe

Die Zutaten zusammen im Tumbler mit Eiswürfeln verrühren. Die Orangenscheibe an den Glasrand stecken.

ORANGE TONIC

fruchtig-milder Longdrink für die Party
- Longdrinkglas
- Shaker

6 cl Orangensaft
2 cl Himbeersaft
2 cl Grenadine
Tonic water zum Auffüllen
Deko:
1 Orangenschalenspirale

Säfte und Grenadine zusammen im Shaker mit Eiswürfeln schütteln und in das Longdrinkglas seihen. Mit Tonic water auffüllen und kurz umrühren. Die Schalenspirale an den Glasrand hängen.

RED THING

fruchtig-milder Longdrink für heiße Tage
- Longdrinkglas
- Shaker

6 cl Orangensaft
4 cl Ananassaft
2 cl Zitronensaft
1 cl Grenadine
Deko:
1 Orangenscheibe
1 Cocktailkirsche

Alle Zutaten zusammen mit Eis im Shaker kräftig schütteln und in das zu einem Viertel mit Crushed ice gefüllte Glas seihen. Die Orangenscheibe an den Glasrand stecken; die Kirsche mit einem Sticker daran befestigen.

APRICOT FIZZ

fruchtiger Fizz für die Sommermonate

- Longdrinkglas
- Shaker

6 cl Aprikosensaft
1 cl Orangensaft
1 cl Zitronensaft
Sodawasser zum Auffüllen

Die Säfte zusammen im Shaker mit Eiswürfeln kräftig schütteln und in das Longdrinkglas seihen. Mit Soda auffüllen und kurz umrühren.

MELON

erfrischender Longdrink für die Party

- Longdrinkglas
- Gästeglas

1/4 vollreife Netz- oder Honigmelone
2 cl Grenadine
Tonic water zum Auffüllen
Deko:
1 Karambolenscheibe

Mit einem Kugelausstecher aus dem Melonenfruchtfleisch kleine Kugeln ausstechen und sie in das Longdrinkglas geben. Grenadine darübergießen, mit Tonic water auffüllen und kurz umrühren. Die Karambolenscheibe an den Glasrand stecken.

ANASTASIA

fruchtig-milder Longdrink für die Party

- großes Ballonglas
- Shaker

2 Ananasscheiben, gewürfelt
6 cl Ananassaft
4 cl Orangensaft
3 cl Apfelsaft
2 cl Zitronensaft
Ginger-ale zum Auffüllen
Deko:
1 Cocktailkirsche

Die Ananasstückchen ins Glas geben. Die Säfte zusammen mit Eiswürfeln im Shaker schütteln und über die Fruchtstücke seihen. Mit Ginger-ale auffüllen und kurz umrühren. Die Kirsche am Sticker über den Glasrand legen.

APRICOFRUIT

fruchtig-herber Longdrink für jede Jahreszeit

- Longdrinkglas
- Shaker

12 cl Aprikosennektar
8 cl Grapefruitsaft
1 cl Zitronensaft
Deko:
1 Cocktailkirsche

Alle Zutaten zusammen im Shaker mit Eis gut schütteln und in das Glas seihen. Die Kirsche an den Glasrand stecken.

Tells Schuß (l.), Bahamas (r.)

TELLS SCHUSS

fruchtig-herber Longdrink für jede Jahreszeit

- Longdrinkglas
- Shaker

10 cl Apfelsaft
5 cl Grapefruitsaft
2 cl Zitronensaft
1 cl Grenadine
2 dashes Mandelsirup
Deko:
1 Miniapfel

Alle Zutaten zusammen mit Eiswürfeln im Shaker schütteln und in das Longdrinkglas seihen. Mit Crushed ice auffüllen. Den Miniapfel am Sticker über den Glasrand legen.

BAHAMAS

fruchtig-erfrischender Longdrink für jede Jahreszeit

- Longdrinkglas
- Gästeglas

15 cl Apfelsaft
2 cl Zitronensaft
1 cl Grenadine
Deko:
1 Karambolenscheibe

Alle Zutaten zusammen mit Eiswürfeln im Longdrinkglas verrühren. Die Karambolenscheibe an den Glasrand stecken.

HAPPY MORNING

fruchtig-lieblicher Longdrink für jede Jahreszeit
- Longdrinkglas
- Shaker

12 cl Orangensaft
6 cl Aprikosennektar
1 cl Zitronensaft
1 cl Grenadine
Deko:
2 Orangenscheiben

Alle Zutaten zusammen im Shaker mit Eiswürfeln schütteln und in das Longdrinkglas seihen. Die Orangenscheiben an den Glasrand stecken.

TWO GRAPES

fruchtig-herber Longdrink für jede Jahreszeit
- Longdrinkglas
- Shaker

10 cl weißer Traubensaft
6 cl Grapefruitsaft
2 cl Orangensaft
Deko:
2 Weintrauben

Alle Zutaten zusammen im Shaker mit Eis schütteln und in das Glas seihen. Die Trauben am Sticker über den Glasrand legen.

FÜNFERLEI

fruchtig-erfrischender Longdrink für jede Jahreszeit
- großer Tumbler
- Shaker

5 cl Orangensaft
5 cl Grapefruitsaft
2 cl Ananassaft
1 cl Zitronensaft
1 cl Zuckersirup
Deko:
1 Orangenscheibe
1 Cocktailkirsche

Alle Zutaten zusammen im Shaker mit Eis schütteln und in den Tumbler seihen. Die Orangenscheibe an den Glasrand stecken und die Kirsche mit einem Sticker daran befestigen.

RED APPLE

fruchtig-frischer Longdrink für jede Gelegenheit
- Longdrinkglas
- Rührglas

8 cl Apfelsaft
4 cl roter Johannisbeernektar
4 cl Aprikosennektar
Deko:
1 Apfelspalte

Die Zutaten zusammen im Rührglas mit Eis verrühren und in das Longdrinkglas mit Eiswürfeln seihen. Die Apfelspalte an den Glasrand stecken.

TENNIS DRINK

fruchtig-milder Longdrink für die Party
- Longdrinkglas
- Shaker

4 cl Maracujanektar
4 cl Ananassaft
2 cl Limettensaft
1 cl Bananensaft
2 cl Sahne
Deko:
1 Orangenscheibe
1 Limettenscheibe

Alle Zutaten zusammen im Shaker mit Eis kräftig schütteln und in das Longdrinkglas mit Eiswürfeln seihen. Die Obstscheiben an den Glasrand stecken.

MINT ORANGE

herb-frischer Longdrink für die Sommertage
- Longdrinkglas
- Shaker

2 cl Pfefferminzsirup
1 cl Limettensirup
16 cl Bitter orange (Bitterlimonade)
Außerdem:
1 Minzezweig
1 Limettenachtel

Die Sirupe zusammen mit Eiswürfeln im Shaker gut schütteln und in das Glas seihen. Eis nach Belieben dazugeben, mit Bitter Orange auffüllen und kurz umrühren. Den Minzezweig und das Limettenachtel ins Glas geben.

PLANTER'S DREAM

fruchtig-frischer Longdrink für die Party
- Longdrinkglas
- Shaker

8 cl Orangensaft
8 cl Ananassaft
4 cl Zitronensaft
1 cl Grenadine
1 cl Mangosirup
Deko:
2 Orangenscheiben

Alle Zutaten zusammen im Shaker mit Eis kräftig schütteln und in das Longdrinkglas seihen. Mit Crushed ice auffüllen. Die Orangenscheiben an den Glasrand stecken.

PINEAPPLE DRINK

fruchtig-herber Longdrink für die Sommerzeit
- Longdrinkglas
- Gästeglas

10 cl Ananassaft
1 cl Zitronensaft
10 cl Bitter lemon
1 cl Grenadine
Deko:
½ Ananasscheibe

Ananas- und Zitronensaft zusammen mit Eiswürfeln im Longdrinkglas verrühren, Bitter lemon dazugeben und kurz umrühren. Grenadine langsam darübergießen. Die Ananasscheibe an den Glasrand stecken.

ORANGE-FREEZE

fruchtiger Longdrink für heiße Tage
- Ballonglas
- Gästeglas

1 cl Limettensirup
2 cl Orangensaft
Ginger-ale zum Auffüllen
Deko:
1 Kumquat

3 Eßlöffel Crushed ice zusammen mit Limettensirup und Orangensaft in das Ballonglas geben. Umrühren, mit Ginger-ale auffüllen und nochmals umrühren. Die Kumquat zuletzt an den Glasrand stecken.

ANANAS-FREEZE

fruchtig-lieblicher Longdrink für heiße Tage
- Longdrinkglas
- Gästeglas

6 cl Ananassirup
1 Kugel Ananaseis
Sodawasser zum Auffüllen
Deko:
½ Ananasscheibe

Den Sirup in das Longdrinkglas geben und es zu zwei Dritteln mit Crushed ice auffüllen. Das Ananaseis dazugeben, mit Soda auffüllen. Die Ananasscheibe an den Glasrand stecken. Mit Löffel servieren.

COLA-FREEZE

fruchtig-lieblicher Longdrink für heiße Tage
- Longdrinkglas
- Shaker

1 – 2 Kugeln Zitronensorbet
1 cl Zitronensirup
Cola zum Auffüllen

2 Eßlöffel Crushed ice zusammen mit dem Sorbet und dem Sirup im Shaker kräftig schütteln und in das zu zwei Dritteln mit Crushed ice gefüllte Longdrinkglas seihen. Mit Cola auffüllen. Mit einem Stirer servieren.

BEEREN-FREEZE

fruchtig-milder Longdrink für heiße Tage
- Longdrinkglas
- Gästeglas

3 cl Johannisbeersirup
1 Kugel Johannisbeereis
Sodawasser zum Auffüllen
Deko:
1 rote Johannisbeerrispe

Den Sirup in das Glas geben, es zu zwei Dritteln mit Crushed ice füllen und das Johannisbeereis dazugeben. Mit Soda auffüllen. Die Beerenrispe an den Glasrand stekken. Mit einem langen Löffel servieren.

v. l. n. r.: Orange-Freeze, Ananas-Freeze, Cola-Freeze, Beeren-Freeze

TROPICAL HEAT

fruchtig-lieblicher Longdrink für jede Gelegenheit
- Longdrinkglas
- Rührglas

5 cl Orangensaft
5 cl Maracujasaft
5 cl Ananassaft
1 cl Zitronensaft
1 cl Grenadine
Deko:
1 Karambolenscheibe

Alle Zutaten zusammen im Rührglas mit Eiswürfeln verrühren und in das Longdrinkglas seihen. Die Karambolenscheibe an den Glasrand stecken.

TROPICAL DREAN

fruchtig-milder Longdrink für die Party
- große Sektschale
- Shaker

6 cl Maracujasaft
6 cl Ananassaft
1 cl Zitronensaft
1 cl Grenadine
Deko:
1 Cocktailkirsche

Alle Zutaten zusammen im Shaker mit Eis schütteln und in die Sektschale seihen. Die Kirsche an den Glasrand stecken.

MEERWASSER

fruchtiger Longdrink für die Sommerparty
- Longdrinkglas
- Shaker

1 cl Zitronensaft
4 cl Curaçao blue alkoholfrei
1 cl Bitter lemon
2 cl Ginger-ale
Tonic water zum Auffüllen
Außerdem:
1 EL rote Johannisbeeren ohne Stiel
3 kleine Limettenscheiben

Zitronensaft und Curaçao zusammen mit Eiswürfeln im Shaker schütteln und in das Longdrinkglas seihen. Bitter lemon und Ginger-ale dazugeben, mit Tonic water auffüllen und kurz umrühren. Die Johannisbeeren und 2 Limettenscheiben ins Glas geben. Die restliche Limettenscheibe an den Glasrand stecken.

TROPENZAUBER II

fruchtig-lieblicher Longdrink für die Party
- Longdrinkglas
- Shaker

4 cl Pfirsichsaft
4 cl Grapefruitsaft
4 cl Bananensaft
2 cl Grenadine
Tonic water zum Auffüllen

Die Säfte und den Grenadine zusammen im Shaker mit Eiswürfeln schütteln und in das Longdrinkglas seihen. Mit Tonic water auffüllen und kurz umrühren.

GRANIZADO DE CASSIS

fruchtig-milder Longdrink für heiße Tage
- großer Tumbler
- Gästeglas

1 cl Orangensaft
2 cl Johannisbeersirup
Sodawasser zum Auffüllen
Deko:
1 rote Johannisbeerrispe

Saft und Sirup zusammen im Tumbler verrühren und das Glas zu etwa drei Vierteln mit Crushed ice auffüllen. Mit Soda auffüllen und kurz umrühren. Die Johannisbeerrispe an den Glasrand hängen.

GRANIZADO DE LIMON

fruchtiger, herbmilder Cooler für heiße Tage
- großer Tumbler
- Gästeglas

1 cl Limettensaft
2 cl Limettensirup
Sodawasser zum Auffüllen
Deko:
1 Zitronenschalenspirale

Saft und Sirup zusammen im Tumbler verrühren und das Glas zu etwa drei Vierteln mit Crushed ice auffüllen. Mit Soda auffüllen und kurz umrühren. Die Schalenspirale an den Glasrand hängen.

GRANITO DI ARANCIA

fruchtig-lieblicher Cooler für heiße Tage
- großes Ballonglas
- Gästeglas

1 cl Zitronensaft
3 cl Orangensirup
Sodawasser zum Auffüllen
Deko:
1 Zweig Zitronenmelisse

Das Ballonglas zu zwei Dritteln mit Crushed ice füllen und Saft sowie Sirup darübergießen. Mit Soda auffüllen und kurz umrühren. Die Melisse an den Glasrand stecken.

GRANIZADO DE MENTA

erfrischend-herber Longdrink für die Sommerparty
- großer Tumbler
- Gästeglas

2 cl Zitronensaft
1 cl Pfefferminzsirup
Sodawasser zum Auffüllen
Deko:
einige frische Minzeblätter

Saft und Sirup zusammen im Tumbler verrühren und das Glas zu etwa drei Vierteln mit Crushed ice auffüllen. Mit Soda nach Belieben auffüllen, kurz umrühren und die Minzeblätter ins Glas geben.

GRANITO DI LAMPONE

fruchtig-milder Longdrink für heiße Tage
- großes Ballonglas
- Gästeglas

1 cl Zitronensaft
3 cl Himbeersirup
Sodawasser zum Auffüllen
Deko:
1 Orangenscheibe

Das Ballonglas zu zwei Dritteln mit Crushed ice füllen und Saft sowie Sirup darübergießen. Mit Sodawasser auffüllen und kurz umrühren. Die Orangenscheibe an den Glasrand stecken.

SHOOTING STAR

fruchtig-erfrischender Longdrink für die Party
- Longdrinkglas
- Shaker

8 cl exotische Fruchtsaftmischung
(z. B. Maracuja-Mango-Saft)
5 cl Ananassaft
3 cl Orangensaft
2 cl Grapefruitsaft
1 cl Grenadine
Deko:
½ Ananasscheibe
½ Orangenscheibe

Alle Zutaten zusammen mit Eis im Shaker schütteln und in das Longdrinkglas seihen. Nach Belieben Crushed ice dazugeben. Die Fruchtscheiben an den Glasrand stecken.

GRANITO DI ASPERULA

fruchtig-lieblicher Longdrink für heiße Tage
- Longdrinkglas
- Gästeglas

1 cl Limettensaft
3 cl Waldmeistersirup
Sodawasser zum Auffüllen
Deko:
1 Orangenscheibe

Das Longdrinkglas zu zwei Dritteln mit Crushed ice füllen und Saft sowie Sirup darübergießen. Mit Soda auffüllen und kurz umrühren. Die Orangenscheibe an den Glasrand stecken.

PINCASSO

fruchtig-herber Longdrink für die Party
- Longdrinkglas
- Shaker

5 cl roter Traubensaft
4 cl Grapefruitsaft
2 cl Limettensaft
1 cl Grenadine
1 cl Bitter lemon
Sodawasser zum Auffüllen
Deko:
1 Zweig Zitronenmelisse

Die Säfte und Grenadine zusammen im Shaker mit Eiswürfeln schütteln und in das Longdrinkglas seihen. Mit Bitter lemon und Soda auffüllen und umrühren. Die Melisse an den Glasrand stecken.

Granito Di Asperula (l.), Dance With Me (r.)

TAKE THIS

erfrischender Longdrink für die Party
- Longdrinkglas
- Gästeglas

2 cl Zitronensaft
2 cl Grenadine
10 cl Sanbitter (ital. Bittergetränk ohne Alkohol)
Außerdem:
½ Orangenscheibe

Saft und Grenadine zusammen mit vielen Eiswürfeln im Longdrinkglas verrühren. Mit Sanbitter auffüllen und nochmals umrühren. Die Orangenscheibe ins Glas geben.

DANCE WITH ME

würzig-herber Longdrink für jede Jahreszeit
- Longdrinkglas
- Gästeglas

10 cl Sanbitter (ital. Bittergetränk ohne Alkohol)
1 cl Zitronensaft
10 cl Bitter lemon
Deko:
1 Zitronenschalenspirale

Sanbitter und Zitronensaft zusammen mit Eiswürfeln im Longdrinkglas verrühren, Bitter lemon dazugießen und vorsichtig umrühren. Die Schalenspirale an den Glasrand hängen.

RED BUTLER

fruchtig-herber Longdrink für heiße Tage
■ Longdrinkglas
■ Gästeglas

10 cl Blutorangennektar
10 cl Sanbitter (ital. Bittergetränk ohne Alkohol)
■ **Deko:**
1 Orangenschalenspirale

Die Zutaten zusammen mit Eiswürfeln im Longdrinkglas langsam verrühren. Die Schalenspirale ins Glas geben.

SANTANA

fruchtig-herber Longdrink für jede Jahreszeit
■ Longdrinkglas
■ Gästeglas

10 cl Sanbitter (ital. Bittergetränk ohne Alkohol)
6 cl Orangensaft
1 cl Zitronensaft
■ **Deko:**
1 Orangenscheibe

Alle Zutaten zusammen mit Eiswürfeln im Longdrinkglas verrühren. Die Orangenscheibe an den Glasrand stecken.

BITTER AND SWEET

würzig-erfrischender Longdrink für heiße Tage
■ Longdrinkglas
■ Shaker

2 cl Limettensirup
1 cl Grenadine
10 cl Sanbitter (ital. Bittergetränk ohne Alkohol)
■ **Außerdem:**
1 Limettenviertel

Limettensirup und Grenadine zusammen mit Eiswürfeln im Shaker kräftig schütteln und in das zu einem Drittel mit Crushed ice gefüllte Longdrinkglas seihen. Mit Sanbitter aufgießen und kurz umrühren. Das Limettenviertel ins Glas geben.

RED ROSES

erfrischend-bitterer Longdrink (Aperitif)
■ großes Ballonglas
■ Gästeglas

10 cl alkoholfreier Schaumwein
10 cl Sanbitter (ital. Bittergetränk ohne Alkohol)
■ **Deko:**
1 rote Rosenknospe (unbehandelt)

Die Zutaten zusammen mit Eiswürfeln im Longdrinkglas vorsichtig verrühren. Die Rose an den Glasrand stecken.

BITTER CASSIS

fruchtiger Bitterdrink (Aperitif)
- Longdrinkglas
- Gästeglas

4 cl Apfelsaft
4 cl schwarzer Johannisbeernektar
10 cl Sanbitter (ital. Bittergetränk ohne Alkohol)
Deko:
1 Johannisbeerrispe

Saft und Nektar zusammen mit Eiswürfeln im Longdrinkglas verrühren. Sanbitter dazugeben und kurz umrühren. Die Johannisbeerrispe an den Glasrand hängen.

BITTER CHERRIES

fruchtiger Bitterdrink (Aperitif)
- Longdrinkglas
- Gästeglas

4 cl Orangensaft
4 cl Kirschnektar
10 cl Sanbitter (ital. Bittergetränk ohne Alkohol)
Deko:
1 Orangenscheibe

Saft und Nektar zusammen mit Eiswürfeln im Longdrinkglas verrühren. Mit Sanbitter auffüllen und kurz umrühren. Die Orangenscheibe an den Glasrand stecken.

BITTER MINT

würziger Longdrink (Aperitif)
- Longdrinkglas
- Shaker

6 cl Grapefruitsaft
3 cl Pfefferminzsirup
10 cl Sanbitter (ital. Bittergetränk ohne Alkohol)
Deko:
1 Minzezweig

Grapefruitsaft und Pfefferminzsirup zusammen mit Eis im Shaker kräftig schütteln und in das Longdrinkglas seihen. Einige Eiswürfel dazugeben, mit Sanbitter auffüllen und kurz umrühren. Den Minzezweig ins Glas geben.

STEP

würzig-bitterer Longdrink (Aperitif)
- Longdrinkglas
- Shaker

4 cl Orangensaft
2 cl Grapefruitsaft
2 cl Zitronensaft
1 cl Grenadine
10 cl Sanbitter (ital. Bittergetränk ohne Alkohol)
Deko:
1 Orangenscheibe
1 Zitronenscheibe

Die Zutaten außer Sanbitter zusammen im Shaker mit Eiswürfeln kräftig schütteln und in das Longdrinkglas seihen. Nach Belieben Eiswürfel dazugeben, mit Sanbitter auffüllen und umrühren. Die Obstscheiben am Sticker über den Glasrand legen.

PINK DUNE

fruchtig-lieblicher Longdrink für jede Jahreszeit
- Longdrinkglas
- Shaker

20 cl Ananassaft
2 cl Sahne
1 cl Grenadine
Deko:
½ Ananasscheibe
1 Cocktailkirsche

Alle Zutaten zusammen im Shaker mit Eiswürfeln schütteln und in das Longdrinkglas seihen. Mit Crushed ice auffüllen. Die Früchte auf einen langen Sticker spießen und ihn ins Glas stellen.

PALERMO

würzig-herber Longdrink für heiße Tage
- Longdrinkglas
- Gästeglas

4 cl Orangensaft
4 cl alkoholfreier Vermouth (z. B. von Palermo Vermouth)
1 cl Grenadine
10 cl Sanbitter (ital. Bittergetränk ohne Alkohol)
Deko:
1 Orangenscheibe

Orangensaft, Vermouth und Grenadine zusammen mit Eiswürfeln im Longdrinkglas verrühren. Mit Sanbitter auffüllen und kurz umrühren. Die Orangenscheibe an den Glasrand stecken.

L'ARBRE DU CIEL

fruchtig-lieblicher Longdrink für die Party

- Ballonglas
- Shaker

4 cl Kokossirup
6 cl Ananassaft
2 cl Zitronensaft
1/4 TL Kokosraspel
Deko:
1/4 Ananasscheibe

Alle Zutaten zusammen mit Eis im Shaker mixen und in das Ballonglas gießen. Die Ananasscheibe an den Glasrand stecken.

ITALIAN COOLER

würzig-erfrischender Longdrink für heiße Tage

- Longdrinkglas
- Gästeglas

4 cl alkoholfreier Vermouth
(z. B. von Palermo Vermouth)
1 cl Grenadine
Sodawasser zum Auffüllen
Deko:
1 Zitronenscheibe

Vermouth und Grenadine zusammen mit Eiswürfeln im Longdrinkglas gut verrühren. Mit Soda auffüllen und nochmals umrühren. Die Zitronenscheibe an den Glasrand stecken.

MANDARINE CREAM

fruchtig-lieblicher Flip für die Party

- Longdrinkglas
- Shaker

6 *cl* Orangensaft
4 *cl* Mandarinensirup
4 *cl* Sahne
1 *dash* Grenadine
1 Eigelb
Deko:
½ Orangenscheibe
1 Cocktailkirsche

Alle Zutaten zusammen im Shaker mit Eiswürfeln schütteln und in das Longdrinkglas mit Eiswürfeln seihen. Die Orangenscheibe an den Glasrand stecken und die Kirsche mit einem Sticker daran befestigen.

JOHANNES

fruchtig-süßer Longdrink für den Nachmittag

- großer Tumbler
- Shaker

10 *cl* schwarzer Johannisbeersaft
5 *cl* Orangensaft
2 *cl* Schokoladensirup

Alle Zutaten zusammen im Shaker mit Eiswürfeln schütteln und in den Tumbler seihen.

COCONUT BANANA

lieblicher, fruchtiger Longdrink für die Sommerparty

- Longdrinkglas
- Shaker

6 *cl* Milch
2 *cl* Sahne
2 *cl* Cream of Coconut
2 *cl* Bananensirup
Deko:
1 Stück Banane

Die Zutaten zusammen im Shaker mit Eis kräftig schütteln und in das Longdrinkglas mit Crushed ice seihen. Das Bananenstück an den Glasrand stecken.

RED COCONUT

lieblicher Longdrink für die Sommerparty

- Longdrinkglas
- Shaker

5 *cl* Creme of Coconut
5 *cl* Ananassaft
2 *cl* Erdbeersirup
1 *cl* Sahne
Deko:
1 Erdbeere

Die Zutaten zusammen im Shaker mit Eis kräftig schütteln und in das Longdrinkglas mit Crushed ice seihen. Die Erdbeere an den Glasrand stecken.

BALI BEACH

lieblicher, erfrischender Longdrink für die karibische Party
- Longdrinkglas
- Shaker

4 cl Creme of Coconut
3 cl Ananassaft
Bitter lemon zum Auffüllen
Deko:
1 Limettenscheibe
1/4 Ananasscheibe
1 Cocktailkirsche

Die Zutaten außer Bitter lemon zusammen im Shaker mit Eis kräftig schütteln und in das Longdrinkglas mit Crushed ice seihen. Mit Bitter lemon auffüllen. Die Früchte zusammen am Sticker über den Glasrand legen. Mit einem Stirer servieren.

COUPÉ 911

lieblicher Longdrink für die karibische Party
- Longdrinkglas
- Shaker

4 cl Cream of Coconut
8 cl Grapefruitsaft
2 cl Bananensirup
Deko:
1 Bananenscheibe

Die Zutaten zusammen im Shaker mit Eis schütteln und in das Longdrinkglas mit Crushed ice seihen. Die Bananenscheibe am Sticker über den Glasrand legen.

LIME COLADA

fruchtig-erfrischender Longdrink für die Sommerparty
- Longdrinkglas
- Shaker

8 cl Ananassaft
4 cl Limettensaft
2 cl Cream of Coconut
1 cl Grenadine
Deko:
1 Limettenscheibe

Alle Zutaten zusammen im Shaker mit Eis schütteln und in das Longdrinkglas seihen. Mit Crushed ice auffüllen. Die Limettenscheibe an den Glasrand stecken.

SWEET NOTHINGS

fruchtig-lieblicher Longdrink für die Party
- großes Ballonglas
- Shaker

10 cl Ananassaft
3 cl Cream of Coconut
3 cl Sahne
2 cl Zitronensaft
1 cl Bananensirup
Deko:
2 Bananenscheiben
2 Cocktailkirschen

Alle Zutaten zusammen im Shaker mit Eis kräftig schütteln und in das zur Hälfte mit Crushed ice gefüllte Glas seihen. Die Bananenscheiben und die Kirschen zusammen am Sticker über den Glasrand legen.

COCOMARA

fruchtig-milder Longdrink für heiße Tage
- Longdrinkglas
- Shaker

4 cl Maracujanektar
4 cl Orangensaft
4 cl Grapefruitsaft
2 cl Cream of Coconut

Alle Zutaten zusammen im Shaker mit Eis schütteln und in das Glas seihen. Die Limettenscheibe an den Glasrand stecken.

FRUIT COCO

fruchtig-lieblicher Longdrink für die Sommermonate
- Longdrinkglas
- Shaker

8 cl Orangensaft
8 cl Ananassaft
4 cl Cream of Coconut
1 cl Zitronensaft
- **Deko:**
1 Orangenscheibe
1 Cocktailkirsche

Alle Zutaten zusammen im Shaker mit Eis kräftig schütteln und in das zu einem Drittel mit Crushed ice gefüllte Glas seihen. Die Orangenscheibe an den Glasrand stecken, die Kirsche mit einem Sticker daran befestigen.

COCONUT KISS

fruchtig-lieblicher Longdrink für die Party
- bauchiges Glas
- Shaker

4 cl Ananassaft
4 cl Orangensaft
1 cl Zitronensaft
3 cl Cream of Coconut
3 cl Sahne
- **Deko:**
½ Orangenscheibe
1 Ananasscheibe

Alle Zutaten zusammen im Shaker mit Eis kräftig schütteln und in das zu einem Drittel mit Crushed ice gefüllte Glas seihen. Die Früchte auf einen langen Spieß stecken und ihn ins Glas stellen.

KOKOSCOCKTAIL

lieblicher Longdrink für die Party
- große Sektschale
- Shaker

4 cl Ananassaft
2 cl Maracujasaft
1 cl Zitronensaft
4 cl Kokosmilch
1 BL Cream of Coconut
1 cl Grenadine

Alle Zutaten zusammen im Shaker mit Eiswürfeln kräftig schütteln und in die Sektschale seihen.

BANANAS

fruchtig-lieblicher Longdrink mit Milch für alle Gelegenheiten
- große Sektschale
- Shaker

2 cl Cream of Coconut
2 cl Bananensirup
3 cl Sahne
8 cl Milch

Alle Zutaten zusammen im Shaker mit Eiswürfeln schütteln und in die Sektschale seihen.

BONGO

fruchtiger Longdrink für die Party
- Longdrinkglas
- Shaker

7 cl Ananassaft
4 cl Mangosaft
4 cl Zitronensaft
3 cl Orangensaft
2 cl Cream of Coconut
Deko:
1/4 Ananasscheibe
1 Cocktailkirsche

Alle Zutaten zusammen im Shaker mit Eiswürfeln schütteln und in das Longdrinkglas seihen. Das Obst zusammen am Sticker über den Glasrand legen.

LUCKY DRIVER

fruchtig-milder Longdrink für den Abend
- Longdrinkglas
- Shaker

5 cl Orangensaft
5 cl Grapefruitsaft
5 cl Ananassaft
2 cl Zitronensaft
2 cl Cream of Coconut
Deko:
1 Orangenscheibe
1 Zitronenscheibe

Die Zutaten zusammen im Shaker mit Eiswürfeln schütteln und in das Longdrinkglas seihen. Die Fruchtscheiben an den Glasrand stecken.

HONOLULU STAR

fruchtig-milder Longdrink für die Party
- Longdrinkglas
- Shaker

5 cl Orangensaft
5 cl Ananassaft
5 cl Limettensaft
2 cl Kirschsaft
2 cl Cream of Coconut
Deko:
1 Orangenschalenspirale

Alle Zutaten zusammen im Shaker mit Eiswürfeln schütteln und in das Longdrinkglas seihen. Die Schalenspirale an den Glasrand hängen.

GRAPY

fruchtig-herber Longdrink für die Party

- Longdrinkglas
- Shaker

10 cl Grapefruitsaft
5 cl Orangensaft
5 cl Ananassaft
2 cl Zitronensaft
2 cl Cream of Coconut
Deko:
1 Orangenschalenspirale
1/4 Ananasscheibe

Alle Zutaten zusammen im Shaker mit Eiswürfeln kräftig schütteln und in das Longdrinkglas seihen. Schalenspirale und Ananasstück an den Glasrand stecken. Mit Trinkhalm servieren.

COCONUT ON HOLIDAYS

fruchtig-lieblicher Longdrink für den Sommer

- schmales Longdrinkglas
- Shaker

2 cl Maracujasaft
2 cl Pfirsichsaft
2 cl Zitronensaft
6 cl Cream of Coconut
2 cl Sahne
Deko:
1 Pfirsichhälfte

Alle Zutaten zusammen im Shaker mit viel Eis kräftig schütteln und in das Longdrinkglas seihen. Die Pfirsichhälfte über die Glasöffnung legen und einen Trinkhalm hindurchstechen.

COCOSCREME SODA

fruchtig-lieblicher Longdrink für die Sommermonate

- Longdrinkglas
- Shaker

2 Kugeln Kokoseis
4 cl Kokosmilch
4 cl Ananassaft
1 BL Cream of Coconut
2 dashes Zitronensaft
Sodawasser zum Auffüllen

Alle Zutaten außer Soda zusammen im Shaker kräftig schütteln und in das Longdrinkglas seihen. Mit Soda auffüllen und kurz umrühren.

COCO EXOTIC

fruchtig-lieblicher Longdrink für die Party

- Highballglas
- Shaker

4 cl Mangosaft
2 cl Pfirsichsaft
1 cl Maracujasaft
3 cl Ananassaft
6 cl Cream of Coconut
1 cl Sahne
Mineralwasser zum Auffüllen
■ **Deko:**
1 Mangospalte

Alle Zutaten außer Mineralwasser zusammen im Shaker schütteln und in das Glas gießen. Nach Wunsch Mineralwasser dazugeben und umrühren. Die Mangospalte an den Glasrand stecken.

SUMMER SNOW

fruchtig-lieblicher Longdrink für den Sommerabend

- großer Tumbler
- Shaker

5 cl Ananassaft
1 cl Zitronensaft
5 cl Cream of Coconut
5 cl Sahne
Deko:
1 EL steifgeschlagene Sahne
Schokoladenraspel

Alle Zutaten zusammen im Shaker mit Eiswürfeln kräftig schütteln und in den Tumbler seihen. Ein Sahnehäubchen darauf geben und es mit den Schokoladenraspeln bestreuen.

GOLDEN FLIP

fruchtig-herber Flip für jede Gelegenheit

- kleiner Tumbler
- Shaker

4 cl Zitronensaft
1 cl Ingwersirup
1 Eigelb
Sodawasser zum Auffüllen
Außerdem:
Puderzucker

Zitronensaft, Sirup und Eigelb zusammen im Shaker mit Eiswürfeln schütteln und in den Tumbler seihen. Mit Soda auffüllen, kurz umrühren und etwas Puderzucker darüberstreuen.

WHITE CITY

fruchtig-lieblicher Longdrink für jede Gelegenheit

- Longdrinkglas
- Shaker

3 cl Cream of Coconut
5 cl Sahne
1 cl Zitronensaft
8 cl Ananassaft
Deko:
1 EL geschlagene Sahne

Alle Zutaten zusammen im Shaker mit Eiswürfeln kräftig schütteln und in das Longdrinkglas seihen. Mit einer Sahnehaube dekorieren.

SIMPLY RED

fruchtig-lieblicher Longdrink für alle Gelegenheiten

- Longdrinkglas
- Shaker

12 cl Ananassaft
2 cl Zitronensaft
2 cl Cream of Coconut
2 cl Grenadine
Deko:
¼ Ananasscheibe

Alle Zutaten zusammen im Shaker mit Eiswürfeln kräftig schütteln und in das Longdrinkglas seihen. Die Ananasscheibe an den Glasrand stecken.

MARTINIQUE II

fruchtig-lieblicher Longdrink für den Abend
- Longdrinkglas
- Shaker

2 cl Cream of Coconut
2 cl Himbeersirup
8 cl Ananassaft
1 cl Zitronensaft
4 cl Sahne
Deko:
½ Ananasscheibe

Alle Zutaten zusammen im Shaker mit Eiswürfeln kräftig schütteln. In das zur Hälfte mit Crushed ice gefüllte Longdrinkglas seihen. Die Ananasscheibe an den Glasrand stecken.

EXOTIC CUP

fruchtig-süßer Longdrink für die Party
- Highballglas
- Shaker

5 cl Ananassaft
3 cl Mangosaft
2 cl Maracujasaft
2 cl Cream of Coconut
1 cl Zitronensaft
1 cl Grenadine
Mineralwasser zum Auffüllen
Deko:
½ Ananasscheibe
2 Cocktailkirschen

Alle Zutaten außer Mineralwasser zusammen im Shaker mit Eiswürfeln schütteln und in das Glas seihen. Das Obst am Sticker über den Glasrand legen.

QUEEN OF STRAWBERRIES

fruchtig-lieblicher Longdrink für die Party
- Longdrinkglas
- Shaker

2 cl Cream of Coconut
6 cl pürierte Erdbeeren
6 cl Ananassaft
2 cl Sahne
Deko:
3 Erdbeeren

Die Zutaten zusammen im Shaker mit Eiswürfeln gut schütteln und in das Longdrinkglas seihen. Die Erdbeeren zuletzt an den Glasrand stecken.

TANGO GIRL

fruchtig-lieblicher Longdrink für die Party
- Longdrinkglas
- Shaker

3 cl Cream of Coconut
6 cl Ananassaft
6 cl Zitronensaft
1 cl Mandelsirup
3 cl Sahne
Deko:
1 Cocktailkirsche

Alle Zutaten zusammen im Shaker mit Eiswürfeln gut schütteln und in das Longdrinkglas seihen. Die Kirsche an den Glasrand stecken.

COCO

fruchtig-lieblicher Longdrink für den Abend
- Longdrinkglas
- Shaker

2 cl Cream of Coconut
4 cl Ananassaft
4 cl Sahne

Alle Zutaten zusammen im Shaker mit Eiswürfeln gut schütteln und in das zur Hälfte mit Crushed ice gefüllte Longdrinkglas seihen.

COCO CHERRY

fruchtig-lieblicher Longdrink für heiße Tage
- Longdrinkglas
- Shaker

9 cl Kirschsaft
1 cl Ananassaft
5 cl Cream of Coconut
Deko:
¼ Ananasscheibe

Alle Zutaten zusammen im Shaker mit Eiswürfeln schütteln und in das Longdrinkglas seihen. Die Ananasscheibe an den Glasrand stecken.

COCONUT SHELL

fruchtig-lieblicher Longdrink für die Party
- 2 Kokosnußhälften
- Shaker

Für 2 Gläser

2 Kokosnüsse
5 cl Bananensaft
3 cl Cream of Coconut
3 cl Kirschsaft
3 cl Mandelmilch
3 cl Sahne
Außerdem:
2 Cocktailkirschen
½ Banane, in Scheiben

Die Kokosnüsse halbieren (durchsägen) und die Milch dabei auffangen. Das Fleisch herausschneiden, zerkleinern und beiseite legen. Die Kokosmilch zusammen mit den übrigen Zutaten im Shaker mit Eiswürfeln kräftig schütteln und in zwei Kokosschalenhälften seihen. Kokosnußfleisch, Cocktailkirschen sowie Bananenscheiben in die Drinks geben. Mit Löffel und Trinkhalm servieren.

Coco Cherry (l.), Coconut Shell (r.)

SPORT'S FLIP

fruchtig-lieblicher Flip für alle Gelegenheiten
- Longdrinkglas
- Shaker

6 cl Orangensaft
3 cl Zitronensaft
3 cl Maracujasaft
1 cl Bananensirup
1 cl Grenadine
1 Eigelb
Deko:
1 Orangenscheibe

Alle Zutaten zusammen im Shaker mit Eiswürfeln kräftig schütteln und in das Longdrinkglas seihen. Die Orangenscheibe an den Glasrand stecken. Den Drink mit einem Trinkhalm servieren.

BOSTON FLIP

fruchtig-erfrischender Flip für heiße Tage
- großer Tumbler
- Shaker

3 cl Orangensaft
1 cl Himbeersirup
1 cl Pfefferminzsirup
1 Eigelb
2 dashes Zitronensaft
Sodawasser zum Auffüllen
Außerdem:
geriebene Muskatnuß

Alle Zutaten außer Soda zusammen im Shaker mit Eiswürfeln schütteln und in den Tumbler seihen. Mit Soda auffüllen, kurz umrühren und mit Muskatnuß bestreuen.

ATHLETIC

fruchtig-cremiger Flip für den Nachmittag
■ Longdrinkglas
■ Shaker

6 cl weißer Traubensaft
6 cl Sahne
2 cl Zitronensaft
1 TL Zucker
1 Eigelb
Sodawasser zum Auffüllen

Alle Zutaten außer Soda zusammen im Shaker mit Eiswürfeln kräftig schütteln und in das Longdrinkglas seihen. Mit Soda auffüllen und kurz umrühren.

EISCREME FLIP

lieblicher Flip für Sommertage
■ großer Tumbler
■ Shaker

1 Kugel Vanilleeis
2 cl Vanillesirup
1 Ei
Sodawasser zum Auffüllen
■ **Deko:**
1 Cocktailkirsche

Vanilleeis, Vanillesirup und Ei zusammen im Shaker schütteln und in den Tumbler geben. Mit Soda auffüllen und kurz umrühren. Die Kirsche an den Glasrand stecken.

GLASGOW FLIP

fruchtig-lieblicher Flip für jede Gelegenheit
■ mittelgroßer Tumbler
■ Shaker

2 cl Zitronensaft
2 cl Zuckersirup
1 Ei
Ginger-ale zum Auffüllen

Zitronensaft, Sirup und Ei zusammen im Shaker mit Eis schütteln und in das Glas seihen. Mit Ginger-ale auffüllen und nochmals umrühren.

GINGER-ALE-FLIP

lieblicher Flip für jede Gelegenheit
■ Sektkelch
■ Shaker

3 TL Zuckersirup
1 Eigelb
Ginger-ale zum Auffüllen

Den Sirup und das Eigelb zusammen im Shaker mit Eiswürfeln schütteln und in den Sektkelch seihen. Mit Ginger-ale auffüllen und kurz umrühren.

PINEAPPLE FLIP

fruchtiger, erfrischender Flip für jede Gelegenheit
■ Sektkelch
■ Shaker

3 cl Ananassaft
2 cl Orangensaft
1 Eigelb
Sodawasser zum Auffüllen

Die Säfte und das Eigelb zusammen im Shaker mit Eiswürfeln schütteln und in den Sektkelch seihen. Mit Soda auffüllen und kurz umrühren.

HEIDELBEERMIX

fruchtig-lieblicher Longdrink für die Sommertage
■ Longdrinkglas
■ Shaker

8 cl pürierte Heidelbeeren
2 cl Erdbeersirup
4 cl Sahne
4 cl Sodawasser

Heidelbeerpüree, Erdbeersirup und Sahne zusammen im Shaker mit Eiswürfeln schütteln. In das Longdrinkglas gießen, Soda dazugeben und kurz umrühren.

BITTER LEMON FLIP

fruchtig-herber Flip für die Party
■ Longdrinkglas
■ Shaker

3 cl Zitronensaft
2 cl Grapefruitsaft
1 cl Grenadine
2 BL Sahne
1 BL Zuckersirup
1 Eigelb
Bitter lemon zum Auffüllen
■ **Deko:**
1 Zitronenscheibe

Alle Zutaten außer Bitter lemon zusammen im Shaker mit Eiswürfeln kräftig schütteln und in das Longdrinkglas seihen. Mit Bitter lemon auffüllen. Die Zitronenscheibe an den Glasrand stecken.

ERRÖTENDE JUNGFRAU

fruchtig-herber Longdrink für die Wintermonate
■ großer Tumbler
■ Gästeglas

2 Blutorangen
2 Kugeln Vanilleeis
12 cl Sodawasser

Eine Orange spiralförmig schälen. Beide Orangen auspressen. Das Eis in den Tumbler geben, den Orangensaft darübergießen, mit Soda auffüllen und kurz umrühren. Die Schalenspirale an den Glasrand hängen.

BANANEN SODA

fruchtig-lieblicher Longdrink für jede Jahreszeit
■ Longdrinkglas
■ Gästeglas

2 Kugeln Vanilleeis
10 cl Bananensaft
1 cl Zitronensaft
Sodawasser zum Auffüllen

Das Vanilleeis und die Säfte zusammen im Longdrinkglas verrühren. Mit Soda auffüllen und nochmals umrühren.

TRIVER

fruchtig-milder Longdrink für jede Jahreszeit
■ Longdrinkglas
■ Shaker

5 cl Maracujasaft
4 cl Pfirsichsaft
3 cl Cream of Coconut
2 cl Zitronensaft
Mineralwasser zum Auffüllen
■ **Deko:**
1 Kiwischeibe
1 Cocktailkirsche

Alle Zutaten außer Mineralwasser zusammen im Shaker mit Eiswürfeln schütteln und in das Longdrinkglas seihen. Mit Mineralwasser auffüllen und umrühren. Die Kiwischeibe an den Glasrand stecken, die Kirsche mit einem Sticker daran befestigen.

SÜSSE SUSIE

fruchtig-süßer Longdrink für heiße Tage
■ großer Tumbler
■ Gästeglas

1 Kugel Vanilleeis
1 Kugel Ananaseis
2 cl Himbeersaft
Sodawasser zum Auffüllen
■ **Deko:**
etwas geschlagene Sahne
2 Erdbeeren

Eis und Himbeersaft in den Tumbler geben, mit Soda auffüllen und umrühren. Eine Sahnehaube darauf setzen und sie mit den Erdbeeren dekorieren. Mit einem Löffel servieren.

ERDBEER SODA

fruchtig-milder Longdrink für den Sommer
■ großer Tumbler
■ Shaker

1 Kugel Erdbeereis
2 cl Zitronensaft
2 cl Erdbeersirup
Sodawasser zum Auffüllen

Eis, Zitronensaft und Sirup zusammen im Shaker mit Eiswürfeln schütteln und in den Tumbler seihen. Mit Soda auffüllen und kurz umrühren.

Bananen Soda (h. l.), Triver (h. r.), Süße Susi (v. l.), Erdbeer Soda (v. r.)

THE MANDARIN

cremiger, lieblicher Shortdrink mit Milch für den Nachmittag
- Cocktailglas
- Shaker

2 cl *Mandarinensirup*
2 cl *Milch*
5 cl *Sahne*

Alle Zutaten zusammen im Shaker mit Eiswürfeln schütteln und in das Glas seihen.

PFIRSICH-MELBA-DRINK

fruchtig-lieblicher Longdrink mit Milch für die Sommerzeit
- Longdrinkglas
- Blender

1 EL *pürierte Himbeeren*
1 TL *Zucker*
1 EL *pürierter Pfirsich*
1 EL *Sahne*
1 *Kugel Vanilleeis*
10 cl *Milch*
Deko:
1 *Himbeere*

Das Himbeerpüree mit dem Zucker verrühren und in das Longdrinkglas geben. Pfirsichpüree, Sahne, Milch und Vanilleeis zusammen im Blender kurz mixen und in das Glas gießen. Die Himbeere an den Glasrand stecken.

BIRNEN-ZIMT-MILCH

fruchtig-lieblicher Drink mit Milch für jeden Tag
- Ballonglas
- Blender

½ *saftige Birne, geschält und gewürfelt*
1 TL *Zucker*
½ TL *Vanillezucker*
1 TL *Zitronensaft*
1 EL *Sahne*
½ TL *Zimtpulver*
10 cl *Milch*
Deko:
1 *Miniapfel*

Alle Zutaten zusammen im Blender mixen und in das Ballonglas gießen. Den Miniapfel an den Glasrand stecken.

GRAPE EGG-NOG

fruchtiger Longdrink mit Milch für alle Gelegenheiten
- Longdrinkglas
- Shaker

8 cl *roter Traubensaft*
8 cl *Milch*
1 cl *Zuckersirup*
1 *Eigelb*

Alle Zutaten zusammen im Shaker mit Eiswürfeln gut schütteln und in das Longdrinkglas seihen.

ORANGE EGG-NOG

fruchtig-lieblicher Egg-Nog für jede Jahreszeit
- große Sektschale
- Shaker

4 cl Orangensirup
2 cl Sahne
2 cl Milch
1 Ei

Alle Zutaten zusammen im Shaker mit Eiswürfeln schütteln und in die Sektschale seihen.

BLUE ICECREAM SODA

fruchtig-lieblicher Longdrink mit Milch für heiße Tage
- Longdrinkglas
- Gästeglas

2 Kugeln Vanilleeis
4 cl Milch
2 cl Curaçao blue alkoholfrei
1 cl Ananassirup
Sodawasser zum Auffüllen

Eis, Milch, Curaçao und Sirup zusammen im Longdrinkglas mit Eiswürfeln verrühren. Mit Soda auffüllen und nochmals kurz umrühren.

CHOCO MYSTERY

cremiger, lieblicher Longdrink mit Milch für nachmittags
- große Sektschale
- Shaker

2 cl Cream of Coconut
2 cl Schokoladensirup
4 cl Sahne
4 cl Milch
Deko:
Schokoraspel

Alle Zutaten zusammen im Shaker mit Eiswürfeln kräftig schütteln und in die Sektschale seihen. Mit Schokoraspeln bestreuen.

SCHOKOLADEN-SHAKE

lieblicher Longdrink mit Milch für heiße Tage
- Longdrinkglas
- Shaker

2 Kugeln Vanilleeis
10 cl Milch
3 cl Schokoladensirup
Deko:
etwas geschlagene Sahne
Schokoladenstreusel

Alle Zutaten zusammen im Shaker gut schütteln und in das Longdrinkglas geben. Einen Sahnetupfer darauf setzen und Schokostreusel darauf streuen.

BROMBEERSHAKE

fruchtig-lieblicher Longdrink mit Milch für heiße Sommertage
- Tumbler
- Blender

1 Kugel Vanilleeis
50 g Brombeeren
3 cl Brombeersirup
1 cl Zitronensaft
Milch zum Auffüllen
- **Deko:**

1 EL steifgeschlagene Sahne
etwas Borkenschokolade

Das Eis in den Tumbler geben. Die Brombeeren zusammen mit Sirup und Zitronensaft im Blender mixen, über das Eis geben, mit Milch auffüllen und leicht umrühren. Den Drink mit einem Sahnehäubchen und der Borkenschokolade dekorieren.

MENTHE-EISCREME-SODA

würzig-milder Longdrink mit Milch für die Sommermonate
- Longdrinkglas
- Gästeglas

2 Kugeln Vanilleeis
10 cl Milch
2 cl Pfefferminzsirup
Sodawasser zum Auffüllen

Eis, Milch und Sirup zusammen im Longdrinkglas verrühren. Mit Soda auffüllen und nochmals umrühren.

MANDELSHAKE

lieblich-würziger Longdrink mit Milch für jede Jahreszeit
- Longdrinkglas
- Shaker

16 cl Milch
4 cl Mandelsirup
1 dash Grenadine
- **Deko:**

geröstete Mandelsplitter

Alle Zutaten zusammen im Shaker mit Eiswürfeln schütteln und in das Longdrinkglas mit Eiswürfeln seihen. Einige geröstete Mandelsplitter darauf streuen.

HONIGFLIP

fruchtig-milder Flip für jede Gelegenheit
- Longdrinkglas
- Shaker

20 cl Milch
2 cl schwarzer Johannisbeersaft
1 BL Honig
1 Eigelb
- **Deko:**

1 Johannisbeerrispe

Alle Zutaten zusammen im Shaker mit Eiswürfeln kräftig schütteln und in das Longdrinkglas seihen. Die Johannisbeerrispe an den Glasrand hängen.

KANAAN

würzig-süßer Egg-Nog für jede Jahreszeit
- Longdrinkglas
- Shaker

15 cl Milch
1 Ei
2 TL Honig
Außerdem:
Zimtpulver

Milch, Ei und Honig zusammen im Shaker mit Eiswürfeln gut schütteln und in das Longdrinkglas seihen. Mit Zimt bestreuen.

JOGGING

lieblicher Egg-Nog für die Sommerzeit
- Longdrinkglas
- Shaker

1 Kugel Schokoladeneis
10 cl Milch
1 Eigelb
1 dash Zitronensaft
1 TL Zucker
Deko:
Schokoladenstreusel

Alle Zutaten zusammen im Shaker gut schütteln und in das Longdrinkglas geben. Mit Schokoladenstreuseln bestreuen.

SCHOKO-ORANGE

fruchtig-lieblicher Longdrink mit Milch für die Sommertage
- großer Tumbler
- Gästeglas

2 kleine Kugeln Vanilleeis
2 cl Schokoladensirup
2 cl Orangensirup
Milch zum Auffüllen
2 EL steifgeschlagene Sahne
Deko:
1/4 Orangenscheibe
etwas Borkenschokolade

Das Eis zusammen mit den Sirups im Tumbler verquirlen, mit Milch auffüllen und nochmals umrühren. Eine Sahnehaube darauf setzen und sie mit der Orangenscheibe und der Borkenschokolade garnieren.

FLORIDA MILK

fruchtig-milder Drink mit Milch für jede Jahreszeit
- großes Cocktailglas
- Shaker

6 cl Milch
1 cl Orangensaft
1 cl Zitronensaft
1 cl Grenadine
1 cl Sahne

Alle Zutaten zusammen im Shaker mit Eiswürfeln kräftig schütteln und in das Glas seihen.

POLAR ORANGE

fruchtig-lieblicher Longdrink für heiße Tage

- Longdrinkglas
- Gästeglas

2 Kugeln Vanilleeis
4 cl Milch
2 cl Orangensirup
Sodawasser zum Auffüllen

Eis, Milch und Sirup zusammen im Longdrinkglas mit Eiswürfeln verrühren. Mit Soda auffüllen und nochmals umrühren.

PINEAPPLE MILK

fruchtig-lieblicher Longdrink mit Milch für jeden Tag

- großer Tumbler
- Rührglas

1 Kugel Ananaseis
4 cl Ananassirup
2 cl Ananassaft
1 cl Zitronensaft
Milch zum Auffüllen

- **Deko:**

1/4 Ananasscheibe

Das Ananaseis in den Tumbler geben. Den Sirup zusammen mit den Säften verrühren und über das Eis gießen. Mit Milch auffüllen, vorsichtig umrühren und das Ananasstück an den Glasrand stecken.

BOSOM CARESSER

fruchtig-erfrischender Egg-Nog für jede Jahreszeit

- mittelgroßer Tumbler
- Shaker

3 cl Himbeersaft
1 Ei
kalte Milch zum Auffüllen

Den Saft zusammen mit dem Ei im Shaker schütteln und in den Tumbler geben. Mit Milch auffüllen und kurz umrühren.

BILBERRY MILK

fruchtig-lieblicher Longdrink mit Milch für jeden Tag

- großer Tumbler
- Gästeglas

1 Kugel Vanilleeis
5 cl Heidelbeersirup
1 cl Zitronensaft
4 TL Heidelbeeren
Milch zum Auffüllen

Alle Zutaten außer der Milch im Tumbler verrühren, mit Milch auffüllen und den Drink vorsichtig umrühren.

BROMBEERMILCH

fruchtig-lieblicher Longdrink mit Milch für die Sommertage
- großer Tumbler
- Gästeglas

1 Kugel Vanilleeis
3 cl Brombeersirup
kalte Milch zum Auffüllen

Eis und Sirup in den Tumbler geben, mit Milch auffüllen und kurz umrühren.

SANDDORN EGG-NOG

fruchtiger Egg-Nog für jede Jahreszeit
- Longdrinkglas
- Shaker

20 cl Milch
2 cl Sanddornsirup
1 Eigelb

Alle Zutaten zusammen im Shaker mit Eiswürfeln kräftig schütteln. In das Longdrinkglas seihen.

CITRONELLA

fruchtig-erfrischender Longdrink mit Buttermilch für die Sommerzeit
- Longdrinkglas
- Blender

1 Kugel Zitroneneis
1 cl Zitronensaft
1 TL Zucker
1/8 l Buttermilch
- **Deko:**

1 Zitronenscheibe
1 Zitronenschalenspirale

Die Zutaten zusammen im Blender kurz mixen und in das Longdrinkglas gießen. Die Zitronenscheibe an den Glasrand stecken, die Schalenspirale an den Glasrand hängen.

ERDBEER-ORANGEN-SHAKE

fruchtig-erfrischender Longdrink mit Buttermilch für jeden Tag
- Ballonglas
- Elektromixer

5 cl Orangensaft
1 EL Erdbeersirup
1 Messerspitze Orangenschale
1/8 l Buttermilch
- **Deko:**

1 Orangenscheibe
1/2 Erdbeere

Die Zutaten zusammen im Elektromixer kurz mixen und dann in das Ballonglas gießen. Orangenscheibe und Erdbeere an den Glasrand stecken.

DREAM OF GRANADA

cremiger Longdrink mit Buttermilch für alle Gelegenheiten
- Longdrinkglas
- Rührglas

20 cl Buttermilch
2 cl Grenadine
1 EL Kakaopulver

Alle Zutaten zusammen im Rührglas mit Eis verrühren und in das Longdrinkglas gießen.

MILCHSHAKE KARIBIK

fruchtig-lieblicher Longdrink mit Buttermilch für die Sommerzeit
- Longdrinkglas
- Shaker

5 cl Bananensaft
5 cl Ananassaft
5 cl Buttermilch
2 cl Curaçao blue alkoholfrei
- **Außerdem:**
Zimtpulver

Alle Zutaten zusammen im Shaker mit Eiswürfeln schütteln, in das Longdrinkglas seihen und mit etwas Zimt bestreuen.

ANANASDRINK TROPICANA

fruchtig-herber Longdrink mit Buttermilch für jeden Tag
- Longdrinkglas
- Blender

75 g Ananasringe aus der Dose, gewürfelt
3 cl Grapefruitsaft
1 TL Kokosraspel
1/8 l Buttermilch
- **Deko:**
1/2 Ananasscheibe

Alle Zutaten zusammen im Blender mixen und in das Longdrinkglas mit Eiswürfeln geben. Die Ananasscheibe an den Glasrand stecken.

KIBA

fruchtig-lieblicher Longdrink mit Buttermilch für jeden Tag
- Longdrinkglas
- Elektromixer

5 cl Kirschsaft
5 cl Bananensaft
1 dash Zitronensaft
10 cl Buttermilch
- **Deko:**
Bananenscheibchen

Alle Zutaten zusammen im Elektromixer mixen und in das Longdrinkglas geben. Die Bananenscheiben am Sticker über den Glasrand legen.

BANANA MIX

fruchtig-cremiger Longdrink mit Buttermilch für jeden Tag
- Longdrinkglas
- Blender

½ Banane, in Würfeln
Saft von ½ Orange
1 TL Zucker
½ TL Vanillezucker
150 ml Buttermilch
Deko:
1 Orangenscheibe

Alle Zutaten zusammen im Blender mixen und in das Longdrinkglas gießen. Die Orangenscheibe an den Glasrand stecken.

TROPENSONNE

fruchtig-herber Longdrink mit Buttermilch für jeden Tag
- Cobblerglas
- Blender

⅙ l Grapefruitsaft
75 g Mango, geschält und gewürfelt
1 TL Zucker
⅛ l Buttermilch
Deko:
1 Minzezweig

Alle Zutaten zusammen im Blender mixen und in das Glas geben. Den Minzezweig an den Glasrand stecken.

SONNYBOY

fruchtig-cremiger Drink mit Kefir für jeden Tag
- kleines Longdrinkglas
- Elektromixer

1 kleines Eigelb
1 TL Traubenzucker
2 EL Sanddornsaft
Saft von 1 Orange
100 g Kefir

Alle Zutaten zusammen im Elektromixer mixen und in das Longdrinkglas gießen.

APRIKOSEN-KEFIR-DRINK

fruchtig-frischer Longdrink mit Kefir für die Sommertage
- Longdrinkglas
- Blender

75 g pürierte Aprikosen
1 TL Zucker
½ TL Vanillezucker
3 cl Orangensaft
125 g Kefir
Deko:
1 Orangenscheibe
1 Zweig Zitronenmelisse

Alle Zutaten zusammen im Blender mixen und in das Longdrinkglas gießen. Die Orangenscheibe an den Glasrand stecken und den Melissenzweig daran befestigen.

v. l. n. r.: Banana Mix, Tropensonne, Sonnyboy, Aprikosen-Kefir-Drink

HEIDELBEER-KEFIR-DRINK

fruchtig-frischer Longdrink mit Kefir für die Sommerzeit
- Longdrinkglas
- Blender

60 *g* *pürierte* Heidelbeeren
½ TL *Vanillezucker*
etwas Zitronenschale
125 *g* *Kefir*
Deko:
1 EL *geschlagene* Sahne

Alle Zutaten zusammen im Blender mixen und in das Longdrinkglas geben. Einen Sahnetupfer darauf setzen.

VANILLE-ERDBEER-SHAKE

fruchtig-lieblicher Longdrink mit Dickmilch für jeden Tag
- Longdrinkglas
- Elektromixer

2 *kleine* Kugeln Erdbeereis
100 *g* Dickmilch
2 EL Sahne
2 EL Milch
1 TL *Vanillezucker*
Deko:
2 *Erdbeerhälften*

Die Eiskugeln in das Longdrinkglas geben. Die restlichen Zutaten zusammen im Elektromixer mixen und in das Glas geben. Die Erdbeerhälften zuletzt an den Glasrand stecken.

WALDFEE

fruchtig-säuerlicher Longdrink mit Kefir für die Sommerzeit
- Sektschale
- Blender

75 *g* *gemischte frische* Waldbeeren
(Himbeeren, Brombeeren,
Heidelbeeren)
1 EL *ungezuckerter* Holunder-
beersaft
1 *cl* Himbeersirup
75 *g* *Kefir*
Deko:
1 EL *geschlagene* Sahne
1 Brombeere

Alle Zutaten zusammen im Blender mixen und in die Sektschale geben. Einen Sahnetupfer darauf setzen und ihn mit der Brombeere garnieren.

MANDARINENSHAKE

fruchtig-erfrischender Longdrink mit Kefir für jeden Tag
- Longdrinkglas
- Blender

100 *g* Mandarinenfilets
1 *cl* Zitronensaft
1 TL *Zucker*
125 *g* *Kefir*
Deko:
1 *Zitronenscheibe*
1 Mandarinenfilet

Alle Zutaten zusammen im Blender mixen und in das Longdrinkglas gießen. Zitronenscheibe und Mandarinenfilet am Sticker über den Glasrand legen.

WALDMEISTER-SHAKE

fruchtig-säuerlicher Longdrink mit Dickmilch für den Sommer
- Longdrinkglas
- Blender

1 *Kugel* Zitroneneis
¼ *säuerlicher Apfel, geschält und gewürfelt*
1 *cl* Limettensaft
1 EL Waldmeistersirup
1 TL Sahne
75 *g* Dickmilch
Deko:
1 *Zweig* Zitronenmelisse

Das Eis in das Longdrinkglas geben. Die restlichen Zutaten zusammen im Blender mixen und in das Glas gießen. Den Melissenzweig an den Glasrand stecken.

ERDBEER-EISKAFFEE

fruchtig-erfrischender Longdrink mit Kaffee für heiße Tage
- Eiskaffeeglas
- Gästeglas

1 *Kugel* Vanilleeis
1 *Kugel* Erdbeereis
⅛ *l kalter starker* Kaffee
Deko:
***etwas steifgeschlagene* Sahne**
2 *cl* Erdbeersirup
2 *kleine* Erdbeeren

Das Vanilleeis ins Glas geben und den Kaffee dazugießen. Eine Sahnehaube darauf setzen, den Sirup darübergießen und die Sahne mit den Erdbeeren garnieren.

COFFEE FLIP

lieblicher Flip für jede Jahreszeit
- kleiner Tumbler
- Shaker

4 *cl kalter starker* Kaffee
1 TL Zuckersirup
1 Ei
Außerdem:
***geriebene* Muskatnuß**

Kaffee, Sirup und Ei zusammen im Shaker mit Eiswürfeln schütteln und in den Tumbler seihen. Mit Muskatnuß bestreuen.

MANDELKAFFEE

cremiger Longdrink mit Kaffee für heiße Tage
- Eiskaffeeglas
- Gästeglas

2 Kugeln Nußeis
2 cl Mandelsirup
1/8 l kalter starker Kaffee
Deko:
steifgeschlagene Sahne
geröstete Mandelsplitter

Das Nußeis ins Glas geben, Sirup und Kaffee hinzugießen und kurz umrühren. Mit einer Sahnehaube garnieren und Mandelsplitter darüberstreuen.

EISKAFFEE ORANGE

frischer Longdrink mit Kaffee für heiße Tage
- Eiskaffeeglas
- Gästeglas

2 Kugeln Vanilleeis
1/8 l kalter starker Kaffee
Deko:
steifgeschlagene Sahne
2 cl Orangensirup
Schokoladenraspel

Das Vanilleeis ins Glas geben und mit dem Kaffee übergießen. Eine Sahnehaube darauf setzen und den Sirup darübergießen. Mit Schokoladenraspeln bestreuen.

MOKKAMIX

erfrischender Longdrink mit Milch für die Sommermonate
- Longdrinkglas
- Shaker

1 TL *kalter Mokka*
1/8 *l* Milch
1 *große* Kugel Schokoladeneis

Mokka und Milch zusammen im Shaker schütteln und in das Longdrinkglas geben. Das Ei hinzufügen und kurz umrühren.

AZTEKENFEUER

cremiger Longdrink mit Kaffee für die Sommertage
- mittelgroßer Tumbler
- Gästeglas

1 Kugel Vanilleeis
12 *cl kalter* Kaffee
1 Prise Kakaopulver
Deko:
Zimtpulver

Das Eis zusammen mit dem Kaffee und dem Kakaopulver im Glas verrühren. Mit etwas Zimt bestreuen.

HOLLÄNDER

würzig-pikanter Shortdrink (Pick-me-up)
- mittelgroßer Tumbler
- Shaker

5 cl Karottensaft
5 cl Sauerkrautsaft
1 Prise Currypulver

Alle Zutaten zusammen im Shaker mit Eiswürfeln kräftig schütteln und in den Tumbler seihen.

LANDTRAUM

pikanter, cremiger Shortdrink für jeden Tag
- großes Cocktailglas
- Shaker

5 cl Karottensaft
4 cl Apfelsaft
1 TL Crème fraîche

Alle Zutaten im Shaker mit Eis schütteln und in das Glas seihen.

BAVARIAN TOMATO

würzig-pikanter Longdrink (Pick-me-up)
- Longdrinkglas
- Shaker

10 cl Tomatensaft
10 cl Sauerkrautsaft
1 TL gemahlener Kümmel

Alle Zutaten im Shaker mit Eis schütteln und zusammen mit dem Eis in das Longdrinkglas gießen.

VIRGIN MARY

scharf gewürzter Pick-me-up
- mittelgroßer Tumbler
- Gästeglas

15 cl Tomatensaft
Worcestershiresauce
Salz
Pfeffer
Tabasco
½ Stange Stangensellerie

Den Tomatensaft ins Glas geben, mit den Gewürzen kräftig würzen und gut umrühren. Den Sellerie ins Glas geben.

PRAIRIE OYSTER

würzig-pikanter Pick-me-up
- Cocktailglas
- Rührglas

5 dashes Worchestershiresauce
1 BL Olivenöl
2 dashes Tabasco
Salz
Pfeffer
2 EL Tomatenketchup
1 Eigelb
Paprikapulver edelsüß

Worchestershiresauce, das Öl, Tabasco, Salz, Pfeffer und Ketchup nacheinander in das Glas geben. Das Eigelb im Ganzen in die Mitte setzen und mit Paprika würzen. Nicht verrühren!

TOMATENCOCKTAIL

gut gewürzter Pick-me-up gegen den Kater
- Longdrinkglas
- Shaker

8 cl Tomatensaft
1 Eigelb
Salz
Pfeffer
Tabasco
Worcestershiresauce
Selleriesalz
1 dash Zitronensaft
1 Schuß Tomatenketchup
Deko:
1 Zitronenscheibe

Alle Zutaten zusammen im Shaker mit Crushed ice schütteln und in das Longdrinkglas gießen. Etwas Pfeffer darauf streuen. Die Zitronenscheibe zuletzt an den Glasrand stecken.

CARLOTTA

würzig-pikanter Longdrink für alle Gelegenheiten
- großer Tumbler
- Rührglas

4 cl Selleriesaft
4 cl Karottensaft
4 cl Apfelsaft
1 dash Zitronensaft
1 BL gehackte Petersilie

Alle Zutaten zusammen im Rührglas verrühren und in den Tumbler gießen.

POWER JUICE

würzig-pikanter Longdrink für Vor- und Nachmittage
- großer Tumbler
- Rührglas

10 cl Rote-Bete-Saft
10 cl Karottensaft
2 cl Zitronensaft
schwarzer Pfeffer
Deko:
1 langes, schmales Stück Salatgurke

Die Säfte zusammen im Rührglas verrühren, mit etwas Pfeffer abschmecken und in den Tumbler mit Eiswürfeln gießen. Das Gurkenstück an den Glasrand stecken.

JOGGERDRINK

würzig-pikanter Longdrink mit Buttermilch für jeden Tag
- Longdrinkglas
- Blender

1/8 cl Gemüsesaft
10 cl Buttermilch
1 Messerspitze geriebener
Meerrettich
1 dash Zitronensaft
weißer Pfeffer
Salz
Deko:
1 TL Schnittlauchröllchen

Alle Zutaten zusammen im Blender gut mixen und in das Longdrinkglas geben. Die Schnittlauchröllchen darauf verteilen.

TOMATO DRINK

würzig-pikanter Longdrink (Pick-me-up)
- Longdrinkglas
- Gästeglas

10 cl *Tomatensaft*
5 cl *Selleriesaft*
2 cl *Zitronensaft*
1 *dash* Tabasco
- **Außerdem:**

***schwarzer* Pfeffer**
1 Stück Staudensellerie
1 *Kirschtomate*

Die Zutaten zusammen im Longdrinkglas verrühren und etwas Pfeffer darübermahlen. Das Selleriestück ins Glas geben, die Tomate an den Glasrand stecken.

GEMÜSECOCKTAIL

würzig-pikanter Drink mit Buttermilch für jeden Tag
- großes Cocktailglas
- Elektromixer

3 cl *Karottensaft*
3 cl *Selleriesaft*
1 TL *Zitronensaft*
1 TL *Honig*
10 cl *Buttermilch*
Kräutersalz
***weißer* Pfeffer**
- **Deko:**

***einige* Sellerieblättchen**

Alle Zutaten zusammen im Elektromixer gut mixen und in das Glas geben. Die Sellerieblättchen in den Drink stecken.

TOMATENCUP

pikanter, cremiger Shortdrink (Pick-me-up)
- Cocktailglas
- Rührglas

6 cl *Tomatensaft*
1 TL *Crème fraîche*
- **Deko:**

***etwas frische* Kresse**

Den Tomatensaft mit der Crème fraîche im Rührglas mit Eiswürfeln verrühren und in das Glas seihen. Etwas Kresse als Tuff auf den Drink geben.

TOMATO PICANTE

würzig-pikanter Drink mit Buttermilch für jeden Tag
- große Sektschale
- Elektromixer

10 cl *Tomatensaft*
1 TL *Zitronensaft*
5 cl *Buttermilch*
1-2 EL *Sangrita pikante*
***weißer* Pfeffer**
Salz
- **Deko:**

1 EL *Sahnedickmilch*
1 TL *Schnittlauchröllchen*

Alle Zutaten zusammen im Elektromixer gut mixen und in die Sektschale geben. Die Sahnedickmilch mit dem Schnittlauch glattrühren und als Tupfer auf den Drink geben.

KALTE ENTE

CHAMPAGNERBOWLE

EXOTIC-BOWLE

Bowlen

MELONENBOWLE

ROSENBOWLE

GRAPE-GRAPPA-BOWLE

WALDMEISTERBOWLE

BEERENBOWLE

MANGOBOWLE

KALTE ENTE I

herb-säuerliche Bowle für Sommerabende
- Weißwein- oder Bowlenglas
- Bowlengefäß

Für ca. 10 Personen

2 Zitronenschalenspiralen
4 Flaschen Weißwein
2 Flaschen Sekt

Die Schalenspiralen in das Bowlengefäß hängen. Dann Wein und Sekt angießen. Die Schalenspirale nach kurzer Zeit herausnehmen.

CHAMPAGNER-BOWLE I

fruchtig-süße Bowle als Aperitif
- Bowlenglas oder Sektkelch
- Bowlengefäß

Für ca. 10 Personen

2 Zitronen, in Scheiben
2 Orangen, in Scheiben
500 g grüne Weintrauben, halbiert und entkernt
125 g Zucker
400 g Maraschinokirschen (Glas)
10 cl Maraschinosaft aus dem Glas
1/8 l Sherry
1/8 l Weinbrand
3 Flaschen Champagner

Zitronen- und Orangenscheiben sowie Weintrauben zusammen mit Zucker, Maraschinokirschen und -saft sowie Sherry und Weinbrand in das Bowlengefäß geben. Den Bowlenansatz umrühren und für etwa ½ Stunde kühl stellen. Dann Champagner hinzugießen.

KALTE ENTE II

erfrischende, leichte Bowle für alle Gelegenheiten
- Weißweinglas
- Bowlengefäß

Für ca. 10 Personen

abgeschnittene Schale von 1 Zitrone
2 Flaschen Weißwein
1 Flasche Sekt
1 Flasche natriumarmes Mineralwasser mit viel Kohlensäure

Die Zitronenschale in das Bowlengefäß geben, den Wein dazugießen und den Ansatz für ½ bis 1 Stunde zugedeckt kühl stellen. Dann die Zitronenschale entfernen und die Bowle mit Sekt und Mineralwasser auffüllen. Vorsichtig umrühren.

CHAMPAGNER-BOWLE II

sehr spritzige Bowle, als Aperitif geeignet
- Bowlenglas oder Sektkelch
- Bowlengefäß

Für ca. 10 Personen

3 Minzezweige
6 Pfirsische, gewürfelt
6 cl Cognac
8 cl Pfirsich- oder Orangenlikör
4 Flaschen Champagner

Die Pfefferminzblätter grob hacken und über die Pfirsichstücke im Bowlengefäß streuen. Cognac und Likör darüberträufeln und den Ansatz für 1 bis 2 Stunden zugedeckt kalt stellen. Dann umrühren und den Champagner angießen.

Champagnerbowle I

ROSENBOWLE

fein duftende Bowle für festliche Anlässe
- Bowlenglas
- Bowlengefäß

Für ca. 10 Personen

8 frische, duftende und voll
erblühte gelbe und rote Rosen
2 Flaschen Weißwein
10 dashes Rosenwasser
(aus der Apotheke)
2 Flaschen Sekt

6 Rosen waschen, die Blätter abzupfen und in eine große Schüssel legen. Den Wein und das Rosenwasser hinzufügen und den Ansatz für 4 bis 5 Stunden zugedeckt kühl stellen. Den Ansatz abseihen. Die restlichen 2 Rosen waschen, die Blätter abzupfen und in das Bowlengefäß legen. Den Bowlenansatz darübergießen, kurz umrühren und mit Sekt auffüllen.
Achtung: Verwenden Sie nur Rosen, bei denen Sie absolut sicher sind, daß sie nicht mit einem Pflanzenschutzmittel behandelt wurden.

SAUERKIRSCH-BOWLE

herb-fruchtige Bowle für gemütliche Abende
- Bowlenglas
- Bowlengefäß

Für ca. 10 Personen

2 große Gläser entsteinte
Sauerkirschen
8 cl Apricot Brandy
2 Flaschen Rotwein
3 Flaschen Sekt

Die Sauerkirschen abtropfen lassen, im Bowlengefäß mit dem Apricot Brandy beträufeln und den Ansatz für ½ bis 1 Stunde zugedeckt kalt stellen. Den Wein angießen, umrühren und mit Sekt auffüllen.

ALTE ENGLISCHE BOWLE

starke Bowle für Winterabende
- Bowlenglas
- Bowlengefäß

Für ca. 10 Personen

2 Bund getrocknete Minzeblätter
200 ml Whisky
2 Flaschen Weißwein
2 Flaschen Sekt

Die Pfefferminzblätter etwas zerbröseln, in einer Schale mit dem Whisky übergießen und alles etwa ¼ Stunde zugedeckt durchziehen lassen. Den Ansatz durch ein Sieb in das Bowlengefäß gießen, mit Weißwein auffüllen und die Bowle für weitere 2 Stunden kalt stellen. Umrühren und Sekt angießen.

ERDBEERBOWLE

fruchtig-spritzige Bowle für Frühlingsabende
- Bowlenglas
- Bowlengefäß

Für ca. 10 Personen

750 g Erdbeeren, geviertelt
10 cl Erdbeerlikör
2 Flaschen Weißwein
2 Flaschen Sekt

Die Erdbeerviertel im Bowlengefäß mit dem Likör begießen und für etwa ½ Stunde kalt stellen. Dann den Wein angießen, umrühren und mit Sekt auffüllen.

WILLIAMS-CHRIST-BOWLE

fruchtig-spritzige Bowle für den Abend
- Bowlenglas
- Bowlengefäß

Für ca. 10 Personen

4 Williams Christbirnen, gewürfelt
3 cl Zitronensaft
6 cl Birnengeist
2 EL Zucker
2 Flaschen Weißwein
2 Flaschen Sekt

Die Birnenwürfel im Bowlengefäß mit Zitronensaft, Birnengeist und Zucker vorsichtig mischen und den Ansatz für 3 bis 4 Stunden zugedeckt kühl stellen. Dann den Wein angießen, umrühren und mit Sekt auffüllen.

APFEL-CALVADOS-BOWLE

fruchtige Bowle für den Abend
- Bowlenglas
- Bowlengefäß

Für ca. 10 Personen

8 Äpfel, geschält und in Spalten
Saft von 1 Zitrone
2 EL Zucker
10 cl Calvados
2 Flaschen Weißwein
1 Flasche Sekt
1 Flasche Mineralwasser

Die Apfelspalten in das Bowlengefäß geben, mit Zitronensaft beträufeln und mit Zucker bestreuen. Für 3 bis 4 Stunden zugedeckt kühl stellen. Dann Calvados und Wein dazugießen und umrühren. Mit Sekt und Mineralwasser auffüllen.

GRAPE-GRAPPA-BOWLE

fruchtige Bowle für den Abend
- Bowlenglas
- Bowlengefäß

Für ca. 10 Personen

750 g kernlose grüne Weintrauben, halbiert
3 EL Zucker
6 cl milder Grappa
Schalenspirale von ½ Zitrone
2 Flaschen Weißwein

Alle Zutaten außer Weißwein zusammen im Bowlengefäß etwa 2 Stunden durchziehen lassen. Dann mit Wein auffüllen.

WALDMEISTER-BOWLE

würzige Bowle für den Wonnemonat Mai
- Bowlenglas
- Bowlengefäß

Für ca. 10 Personen

3 Büschel Waldmeister
4 Flaschen trockener Weißwein
1 Orange, in Scheiben
1 Flasche Sekt

Den Waldmeister sorgfältig waschen, trockenschütteln und über Nacht welken lassen. 2 Flaschen Weißwein über eine Orangenscheibe in das Bowlengefäß gießen und die Waldmeisterbüschel an einem Bindfaden hineinhängen. Die Stiele sollen den Wein nicht berühren, denn das Aroma ist nur in den Blättern. Den Bowlenansatz für etwa ½ Stunde zugedeckt kühl stellen. Dann den Waldmeister entfernen, den restlichen Wein und die restlichen Orangenscheiben hinzugeben, umrühren und die Bowle mit Sekt auffüllen.

CIDRE-ZITRUS-BOWLE

erfrischende, Bowle für die Party
- Bowlenglas
- Bowlengefäß

Für ca. 10 Personen

2 Orangen, in Scheiben
3 Limetten, in Scheiben
1 Zitrone, in Scheiben
3 mittelgroße Äpfel, gewürfelt
2 EL Zitronensaft
1 Bund Zitronenmelisse oder Minze
5 Flaschen Cidre

Die Orangenscheiben vierteln, die Limetten- und Zitronenscheiben halbieren. Die Äpfel mit Zitronensaft beträufeln. Das Obst in das Bowlengefäß geben, die Kräuterzweige darauf legen und Cidre angießen.

ICE-BOWLE

fruchtig-leichte Bowle
- Bowlenglas
- Bowlengefäß

Für ca. 10 Personen

2 Orangen, in Scheiben
2 Zitronen, in Scheiben
8 cl Orangenlikör
2 Flaschen Weißwein
2 Flaschen Rotwein
2 Flaschen Sekt

Die Orangenscheiben halbieren und zusammen mit den Zitronenscheiben in das Bowlengefäß geben. Mit dem Likör beträufeln und den Ansatz, je nach Dringlichkeit, ¼ bis 3 Stunden zugedeckt kühl stellen. Mit Wein und Sekt aufgießen.

APRIKOSEN-PORTWEIN-BOWLE

fruchtig-spritzige Bowle für die Party

- Bowlenglas
- Bowlengefäß

Für ca. 10 Personen

2 kg Aprikosen, geviertelt
50 g Zucker
10 cl roter Portwein
4 Flaschen Weißwein

Die Aprikosenviertel im Bowlengefäß mit dem Zucker bestreuen, den Portwein dazugießen und alles für etwa 1 Stunde zugedeckt durchziehen lassen. Dann den Wein dazugeben.

BEERENBOWLE

herb-fruchtige Bowle für alle Gelegenheiten

- Bowlenglas
- Bowlengefäß

Für ca. 10 Personen

500 g Erdbeeren
250 g Himbeeren
250 g Brombeeren
2 EL Zucker
200 ml Cream Sherry
3 Flaschen Roséwein
1 Flasche Sekt

Die Beeren waschen und putzen. Im Bowlengefäß mit Zucker bestreuen und für etwa 20 Minuten zugedeckt kühl stellen. Den Sherry dazugeben und den Ansatz etwa 1 Stunde im Kühlschrank ziehen lassen. Die Bowle kurz umrühren, dann mit Wein und Sekt auffüllen.

GRANATAPFEL-ANANAS-BOWLE

herb-fruchtige Bowle für alle Gelegenheiten

- Bowlenglas
- Bowlengefäß

Für ca. 10 Personen

1 mittelgroße Ananas
2 reife Granatäpfel
6 cl Orangenlikör
2 Flaschen Weißwein
1 Flasche Sekt
1 Flasche natriumarmes Mineralwasser

Die Ananas in Scheiben schneiden, diese schälen, den harten Strunk entfernen und die Scheiben würfeln. Die Granatäpfel vom Kelch bis zum Stiel mehrfach einschneiden und dann schälen. Die weißen Häute von den Kernen, falls nötig, entfernen; austretenden Saft auffangen. Ananasstücke und Granatapfelkerne zusammen mit dem Fruchtsaft im Bowlengefäß mit dem Likör beträufeln und alles für etwa 2 Stunden zugedeckt kühl stellen. 1 Flasche Wein dazugeben und die Bowle nochmals ca. 1 Stunde durchziehen lassen. Dann den restlichen Wein angießen, umrühren und mit Mineralwasser auffüllen.

PFIRSICHBOWLE

fruchtige Bowle für die Sommerparty
- Bowlenglas
- Bowlengefäß

Für ca. 10 Personen

8 reife Pfirsiche, geschält und in Spalten
10 cl Cognac
Saft von 2 Zitronen
4 EL Zucker
2 Flaschen trockener Weißwein
2 Flaschen trockener Sekt

Die Pfirsichspalten eventuell noch halbieren und in das Bowlengefäß geben. Cognac, Zitronensaft und Zucker dazugeben und alles zugedeckt für etwa 2 Stunden kühl stellen. Dann den Wein dazugießen, gut umrühren und die Bowle mit dem Sekt auffüllen.

MANGOBOWLE

exotisch-fruchtige Bowle für Sommerabende
- Bowlenglas
- Bowlengefäß

Für ca. 10 Personen

3 reife Mangos
10 cl Apricot Brandy
8 cl brauner Rum
Saft von 2 Orangen
Saft von 2 Zitronen
4 EL Zucker
2 Flaschen trockener Weißwein
2 Flaschen trockener Sekt

Die Mangos schälen und das Fruchtfleisch in dünnen Spalten vom Kern abschneiden. Die Spalten würfeln und zusammen mit Apricot Brandy, Rum, Orangen- und Zitronensaft sowie Zucker im Bowlengefäß für etwa 1 Stunde kühl stellen. Dann den Wein dazugießen, gut umrühren und mit Sekt auffüllen.

CHERIMOYABOWLE

sehr fruchtige Bowle für den Abend
- Bowlenglas
- Bowlengefäß

Für ca. 10 Personen

2 reife Cherimoyas
250 g Erdbeeren, halbiert
4 grüne Feigen, geviertelt
2 cl Zitronensaft
8 cl Erdbeer- oder Orangenlikör
2 Flaschen Weißwein
2 Flaschen Sekt

Die Cherimoyas halbieren und entkernen. Das Fruchtfleisch mit einem Löffel vorsichtig herauslösen und kleinschneiden. Zusammen mit Erdbeeren und Feigen im Bowlengefäß mit Zitronensaft und Likör begießen und alles für etwa 2 Stunden zugedeckt kühl stellen. Dann 1 Flasche Wein dazugießen und den Ansatz für weitere 2 Stunden kühl stellen. Zuletzt den restlichen Wein dazugeben, umrühren und den Sekt angießen.

EXOTIK-BOWLE

fruchtig spritzige Bowle für die Sommerparty
- Bowlenglas
- Bowlengefäß

Für ca. 10 Personen

½ Honigmelone
4 reife Feigen, geschält, gewürfelt
6 Datteln, entkernt und gewürfelt
6 cl Cognac
3 Kiwis, geschält und in Scheiben
3 Flaschen Weißwein
1 Flasche Sekt

Die Melone entkernen und aus dem Fruchtfleisch mit dem Kugelausstecher kleine Kugeln herauslösen. Melonenkugeln, Feigen und Datteln im Bowlengefäß mit Cognac beträufeln und für 2 Stunden zugedeckt kühl stellen. Dann die Kiwischeiben dazugeben, ½ Flasche Wein angießen und die Bowle für 1 Stunde kühl stellen. Vor dem Servieren den restlichen Wein angießen, umrühren und mit Sekt aufgießen.

MELONENBOWLE

erfrischende Bowle für heiße Abende
- Bowlenglas
- ausgehöhlte Melone

Für ca. 8 Personen

1 große Wassermelone
6 cl Melonenlikör
4 cl Weinbrand
2 EL Zucker
1 Flasche trockener Weißwein
1 Flasche trockener Sekt

Die Melone horizontal rundherum zickzackförmig einschneiden und dann den Deckel abnehmen. Das Kernfleisch entfernen und aus dem verbleibenden Fruchtfleisch mit einem Kugelausstecher kleine Kugeln herauslösen. Die Melone sollte gut ausgehöhlt sein. Dann Likör, Weinbrand, Zucker und Wein in die Frucht gießen, die Melonenkügelchen dazugeben, umrühren und alles zugedeckt für etwa 2 Stunden kühl stellen. Vor dem Servieren den Sekt hinzugießen.

APFELBOWLE

fruchtig-spritzige Bowle
- Bowlenglas
- Bowlengefäß

Für ca. 10 Personen

4 mittelgroße Äpfel, 1 Zitrone
3 EL Zucker, 1 Messerspitze Zimt
3 Flaschen Weißwein, 1 Flasche Sekt

Die Äpfel schälen, entkernen und in kleine Stücke schneiden. Die Schale von der Zitrone spiralförmig abschälen und beiseite legen. Die Zitrone auspressen und den Saft sofort über die Apfelspalten im Bowlengefäß träufeln. Zucker, Zitronenschale und Zimt dazugeben und 1 Flasche Wein angießen. Den Ansatz für 5 bis 6 Stunden zugedeckt kalt stellen. Restlichen Wein und Sekt angießen.

CASSISBOWLE

fruchtig-spritzige Bowle
- Bowlenglas
- Bowlengefäß

Für ca. 10 Personen

300 g schwarze Johannisbeeren
1/8 l Crème de Cassis
2 Flaschen trockener Weißwein
2 Flaschen trockener Sekt

Die Beeren kurz waschen und von den Stielen zupfen. Die Hälfte zusammen mit dem Cassis und 1 Flasche Wein im Bowlengefäß zugedeckt für etwa 3 Stunden kühl stellen. Anschließend den Ansatz durchseihen und mit den restlichen Beeren, dem Wein und dem Sekt in das Bowlengefäß geben.

WALDERDBEER-BOWLE

fruchtig-spritzige Bowle für die Sommerparty
- Bowlenglas
- Bowlengefäß

Für ca. 10 Personen

350 g Walderdbeeren
1 Babyananas
2 Flaschen trockener Weißwein
2 Flaschen trockener Rosésekt

Die Erdbeeren waschen und putzen. Die Ananas in Scheiben schneiden und diese schälen. Den Strunk entfernen und die Scheiben achteln. Die Früchte im Bowlengefäß mit dem Wein begießen, umrühren und für etwa 3 Stunden zugedeckt kühl stellen. Dann den Sekt angießen.

HIMBEER-LIMETTEN-BOWLE

herb-fruchtige Bowle für die Party
- Bowlenglas
- Bowlengefäß

Für ca. 10 Personen

500 g Himbeeren
1 Limette, in Scheiben
2 EL Zucker
2 Flaschen Rosé, 3 Flaschen Sekt

Die Himbeeren waschen und putzen. Die Limettenscheiben halbieren und zusammen mit den Himbeeren in das Bowlengefäß geben. Den Zucker darüberstreuen und den Ansatz für 15 bis 30 Minuten zugedeckt kalt stellen. Dann Wein und Sekt angießen.

ROTE BURGUNDER-BOWLE

fruchtige, kräftige Bowle für Herbst- und Winterabende
- Bowlen- oder Rotweinglas
- Bowlengefäß

Für ca. 10 Personen

10 Blätter von schwarzen
Johannisbeeren
5 cl Cognac
2 Flaschen roter Burgunder
3 EL Kandiszucker
2 Flaschen roter Sekt

Die Johannisbeerblätter im Bowlengefäß mit dem Cognac übergießen. Den Ansatz für ungefähr 2 Stunden zugedeckt kühl stellen. Den Burgunder und den eventuell zerkleinerten Kandiszucker hinzugeben und die Bowle nochmals für 1 Stunde kalt stellen. Vor dem Servieren die Johannisbeerblätter entfernen, umrühren und den Sekt dazugießen.

SANGRIA I

fruchtig-süße Bowle für laue Sommerabende
- Bowlenglas
- Bowlengefäß

Für ca. 10 Personen

3 Orangen, in Scheiben
2 Zitronen, in Scheiben
1 Apfel, geschält und in Scheiben
4 Pfirsiche, enthäutet und gewürfelt
50 g Zucker
¼ l Orangensaft
Saft von 1 Zitrone
2 Zimtstangen
4 cl Orangenlikör
6 cl Weinbrand
⅛ l natriumarmes Mineralwasser mit wenig Kohlensäure
4 Flaschen Rotwein

Die Orangen- und die Zitronenscheiben vierteln und zusammen mit Apfelscheiben und den Pfirsichwürfeln in das Bowlengefäß geben. Mit Zucker, Orangen- und Zitronensaft sowie den Zimtstangen, Likör und Weinbrand vorsichtig mischen und den Ansatz für 3 bis 4 Stunden zugedeckt kühl stellen. Dann die Zimtstangen entfernen, den Rotwein angießen, umrühren und mit Mineralwasser auffüllen.

SANGRIA II

fruchtig-leichte Bowle
- Bowlenglas
- Bowlengefäß

Für ca. 10 Personen

6 Orangen, geschält und gewürfelt
Saft von 3 Zitronen
8 cl Rum oder Cognac
200 ml Malaga oder Madeira
100 g Zucker
3 Flaschen Rotwein
1 ½ Flaschen Mineralwasser

Die Orangenwürfel mit Zitronensaft, Rum oder Cognac und Malaga oder Madeira sowie Zucker im Bowlengefäß mischen und den Bowlenansatz für 1 Stunde zugedeckt kühl stellen. Vor dem Servieren den Rotwein und das Mineralwasser dazugießen.

KUMQUATBOWLE

fruchtig-herbe Bowle für die Party
- Bowlenglas
- Bowlengefäß

Für ca. 10 Personen

10 Kumquats, in dünnen Scheiben
5 EL Zucker
10 cl Cointreau
Saft von 2 Zitronen
2 Flaschen trockener Weißwein
2 Flaschen trockener Sekt

Die Kumquatscheiben, Zucker, Cointreau und Zitronensaft im Bowlengefäß für etwa 1 Stunde zugedeckt kühl stellen. Dann den Wein dazugeben und den Ansatz nochmals für etwa ½ Stunde kühl stellen. Dann mit Sekt auffüllen.

Sangria I

MANDARINEN-GRAPEFRUIT-BOWLE

herb-fruchtige Bowle für Winterabende
- Bowlenglas
- Bowlengefäß

Für ca. 10 Personen

8 Mandarinen, in Filets zerteilt
6 rosa Grapefruits, in Filets zerteilt
1 Limette, in Scheiben
75 g Zucker
6 cl Orangenlikör
3 cl Grenadine
2 Flaschen Roséwein
2 Flaschen Sekt

Die Obststücke im Bowlengefäß mit Zucker, Orangenlikör und Grenadine vorsichtig mischen und zugedeckt über Nacht kühl stellen. Die Bowle vor dem Servieren erst mit Wein, dann mit Sekt auffüllen.

ANANASBOWLE I

fruchtig-spritzige Bowle für die Party
- Bowlenglas
- Bowlengefäß

Für ca. 10 Personen

1 mittelgroße Ananas, gewürfelt
6 cl Curaçao blue
2 ½ Flaschen Weißwein
1 Flasche Sekt

Die Ananaswürfel im Bowlengefäß mit dem Curaçao und 1 Flasche Wein begießen und den Ansatz für 3 bis 4 Stunden zugedeckt kühl stellen. Dann den restlichen Wein angießen, umrühren und mit Sekt auffüllen.

BANANEN-KIWI-BOWLE

fruchtig-spritzige Bowle
- Bowlenglas
- Bowlengefäß

Für ca. 10 Personen

4 Bananen, geschält und in Scheiben
5 Kiwi, geschält und in Scheiben
2 cl Zitronensaft
6 cl Kiwilikör, 2 cl Mandellikör
3 Flaschen Weißwein
1 Flasche Sekt

Die Bananen- und die Kiwischeiben im Bowlengefäß mit Zitronensaft, Kiwilikör und Mandellikör beträufeln und für etwa 2 Stunden kühl stellen. Dann Wein mit Sekt angießen.

KIWIBOWLE

fruchtig-erfrischende Bowle für alle Gelegenheiten
- Bowlenglas
- Bowlengefäß

Für ca. 10 Personen

6 Kiwis, 2 Nektarinen
200 ml weißer Rum
1 Flasche Weißwein
3 Flaschen Bitter lemon

Die Kiwis schälen, in dünne Scheiben schneiden und eventuell halbieren. Die Nektarinen waschen, das Fruchtfleisch in schmalen Spalten vom Stein abschneiden und diese halbieren. Das Obst im Bowlengefäß mit Rum begießen und den Ansatz für 1 Stunde zugedeckt kalt stellen. Wein und Bitter lemon angießen und umrühren.

Mandarinen-Grapefruit-Bowle (l.), Bananen-Kiwi-Bowle (r.)

BANANENBOWLE I

zart-fruchtige Bowle für den Abend
- Bowlenglas
- Bowlengefäß

Für ca. 10 Personen

4 Bananen
Saft von ½ Zitrone
4 cl grüner Bananenlikör
4 cl weißer Rum
3 EL Zucker
2 Flaschen trockener Weißwein
2 Flaschen trockener Sekt

Die Bananen schälen, in dünne Scheiben schneiden, mit dem Zitronensaft beträufeln und in das Bowlengefäß geben. Bananenlikör, Rum, Zucker und 1 Flasche Wein dazugeben und den Ansatz für etwa 1 Stunde zugedeckt kühl stellen. Dann den restlichen Wein dazugießen und gut umrühren. Die Bowle mit Sekt auffüllen.

BANANENBOWLE II

fruchtig-süße Bowle für die Party
- Bowlenglas
- Bowlengefäß

Für ca. 10 Personen

1 kg Bananen
Saft von 1 Zitrone
75 g Zucker
4 cl weißer Rum
2 cl Maraschino oder Kirschlikör
3 Flaschen Weißwein
2 Flaschen Sekt

Die Bananen schälen, in dünne Scheiben schneiden, mit dem Zitronensaft beträufeln und in das Bowlengefäß geben. Zucker, Rum und Likör dazugeben und alles vorsichtig mischen. Nun 1 Flasche Weißwein angießen und den Ansatz für etwa 2 Stunden zugedeckt kühl stellen. Dann den restlichen Wein angießen, umrühren und den Sekt dazugeben.

APRIKOSENBOWLE

fruchtig-erfrischende Bowle für alle Gelegenheiten

- Bowlenglas
- Bowlengefäß

Für ca. 10 Personen

1,5 kg Aprikosen
1/8 l Aprikosen- oder Pfirsichlikör
4 cl Amaretto
75 g Zucker
2 Limetten, in Scheiben
2 Flaschen Weißwein
2 Flaschen Sekt

Die Aprikosen portionsweise in kochendes Wasser legen, nach ca. 1 Minute herausnehmen, abschrecken und enthäuten. Dann halbieren, entkernen und in schmale Spalten schneiden. Diese im Bowlengefäß mit den Likören und dem Zucker mischen und zugedeckt über Nacht kühl stellen. Dann die Limettenscheiben halbieren und dazugeben. Den Wein angießen, umrühren und mit Sekt auffüllen.

ORANGEN-CIDRE-BOWLE

fruchtig-erfrischende Bowle für alle Gelegenheiten

- Bowlenglas
- Bowlengefäß

Für ca. 10 Personen

5 Orangen, in Scheiben
10 cl Orangenlikör
1/2 l Orangensaft
4 Flaschen Cidre

Die Orangenscheiben vierteln und im Bowlengefäß mit dem Likör beträufeln. Den Ansatz für mindestens 2 Stunden (besser über Nacht) zugedeckt kühl stellen. Vor dem Servieren Orangensaft und Cidre hinzugießen.

FEIGENBOWLE

fruchtig-spritzige Bowle für Sommerabende

- Bowlenglas
- Bowlengefäß

Für ca. 10 Personen

600 g reife grüne Feigen, geviertelt
2 EL brauner Zucker
1/8 l brauner Rum
1 Flasche Roséwein
2 Flaschen Sekt
1 Flasche Mineralwasser

Die Feigenviertel in das Bowlenglas geben, mit dem Zucker bestreuen, den Rum darübergießen und alles mindestens 5 Stunden (besser über Nacht) zugedeckt durchziehen lassen. Dann den Roséwein dazugießen, vorsichtig umrühren und Sekt sowie Mineralwasser langsam angießen.

BROMBEERBOWLE

fruchtig-herbe Bowle
- Bowlenglas
- Bowlengefäß

Für ca. 10 Personen

500 g Brombeeren
4 cl Orangenlikör, 2 cl weißer Rum
50 g Zucker
3 Flaschen Weißwein
1 Flasche Sekt

Die Brombeeren waschen und im Bowlengefäß mit Likör und Rum beträufeln. Den Zucker dazugeben, alles vorsichtig mischen und für etwa 1 Stunde kühl stellen. Dann 1 Flasche Wein dazugeben und den Ansatz nochmals für 1 Stunde kühl stellen. Vor dem Servieren den restlichen Wein angießen, mit Sekt auffüllen.

KARIBISCHE BOWLE

zart-fruchtige Bowle für die Party
- Bowlenglas
- Bowlengefäß

Für ca. 10 Personen

4 Karambolen, in Scheiben
5 EL Zucker, 8 cl Grand Marnier
8 cl brauner Rum
2 Flaschen trockener Weißwein
2 Flaschen trockener Sekt

Die Karambolenscheiben halbieren, in das Bowlengefäß geben und mit dem Zucker bestreuen. Grand Marnier und Rum darübergießen und den Ansatz zugedeckt für etwa 2 Stunden kühl stellen. Dann den Wein dazugießen. Die Bowle mit Sekt auffüllen.

WEISSWEINBOWLE IM KÜRBIS

fruchtig-erfrischende Bowle für jede Jahreszeit
- Bowlenglas
- große Schüssel

Für ca. 10 Personen

2 mittelgroße Äpfel, in feinen Scheiben
Saft von ½ Zitrone
200 g blaue Weintrauben, halbiert
200 g grüne Weintrauben, halbiert
1 Zitrone, in Scheiben
⅛ l brauner Rum
1 großer Kürbis, ausgehöhlt
4 Flaschen Weißwein

Die Apfelscheiben vierteln, mit dem Zitronensaft beträufeln. Apfelstücke, Weintrauben und Zitronenscheiben in eine Schüssel geben, den Rum darübergießen und alles für mindestens 1 Stunde zugedeckt kühl stellen. Vor dem Servieren die Früchte zusammen mit dem Rum in den Kürbis umfüllen, den Wein dazugeben und umrühren.

ANANASBOWLE II

fruchtige, alkoholfreie Bowle
- Bowlenglas
- Bowlengefäß

Für ca. 10 Personen

1 Ananas, geschält und gewürfelt
10 cl Ananassirup
10 cl Zitronensaft
3 Flaschen Ginger-ale
1 Flasche Mineralwasser

Die Ananaswürfel zusammen mit Ananassirup und Zitronensaft im Bowlengefäß für etwa 1 Stunde zugedeckt kalt stellen. Dann umrühren und mit Ginger-ale sowie Mineralwasser auffüllen.

ZITRONENBOWLE

fruchtige, alkoholfreie Bowle
- Bowlenglas
- Bowlengefäß

Für ca. 10 Personen

2 Zitronen
1 Orange
1 l Ananassaft
½ l Orangensaft
10 cl Zitronensaft
10 cl Zuckersirup
1 l Bitter lemon
1 Flasche Mineralwasser

Die Zitronen und die Orange schälen, in Scheiben schneiden und diese vierteln. Zusammen mit den Schalen, den Säften und dem Sirup im Bowlengefäß für etwa 1 Stunde zugedeckt kalt stellen. Dann die Schalen entfernen. Bitter lemon und Wasser angießen.

FRUCHTSAFTBOWLE

fruchtig-süße, alkoholfreie Bowle, gut für die Kinderparty
- Bowlenglas
- Bowlengefäß

Für ca. 10 Personen

3 Bananen, in Scheiben
2 Kiwis, geschält und gewürfelt
700 ml Bananensaft
700 ml Orangensaft
200 ml Zitronensaft
700 ml Ananassaft
1 l Mineralwasser

Das Obst zusammen mit den Säften im Bowlenglas für ungefähr 1 Stunde zugedeckt kalt stellen. Anschließend umrühren und das Mineralwasser dazugeben.

BIRNENBOWLE

fruchtige, alkoholfreie Bowle für den ganzen Tag
- Bowlenglas
- Bowlengefäß

Für ca. 10 Personen

4 Birnen, geschält und gewürfelt
4 cl Zitronensaft
1 l Birnensaft
1 Flasche alkoholfreier Wein
1 Flasche alkoholfreier Schaumwein
1 Flasche Mineralwasser

Die Birnenwürfel im Bowlengefäß mit dem Zitronen- und dem Birnensaft begießen und für etwa ½ Stunde zugedeckt kühl stellen. Dann den Wein angießen, umrühren und mit Mineralwasser auffüllen.

Zitronenbowle (l.), Fruchtsaftbowle (r.)

TEEBOWLE

herbe, alkoholfreie Bowle für den ganzen Tag
- Bowlenglas
- Bowlengefäß

Für ca. 10 Personen

2 Zitronen, in Scheiben
3/4 l kalter, starker schwarzer Tee
Saft von 1 Zitrone
10 cl Limettensirup
1 kleines Fläschchen Rumaroma
3 Flaschen alkoholfreier Schaumwein

Die Zitronenscheiben halbieren und im Bowlengefäß mit Tee, Zitronen- und Limettensirup sowie Rumaroma begießen. Den Ansatz für 2 bis 3 Stunden zugedeckt kühl stellen. Ihn dann umrühren und mit dem alkoholfreien Wein auffüllen.

OBSTBOWLE

fruchtig-süße, alkoholfreie Bowle für jede Tageszeit
- Bowlenglas
- Bowlengefäß

Für ca. 10 Personen

1 Orange, in Scheiben
2 säuerliche Äpfel, in Stiften
1 Birne, in Stiften
1 Banane, geschält und in Scheiben
1 l Orangensaft
1 l Apfelsaft
200 ml Bananensaft
1/2 l Birnensaft
1 Flasche Mineralwasser

Die Orangenscheiben vierteln, zusammen mit dem restlichen Obst sowie den Fruchtsäften im Bowlengefäß für etwa 1 Stunde zugedeckt kalt stellen. Anschließend umrühren und das Mineralwasser angießen.

ALKOHOLFREIE SANGRIA

fruchtig-erfrischende Bowle
- Bowlenglas
- Bowlengefäß

Für ca. 10 Personen
4 Orangen, 1 Zitrone
6 Nektarinen, gewürfelt
Saft von 2 Zitronen
1/4 l Orangensaft
2 l roter Traubensaft

Die Schale von 1 Orange spiralförmig abschälen und beiseitelegen. Die weiße Haut von der Orange abschneiden und die Orangenfilets aus den Häuten herauslösen. Die restlichen Orangen sowie die Zitrone in dünne Scheiben schneiden und diese dann vierteln. Schalenspirale, Orangenfilets, Orangen- und Zitronenscheiben sowie Nektarinenwürfel im Bowlengefäß mit dem Zitronensaft beträufeln und für etwa 20 Minuten zugedeckt kühl stellen. Dann mit den Säften auffüllen.

KIWI-BEEREN-BOWLE

sehr fruchtige, alkoholfreie Bowle für den ganzen Tag
- Bowlenglas
- Bowlengefäß

Für ca. 10 Personen
400 g Erdbeeren, halbiert
250 g Himbeeren
3 Kiwis, geschält und in Scheiben
10 cl Kiwisirup
2 Flaschen alkoholfreier Wein
1 Flasche alkoholfreier Schaumwein
1 Flasche Mineralwasser

Das Obst in das Bowlengefäß geben, den Sirup und 1 Flasche alkoholfreien Wein angießen und den Ansatz für etwa 2 Stunden zugedeckt kühl stellen. Dann den restlichen Wein dazugeben, umrühren und mit Mineralwasser auffüllen.

KIWI-ERDBEER-BOWLE

spritzige Bowle
- Bowlenglas
- Bowlengefäß

Für ca. 10 Personen

10 Kiwis, geschält und in Scheiben
500 g Erdbeeren, geviertelt
3 EL Zucker
6 cl Erdbeer- oder Orangenlikör
2 Flaschen Weißwein
2 Flaschen Sekt

Kiwischeiben und Erdbeerviertel im Bowlengefäß mit dem Zucker bestreuen. Den Likör darübergießen und den Ansatz für mindestens 1 Stunde zugedeckt kühl stellen. Dann den Wein angießen, umrühren und mit Sekt auffüllen.

GURKENBOWLE

herbe Bowle für den Abend
- Bowlenglas
- Bowlengefäß

Für ca. 10 Personen

½ Salatgurke, in Scheiben
½ Zitrone, in Scheiben
1 EL Zucker
2 Flaschen Weißwein
2 Flaschen Sekt

Die Gurkenscheiben in das Bowlengefäß geben. Die Hälfte der Zitronenscheiben darauf legen und mit dem Zucker bestreuen. 1 Flasche Wein dazugießen und den Ansatz für 3 bis 4 Stunden zugedeckt kühl stellen. Durchseihen, restlichen Wein angießen, umrühren, mit Sekt auffüllen. Restliche Zitronenscheiben zugeben.

MELONEN-GEWÜRZ-BOWLE

fruchtig-würzige Bowle für die Sommerparty
- Bowlenglas
- Bowlengefäß

Für ca. 10 Personen

2 mittelgroße Honigmelonen
2 Bund Basilikum
2 ½ Flaschen Weißwein
(z.B. Gewürztraminer)
1 Flasche Sekt

Die Melonen halbieren, entkernen, mit einem Kugelausstecher aus dem Fruchtfleisch Kugeln herauslösen und diese in das Bowlengefäß geben. Einen Bund Basilikum mit einem Faden zusammenbinden und auf die Melonenkugeln legen. Den Wein dazugießen und den Ansatz für mindestens 6 Stunden zugedeckt kühl stellen. Dann das Basilikum entfernen. Die restlichen Basilikumblätter grob hacken. Die Bowle mit Sekt auffüllen und die Basilikumblätter darüberstreuen.

NORDISCHER PUNSCH

PHARISÄER

Hot-Drinks

TEEPUNSCH

INGWERPUNSCH

DEZEMBERTEE

SCHWEDENPUNSCH

RUMGROG

FEUERZANGENBOWLE

CAFE PUCCI

SEEHUNDGLÜHWEIN

NORDISCHER PUNSCH

aromatischer, kräftiger Punsch
- Punschglas
- Topf

Für ca. 10 Gläser

abgeriebene Schale von 1/4 Zitrone
1 Flasche roter Burgunder
175 ml Portwein
1/4 l starker schwarzer Tee
250 g Zucker
175 ml Cognac

Die Zitronenschale zusammen mit Wein, Tee und Zucker unter Rühren erhitzen, aber nicht kochen lassen. Kurz vor dem Servieren den Cognac, eventuell etwas angewärmt, dazugießen.

BOSTON-TEA-PUNSCH

kräftig-würziger Punsch
- Punschglas
- Topf

Für ca. 12 Gläser

1 l schwarzer Tee
3/4 l brauner Rum
125 ml Curaçao Triple sec
Zucker nach Belieben
12 dünne Zitronenscheiben
12 Gewürznelken

Den Tee zusammen mit Rum, Curaçao und etwas Zucker unter Rühren erhitzen, bis sich der Zucker aufgelöst hat. Nicht kochen lassen. Den Punsch in vorgewärmte Gläser füllen. Die Zitronenscheiben mit je einer Nelke spicken und in die Gläser geben.

FEUERZANGEN-BOWLE

fruchtiger, kräftiger Punsch für winterliche Feiertage
- Punschgläser
- großer Topf und Feuerzangenbowlentopf mit Zuckerhutzange

Für ca. 14 Gläser

Saft von 2 Orangen
Saft von 1 Zitrone
1 1/4 l Rotwein
1 Zimtstange
6 Gewürznelken
1 Zuckerhut
350 ml brauner Rum (54 Vol.-%)

Säfte, Rotwein und Gewürze zusammen im großen Topf erhitzen, aber nicht kochen lassen. Dann in den Feuerzangenbowlentopf umgießen. Den Zuckerhut auf den Halter legen und diesen über das Bowlengefäß hängen. Den Zuckerhut mit etwas Rum tränken und anzünden. Mit einer Schöpfkelle nach und nach weiteren Rum über den Zuckerhut gießen, bis dieser vollständig geschmolzen ist. Den Punsch umrühren.

Feuerzangenbowle

SAHNEPUNSCH

cremiger, aromatischer Punsch
- Punschglas
- Topf

Für ca. 10 Gläser

2 Gewürznelken, 1 Zimtstange
½ l heißer schwarzer Tee
150 g Zucker
1 Flasche Rotwein
abgeriebene Schale von 1 Zitrone
¼ l brauner Rum
Saft von 1 Zitrone
250 g geschlagene Sahne

Nelken, Zimtstange, Tee, Zucker, Rotwein und Zitronenschale zusammen unter Rühren erhitzen, bis sich der Zucker aufgelöst hat. Nicht kochen lassen. Den Rum und den Zitronensaft hinzugeben. Den Punsch durch ein Sieb gießen, heiß in Gläser füllen und auf jedes Glas eine Sahnehaube setzen.

JAPANISCHER PUNSCH

aromatischer, kräftiger Punsch
- Punschglas
- Topf

Für ca. 8 Gläser

¼ l heißer grüner Tee
125 g Zucker
abgeriebene Schale von 1 Zitrone
1 Flasche Moselwein
350 ml Arrak

Den Tee zusammen mit Zucker, Zitronenschale, Wein und Arrak unter Rühren erhitzen, bis sich der Zucker aufgelöst hat. Nicht kochen lassen.

BLUTORANGEN-PUNSCH

fruchtiger Punsch
- Punschglas
- Topf

Für ca. 10 Gläser

200 g Zucker
Saft von 5 Blutorangen
Saft von 1 Zitrone
¾ l heißer schwarzer Tee
½ l brauner Rum

Den Zucker im Orangen- und Zitronensaft unter Rühren auflösen und die Mischung zum Tee geben. Den Rum hinzufügen und den Punsch erhitzen, aber nicht kochen lassen.

SHERRY-TEE-PUNSCH

kräftiger, aromatischer Punsch
- Punschglas
- Topf

Für ca. 8 Gläser

100 g weißer Kandiszucker
½ l heißer, starker schwarzer Tee
½ l Sherry
¼ l Arrak
Saft und abgeriebene Schale
von 1 Zitrone

Den Zucker im heißen Tee unter Rühren auflösen. Sherry, Arrak, Zitronensaft und abgeriebene Schale hinzugeben und alles erhitzen, aber nicht kochen lassen.

SPANISCHER TEEPUNSCH

starker Punsch
- Punschglas
- Topf

Für ca. 10 Gläser

8 cl Grand Marnier
8 cl spanischer Brandy
1/4 l brauner Rum
1 l heißer schwarzer Tee
Zucker nach Belieben

Grand Marnier, Brandy, Rum und Tee zusammen erhitzen, aber nicht kochen lassen. Den Punsch nach Belieben süßen.

KLABAUTERMANNS PUNSCH

aromatisch-kräftiger Punsch
- Punschglas
- Pfanne und Topf

Für ca. 10 Gläser

1 TL Butter
150 g Zucker
1 Flasche Portwein
350 ml Arrak
400 ml Wasser

Die Butter in einer Pfanne erhitzen und den Zucker darin hellbraun karamelisieren. Ihn anschließend leicht abkühlen, aber nicht erkalten lassen. Portwein, Arrak, Wasser und Karamelzucker zusammen unter Rühren erhitzen, bis sich der Zucker aufgelöst hat. Nicht kochen lassen.

INGWERPUNSCH

kräftig-würziger Punsch
- Punschglas
- Topf

Für ca. 10 Gläser

1 Ingwerwurzel
1/4 l Wasser, 125 g Zucker
2 Gewürznelken
1 Flasche Rotwein
Saft von 1 Zitrone
1/2 l heißer, starker schwarzer Tee
200 ml brauner Rum

Die Ingwerwurzel schälen, würfeln und zusammen mit Wasser, Zucker und Nelken etwa 10 Minuten köcheln lassen, bis ein Sirup entsteht. Rotwein, Zitronensaft und Tee mischen. Den Ingwersirup durch ein Sieb gießen und zusammen mit dem Rum in den Punsch geben. Eventuell nachsüßen.

SKANDINAVISCHER PUNSCH

süßer, kräftiger Punsch
- Punschglas
- Topf

Für ca. 12 Gläser

3/4 l Wasser, 250 g Zucker
1 l Arrak
100 ml Weißwein

Das Wasser zum Kochen bringen und den Zucker darin unter Rühren auflösen. Den Arrak dazugeben und alles unter ständigem Rühren auf kleiner Stufe so lange kochen, bis es wie Sirup von der Rührkelle tropft. Den Punsch vor dem Servieren mit dem Weißwein verdünnen.

EISZEITPUNSCH

fruchtiger, kräftiger Punsch
- Punschglas
- Topf

Für ca. 12 Gläser

1 Orange
4 Ananasringe aus der Dose
Saft von 2 Orangen
2 Flaschen Rotwein
1/8 l Arrak
1/8 l brauner Rum
100 g Zucker
1 Päckchen Vanillezucker

Die Schale der Orange spiralförmig abschälen. Die weiße Haut an der Frucht sorgfältig entfernen und das Fruchtfleisch in dünne Scheiben schneiden. Die Ananasringe abtropfen lassen, den Saft dabei auffangen. Die Ringe kleinschneiden. Das Obst zusammen mit 1/8 l des Ananassafts sowie mit den restlichen Zutaten unter Rühren erhitzen. Nicht kochen lassen. Den Punsch in Gläser füllen und die Ränder jeweils mit einem Stück Schalenspirale dekorieren.

ORANGENPUNSCH

fruchtig-süßer Punsch
- Punschglas
- Topf

Für ca. 12 Gläser

1 l Wasser
250 g Zucker
Saft von 2 Zitronen
Saft von 7 Orangen
1/4 l Weinbrand
1/4 l weißer Rum
1/2 l Weißwein
10 cl Maraschino

Das Wasser zum Kochen bringen und den Zucker darin unter Rühren auflösen. Die restlichen Zutaten dazugeben und alles noch einmal erhitzen, aber nicht kochen lassen.

SHERRYPUNSCH

aromatischer Punsch
- Punschglas
- Topf

Für ca. 10 Gläser

abgeriebene Schale von 1 Zitrone
175 g Zucker
350 ml Sherry
350 ml Arrak
3/4 l Wasser

Zitronenschale, Zucker, Sherry und Arrak miteinander verrühren und kurz durchziehen lassen. Das Wasser dazugießen und alles zusammen unter Rühren erhitzen, bis sich der Zucker aufgelöst hat. Nicht kochen lassen.

PARISER PUNSCH

kräftiger, fruchtiger Punsch
- Punschglas
- Topf

Für ca. 12 Gläser

1 l heißer schwarzer Tee
½ l Armagnac
Saft von 3 Zitronen
Saft von 5 Orangen
200 g Zucker

Alle Zutaten zusammen unter Rühren erhitzen, bis sich der Zucker aufgelöst hat. Nicht kochen lassen.

WEINPUNSCH

fruchtiger Punsch
- Punschglas
- Topf

Für ca. 10 Gläser

1 Flasche Rotwein
1 Flasche Weißwein
80 g Kandiszucker
1 Orange, in Scheiben
1 Zitrone, in Scheiben
Saft von 1 Orange
Saft von 1 Zitrone
4 Zimtstangen, 2 Gewürznelken
150 ml brauner Rum

Die Weine zusammen mit dem Kandiszucker unter Rühren erhitzen, bis sich der Zucker aufgelöst hat. Nicht kochen lassen. Die Zitrusfruchtscheiben halbieren und zusammen mit den Fruchtsäften sowie Zimt und Nelken zum Wein geben. Den Punsch bis kurz vor den Siedepunkt erhitzen, dann den Rum dazugeben.

JASMINPUNSCH

aromatischer, kräftiger Punsch
- feuerfestes Punschglas
- Topf mit feuerfesten Griffen

Für ca. 12 Gläser

¾ l Kirschwasser
100 g Zucker
1 l heißer Jasminblütentee
etwa 24 Maraschinokirschen aus dem Glas

¼ l Kirschwasser zusammen mit dem Zucker unter Rühren erhitzen, bis dieser sich aufgelöst hat. Die Flüssigkeit flambieren und mit dem Jasminblütentee ablöschen. Das restliche Kirschwasser hinzufügen und alles zusammen erhitzen, aber nicht kochen lassen. Je 2 Maraschinokirschen in ein feuerfestes Punschglas geben und das heiße Getränk darübergießen. Den Punsch anzünden und brennend servieren.

TEEPUNSCH

kräftiger Punsch
- Punschglas
- Topf

Für ca. 10 Gläser

1 l heißer schwarzer Tee (Ostfriesenmischung)
½ l Aquavit
Kandiszucker nach Belieben

Den Tee mit dem Schnaps mischen und kurz erhitzen, nicht kochen lassen. Den Kandiszucker (Menge nach Belieben) in die Gläser geben und die Teemischung angießen.

FRUCHTPUNSCH

fruchtig-spritziger Punsch
- Punschglas
- Topf

Für ca. 8 Gläser

¼ l Arrak
300 g frisches Obst, gewürfelt
(Pfirsich, Birne, Apfel, Orange)
1 Flasche Weißwein
5 cl Cognac
¼ l Sekt

Den Arrak zusammen mit dem Obst unter Rühren kurz erhitzen, aber nicht kochen lassen. Den Weißwein dazugeben und alles nochmals erhitzen. Cognac und Sekt dazugießen.

PUNSCH DUBLIN

sehr kräftiger Punsch
- Punschglas
- Topf

Für ca. 8 Gläser

½ l Wasser
Saft von 1 Zitrone
abgeriebene Schale von 1 Zitrone
50 g Zucker
50 g Honig
½ Zimtstange
700 ml Irish Whiskey
geriebene Muskatnuß

Das Wasser bis kurz vor den Siedepunkt erhitzen. Alle Zutaten bis auf die Muskatnuß dazugeben und alles unter Rühren erhitzen, aber nicht kochen lassen. Die Zimtstange herausnehmen und etwas Muskatnuß über den Punsch geben.

KÖNIGSPUNSCH I

aromatischer Punsch
- Punschglas
- Topf mit feuerfesten Griffen

Für ca. 10 Gläser

½ l heißer schwarzer Tee
125 g Kandiszucker
125 g brauner Zucker
½ l Weißwein
350 ml brauner Rum
etwas Zitronensaft

Tee und Zucker zusammen unter Rühren erhitzen, bis sich der Zucker aufgelöst hat. Nicht kochen lassen. Weißwein und Rum dazugießen und den Punsch nochmals erhitzen. Das Getränk mit etwas Zitronensaft abschmecken und flambieren.

KÖNIGSPUNSCH II

fruchtiger, aromatischer Punsch
- Punschglas
- Topf

Für ca. 12 Gläser

Saft von 2 Orangen
Saft von 3 Zitronen
125 g Zucker
abgeriebene Schale von 2 Zitronen
1 Flasche Weißwein
½ l Wasser
½ l weißer Rum

Alle Zutaten außer Rum miteinander verrühren und die Mischung zugedeckt 1 bis 2 Stunden durchziehen lassen. Dann den Punsch erhitzen, aber nicht kochen lassen, und den Rum dazugießen.

Fruchtpunsch (l.), Dezembertee (r.)

DEZEMBERTEE

fruchtig-süßer Punsch
- Punschglas
- Topf

Für ca. 10 Gläser

300 g Honig
1 l heißer schwarzer Tee
Saft von 2 Zitronen
Saft von 2 Orangen
300 ml Orangenlikör
1 TL Zimtpulver
250 g geschlagene Sahne

Den Honig im Tee unter Rühren auflösen und Zitronen- sowie Orangensaft, Orangenlikör und Zimt hinzugeben. Den Punsch unter Rühren erhitzen, aber nicht kochen lassen. Das Getränk in Gläser füllen und jeweils mit einer Sahnehaube garnieren.

GOOD-NIGHT-ALL-PUNSCH

würziger Punsch
- Punschglas
- Topf

Für ca. 10 Gläser

1 ½ l Malzbier
4 EL Honig
2 TL Ingwersirup
1 Messerspitze weißer Pfeffer
1 Prise Nelkenpulver
1 Zimtstange

Am Vortag das Bier zusammen mit Honig und Ingwersirup unter Rühren erhitzen, aber nicht kochen lassen. Die Gewürze in ein Leinensäckchen geben, in die Flüssigkeit hängen und das Ganze über Nacht durchziehen lassen. Vor dem Servieren das Leinensäckchen entfernen und den Punsch erhitzen.

KAISERPUNSCH

fruchtig-süßer Punsch
- Punschglas
- Topf mit feuerfesten Griffen

Für ca. 8 Gläser

¼ l Wasser
125 g Zucker
1 Flasche trockener Weißwein
175 ml weißer oder brauner
Rum (54 Vol.-%)
Saft von 1 Zitrone

Wasser und Zucker zusammen unter Rühren erhitzen. Wein und Rum dazugeben und alles nochmals erhitzen, aber nicht kochen lassen. Ein brennendes Streichholz an die Flüssigkeit halten und den Alkohol abbrennen. Den Zitronensaft dazugeben und umrühren.

RUMPUNSCH

fruchtig-süßer Punsch
- Punschglas
- Topf

Für ca. 10 Gläser

Saft von 3 Zitronen
350 ml brauner Rum
350 ml Rotwein
375 g Zucker
1 Flasche halbtrockener Weißwein

Zitronensaft zusammen mit Rum, Rotwein und Zucker unter Rühren erhitzen, bis sich der Zucker aufgelöst hat. Nicht kochen lassen. Kurz vor dem Servieren den Weißwein hinzugießen.

SCHWEDENPUNSCH

aromatischer Punsch
- Keramikbecher mit Henkel
- Pfanne und Topf

Für ca. 10 Gläser

1 l leichter Rotwein
6-8 cl Weinbrand
2 TL Zucker
10 Gewürznelken
1 TL Ingwerpulver
1 TL Kardamomkörner
■ **Außerdem:**
100 g gehackte Mandeln
100 g Rosinen

Alle Zutaten zusammen erhitzen, aber nicht kochen lassen, und dann 2 bis 3 Stunden durchziehen lassen. Dann wieder erhitzen und durch ein Sieb passieren. In jeden Becher je 1 Teelöffel Mandeln und Rosinen geben und den Punsch dazugießen.

ST.-PAULS PUNSCH

süßer, kräftiger Punsch
- Punschglas
- Topf

Für ca. 8 Gläser

1 Flasche Rheinwein
350 ml Madeira
60 g Zucker
175 ml Weinbrand

Den Wein zusammen mit Madeira und Zucker unter Rühren erhitzen (nicht kochen lassen), bis sich der Zucker aufgelöst hat. Den Weinbrand dazugeben und umrühren.

Schwedenpunsch

KIRSCHPUNSCH

fruchtiger Punsch
- Punschglas
- Topf

Für ca. 10 Gläser

400 g Sauerkirschen aus dem Glas
1 l Weißwein
1/8 l weißer Rum
1 TL Zimtpulver
3 Gewürznelken
150 g Zucker

Die Kirschen abtropfen lassen und den Saft dabei auffangen. Die Kirschen zusammen mit etwa 1/4 l des Kirschsafts und den anderen Zutaten unter Rühren erhitzen, aber nicht kochen lassen. Die Nelken entfernen.

SEKTPUNSCH

aromatischer, spritziger Punsch
- Punschglas
- Topf

Für ca. 8 Gläser

5 Zitronenscheiben
10 cl Cognac
Zucker nach Belieben
350 ml Mineralwasser
350 ml Weißwein
350 ml Sekt

Die Zitronenscheiben mit dem Cognac übergießen und kurz durchziehen lassen. Etwas Zucker unter Rühren im Mineralwasser auflösen und ebenfalls hinzugießen. Den Weißwein angießen und alles zusammen erhitzen, aber nicht kochen lassen. Vor dem Servieren den Sekt angießen.

PUNSCH DEMIDOFF

spritziger, aromatischer Punsch
- Punschglas
- Topf

Für ca. 8 Gläser

1/4 l Wasser
1/2 l Weißwein
1/4 l weißer Bordeaux
1/4 l weißer Rum
2 EL Kandiszucker
abgeriebene Schale von 1 Zitrone
1 TL Zitronensaft
Sekt nach Belieben

Das Wasser zusammen mit Wein, Rum, Zucker und Zitronenschale unter Rühren erhitzen, aber nicht kochen lassen. Den Zitronensaft dazugeben, den Punsch eventuell leicht nachsüßen und etwas Sekt angießen.

KAFFEE-PORTWEIN-PUNSCH

starker, aromatischer Punsch
- Punschglas
- Topf

Für ca. 10 Gläser

1/2 l heißer starker Kaffee
1/2 l weißer Portwein
1/2 l brauner Rum
Kandiszucker nach Belieben

Kaffee, Portwein und Rum zusammen erhitzen, aber nicht kochen lassen. Nach und nach unter Rühren Zucker (Menge nach Belieben) hinzufügen und den Punsch so lange erhitzen, bis sich der Zucker aufgelöst hat.

PUNSCH PERUSCHIM

aromatischer, cremiger Punsch
- Punschglas
- Topf

2 TL Zucker
150 ml heißer schwarzer Tee
1 cl brauner Rum
2 EL Sahne
etwas geschlagene Sahne

Den Zucker zusammen mit Kaffee, Rum und Sahne unter Rühren erhitzen, aber nicht kochen lassen. Den Punsch in das Glas füllen und eine Sahnehaube darauf setzen.

HAWAIIPUNSCH

fruchtiger, kräftiger Punsch
- Punschglas
- Pfanne und Topf

Für ca. 8 Gläser

1 TL Butter
150 g Zucker
200 g Ananaswürfel aus der Dose
¼ l heißer, starker schwarzer Tee
⅛ l Arrak
7 cl Madeira
1 Flasche Muskateller

Die Butter in der Pfanne erhitzen und den Zucker darin goldbraun karamelisieren. Ihn anschließend etwas abkühlen, aber nicht festwerden lassen! Die Ananaswürfel abtropfen lassen, den Saft dabei auffangen. Den Tee zusammen mit Karamelzucker, Arrak, Madeira, Muskateller, 75 ml des Ananassafts und den Ananasstücken unter Rühren erhitzen, aber nicht kochen lassen.

CHINAPUNSCH

aromatisch-süßer Punsch
- Punschglas
- Topf

Für ca. 8 Gläser

Saft von 1 Orange
100 g Kandiszucker
7 cl Kirschwasser
7 cl Arrak
½ aufgeschlitzte Vanilleschote
7 cl Litschisirup
½ l heißer schwarzer Tee
1 Flasche Weißwein
abgeriebene Schale von 1 Orange

Orangensaft, Kandiszucker, Kirschwasser, Arrak, Vanilleschote und Litschisirup miteinander verrühren und den Ansatz stehenlassen, bis sich der Zucker aufgelöst hat. Den Tee zusammen mit dem Wein und der Orangenschale erhitzen, aber nicht kochen lassen, und den Punschansatz dazugeben. Den Punsch durch ein Sieb gießen.

AMERICAN PUNSCH

starker, aromatischer Punsch
- Punschglas
- Topf

4 cl Madeira
2 cl brauner Rum
1 TL Zucker
1 Zitronenscheibe
1 Gewürznelke
1 Teebeutel schwarzer Tee

Die Zutaten zusammen erhitzen und etwa 5 Minuten ziehen lassen. Den Punsch in das vorgewärmte Glas seihen.

GRAPEFRUIT-ORANGEN-PUNSCH

fruchtiger, aromatischer Punsch
- Punschglas
- Topf

Für ca. 10 Gläser

Saft von 3 Orangen
Saft von 3 Grapefruits
Saft von 1 Zitrone
1 Flasche Weißwein
2 Gewürznelken
100 g Zucker
1 Zimtstange
350 ml weißer Rum

Alle Zutaten außer Rum zusammen etwa ½ Stunde zugedeckt durchziehen lassen. Danach den Punsch erhitzen, aber nicht kochen lassen, und den Rum dazugießen. Nelken und Zimtstange entfernen.

ERDBEERPUNSCH

sehr fruchtiger, lieblicher Punsch
- Punschglas
- Topf

Für ca. 10 Gläser

500 g frische Erdbeeren
1 ⅛ l Wasser
250 g Zucker
Saft von 1 Zitrone
¼ l weißer Rum
1 l Wasser

Die geputzten Erdbeeren in ⅛ l Wasser etwa 10 Minuten köcheln lassen. Das Kompott zusammen mit Zucker, Zitronensaft und Rum zugedeckt 2 bis 3 Stunden durchziehen lassen. Anschließend 1 l Wasser hinzugeben, alles unter Rühren kurz aufkochen lassen und durch ein Sieb passieren. Den heißen Punsch sofort servieren.

PUNSCH PETERSBURG

prickelnd-fruchtiger Punsch
- Punschglas
- Topf

Für ca. 6 Gläser

1 Flasche Sekt
4 cl Kirschwasser
etwas Cognac
250 g Zucker
1 kleine frische Ananas, geschält und gewürfelt

Den Sekt zusammen mit Kirschwasser, Cognac und Zucker unter Rühren erhitzen, bis sich der Zucker aufgelöst hat. Nicht kochen lassen. Die Ananasstückchen hinzufügen und den Punsch nochmals kurz erhitzen.

RUMGLÖGG

starker, aromatischer Punsch
- Punschglas
- Topf

Für ca. 10 Gläser

1 Flasche Rotwein
350 ml Portwein
1 Stück Zitronenschale
8 Gewürznelken
1 Zimtstange
80 g Zucker
350 ml brauner Rum

Alle Zutaten außer Rum unter Rühren bis kurz vor den Siedepunkt erhitzen. Dann zugedeckt etwa ¼ Stunde bei schwacher Hitze ziehen lassen. Die Gewürze und die Zitronenschale herausnehmen. Den Rum leicht anwärmen und zum Punsch gießen. Heiß servieren.

SYLTER GROG

säuerlich-fruchtiger Grog
- Grog- oder Punschglas
- Topf

100 ml Wasser
5 cl brauner Rum
Saft von ½ Zitrone
1 TL Honig

Das Wasser erhitzen und Rum, Zitronensaft sowie Honig hinzugeben. Gut verrühren, bis sich der Honig aufgelöst hat, und in das Glas füllen.

HELGOLÄNDER GROG

aromatischer Grog
- Grog- oder Punschglas
- Topf

6 cl Rotwein
4 cl brauner Rum
4 cl Wasser
brauner Kandiszucker nach Belieben
- **Deko:**
1 Zitronenscheibe

Den Rotwein zusammen mit Rum und Wasser erhitzen. Nicht kochen lassen. Etwas Kandiszucker in das Glas geben, den Grog hineinfüllen und die Zitronenscheibe an den Glasrand stecken.

BRANDY-GROG

fruchtiger, kräftiger Grog
- Teeglas
- Topf

4 cl Weinbrand
2 TL Zucker
Saft von ½ Zitrone
100 ml heißes Wasser

Weinbrand, Zucker und Zitronensaft zusammen unter Rühren erhitzen, bis sich der Zucker aufgelöst hat. Nicht kochen lassen. Das Wasser dazugeben, umrühren und den Grog ins Glas gießen.

HOT BUTTERED RUM

cremiger Grog
- Punsch- oder Teeglas
- Gästeglas

2 Stücke Würfelzucker
5 cl brauner Rum
kochendheißes Wasser zum Auffüllen
Butterflöckchen

Den Würfelzucker in das Glas geben, einen Teelöffel oder Glasstößel in das Glas stellen, den Rum dazugeben und mit Wasser auffüllen. Die Butterflöckchen darauf geben und den Drink leicht umrühren.

RUMGROG

intensiver Grog
- Grog-, Punsch- oder Teeglas
- Gästeglas

2 Stücke Würfelzucker
kochendheißes Wasser zum Auffüllen
5 cl brauner Rum

Den Würfelzucker in das Glas geben, einen Teelöffel oder ein Glasstäbchen in das Glas stellen und es mit kochendheißem Wasser gut zur Hälfte füllen. Durch Umrühren den Zucker auflösen und den Rum dazugießen.

KEITUMER HAUSGROG

süßer, kräftiger Grog
- Grog- oder Punschglas
- Topf

4 Stücke Würfelzucker
4 cl heißes Wasser
2 cl Rotwein
4 cl brauner Rum
1 Prise geriebene Muskatnuß
Deko:
1 Zitronenscheibe

Den Zucker mit dem Wasser verrühren, bis sich der Zucker aufgelöst hat. Rotwein und Rum hinzufügen und das Ganze erhitzen, aber nicht kochen lassen. Den Grog in das Glas füllen, etwas Muskatnuß darübergeben und den Glasrand mit der Zitronenscheibe garnieren.

HEISSER HEINRICH

aromatischer Grog
- Grog- oder Punschglas
- Topf

Für ca. 4 Gläser

125 g Honig
1/8 l Wasser
6 Gewürznelken
6 schwarze Pfefferkörner
1 aufgeschlitzte Vanilleschote
1/2 Muskatnuß
1/4 l Wodka
abgeriebene Schale von 1/2 Zitrone

Den Honig zusammen mit dem Wasser unter Rühren erhitzen, bis er sich aufgelöst hat. Nelken und Pfefferkörner zerstoßen, zusammen mit der Vanilleschote und dem Muskat in die Flüssigkeit geben und das Ganze ungefähr 1/4 Stunde kochen lassen. Wodka und Zitronenschale dazugeben, den Grog nochmals 5 Minuten zugedeckt ziehen lassen und dann durch ein Sieb gießen.

KANADA-GROG

süßer, aromatischer Grog
- Teeglas
- Topf

4 cl Canadian Whisky
Saft von 1/2 Zitrone
3 BL Ahornsirup
100 ml heißes Wasser
Deko:
1/2 Zitronenscheibe

Whisky, Zitronensaft und Ahornsirup im Teeglas verrühren. Das Wasser angießen und umrühren. Die Zitronenscheibe an den Glasrand stecken.

SEEHUND-GLÜHWEIN

aromatischer Glühwein
- Punschglas
- Topf

1 EL Rosinen
4 cl weißer Rum
1 EL Zucker
5 cl Weißwein
1 Stück Zitronenschale
1 Prise Zimtpulver

Die Rosinen im Glas mit dem Rum begießen und kurz quellen lassen. Zucker, Weißwein, Zitronenschale und Zimt zusammen erhitzen, nicht kochen lassen, und in das Glas geben.

HOLLÄNDISCHER GROG

fruchtig-süßer Grog
- Grog- oder Punschglas
- Topf

Für ca. 10 Gläser

700 ml Arrak
250 g Zucker
Saft von 6 Zitronen
3/4 l heißes Wasser

Den Arrak zusammen mit Zucker und Zitronensaft unter Rühren erhitzen, aber nicht kochen lassen. Das Wasser dazugeben und den Grog nochmals erwärmen.

HOT LOCOMOTIVE

lieblicher Glühwein
- Punschglas
- Topf

1 Eigelb
1/2 TL Zucker
1 TL Honig
10 cl Burgunder
2 dashes Curaçao Triple sec
1 Prise Zimtpulver
Deko:
1 Stück Zitronenschale

Eigelb, Zucker und Honig zusammen verrühren. Burgunder, Curaçao und Zimt zusammen erhitzen und mit dem Eigelbgemisch in das Teeglas geben. Den Glasrand mit der Zitronenschale garnieren.

NEGUS

aromatischer Glühwein
- Teeglas
- Topf

10 cl Portwein
1 TL Zucker
1 Stück Zitronenschale
etwas heißes Wasser
etwas geriebene Muskatnuß

Portwein, Zucker und Zitronenschale zusammen erhitzen, nicht kochen lassen, und in das Teeglas geben. Etwas heißes Wasser dazugeben und das Getränk mit Muskatnuß überstreuen.

WEISSER GLÜHWEIN

aromatischer Glühwein
- Punschglas
- Topf

Für ca. 4 Gläser

1 Flasche Weißwein
10 Stücke Kandiszucker
1 Gewürznelke
Deko:
4 Orangenscheiben

Wein, Zucker und Nelke zusammen erhitzen, nicht kochen lassen, und in die Gläser seihen. Die Orangenscheiben an den Glasrand stecken.

RÜDESHEIMER KAFFEE

aromatische Kaffeespezialität
- Rüdesheimer-Kaffee-Tasse
- Gästetasse

4 cl Weinbrand (Asbach Uralt)
3 Stücke Würfelzucker
heißer Kaffee zum Auffüllen
mit Vanille abgeschmeckte geschlagene Sahne
2 BL Schokoladenraspel

Den Würfelzucker und den vorgewärmten Weinbrand in die vorgewärmte Tasse geben. Den Weinbrand abbrennen und mit dem heißen Kaffee unter Rühren löschen. Eine Sahnehaube auf den Kaffee geben und die Schokoladenraspeln darüberstreuen.

IRISH COFFEE

kräftige Kaffeespezialität
- Irish-Coffee-Glas
- Gästeglas

1 BL brauner Zucker
4 cl Irish Whiskey
1 Tasse heißer Kaffee
leicht geschlagene Sahne

Den Zucker in das Glas geben, den Whiskey dazugießen und beides zusammen erhitzen (darf nicht zu heiß werden). Den heißen Kaffee dazugießen und gut umrühren. Die Sahne auf den Kaffee fließen lassen.

ITALIAN COFFEE

würzige Kaffeespezialität mit Mandelaroma
- hitzebeständiges Glas
- Gästeglas

3 cl Amaretto
1 Tasse heißer Kaffee
leicht geschlagene Sahne

Den Amaretto im Glas anwärmen, den heißen Kaffee dazugießen und gut umrühren. Die Sahne auf den Kaffee fließen lassen.

FRENCH COFFEE

liebliche Kaffeespezialität mit Orangenaroma
- hitzebeständiges Glas
- Gästeglas

3 cl Grand Marnier
1 Tasse heißer Kaffee
leicht geschlagene Sahne

Den Grand Marnier in das Glas geben und darin nicht zu heiß erwärmen. Den Kaffee dazugießen und gut umrühren. Die Sahne auf den Kaffee fließen lassen.

Rüdesheimer Kaffee

CAFÉ CHOCOLAT

würzige Kaffeespezialität
- Tee- oder Punschglas
- Topf

1 Tasse *starker* Kaffee
1 Riegel Edelbitter-Schokolade
1 Prise Zimtpulver
1 Prise Kardamom
2 TL *brauner* Zucker
2 cl Crème de Cacao *weiß oder braun*
***steifgeschlagene* Sahne**
Schokoraspel

Den Kaffee erhitzen, aber nicht kochen lassen, und die Schokolade darin unter Rühren schmelzen. Zimt, Kardamom, Zucker sowie Kakaolikör dazugeben und umrühren. Den Drink in das Glas gießen, mit einer Sahnehaube verzieren und einige Schokoraspeln darüberstreuen.

MEXICAN COFFEE

hochprozentige Kaffeespezialität
- hitzebeständiges Glas
- Gästeglas

1 BL *brauner* Zucker
2 cl *brauner* Rum
2 cl Kahlua (Kaffeelikör)
1 Tasse *heißer* Kaffee
***leicht geschlagene* Sahne**

Den Zucker in das Glas geben, Rum und Likör dazugießen und alles leicht erwärmen. Den Kaffee dazugießen und gut umrühren. Die Sahne auf den Kaffee fließen lassen.

PHARISÄER

aromatische Kaffeespezialität
- Pharisäerbecher
- Gästeglas

2 Stücke Würfelzucker
4 cl *brauner* Rum
1 Tasse *heißer* Kaffee
***leicht geschlagene* Sahne**

Den Würfelzucker zusammen mit dem Rum in das vorgewärmte Glas geben, mit heißem Kaffee auffüllen und umrühren. Die Sahne auf den Kaffee fließen lassen.

MOKKA FRENCH

kräftig-aromatischer Grog
- Teeglas
- kleiner Topf

3 cl Armagnac
4 Stücke Würfelzucker
1 EL Zitronensaft
1 Tasse heißer Mokka

Armagnac, Würfelzucker und Zitronensaft zusammen erhitzen und in das Teeglas geben. Den Mokka dazugießen.

CAFÉ BRÛLOT

würzig-aromatische Kaffeespezialität
- Punschglas
- Topf

4 cl Cognac
1 Tasse starker Kaffee
1 kleines Stück Zimtstange
2 Gewürznelken
1 Stück Orangenschale
1 Stück Zitronenschale
Zucker nach Wunsch

Alle Zutaten zusammen unter Rühren erwärmen, aber nicht kochen lassen. Dann in das Punschglas seihen.

CAFE PUCCI

starke Kaffeespezialität
- Punschglas
- Gästeglas

2 cl brauner Rum
2 cl Amaretto
1 Tasse heißer Espresso
etwas brauner Zucker
leicht geschlagene Sahne

Rum und Amaretto zusammen im Glas erwärmen. Den Espresso sowie etwas Zucker dazugeben und umrühren. Die Sahne über den Löffelrücken auf den Kaffee geben.

RED AND WHITE

cremiger, kräftiger Hot-Drink
- Punschglas
- Topf

2 cl brauner Rum
2 cl weißer Rum
6 cl Milch
2 cl Sahne
2 cl Kirschlikör

Rum, Milch und Sahne zusammen erhitzen, aber nicht kochen lassen. In das Punschglas gießen und den Kirschlikör langsam darübergeben. Nicht umrühren und gleich servieren.

LEXIKON DER BARSPRACHE

Wie in jedem anderen Beruf, so gibt es auch bei den Profibarmixern eine Art Fachsprache. Sie ist international gültig, für den Laien aber oft sehr unverständlich. Deshalb haben wir das „Fachchinesisch" hier für Sie entschlüsselt:

Abspritzen von Drinks bedeutet, daß man eine Zitrusschale über einem Drink ausdrückt, so daß die ätherischen Öle der Schale in den Drink spritzen und ihm ein besonderes Aroma geben (siehe auch Seite 48).

After-Dinner-Drinks sind Getränke, die vorwiegend nach dem Essen gereicht werden. In der Regel schmecken sie süßlich und sollen das Essen abrunden.

Aperitifs sind Getränke, die vor dem Essen gereicht werden, um den Appetit anzuregen. Es gibt verschiedene Aperitif-Grundarten: Bitters, Vermouth, Weine und Schaumweine sowie Cocktails oder mit Wasser verdünnte harte Drinks. Klassiker unter den Aperitif-Cocktails sind der Martini und der Manhattan. Ganz wichtig: Aperitifs werden ohne Trinkhalm und meist auch ohne Eiswürfel serviert.

Barspoon heißt zu deutsch Barlöffel (Abkürzung: BL). Man nimmt ihn zum Abmessen von Flüssigkeiten und zum Umrühren.

Bowlen bestehen in der Regel aus Wein, Früchten und Champagner oder Sekt. Bei der Zubereitung ist folgendes zu beachten: Verwenden Sie nur leichte, spritzige Weine, am besten von der Mosel. Geben Sie nie Eiswürfel in die Bowle; sie verwässert sonst. Sekt oder Champagner (eiskalt) immer erst kurz vor dem Servieren angießen. Dann möglichst nicht mehr umrühren, sonst wird zuviel Kohlensäure frei, und die Bowle schmeckt schal. Soll die Bowle nicht so stark werden, kann man sie auch mit Mineralwasser auffüllen.

Brut werden Schaumweine, vor allem Champagner, genannt, die sehr trocken sind. Brut kennzeichnet den geringsten Süßegrad und steht noch vor extra dry.

Built im Glas bedeutet, daß der Drink im Gästeglas zubereitet wurde.

Cobblers sind Longdrinks, die immer Früchte enthalten und in der Regel mit Sekt oder Soda aufgegossen werden. Man füllt ein Cobblerglas oder eine Sektschale zu einem Drittel mit Crushed ice, gibt darüber die alkoholische Mischung und fügt dann die Früchte hinzu. Zum Schluß füllt man mit Soda oder Sekt auf. Cobblers werden immer mit Barlöffel und Trinkhalm serviert.

Cocktails sind Shortdrinks, die aus Spirituosen, Likören, Süd-, Süß- oder Dessertweinen, Früchten, Fruchtsäften und Aromen bestehen und eiskalt serviert werden. Man trinkt sie vor oder nach dem Essen, aber auch zur Entspannung und Anregung zwischendurch. Cocktails werden gerührt, geschüttelt oder im Gästeglas gemischt.

Champagnercocktails sind Drinks, die immer mit Sekt oder Champagner aufgefüllt werden.

Collinses gehören zu den Longdrinks. Die zumeist herben Drinks werden im Gästeglas gerührt. Collinses serviert man in der Regel mit einer Zitronenscheibe am Glasrand und mit einem Trinkhalm.

Coolers sind durststillende, mild-süße Longdrinks, die neben Alkohol fast immer Ginger-ale enthalten. Man serviert sie mit Trinkhalm.

Crushed ice ist zerstoßenes Eis (siehe auch Seite 42).

Crusta nennt man den Zuckerrand am Glas (siehe dazu auch Seite 52).

Crustas sind erfrischende Longdrinks, die in Gläsern mit einem Zuckerrand serviert werden. Zu diesen beliebten After-Dinner-Drinks gehört immer ein Trinkhalm.

Cups ähneln Bowlen, sind aber alkoholreicher als diese. Oft werden sie ohne Zusatz von kohlensäurehaltigen Auffüllern zubereitet.

Daisies schmecken oft sehr süß und gelten daher als ausgesprochene Damen-Cocktails. Man serviert sie mit Trinkhalm und Barlöffel.

Dash ist die kleinste Maßeinheit beim Mixen. Sie bedeutet „ein Spritzer".

Digestif ist ein Getränk, das nach dem Essen getrunken wird, um die Verdauung anzuregen. Als Digestif eignen sich unvermischte Schnäpse, aber auch bittere und herbe Liköre sowie Magenbitter.

Pousse-Cafés bestehen aus einer Kombination verschiedener Branntweine und Liköre, die unterschiedliche Farben und Gewichte haben. Diese werden nacheinander in kleine, schmale Tulpengläser gegossen. Es entstehen Farbschichten.
Puffs sind Mischungen aus Milch und Spirituosen, die im Shaker geschüttelt und mit Soda aufgefüllt werden. Man serviert sie in großen Tumblern mit Trinkhalm.
Punsche können heiß oder kalt zubereitet werden. Heiße Punsche gehören zur Gruppe der Hot-Drinks und werden in feuerfesten Gläsern zubereitet. Kalte Punsche werden im Glas gemischt und dann mit viel Eis und Früchten serviert.

Rickeys sind Longdrinks aus Limetten, Zuckersirup, Alkohol und Soda.

Sangarees sind leicht süßliche Longdrinks, die entweder kalt im Highballglas oder warm im Punsch- oder Grogglas serviert werden. Sie enthalten neben Alkohol immer Zucker, heißes oder kaltes Wasser sowie eine Spur geriebene Muskatnuß.
Scaffas bestehen aus Sirup und mehreren Alkoholsorten und sind eine italienische Variante der Pousse-Cafés.
Shortdrinks sind Drinks, die in der Regel aus maximal 8 cl Flüssigkeit bestehen.
Shrubs ähneln den Bowlen. Branntweine, versetzte Weine, Früchte und Zucker werden in ein Bowlengefäß gegeben und müssen im Kühlschrank fünf Tage durchziehen. Danach füllt man sie mit Soda auf und serviert sie in Tumblern.
Slings sind punschähnliche Longdrinks, die kalt oder warm zubereitet werden. Hauptbestandteile sind Zitronen- oder Limettensaft, Grenadine oder Zuckersirup sowie Alkohol, wie Brandy, Arrak, Schwedenpunsch oder Gin.
Smashes ähneln den Juleps, werden aber im Shaker zubereitet.
Sodas sind erfrischende Longdrinks, die meist aus Branntwein, wie Gin, Whisky oder Weinbrand, aber auch Vermouth oder Cynar bestehen. Man gibt 2 bis 3 Eiswürfel in ein Glas, spritzt sie mit Zitronen- oder Orangenschale ab, gießt den gewünschten Alkohol dazu und füllt alles mit kaltem Soda auf.
Sours ähneln in der Zubereitung den Fizzes, werden aber nicht mit Soda aufgefüllt, sondern erhalten davon bestenfalls einen Schuß.

Swizzles sind tropische Longdrinks. Man füllt Crushed ice in einen hohen Tumbler, gibt Limettensaft, Zuckersirup, Rum und einige Spritzer Bitter dazu und verrührt alles so lange mit einem langen Quirl (Swizzle genannt), bis das Glas vereist und sich auf dem Drink etwas Schaum absetzt. Man serviert Sie mit Trinkhalm.

Toddies sind nahe Verwandte der Slings und können, wie diese auch, kalt oder warm zubereitet werden. Kalte Toddies serviert man im kleinen Tumbler, heiße im Punschglas. Zum Auffüllen braucht man nicht soviel Flüssigkeit wie bei den Slings. Deshalb sind die Toddies auch etwas alkoholreicher.

Tonics sind besonders herbe, erfrischende Longdrinks, die zumeist aus einer Branntweinsorte bestehen und mit Tonic water aufgefüllt werden.

Tropicanas sind erfrischende, süßliche Longdrinks. Sie bestehen vorwiegend aus Fruchtsaft und Rum. Werden sie mit Kokosmilch zubereitet, nennt man sie auch **Coladas**. Wichtig ist die phantasievolle Garnitur.

Twists gehören zu den Shortdrinks. Sie bestehen aus Fruchtsirup oder Fruchtnektar, Fruchtsaft, Likör und einer Spirituose nach Wahl. Alle diese Zutaten werden im Rührglas gerührt und dann auf Crushed ice in einer Sektschale oder in einem Sektkelch serviert.

Zooms sind süße, sehr nahrhafte Drinks, die gut und gerne eine kleine Zwischenmahlzeit ersetzen. Sie bestehen aus Ei, Honig, Sahne, Alkohol und Eiswürfeln und werden meist im Shaker zubereitet.

WELCHER DRINK ZU WELCHER GELEGENHEIT?

Nachfolgend finden Sie Vorschläge für Drinks, die sich für die genannten Gelegenheiten besonders eignen.

Für den Nachmittag

Als Aperitif

Nach dem Essen

Für den Cocktailempfang

Für die Sommerparty

Für die Karibik-Party

Für viele Gäste

Für die Kinderparty

Für Autofahrer

Für kalte Tage

Gegen den Kater

REZEPTVERZEICHNIS NACH DRINKGRUPPEN

Alkoholfreie Drinks

Rezepte Seite 394–470
(alkoholfreie Drinks)
und Seite 488–491
(alkoholfreie Bowlen)

Bowlen

Rezepte Seite 472–492

Cobblers

Collinses

Coolers

Crustas

Daisies

Egg-Nogs

Fizzes

Flips

Frappés

Highballs

Hot-Drinks

Juleps

Kaffeespezialitäten (heiß)

Pick-me-ups

Pousse-Cafés

Sekt-/Champagnercocktails

Shortdrinks/Cocktails mit Alkohol

Register

Register

Slings

Sours

Bei den in diesem Rezeptverzeichnis nicht aufgeführten Drinks handelt es sich um Fancy-Drinks, die sich in keine der genannten Kategorien einsortieren lassen. Meist sind dies Longdrinks.

REZEPTVERZEICHNIS NACH GESCHMACKS-RICHTUNGEN

In diesem Verzeichnis finden Sie alle kalten Drinks und Bowlen.
Hot-Drinks werden hier nicht aufgeführt, da sie eine eigene Katgorie darstellen.

aromatisch

bittersüß

cremig/sahnig

erfrischend

fruchtig

halbtrocken

herb/feinherb

Register

kräftig/hochprozentig

leicht

leicht bitter

lieblich/süß

Register

mild

pikant

säuerlich

spritzig

süß-säuerlich

trocken

würzig

ALPHABETISCHES REGISTER (REZEPTE UND ZUTATEN)

Die Drinks, die sich mit dem Grundstock für Anfänger (Seite 43) zubereiten lassen, sind mit einem ▲ gekennzeichnet.

Register

Register

PRÄMIERTE DRINKS UND IHRE SCHÖPFER